这才是金朝史

王平客 著

中国书籍出版社

图书在版编目（CIP）数据

这才是金朝史 / 王平客著. -- 北京：中国书籍出版社，2024.2
ISBN 978-7-5068-9688-7

Ⅰ.①这… Ⅱ.①王… Ⅲ.①中国历史—金代 Ⅳ.①K246.4

中国国家版本馆CIP数据核字（2023）第234737号

这才是金朝史

王平客　著

责任编辑	王志刚
责任印制	孙马飞　马　芝
封面设计	东方美迪
出版发行	中国书籍出版社
地　　址	北京市丰台区三路居路 97 号（邮编：100073）
电　　话	（010）52257143（总编室）　　（010）52257140（发行部）
电子邮箱	eo@chinabp.com.cn
经　　销	全国新华书店
印　　厂	北京九州迅驰传媒文化有限公司
开　　本	700毫米×1000毫米　1/16
印　　张	23
字　　数	318千字
版　　次	2024 年 2 月第 1 版　2025 年 7 月第 3 次印刷
书　　号	ISBN 978-7-5068-9688-7
定　　价	58.00元

版权所有　翻印必究

序　言

"唐宋元明清"这几个朝代，可谓家喻户晓。如果突然说历史上有一个朝代叫"金朝"，恐怕不少人会一愣：有这个朝代吗？人们更习惯地把金朝称为金国，如果说金国，恐怕很多人还是不陌生的。其实，南宋已经偏安南方一隅，不能完全代表当时中国，而此时的金国接替北宋入主中原，又是当时几个国家中最强盛的，如果把金国称为金朝，也是比较贴切的。

以前我们对金朝的了解，多是间接的，金朝大都是以配角的形式出现的。比如在讲述北宋灭亡时，便会讲到是金国制造了"靖康之耻"。就是为人们津津乐道的"开封保卫战"也是以北宋为主角，金国为配角。又比如讲到南宋抗金，特别是讲到抗金最有成就的岳飞，那更是把金国作为配角，甚至是反面角色。再比如讲述成吉思汗的故事时，少不了要讲他攻打金国的事，成吉思汗便成了英雄，而金国似乎就成了有罪之国。本书换了一个角度，把金朝作为主角，讲述金朝的建立、壮大、发展、衰退，直到灭亡的历史。

其实金朝的历史很精彩。比如，金朝是如何消灭雄踞北方二百余年的辽国的？这一阶段，可以了解金太祖完颜阿骨打的雄才大略。又比如，金朝是如何消灭繁花似锦的北宋的？这一阶段，可以了解金国两位元帅完颜宗翰、完颜宗望是如何围困汴京，直到消灭北宋的。再比如，金朝又是如何与南宋发生多年的交战而最终走向议和的？这一阶段，完颜宗弼也就是完颜兀术就值得大书特书。金朝后期的历史同样精彩。蒙金战争二十三年，先有成吉思汗，后有木华黎、窝阔台，率兵攻打金朝，直到消灭金朝。大的战役，从野狐岭之战开始，到三峰山之战结束，每一个故事都很精彩。

金朝也有它辉煌的一面。金朝与汉朝、唐朝、明朝、清朝等大一统王朝一样，也有太平盛世。金朝给人们的印象往往是打打杀杀，其实长达一百余年的金朝当中，有一半时间是太平盛世，这当中就有金世宗开创的"大定之治"与金章宗开创"明昌之治"。金世宗就被后人称为"小尧舜"，而金章宗时期则被史书称为"宇内小康"。

金朝的历史更值得反思。比如金朝为什么能够在很短的时间内，接连消灭辽国、北宋，而用了近十五时间都消灭不了南宋？金朝是如何从强盛走向衰败，直到被兴起的大蒙古国消灭的？等等。

希望本书能给读者带来意想不到的收获。

目 录

序 言 ……………………………………………………………… 1

第一章 消灭辽国 ……………………………………………… 1
　　一、起兵反辽 ……………………………………………… 1
　　二、宁江大捷 ……………………………………………… 5
　　三、出河店之战 …………………………………………… 8
　　四、达鲁古城之战 ………………………………………… 10
　　五、攻克黄龙府 …………………………………………… 13
　　六、护步答冈之战 ………………………………………… 15
　　七、夺取东京 ……………………………………………… 17
　　八、蒺藜山之战 …………………………………………… 20
　　九、称帝建国 ……………………………………………… 22
　　十、开启"海上之盟" …………………………………… 26
　　十一、攻克上京 …………………………………………… 32
　　十二、"海上之盟"签订 ………………………………… 34
　　十三、占领中京、西京 …………………………………… 38
　　十四、燕云的交涉 ………………………………………… 41
　　十五、擒获天祚帝 ………………………………………… 47

第二章 消灭北宋 ……………………………………………… 51
　　一、谁破坏了盟约 ………………………………………… 51

二、第一次南下　　　　　　　　　　　　55
　　三、兵临开封城下　　　　　　　　　　　60
　　四、围攻开封城　　　　　　　　　　　　63
　　五、第二次南下　　　　　　　　　　　　69
　　六、攻破开封城　　　　　　　　　　　　74
　　七、扶立伪楚　　　　　　　　　　　　　79

第三章　三攻南宋　　　　　　　　　　　　　86
　　一、巩固两河地区　　　　　　　　　　　86
　　二、三路南下，一攻南宋　　　　　　　　90
　　三、东西并进，二攻南宋　　　　　　　　95
　　四、攻至扬州　　　　　　　　　　　　　100
　　五、三攻南宋　　　　　　　　　　　　　104
　　六、搜山检海　　　　　　　　　　　　　109
　　七、黄天荡　　　　　　　　　　　　　　112

第四章　扶立伪齐　　　　　　　　　　　　　118
　　一、扶立伪齐　　　　　　　　　　　　　118
　　二、富平之战　　　　　　　　　　　　　121
　　三、两战和尚原　　　　　　　　　　　　127
　　四、册立谙班勃极烈　　　　　　　　　　131
　　五、饶风关之战　　　　　　　　　　　　134
　　六、仙人关之战　　　　　　　　　　　　138
　　七、伪齐出兵荆襄　　　　　　　　　　　141
　　八、金齐联军南攻　　　　　　　　　　　146
　　九、金熙宗即位　　　　　　　　　　　　151
　　十、伪齐三路南攻　　　　　　　　　　　155

第五章　两次议和 ... 161
一、废除伪齐 ... 161
二、第一次议和 ... 166
三、铲除完颜宗磐与完颜昌 ... 170
四、毁约南攻 ... 174
五、顺昌之战 ... 178
六、郾城、颍昌之战 ... 182
七、柘皋、濠州之战 ... 186
八、第二次议和 ... 190
九、出将入相 ... 195

第六章　三个志向 ... 200
一、政　变 ... 200
二、向宗室开刀 ... 205
三、变革、迁都 ... 211
四、完颜亮的后宫 ... 215
五、备战、再迁都 ... 218
六、四路南征 ... 223
七、从采石矶到瓜州渡 ... 227

第七章　大定之治 ... 232
一、金世宗即位 ... 232
二、平定契丹叛乱 ... 235
三、收复失地 ... 239
四、符离之战 ... 242
五、第三次议和 ... 247
六、小尧舜 ... 251

七、金世宗的忧虑 ································ 255

第八章　盛极而衰 ································ 259
　　一、明昌之治 ···································· 259
　　二、经童作相，监婢为妃 ···················· 264
　　三、北方用兵 ···································· 268
　　四、金长城 ······································· 272
　　五、抵御韩侂胄北伐 ·························· 275
　　六、第四次议和 ································ 279

第九章　蒙金开战 ································ 284
　　一、皇叔继位 ···································· 284
　　二、野狐岭之战 ································ 287
　　三、一攻中都 ···································· 291
　　四、胡沙虎政变 ································ 293

第十章　南迁伐宋 ································ 297
　　一、傀儡皇帝 ···································· 297
　　二、二攻中都 ···································· 300
　　三、迁都南京 ···································· 303
　　四、中都陷落 ···································· 306
　　五、攻打南宋 ···································· 309
　　六、铲除术虎高琪 ····························· 313
　　七、九公封建 ···································· 316

第十一章　金朝灭亡 ····························· 321
　　一、新的气象 ···································· 321

二、安于现状 ……………………………………… 324
　　三、陈和尚三次救火 ……………………………… 328
　　四、三峰山之战 …………………………………… 331
　　五、汴京陷落 ……………………………………… 335
　　六、从归德到蔡州 ………………………………… 339

附　录 ……………………………………………………… 345
　　辽国五京道 ………………………………………… 345
　　北宋二十六路 ……………………………………… 347
　　金朝十九路 ………………………………………… 350
　　南宋十六路 ………………………………………… 352
　　金朝皇帝世系 ……………………………………… 354
　　南宋皇帝世系 ……………………………………… 355
　　衍庆功臣 …………………………………………… 356

第一章　消灭辽国

一、起兵反辽

辽国行政区划一级称"道",全国共分为五个道,分别是上京道、中京道、东京道、南京道与西京道。其中东京道是辽国在消灭渤海国的基础上设立,但比渤海国要大得多,大致区域是今天的辽宁省、吉林省、黑龙江省,直到东部大海的广大地区。

渤海国由靺鞨(音同漠河)人建立。靺鞨分为七部,其中有记载的两部是粟末靺鞨与黑水靺鞨。建立渤海国的是粟末靺鞨,而黑水靺鞨在渤海国的北边。辽国消灭渤海国后,把一部分渤海国人迁到东京辽阳府一带,从此把渤海国人称为渤海人,而把黑水靺鞨称为女真。在女真人中,编入辽国户籍的称熟女真,没有编入辽国户籍的称生女真。生女真有很多个部落,向辽国称臣纳贡。

生女真完颜部在完颜绥可当首领时,才定居在按出虎水一带。"按出虎"是女真语,意为"金",大概是这条河里能淘出黄金。按出虎水就是今天的黑龙江省哈尔滨市阿城区境内的阿什河。

完颜绥可的长子完颜石鲁当首领时,开始对外扩张,征服了几个部落,产生了部落联盟。完颜石鲁的长子完颜乌古乃当首领时,白山、耶悔、统门、耶懒、土骨论等部都听从他的号令。随着完颜乌古乃势力的壮大,蒲察部、温迪痕部以及另外两处的完颜部也前来归附。

辽国想更好地管辖生女真,便给完颜乌古乃任命一个官职为生女真部节度使,还让他加入辽国户籍。完颜乌古乃只想当节度使,不想加入辽国户籍，便让族人放出话，说如果完颜乌古乃加入辽国户籍，就杀了他。完颜乌古乃最后便没有加入辽国户籍。

完颜乌古乃的儿子完颜劾里钵在位期间，叔父完颜跋黑因未能继任节度使，心怀异志，便与国相完颜雅达的儿子完颜桓赧、完颜散达以及温都部首领乌春、窝谋罕等人谋反，完颜劾里钵平定了他们。之后，完颜劾里钵又派兵讨伐叛乱的纥石烈部腊醅、麻产兄弟，擒获了腊醅。

完颜劾里钵的弟弟完颜颇剌淑在位期间，继续对纥石烈部麻产用兵，派侄儿完颜乌雅束、完颜阿骨打讨伐他们，最后杀死了麻产，将首级献给辽国。完颜颇剌淑还派完颜阿骨打征服了泥庞古部。

完颜颇剌淑的弟弟完颜盈歌在位期间，温都部人跋忒杀害了唐括部的首领跋葛，完颜盈歌派侄儿完颜阿骨打讨伐跋忒，星显水（今吉林省延吉市布尔哈通河）一带的纥石烈部人阿疏、毛睹禄趁机起兵阻击完颜阿骨打。完颜盈歌得知后，亲自带兵前来讨伐阿疏、毛睹禄。阿疏让毛睹禄守城，自己到辽国去告状。于是，完颜盈歌留下兵马继续围攻阿疏城，自己先回完颜部。

四年后，完颜盈歌的兵马攻破阿疏城，仍在辽国的阿疏得到消息，再向辽国告状。辽国派奚部族节度使乙烈前来责问完颜盈歌，要求完颜盈歌归还攻打阿疏城所得的财物。乙烈还说，如果财物不在了，就给予赔偿。

乙烈走了，完颜盈歌与部属商议认为，如果赔偿了阿疏，那生女真各部以后就不会再听他的号令了。完颜盈歌决定不赔偿阿疏，但得想一个办法来应对辽国的责问。完颜盈歌于是派主隈、秃答两处的女真人故意阻断"鹰路"，再支使鳖故德部节度使对辽国说，要想打开"鹰路"，非生女真节度使完颜盈歌不可。辽国不知这是完颜盈歌的计谋，便派完颜盈歌去讨伐阻断"鹰路"的人，阿疏所告之状也就不提了。阿疏无家可归，只得一直待在辽国。完颜盈歌后来带人去讨伐阻断"鹰路"的人，但不过是到土温水一带打打猎再回来而已。

"鹰路"对辽国为何如此重要，能让阿疏状告无门？在生女真五国部，

第一章　消灭辽国

有一种雄鹰，名为"海东青"。海东青通过训练，可以听人使唤，参与捕猎。辽国的皇帝喜爱游猎，对海东青尤为喜欢，因而每年都派"银牌天使"到五国部捕获海东青。从辽国上京到五国部的这条路，便称为"鹰路"。海东青简直就是辽国皇帝的命，"鹰路"也就十分重要。

完颜盈歌在位九年多，他还平定了乌古论部留可、敌库德、钝恩，以及徒单部诈都等人的叛乱，帮助辽国平定了叛将萧海里。完颜盈歌又采用侄儿完颜阿骨打的建议，统一了生女真各部的号令牌，更好地管辖生女真各部。

完颜盈歌去世后，生女真部节度使的位子传给了他的侄儿完颜乌雅束。完颜乌雅束在位十一年，加强对生女真各部的控制，还几次打败高丽国，让高丽国不敢再侵扰生女真各部。

完颜乌雅束去世后，他的二弟、四十六岁的完颜阿骨打继位。这一年是公元1113年，在辽国是天庆三年，在北宋是政和三年。辽国在位的皇帝是天祚帝耶律延禧，北宋在位的皇帝是宋徽宗赵佶。辽国已经立国197年，传九帝。北宋已经立国153年，传八帝。完颜阿骨打继位时，生女真各部已经统一，这是一个新兴的部族，而辽国、北宋正在走向腐朽没落。此时的完颜阿骨打已经不再把辽国当回事，他甚至有了反辽的想法。

辽国得知完颜乌雅束去世、完颜阿骨打继位，没有马上派人送来任命，而是派侍御官耶律阿息保前来，责问完颜阿骨打为什么不报丧？完颜阿骨打不仅不接受责问，反而认为辽国无理，说辽国不来吊丧，反而来问罪。耶律阿息保很是没趣，只好走了。

过了几天，耶律阿息保又来了，直接来到停放完颜乌雅束灵柩的地方，竟然想把拉灵车的马赶走。完颜阿骨打非常生气，打算杀了耶律阿息保，被完颜乌雅束的长子完颜宗雄劝阻。耶律阿息保又是无功而返。

天庆四年（1114年）六月，辽国还是任命完颜阿骨打为生女真节度使，然而完颜阿骨打对此并不感激，反而主动向辽国发难。完颜阿骨打派堂兄弟完颜蒲家奴前往辽国，向辽国索要逃亡在此已经十八年的阿疏。辽国没有把阿疏交给完颜阿骨打。完颜阿骨打再派宗室完颜习古乃、完颜银术可二人前往辽国，继续向辽国索要阿疏。辽国仍然没有同意交还阿疏，完颜习古乃、完颜银术可二人只好回来向完颜阿骨打复命。二人还告诉完颜阿骨打，天祚帝骄傲放纵、荒废朝政。这一消息让完颜阿骨打坚定了反辽的决心。于是，完颜阿骨打召集部属，告诉他们打算讨伐辽国，命令他们营建城堡、打造兵器，做好准备。

完颜阿骨打的举动，让辽国的东北路统军司得知，东北路统军司派人前来责问完颜阿骨打，说完颜阿骨打有二心，还问完颜阿骨打修造兵器、加强防备，到底是要防备谁？完颜阿骨打没好气地说，自我防守，有什么好问的？

完颜阿骨打没有把辽国的东北路统军司放在眼里，东北路统军司只好派人向天祚帝奏报。天祚帝再一次派耶律阿息保前来责问完颜阿骨打。完颜阿骨打说我们是小国，对大国从来不敢失去礼仪，但是大国不给我们小国恩泽，却成了叛逃者的主子，如此对待我们小国，我们小国怎能没有抱怨？如果把阿疏交还给我们，我们就像以前一样纳贡，如果不交还，我们就不会再受人摆布。

耶律阿息保又是无功而返。天祚帝听了耶律阿息保的奏报，才知道完颜阿骨打不好对付，而且野心不小。于是，天祚帝命令东北路统军使萧兀纳调集各军前往宁江州，加强防备。天祚帝还派一支渤海军前往增援。

宁江州大致就是今天的吉林省松原市宁江区，离完颜阿骨打所居住的按出虎水三百多里。两地在今天分别属于吉林省与黑龙江省，两省之间有一条界河，这就是拉林河，在那时称涞流河。

辽国人在宁江州加强防备，完颜阿骨打很快就知道了。完颜阿骨打先让仆聒刺以索要阿疏为借口，去宁江州打探军情。仆聒刺来去匆匆，马虎了事，回来对完颜阿骨打说那里的辽兵很多，不知有多少人。完颜阿骨打不信，认为辽国才开始调兵，不可能这么快就调集大量兵马，于是再派胡沙保去打探。胡沙保回来后说，只有八百人而已，由东北路统军司与宁江州军以及渤海军组成。完颜阿骨打认为与他估计的差不多。

完颜阿骨打于是召集部众，对他们说，辽国国君荒淫无道，不仅不遣返阿疏，还调兵对付女真，他准备先发制人。完颜阿骨打接着便派人到女真各部去征调兵马，告诉他们准备攻打宁江州，约定日期在涞流河畔会合。

二、宁江大捷

天庆四年（1114年）九月，生女真各部人马到达涞流河畔，共有两千五百人。完颜阿骨打带领各部大军过了涞流河，前行了十里左右，到了一处高地停了下来。马上就要与辽国兵马真刀真枪干起来了，完颜阿骨打觉得有必要搞一个誓师大会，这样会让大军更有战斗力。完颜阿骨打誓师的地方叫得胜坨，在今天的吉林省扶余市得胜镇石碑村境内。此处有大金得胜坨颂碑，故而村名为石碑村。得胜镇也是从之前的伊家店乡更名而来，可见这个誓师的地方多么值得后人纪念。

誓师大会开始，完颜阿骨打首先对着天地说道："我们世世代代事奉辽国，朝贡不断。我们平定叛乱、打败萧海里，辽国不仅不记功劳，反而对我们加以侵害与侮辱。罪人阿疏，多次索要，就是不还。今天我们将向辽国问罪，天地明察并保佑我们。"

完颜阿骨打说完，又与各将传递木梃宣誓道："大家要同心尽力，有功者，奴婢部曲转为良民，庶人百姓任命为官，已经有官的再加官，奖赏多少全看功劳大小。如果违背誓言，就死在木梃之下，全家无赦！"

誓师完毕，大军继续向宁江州方向进发。不久，前方出现一条濠沟。完颜阿骨打把他的长子完颜宗干叫来，让完颜宗干带领士兵去把濠沟填起来。完颜宗干不辱使命，很快完成任务，大军得以顺利前行。

完颜阿骨打的大军刚过了濠沟，就遭遇了一支渤海军。这支渤海军是辽国派来增援的，有三千人。这支渤海军首先就向完颜阿骨打大军的左翼发起进攻，左翼军不敌，向后退却。渤海军认为完颜阿骨打的兵马不堪一击，便又向完颜阿骨打的中军攻去。

中军是整个大军的主力，由完颜阿骨打率领。面对攻来的渤海军，完颜阿骨打的五弟完颜斜也立即带着人马冲了上去。完颜阿骨打很谨慎，他担心完颜斜也出现闪失，马上对长子完颜宗干说，作战不能轻敌，让完颜宗干去把完颜斜也叫回来。

完颜宗干立即纵马向前，很快就跑到完颜斜也的马前面，阻止了完颜斜也。辽国将领耶律谢十看到完颜斜也冲了上来，又退了回去，便带着渤海军紧追而来。眼看耶律谢十就要追上完颜斜也与完颜宗干了，这可怎么办？

完颜阿骨打作为主将，一直注视着耶律谢十，也在考虑如何应对。突然，耶律谢十从马上栽了下来。辽兵看到主将掉下马来，赶紧上前去救耶律谢十。完颜阿骨打看准时机，举弓搭箭，接连射死前来营救耶律谢十的士兵。耶律谢十终于爬了起来，没想到完颜阿骨打又是一箭，正射中耶律谢十。这时，又一名辽国骑兵冲了上来，想要营救耶律谢十，完颜阿骨打立即又射一箭，这一箭力气太大了，射透了这名骑兵的胸膛。耶律谢十虽然中箭，但没有死，竟然拔箭逃跑。完颜阿骨打用力朝着耶律谢十后背再射一箭，耶律谢十终于倒地而死。

干掉了耶律谢十，完颜阿骨打听说完颜宗干与几名骑兵陷在辽兵包围中，正有危险，完颜阿骨打决定亲自去援救。面对辽兵，完颜阿骨打毫无畏惧，竟然摘下头盔与敌人战斗，敌人的箭从他的额头掠过，他一点都不惊慌。完颜阿骨打转身看来箭之处，朝着射箭之人射去一箭，那人应声而倒。

完颜阿骨打亲自上阵杀敌而且接连取胜，所部将士也奋勇向前。完颜阿骨打边战边对众人说，把敌人全部杀光再停战。众人跟着他，勇气倍增。辽兵被杀很多，余下的人四散而逃，互相践踏而死的十之七八。

国相完颜撒改在另外一路，未能参加这场战斗。完颜阿骨打把首战就杀死耶律谢十的事派人告诉完颜撒改，同时把耶律谢十的战马送给完颜撒改。完颜撒改听到这一消息，十分高兴，马上派儿子完颜宗翰前来祝贺，同时劝完颜阿骨打称帝。

完颜阿骨打还是很清醒的，他对完颜宗翰说，仅仅取得一次胜利就自称皇帝，这不是向人显示自己很浅薄吗？完颜阿骨打没有接受劝进，而是带领生女真大军继续向宁江州进发。

到了宁江州城（今吉林省松原市宁江区伯都乡伯都古城），完颜阿骨打先下令把护城河填平，然后开始攻城。城内的士兵不敢守城，从东门出城，企图逃走。女真大军中的温迪痕部奉命前往阻截，将逃出城的士兵全部杀死。这一战，辽国东北路统军使萧兀纳的孙子战死，萧兀纳本人带领三百名骑兵逃走了。十月初一这一天，完颜阿骨打攻克了宁江州城，俘虏防御使大药师奴。

宁江州这一战，可以看出完颜阿骨打非常勇猛，还善于射箭。完颜阿骨打当年已经四十七岁，看来他还是很强壮的。完颜阿骨打不仅有勇，还有谋。完颜阿骨打将大药师奴放了回去，让他去招降辽国人。不久，原本臣服辽国的铁骊部人便前来向完颜阿骨打投降。完颜阿骨打又将渤海人梁福、斡答剌叫来，让他们回去告诉乡里人，说女真人与渤海人原本都称靺鞨，是一家人，完颜阿骨打起兵只讨伐有罪之人，不会滥杀无辜。完颜阿骨打同时也将已经俘虏的渤海人放掉。完颜阿骨打还派完颜娄室去招降熟女真。完颜阿骨打做完了这些事，便班师返回了。

完颜阿骨打攻克了宁江州后，他对女真人军民合一的猛安谋克制度进行了改革，让女真人更加便于作战。女真人没有徭役，成年人都是士兵。没有战争时，女真人便捕鱼、打猎、种地，一有战争便立即成为军队，而且自带兵器和干粮。猛安谋克作为军事编制单位，其人数最初多少不定。此次调整，完颜阿骨打规定三百户为一个谋克，十个谋克为一个猛安。谋克相当于汉语中的百夫长，猛安相当于汉语中的千夫长。

不久，完颜阿骨打听说辽国又调兵对付他了。

三、出河店之战

天祚帝听说宁江州被完颜阿骨打攻破,赶紧召集大臣们商议对策。汉人行宫副部署萧陶苏斡认为,女真人虽然弱小,但他们都非常骁勇,擅长射箭,建议从各道调集兵力,用强大的阵势镇住这群女真人。然而枢密使萧奉先认为这个做法是向女真人示弱,他提议,只要把驻扎在滑水以北的兵马派过去,就能把女真人搞定。

天祚帝采纳了萧奉先的建议,任命萧奉先的弟弟萧嗣先为东北路都统,从宁江州逃出来的萧兀纳为副都统,给他们调了三千名由契丹人、奚族人组成的士兵,以及两千名禁军和地方豪族的私家兵马,还从各路挑选两千多名勇猛的人一起参加战斗。天祚帝此次派出的士兵共计七千人,比在宁江州的士兵要多得多。所派士兵也不再是与女真同源的渤海人,而是以契丹人、奚族人为主的士兵。辽国是契丹人建立的,而奚族人与契丹人的关系很好。

天祚帝所派的兵马先在鸭子河北的出河店集结。辽国人所说的鸭子河就是今天的松花江。出河店在今天的黑龙江省肇源县茂兴镇南,离嫩江、松花江汇流之地只有三十里左右,属于辽国的上京道,而上京道则是辽国的主人契丹族所在地。

出河店离完颜阿骨打所在的按出虎水将近四百里,离宁江州不到两百里。当完颜阿骨打得知辽国在出河店集结兵马时,首先想到的便是主动出击,而不是被动挨打。于是,完颜阿骨打召集部众,准备前往出河店迎战。完颜阿骨打这一次召集的兵马比上一次攻打宁江州时要多一些,但也只是多一千二百人而已,总共也就三千七百人。

完颜阿骨打带领他的女真大军出发时,是天庆四年(1114年)十一月,离上一次攻打宁江州不过一个月。完颜阿骨打的女真大军要到鸭子河时,正是晚上。完颜阿骨打知道,过了鸭子河,不远处便是出河店了,辽国的七千兵马正驻扎在那里。完颜阿骨打不打算休息,他想连夜出发,早点过河,给辽军来个出其不意。

如何才能说服士兵放弃休息而连续作战呢？完颜阿骨打自有办法。当天晚上，完颜阿骨打先下令扎营歇息，他本人也躺下睡觉了。不久，完颜阿骨打醒了，对属下说，他睡着时，感觉到有人扶起他的头，又放下，接连三次，像是要把他叫醒。完颜阿骨打说这是神明在提醒他，不要休息。完颜阿骨打于是下令全军拔营，继续前进。

黎明时分，完颜阿骨打带领兵马到达鸭子河畔。当时正是十一月天气，北方极为寒冷，河水早已结成厚厚的冰。完颜阿骨打看到辽国士兵正在破坏鸭子河里的冰，企图让他的大军无法渡河。十一月的天气，鸭子河里的冰已经有一到两米厚，辽国士兵想要破坏这么厚的冰是十分困难的。好在完颜阿骨打及时赶到，发现了敌人的企图，他立即派出一千名勇士冲了上去，把辽国士兵打跑了。

辽国将士的"破冰行动"让完颜阿骨打看出敌人并不敢出战。辽军数量如此众多，应当主动过河去攻打完颜阿骨打，而不是在这里破冰防守。所以，即将到来的这场战斗，其结果可想而知了。

赶走了辽国士兵，完颜阿骨打就带领兵马踏冰过了鸭子河。刚过了河，便与辽兵遭遇，立即发生激战。这一战，完颜阿骨打的士兵数量比辽军要少得多，又是远道来战，不占优势。然而老天不佑辽军，突然刮起了大风，而且风向是朝着辽军的方向，顿时灰尘遮天。完颜阿骨打就趁此机会带着士兵杀向辽军。

辽军敌不过完颜阿骨打的女真兵马，开始后退。完颜阿骨打带领大军紧追不舍，一直追到一个叫斡论泊的地方，杀死以及俘虏辽兵不可胜数。史书上说，辽国将士逃走的只有十七个人，可以说是全军覆没。不仅如此，完颜阿骨打此战还缴获了大量车马与财物，完颜阿骨打把这些东西都赏赐给将士们。完颜阿骨打还一连多天设宴，犒劳大军。这一战，完颜阿骨打的女真士兵伤亡有限，还得到了补充，已经达到一万人。辽国人曾经说过，女真士兵战斗力很强，如果达到一万人，就天下无敌了。

辽军惨败，主将萧嗣先必定要受到天祚帝的惩罚，当然，他的哥哥萧奉先自有办法。萧奉先对天祚帝说，东征的士兵每到一个地方就抢劫，此次虽然战败，但如果不宽大处理，他们就不只是抢劫，而是造反了。天祚帝是昏庸的皇帝，当然也就听信了萧奉先的话，仅仅把萧嗣先免职而已。辽国的其他士兵听说这件事，互相议论说，坚持战斗有可能送死还没有功劳，而后退逃跑不仅能保住性命还不算有罪。从此，辽国士兵们都没有打胜仗的决心，见了敌人就想逃跑。

出河店之战，是历史上一次以少胜多的战例，也是金朝史上一次极为重要的战斗，意义重大。十五年后，完颜阿骨打的后继者、兄弟完颜吴乞买在出河店设置一个州，取命为"肇州"，以此表示基业肇始于此。今人在肇源县茂兴镇和南边的民意乡之间，修建一座石雕塑像，塑像是一匹战马腾空而起，马上一名女真首领正在弯弓搭箭。石雕塑像所在地，就是出河店之战古战场，马上的这名女真首领就是完颜阿骨打。

四、达鲁古城之战

《金史》记载，出河店之战结束后，国相完颜撒改等人又劝完颜阿骨打称帝，完颜阿骨打便在天庆五年（1115年）正月初一登基称帝，国号为金，年号为收国。《辽史》记载完颜阿骨打称帝建国的时间是天庆七年（1117年）。不少研究者认为，《金史》记载的称帝建国时间，是被金朝修史者篡改过的。本书以《辽史》记载的时间为准。

完颜阿骨打在宁江州取得胜利的时候，完颜撒改就曾劝他称帝，他说就凭一次胜利而称帝，会让人觉得他很浅薄。出河店之战虽然取得了更大的胜利，但也只是第二次，完颜阿骨打应当不会这么快就接受称帝建国。另外，经过两次战斗，完颜阿骨打并没有夺取多少城池，而两年后在基本占领东京道的时候再称帝建国，是可信的。

在出河店之战结束不久，完颜阿骨打就准备向辽国的一个重镇发起进攻了，他不能像宁江州、出河店之战那样，等辽国调兵来对付他，然后再去迎战，他要主动出击。

完颜阿骨打要攻打的这个重镇就是东京道所辖的黄龙府（今吉林省农安县）。黄龙府离完颜阿骨打所在的按出虎水五百里，是东北地区中部的战略要地，也是辽国控制女真部族的军事重镇。辽国在黄龙府构筑了坚固的防御工事，也驻有一定的兵力，辽国还在这里设立了兵马都部署司。

天庆五年（1115年）正月初五，完颜阿骨打带着大军向黄龙府进发了。如果完颜阿骨打在正月初一称帝建国，又在正月初五出征，似乎急了些，除非敌人杀上门来了。

黄龙府辖五州三县，益州（今吉林省农安县小城子乡）是北边的一个州。完颜阿骨打的大军首先就到达益州。益州的辽兵听说女真人杀来了，吓得立即撤退到黄龙府。完颜阿骨打不战而得益州，带着大军继续南行，兵锋直指黄龙府。

就在这个时候，完颜阿骨打得到消息，说辽国已经派二十万骑兵、七万步兵前往宁江州，行军都统是耶律讹里朵，左右副统分别是萧乙薛与耶律章奴，都监是萧谢佛留。二十七万大军，这不是一个小数目。完颜阿骨打很冷静，知道这只是号称而已，实质不可能有这么多，打仗经常用这种虚张声势的策略。然而，完颜阿骨打也很清醒，这次的兵马一定比宁江州之战以及出河店之战要多得多。完颜阿骨打知道辽国此举，是想切断他的退路，让他攻打黄龙府有后顾之忧。完颜阿骨打果断地作出决定，暂且不去攻打黄龙府，而去与耶律讹里朵这支大军决战。只有一万多人，就敢去迎战号称二十七万的大军，完颜阿骨打的胆识确实不同一般。完颜阿骨打留下完颜娄室、完颜银术可两位大将守在益州，然后就带领兵马，掉头北上，向宁江州进发了。

快到宁江州了，完颜阿骨打得到消息，耶律讹里朵将大军驻扎在宁江州西边的一个小城，这个小城名叫达鲁古城。达鲁古城的确切位置，今天尚无定论，历史爱好者和考古工作者还在为此努力。目前大多认为达鲁古城遗址便是今天的吉林省松原市宁江区境内的土城子，在宁江州的州城西南十里外。达鲁古是女真的一个部族，不过早就被辽国征服，隶属宁江州管辖。

就在完颜阿骨打快到达鲁古城时，辽国派来一位使者。

使者名叫僧家奴，声称前来议和，还带来一份国书。国书直接称呼完颜阿骨打的名字，还让完颜阿骨打向辽国称臣。完颜阿骨打也派使者前往辽国军中，提出两个议和条件，第一个是把罪人阿疏交出来，第二个是让辽国把黄龙府迁到别的地方去。

辽国怎么能接受完颜阿骨打的这两个条件呢，那结果便是准备开战。开战之前，完颜阿骨打还不忘搞点仪式，从松花江里舀些水，洒一洒，祭拜天地，让将士们充满力量、踊跃向前。

正月二十九日，完颜阿骨打带着兵马到了达鲁古城。完颜阿骨打登上高处，远望辽兵，只见辽兵漫山遍野，如同灌木丛。完颜阿骨打面对大敌，毫无畏惧，但他担心部众会胆怯。完颜阿骨打于是对身边人说，辽兵三心二意、贪生怕死，人虽然多，但不值得害怕。话虽如此说，完颜阿骨打还是很谨慎的。完颜阿骨打立即派人快马加鞭去把大将完颜娄室、完颜银术可召来参战。完颜娄室有着过人的作战本领，是女真人的战神。

不久，完颜娄室与完颜银术可带着所部人马赶来了，完颜阿骨打看到他们的战马都很疲惫，毕竟他们一刻不停地赶了过来，马比人还要劳累。完颜阿骨打于是调了三百匹战马给他们，然后将将大军分为左、中、右三军。

战斗开始，完颜阿骨打的侄儿完颜宗雄带领右军冲击辽国兵马的左军。完颜宗雄身先士卒，作战勇猛，辽国左军开始后退。完颜阿骨打的堂侄儿完颜宗翰带领左军攻打辽兵主力，刚刚赶来的完颜娄室、完颜银术可带着人马率先冲向敌阵。完颜娄室、完颜银术可二将在辽军阵中杀进杀出，前后一共九次，但辽军主力损失不大。于是，完颜宗翰向完颜阿骨打请求派中军增援左军。完颜阿骨打立即派长子完颜宗干带领一支人马前往助战。就在这时，完颜宗雄的右军已经取得胜利，也一同来前来助战。辽兵看到女真大军纷纷杀来，开始后退。

完颜阿骨打不想放过这些辽兵，立即下令追击，一直追到辽兵大营。当时天色已晚，辽兵躲在营中不敢出来作战，完颜阿骨打则下令将辽兵大营包围，整整围了一夜。第二天天明，辽兵突围出去，完颜阿骨打下令追击，一直追到一个叫阿娄冈的地方。辽国的步兵无法再逃，全部被杀。

又是一场以少胜多的战斗，完颜阿骨打的将士越战越勇。完颜阿骨打休整两个月后，准备带着兵马再去攻打黄龙府。这时，辽国使者又来了，他们带着国书前来劝降。

五、攻克黄龙府

天庆五年（1115年）四月，辽国又派使者来见完颜阿骨打。辽国这回派的是由六人组成的使团，为首的名叫耶律张奴。耶律张奴又给完颜阿骨打带来一份国书。完颜阿骨打看到国书上又一次直呼其名，很是生气。再看国书内容，仍是劝他向辽国投降，而且是立即投降。完颜阿骨打不能接受如此傲慢的国书，立即下令把六人中的五人扣留下来，只派耶律张奴一人回国复命。完颜阿骨打也让人写一封口气一样的国书，让耶律张奴带给天祚帝。

六月初一，耶律张奴又来了，又给完颜阿骨打带来了天祚帝的国书。国书的内容与上次的一样，仍然直呼完颜阿骨打的大名，还是让完颜阿骨打投降。看来天祚帝根本没有把完颜阿骨打放在眼里，尽管完颜阿骨打扣留了他的五位使者。

完颜阿骨打此次回复的国书也直呼天祚帝的大名耶律延禧，完颜阿骨打还在回书中要求耶律延禧向他投降。耶律张奴带着完颜阿骨打的国书返回辽国了，另外五位使者此次也被放了回去。

七月，辽国又派一位使者前来。这位使者名叫萧辞剌。萧辞剌带来的国书内容与前几次没有什么变化，也没有答应完颜阿骨打上次回书所提的要求。完颜阿骨打决定不再与辽国反复派使打"口水仗"了,他下令把萧辞剌扣留,也不给辽国回复,他准备继续去攻打黄龙府。

《金史》中关于完颜阿骨打攻打黄龙府的记载过于简单。研究者发现,在完颜娄室神道碑碑文中,关于攻打黄龙府的记载比较详细,弥补了《金史》的若干遗漏。完颜娄室神道碑位于今天的吉林省长春市郊外完颜娄室家族墓地,是完颜阿骨打的孙子金世宗完颜雍在位时,为纪念完颜娄室一生的功绩而修建的。

根据碑文记载,完颜阿骨打在攻打黄龙府前,先召集诸将商议攻取方略。完颜娄室认为黄龙府是辽国的重镇,防守很严,攻打很难,他建议先把黄龙府所辖的州县攻下,让黄龙府成为一座孤城,然后再去攻打它。完颜阿骨打采纳了完颜娄室的建议,就派完颜娄室先去扫平黄龙府外围的大小城池。在完颜娄室完成使命后,完颜阿骨打便亲自登场了。

八月初一,完颜阿骨打带领兵马起程。大军到达混同江(西流松花江)时,江水滔滔,没有船只。完颜阿骨打准备骑着马过江,他命令一名骑兵在前面引路,自己骑着赭白马渡江,让众将士跟着他而行。大军就这样渡江了,江水正好到达马的腹部。过了江后,众人都说原来江水不深。完颜阿骨打派一名船夫到刚才渡江的地方去测量水的深浅,一测才知深不见底。二十四年后,完颜阿骨打的孙子金熙宗完颜亶(音同胆)将黄龙府改名为济州,就是为了纪念完颜阿骨打此次渡过混同江的神奇经历。

完颜阿骨打兵临黄龙府城下时,完颜娄室、完颜银术可等将领也都一同赶来。攻城确实十分不易,完颜阿骨打边围边攻,前后将近一个月。最后,完颜娄室采用火攻,终于把黄龙府攻克。完颜娄室神道碑碑文还记载了一个细节,这便是大火烧到了完颜娄室的靴子伤了脚,他一点都不知道,说明他指挥作战是多么专注,战斗是多么激烈。碑文还说完颜阿骨打论功行赏,给完颜娄室赏了一匹御马,三百名奴婢,还赐予免死牌,可见完颜娄室在此战中有着特殊的功勋。

完颜阿骨打此次攻打黄龙府,还带着辽国的使者萧辞剌。在攻克黄龙府后，完颜阿骨打便把萧辞刺放了回去，他要让天祚帝知道，黄龙府这个重镇已经被他占领了。

攻克黄龙府之后，完颜阿骨打想继续主动出击，到上京道境内攻打长春州（今吉林省白城市），长子完颜宗干认为辽国的有生力量还有很多，此时攻打长春州不太现实，建议先让将士们休整一下，顺便等待时机。完颜阿骨打觉得有理，于是班师。完颜阿骨打再次达到混同江时，与上次一样神奇地过了江。

几个月后，天祚帝亲自率领大军杀来了。

六、护步答冈之战

天祚帝耶律延禧任命围场使阿不为中军都统，耶律章奴为都监，统领十万人马，号称七十万，前来讨伐完颜阿骨打。大军在辽国上京道境内的长春州（今吉林省白城市）集结后，派耶律章奴率领两万名精兵担任先锋，主力兵马分五路东出驼门，另外再派都点检萧胡睹姑率领三万人马为偏师，兵锋直指宁江州。此外，天祚帝还派驸马萧特末、林牙萧察剌率领五万名骑兵、四十万名步兵前往斡论泊，作为第二路兵马。

天祚帝调集如此众多的兵马，并亲自前来，目的便是一举消灭完颜阿骨打。辽国大军人数虽然有很大夸张，但确实也不会少，毕竟是皇帝举全国之力来战。完颜阿骨打的女真大军有多少人呢？也就在两万左右吧，然而完颜阿骨打毫不畏惧，毅然决定主动迎战。

天庆五年（1115年）十二月，完颜阿骨打率部到达一个叫爻刺（今吉林省扶余市东南）的地方，召集诸将商议作战策略。诸将认为辽军既然号称七十万，人数一定不会少，另外前锋也一定不容易抵挡。诸将建议就在爻刺驻守，用深沟、高垒待敌。

从诸将的建议来看，诸将对数量巨大的辽国兵马还是感到畏惧的。的确，这一次的敌人与以前不一样。以前在宁江州、出河店、达鲁古城以及黄龙府，敌人虽然也不少，但毕竟没有这一次多。更何况这一次是辽国的皇帝亲自来战，兵马也是辽国的精锐。

完颜阿骨打采纳了诸将的建议，传令就在爻剌深挖濠沟、构筑堡垒。部署停当之后，完颜阿骨打与将士们等候辽军的到来。这一天，完颜阿骨打的将士俘获了几名辽国运粮的士兵。从这几个运粮的士兵口中得知，辽国军中发生叛乱，天祚帝两天前就已经向西撤退了。

辽国大军即将与完颜阿骨打兵马大战，可以说胜利在望，现在却发生戏剧性地变化。那么又是谁临阵叛逃了呢？是都监耶律章奴，也是先锋。耶律章奴是辽国的宿将，对天祚帝的统治十分不满，一直想拥立天祚帝的堂叔耶律淳为帝。耶律章奴看到天祚帝亲自统军出战，认为拥立新君的时机到来，便于一天夜里，带领三百名亲兵离开大军，直奔辽国上京临潢府。天祚帝听到这一消息，担心帝位不保，立即下令撤军，决定先回去平定叛乱，然后再来讨伐完颜阿骨打。

这时，就有将领向完颜阿骨打建议追击辽军。完颜阿骨打说，敌人来的时候不敢迎战，现在敌人撤退了，却要去追击，是想以此来表示自己勇敢吗？

从完颜阿骨打这句话来看，当初在爻剌提出深沟高垒待敌，不是完颜阿骨打的本意，因为完颜阿骨打本人是不怕辽国大军的。完颜阿骨打甚至对当初深沟高垒待敌的做法不满，所以才说出了上面的话。将领们听了完颜阿骨打的话，都感到很是羞愧，纷纷表示愿为完颜阿骨打效力，不敢再有贪生怕死的想法。

完颜阿骨打不是不想追击，此时追击确实是一个好机会，毕竟敌人已经有了后顾之忧。完颜阿骨打如此说，只是想激励一下大家，所谓遣将不如激将。完颜阿骨打看到大家的表现，十分满意。完颜阿骨打对众人说，果真想要追击的话，就轻装简行，不要粮草，如果破了敌军，还有什么得不到的呢？

众将听了完颜阿骨打的话，都争先恐后要追击。于是，完颜阿骨打带着将士们快马追击辽国大军，最后在一个叫护步答冈（今黑龙江省五常市西）的地方追上了辽国兵马。

完颜阿骨打发现辽军的中军最齐整，认为天祚帝一定在那里，于是命令将士们攻打中军。完颜阿骨打没有让自己的兵力太过分散，只是分为左、右两军轮番进攻。完颜阿骨打先让右军全力攻打辽军的中军，适时再让左军投入战斗。史书记载，完颜阿骨打的五弟完颜斜也在这次战斗中，手持长矛杀死数十人。这一战的结果是辽军大败，又是一次以少胜多的典型战例。

护步答冈之战，辽国士兵战死的人相连一百余里，大量的军资、器械、牛马、财物，以及天祚帝的车辇、帐幄都被缴获。天祚帝带领几百名随身卫士，一天一夜狂奔五百里，逃到了长春州。

护步答冈之战，是一场战略性决战，其结果，女真大军不仅没有灭亡，反而变得更加强大。从此，完颜阿骨打由反辽转向灭辽，由局部防御、被动应战，转向全面进攻。辽国经此一役，实力受到严重削弱，不仅损兵折将，而且统治集团内部的矛盾更加激化，加速了它的灭亡。

七、夺取东京

完颜阿骨打经过一年多的作战，已经占领了宁江州以及黄龙府等处。这些地方都是辽国的东京道属地。完颜阿骨打很想得到整个东京道。不久之后，上天就给完颜阿骨打送来了一个夺取东京辽阳府（今辽宁省辽阳市）的机会。

天庆六年（1116年）正月初一，新年的第一天。有十几个不法少年，借着酒兴，翻墙进入了东京留守府，要找东京留守萧保先，说军队里发生叛乱，让萧保先赶紧做好防备。萧保先想也不想，便出来接见这些个少年，不想被这些人当场刺杀。户部使大公鼎听说留守被杀，立即宣布代理留守一职，与副留守高清明组织上千名由奚族人、汉族人组成的队伍逮捕了这些不法少年，平息了叛乱。

东京道是原渤海国之地，东京留守萧保先严厉残酷，让渤海人痛苦不堪，所以才发生了这起叛乱。叛乱虽然被平息了，但驻守东京的副将、渤海人高永昌也产生了谋反的企图。高永昌当时正带领三千名士兵驻扎在城外的白草谷，他派兵进入了辽阳府，占领了辽阳城。辽阳府远近之人纷纷起兵响应，十天左右，高永昌就有了八千多名士兵。高永昌于是在辽阳府自称皇帝，建立国家，国号大元，年号隆基。高永昌的国号、年号很有意思，不知唐玄宗李隆基会有什么想法？更不知元朝的开国皇帝忽必烈是不是抄袭了高永昌的国号？

天祚帝耶律延禧听说高永昌造反，马上派人前来招降。高永昌没有接受招降，天祚帝于是再派南府宰相张琳前来征讨。不久，另外几处的渤海人也起兵造反，有人还宣称归附东京的高永昌，天祚帝只得再派兵去讨伐这些地方的渤海人。

高永昌担心自己实力不够，于是派人去见完颜阿骨打，想与完颜阿骨打联合对抗辽国。完颜阿骨打派胡沙保前往东京对高永昌说，合力攻取辽国固然可以，但在东京这个地方，你高永昌不能称帝。完颜阿骨打希望高永昌归顺他，承诺会给高永昌封王。

高永昌已经当了皇帝，就不想再当王。高永昌不接受完颜阿骨打的劝说，完颜阿骨打只好派兵前来攻打了。完颜阿骨打这一次用兵，没有像之前那样，亲自带兵出征，而是把这个任务交给了国相完颜撒改的弟弟完颜斡鲁，也是自己的堂兄弟。

当年五月，完颜斡鲁率领大军首先到达沈州（今辽宁省沈阳市）。辽国在沈州城的守将便是前来讨伐高永昌的张琳。张琳一直没有平定高永昌，现在反而听说完颜阿骨打派兵杀来了。张琳就是沈州人，自己的家乡不能丢，只得带领城内兵马仓促出城应战。岂料这些辽兵见到女真人的旗帜，都吓得争相逃入城内。完颜斡鲁趁势带领兵马杀至城下，轻易就占领了沈州城。张琳最后逃到了百里之外的辽州（今辽宁省新民市东北）。

沈州到辽阳，一百里左右，女真兵马来攻的消息很快就传到高永昌那里。高永昌这时才感到害怕。高永昌知道完颜阿骨打是有实力的，女真兵马不好对付，他赶紧派出使者，前往沈州去见完颜斡鲁。

使者名叫铎剌，他对完颜斡鲁说，高永昌愿意放弃帝号，向完颜阿骨打称臣。完颜斡鲁相信高永昌说的话，便派曾经出使过辽阳府的胡沙保与完颜撒八再次前往辽阳，回复高永昌。

胡沙保与完颜撒八走了之后，从辽阳来了一个叫高桢的人。高桢与高永昌一样，也是渤海国后人。高桢因母亲在沈州而前来探望，同时也向完颜斡鲁投降。高桢告诉完颜斡鲁，高永昌根本不是真心称臣，只是缓兵之计。完颜斡鲁又相信了高桢的话，马上下令大军向辽阳城开拔。

高永昌也很有血性，听说完颜斡鲁决然来攻，立即下令把使者胡沙保与完颜撒八杀死。胡沙保痛骂高永昌背叛，违犯天意，还说今天杀了我，明天就轮到你高永昌。胡沙保骂不绝口，高永昌大怒异常，残忍地将胡沙保与完颜撒八肢解。高永昌接着带领部众出城，去与完颜斡鲁交战。

两军在一条河两岸遭遇。完颜斡鲁什么也不顾，只管下令渡河。高永昌看到这个架势，不仅不敢渡河，甚至连半渡而击的想法也不敢有。高永昌立即率部后退，逃回辽阳城内。完颜斡鲁追到辽阳城外，没有马上攻城，先安营扎寨。

第二天，高永昌沉不住气，带领兵马出城与完颜斡鲁决一死战。其实高永昌原本可以利用城池来对付远道而来的敌人。试想一下，辽阳府是什么地方？这里是辽国的五京之一，其城池不会不高，不会不坚，是黄龙府那些城池不能相比的。再想一下，完颜斡鲁带着女真大军前来，已经走了多少路了呢？按今天的地名来说，是从黑龙江省的哈尔滨前来，一路经过吉林省，最后到了辽宁省，过了沈阳才到辽阳的。哈尔滨到辽阳的直线距离长达一千二百多里。这支女真兵马从那么远的地方来攻一个坚城，迟早会因粮草不足而撤退。对于完颜斡鲁来说，他一定不希望高永昌坚守城池不出战，完颜斡鲁最希望的就是尽快交战，速战速决。然而高永昌只在城内待了一夜，便倾巢出动了。

大战开始了，完颜斡鲁的女真大军虽然劳师远征，但士气很旺，所以交战结果是高永昌的兵马一败涂地。高永昌无心再战，带领五千名骑兵逃走了，辽阳城也不要了，妻子儿女也不要了。辽阳城内的士兵看到高永昌走了，哪敢守城，便把高永昌的妻子儿女抓了起来，打开城门，向完颜斡鲁投降。

高永昌虽然逃离辽阳，但没过多久，他的部将便把他活捉，交给了完颜斡鲁。完颜斡鲁派人向完颜阿骨打奏报，完颜阿骨打想也不想，立即下令将高永昌处死。

随着完颜斡鲁攻占辽阳府，辽国东京道所辖的各州以及南部地区那些熟女真，都纷纷向完颜阿骨打投降。完颜阿骨打得到了东京，废除辽国的法令，降低赋税，实施他们女真人的猛安谋克制度，管理东京道各地百姓。那位到沈州主动向完颜斡鲁投降的高桢便被任命为猛安。

完颜斡鲁因夺取东京的战功，被完颜阿骨打任命为南路都统。为了更好地管理东京，完颜阿骨打也任命了一些官员，比如完颜斡论为知东京留守事，高桢为同知东京留守事。

得到了东京，完颜阿骨打下一步会向何处用兵呢？

八、蒺藜山之战

在占领东京辽阳府的半年后，完颜阿骨打任命五弟完颜斜也为都统，给完颜斜也一万兵马，让他去攻打辽国上京道境内的长春州（今吉林省白城市）与泰州（今黑龙江省齐齐哈尔市泰来县境内），原因是长子完颜宗干得到消息，说那里没有什么守军。天庆七年（1117年）正月，完颜斜也不辱使命，攻克了长春州与泰州。

天祚帝耶律延禧听说长春州与泰州被攻占，没有考虑去收复长春州或泰州，他已经没有这个实力。天祚帝当时考虑的还是防守，他担心女真大军会在秋高马肥时发动秋季攻势。当年八月,天祚帝正在秋捺钵期间,他决定派一位重量级的人物前往边境沿线,会集四路兵马防备女真大军。

天祚帝会派谁出场呢?南府宰相张琳在沈州(今辽宁省沈阳市)败给女真人之后,契丹的一些贵族认为汉人不管用,关键时刻还得靠契丹人。天祚帝于是把重任交给一个很有人望的人,这便是耶律章奴一直想拥立为帝的魏国王耶律淳。耶律淳是天祚帝的堂叔父,对天祚帝也很忠心。耶律淳没有接受耶律章奴的拥戴,还杀了耶律章奴派来的人,因而得到天祚帝的信任,被天祚帝晋封为秦晋国王。现在天祚帝想让耶律淳出任主将去防备女真,便又任命耶律淳为兵马都元帅,可以说对耶律淳寄予了厚望。

耶律淳先在南京道、西京道境内招募兵马,共招募了七千名士兵。耶律淳觉得所招募的士兵远远不够,他认为东京境内的那些百姓一定对女真人占领他们的家乡而心怀怨恨,于是从这些人中招募了两万八千人,组成八个营,将这支兵马称为"怨军"。耶律淳带领这支兵马向东推进,最后驻扎在卫州的蒺藜山(今辽宁省阜新市北),以防备女真大军再次来进攻。

完颜阿骨打得到消息,决定派兵消灭辽国这支大军。完颜阿骨打这一次仍然没有亲自出征,他派咸州路都统完颜斡鲁古带领大军出战。完颜斡鲁古不久便将大军驻扎在东京辽阳府境内,与耶律淳的兵马隔辽河对峙。

耶律淳命令将士们屯田,做长期坚守的打算。耶律淳还向完颜斡鲁古提出议和,希望维持当前的局面。完颜斡鲁古派人向完颜阿骨打报告,完颜阿骨打同意议和,但提出的议和条件是废黜昏主天祚帝,重新拥立贤者,并且把叛逃在辽国的阿疏交出来。完颜阿骨打还让完颜斡鲁古威胁耶律淳,如果不接受这些条件,就把他们消灭。完颜阿骨打一边用议和麻痹对方,一边命令完颜斡鲁古加紧备战,准备西渡辽河。

十二月,完颜斡鲁古派三千名士兵,先突破辽军的辽河防线,进逼显州(今辽宁省北镇市东南)。防守显州的"怨军"将领郭药师率军迎战,企图在女真兵马立足未稳之时采用夜袭,结果失利,退守城中。

耶律淳听到这一消息,大惊失色。耶律淳不想失去显州,于是亲率主力兵马南下增援。完颜斡鲁古决定先不攻打显州城，而在蒺藜山与辽军主力进行决战。这场战斗非常激烈，结果辽军大败，耶律淳仅带领五百名骑兵逃走。

完颜斡鲁古取得大胜后，继续攻打显州，与守城辽军激战数日，终于占领显州城。显州城一下，辽国的乾州、懿州、成州、惠州等地闻风而降。当时正在中京大定府（今内蒙古赤峰市宁城县天义镇西）的天祚帝得知辽军战败的消息，惊慌逃走。然而，完颜斡鲁古并没有乘胜前往攻打中京大定府，而是把兵马驻屯在显州，等待完颜阿骨打的下一步指示，从而失去一次可能消灭天祚帝的良机。

完颜斡鲁古失去这一良机不说，他在显州作战所得的财物、牲畜大多归自己所有，他镇守的咸州粮草丰足，却向完颜阿骨打奏报时隐瞒了数量。完颜阿骨打后来得知完颜斡鲁古的种种不法行为，便撤了完颜斡鲁古的职，让他只担任一个谋克。

经过这一年的作战，完颜阿骨打不仅得到整个东京道，还在北边得到了长春州与泰州，在南边将势力范围推进到辽河西部地区。此时的完颜阿骨打终于在渤海大族杨朴的劝说下，称帝建国了。

九、称帝建国

完颜阿骨打一开始采用勃极烈制度来管理统一的生女真各部。各部的首领称勃极烈，完颜阿骨打则称都勃极烈。为了便于管理，完颜阿骨打在都勃极烈之下，还设立了几位勃极烈，协助他管理生女真各部。

天庆五年（1115年）七月，完颜阿骨打任命四弟完颜吴乞买为谙班勃极烈，国相完颜撒改为国论勃极烈，堂叔父完颜习不失为国论阿买勃极烈，五弟完颜斜也为国论昃勃极烈。九月，完颜阿骨打又任命叔父完颜阿离合懑（音同闷）为国论乙室勃极烈，同时将国论勃极烈改为国论忽鲁勃极烈。谙班勃极烈是储君，是未来的继承人。其他几位勃极烈相当于是宰相，而国论勃极烈以及更名后的国论忽鲁勃极烈是排在第一的宰相。

关于完颜阿骨打称帝建国，《金史》中共有两次劝进。第一次是宁江州大捷之际，国相完颜撒改派其子完颜宗翰前去劝进。第二次是出河店之战结束后，完颜撒改以及完颜吴乞买、完颜习不失等人的劝进。两次劝进，都有完颜撒改，好似他对此非常热心。相反，真正对完颜阿骨打称帝建国起推动作用的杨朴，反而在《金史》中不见传记，有意被淡化。

杨朴是渤海人，进士及第，他在完颜阿骨打攻下东京后，投奔完颜阿骨打，得到完颜阿骨打的重用。天庆七年（1117年），杨朴劝完颜阿骨打称帝，建立国家。完颜阿骨打接受了劝进，确定国号为"大金"，年号为"天辅"，完颜阿骨打便是金太祖。

杨朴虽出自渤海大族，但同很多渤海人一样，汉化程度很高。杨朴还建议金太祖给自己取一个汉名。金太祖从此有了汉名为"完颜旻"。完颜部的不少人从此也有了汉名，而且汉名取得还很有讲究。金太祖的四弟完颜吴乞买汉名为"完颜晟"，五弟完颜斜也汉名为"完颜杲"。他们的名字都是一个字，而且都是"日"字头。后来，与他们同辈份的人，取汉名时，也往往会找一个"日"字头的字。比如，金太祖有一个最小的异母兄弟叫完颜昂。又比如，金太祖的叔父完颜盈歌的儿子叫完颜昌、完颜勖。当然，也有同辈之中没有取汉名的，比如金太祖的异母兄弟完颜阇母，未见有汉名。金太祖的堂兄弟完颜撒改，也未见有汉名。

到了金太祖的下一代，他们的名字是两个字，都是"宗"字辈。金太祖的长子完颜斡本，汉名为完颜宗干；次子完颜斡离不，汉名为完颜宗望；三子完颜讹里朵，汉名为完颜宗辅；四子完颜兀术，汉名为完颜宗弼；五子完颜绳果，汉名为完颜宗峻。此外，那些同辈分的堂兄弟也都是"宗"字辈，比如完颜晟的儿子完颜宗磐，完颜撒改的儿子完颜宗翰，等等。

女真名不好记，但至少有两个人的女真名是很响亮的，因为知道的人实在太多。一个便是金太祖的大名完颜阿骨打，另一个便是他的四子完颜兀术，也被人称为金兀术。本书在后面讲到完颜兀术时，仍然会用汉名完颜宗粥，先在这里提醒一下，以免一些读者误以为笔者把大金国史上这么有名的人给遗忘了。

笔者在这里不厌其烦地讲述金太祖兄弟、堂兄弟以及子侄的汉语名字，可能会让读者以为金太祖称帝之后，便在忙于学习汉语，给众人改名字。其实这些名字也不是一天就改成的。

杨朴还对金太祖提出，自古英雄建立国家或者接受禅让，一定要让大国给予册封。杨朴的这个观点不正确，因为历史上很多开创国家的英雄并没有让别的国家来册封。杨朴的观点可能基于之前的渤海国。渤海国就是因为唐玄宗李隆基的册封而得名。杨朴大概想让金太祖先搞一个渤海国的模式，以后再找机会与大国分庭抗礼。

那么金太祖刚建立的金国要让哪一个大国来册封呢？显然只有辽国了。金太祖接受了杨朴的建议，还为此不厌其烦地花费了两年时间。就从这一点也能看出，两年前金太祖称帝建国是不可能的，因为他不可能等了两年再去找辽国册封。按今天的话讲，已经过了时效性，没有意义。

金太祖于是派出使者前往辽国。辽国枢密使萧奉先认为可以给金国册封，这样可以避免战争。天祚帝耶律延禧于是派出使者前往金国商议册封之事，使者名字叫耶律奴哥。耶律奴哥于天辅二年（1118年）正月初四从辽国出发，二月初一到达金国。

册封原本是金国提出来的，应当是金国有求于辽国。现在辽国希望通过册封，停止两国的战争，结果反而让金国觉得辽国有求于金国。金太祖于是提出了苛刻的议和条件，要求辽国皇帝把金太祖当作兄长，每年向金国进贡地方物产，将上京、中京、兴中府三处的州县划给金国，派亲王、公主、驸马和大臣的子孙到金国当人质，放回金国的使者，归还原本给金国的信符，交出辽国与北宋、西夏、高丽等国来往的文书。

耶律奴哥不能答应金太祖的这些要求，只好返回辽国向天祚帝奏报。天祚帝也不能答应金太祖的这些要求，因为这些要求实在是太苛刻了，比如把上京、中京划给金国，这怎么可能呢？上京可是辽国主体民族契丹人发家的地方，怎么能划给别的国家呢？然而天祚帝也很有耐心，于当年三月再派耶律奴哥出使金国，重申之前的册封要求。

耶律奴哥于四月到了金国，金太祖对之前的议和条件没有松口，耶律奴哥只好又返回辽国。耶律奴哥离开金国时，金太祖要求他对天祚帝讲，一定要在五月给予答复。

五月初一，耶律奴哥回到辽国，把情况奏报给天祚帝。天祚帝仍然很有耐心，希望金太祖能有一个折中一点的方案，并于当月再派耶律奴哥前往金国。耶律奴哥到了金国，对金太祖说，希望方案能有一个折中的处理。金太祖仍然不松口，态度依然强硬，坚持之前的要求，并派胡突衮带着国书和耶律奴哥一同前往辽国，国书的内容与之前的要求一样。

讲到这里，真的让人感到头晕眼花，耶律奴哥一来一去，已经三趟了。天祚帝虽然没有答复金太祖的条件，但也没有与金太祖破裂，还诚心地希望金太祖能够折中一下。要知道，辽国是大国，原本是金太祖的宗主国，而金国是一个小国，是前来请求辽国册封的，希望得到辽国的承认，现在反而是辽国在低三下四，希望把这件事做成。然而，三趟来回，金太祖丝毫没有让步。

那么天祚帝会让步吗？天祚帝先做了一些让步。

六月，天祚帝派耶律奴哥与金国使者胡突衮前往金国，按金太祖的要求，给金太祖带去了辽国与北宋、西夏、高丽等国来往的文书。七月，耶律奴哥等人到达金国。金太祖虽然没有看到天祚帝全部答应他的要求，但看到辽国送来这么多书面资料，也看出辽国的诚意。金太祖于是也松了口，作了不少让步，继续让胡突衮出使辽国，带去他的话：可以不要派人来做人质，也不要上京、兴中府的州县土地，每年进贡的数量可以减少，但希望辽国皇帝能以兄长的礼仪对待金太祖，用汉人的礼仪进行册封，议和就可以达成。

天祚帝接受了金太祖的最新建议，于当年八月再派耶律奴哥与耶律突迭出使金国，商议具体册封礼仪。当月，辽国两位使者到了金国，金太祖与他们议好册封礼仪之后，把耶律突迭扣留，让耶律奴哥尽快回国，让他对天祚帝说，如果不答应的话，就不要再来了。九月，耶律奴哥回到辽国，把商议的礼仪奏报给天祚帝。

闰九月，天祚帝又派耶律奴哥前往金国与金太祖商谈。耶律奴哥到达金国后，金太祖又提了一些细节内容，并于十月让耶律奴哥、耶律突迭回国，作最后的确认。辽国这一次比较谨慎，为了防止耶律奴哥再跑几次，于是组织人马认认真真地商定册封仪式。当然，这一次确定的时间也有些长，一直到当年十二月才终于把册封的礼仪确定了下来。

十二月初七，天祚帝再派耶律奴哥出使金国。耶律奴哥一到金国，就告诉金太祖，册封的礼仪定下来了，就等着正式册封了。金太祖对确定的礼仪没有再提出异议，便让耶律奴哥回国，一心等着辽国派重要大臣前来册封。

我们再梳理一下这个过程，不得不说，确实很复杂。之前在为册封的条件上，耶律奴哥前后跑了三趟。现在为了册封的礼仪，耶律奴哥前后又跑了四趟。商议礼仪一事，确实也不容易，毕竟大家都要面子，什么样的人前来册封，按什么样的步骤进行，都很重要。

几趟下来，一年便过去了，耶律奴哥的任务算是完成了，下面就等着辽国大臣前来给金太祖册封了。然而，耶律奴哥做梦也没有想到，就在他为金太祖册封一事跑来跑去时，北宋也派出使者渡渤海来到了金国。

十、开启"海上之盟"

五代时，后晋的"儿皇帝"石敬瑭把燕云十六州送给辽国，成为辽国的南京道与西京道。燕云十六州也称幽云十六州，由幽州、云州等十六个州组成，幽州是辽国的南京析津府（今北京市），也称燕京，云州是辽国的西京大同府（今山西省大同市）。

五代结束后，代之而起的北宋一直想收复燕云十六州。然而，经过与辽国的多次战斗，北宋不仅没有收复燕云十六州，还在宋真宗景德元年（1004年）与辽国缔结了"澶渊之盟"。从此，两国约定为兄弟之国，北宋每年给辽国十万两白银、二十万匹绢帛。

澶渊之盟后，宋、辽两国在百年里没有发生过战争，只发生了两次重要交涉。一次是宋仁宗庆历二年（1042年），辽国趁北宋同西夏交战的机会，向北宋勒索土地。北宋不同意给土地，于是给辽国的岁币增加十万两白银，十万匹绢，称"庆历增币"。另一次是宋神宗熙宁七年（1074年），辽国借口北宋在山西边境增修堡垒破坏边界，要求划界。第二年，北宋同意以分水岭为界，放弃了一些土地。

北宋比较富裕，用金钱向辽国换来和平，一百余年来，可能已经把燕云十六州给忘记了。然而有一个人没有忘记，他一直希望北宋能够收复燕云十六州，这个人就是马植。马植是辽国燕京的大族，也是燕云十六州一带的汉族居民。

宋徽宗政和元年（1111年），北宋枢密使童贯出使辽国，马植设法拜见了童贯。马植向童贯献上了收复燕云十六州的策略，那便是培植正在崛起的女真部族，联合他们消灭辽国，北宋可以趁机收复燕云十六州。

童贯虽是北宋的一名宦官，但多次带兵与西夏国交战，也取得不少战果，掌握着北宋的军事大权，是一名主战派。童贯对马植的提议很是赞赏，便将马植带回北宋，还让马植改名为李良嗣。童贯回朝后，又把马植的建议奏报给宋徽宗，宋徽宗也很赞同这个策略，于是任用马植为官，还给马植赐姓，从此马植便叫赵良嗣。

赵良嗣的策略虽然被宋徽宗等人采纳，但一直没有得到实施。一来女真反辽的大业当时还没有正式开始；二来北宋与女真人的居住区并不相连，就是通过渤海到达辽东，也要经过辽国的东京道；三来北宋朝廷中一些有见识的大臣认为这个策略很危险。他们认为，辽国与北宋已经友好多年，辽国没有能力再对北宋形成威胁，而女真是一个新兴的部族，一旦强大起来，可能会对北宋形成巨大的威胁。他们认为，与其与女真人做邻居，不如继续与辽国人做邻居。

　　这个策略被付诸实施，是在宋徽宗政和七年（1117年），也就是金国的天辅元年。这个时候，金国已经得到辽国的东京道，辽东半岛已经完全在金国的版图内。由于金、辽两国在东京一带的战争，东京道苏州（今辽宁省大连市金州区）境内的汉人高药师、曹孝才等人带着亲属二百多人，乘着大船渡海，想到高丽国去躲避战乱。高药师等人的大船在海上遇到大风，被刮到山东半岛来了，于当年七月进入了北宋的辖区。高药师等人上岸后，便被北宋登州（今山东省烟台市蓬莱区）的巡逻士兵带走，交给登州知州王师中。高药师告诉王师中，女真人已经占领了辽国的东京道。王师中把这个消息奏报给北宋朝廷。北宋朝廷本来就想联合女真人攻打辽国，现在听到这个消息，于是就开始实施封藏六年之久的计划。

　　掌管北宋朝政大权的蔡京、童贯等人建议宋徽宗以买马为名，先派人去金国打探虚实，与金国建立官方联系，然后再与他们商议"联金灭辽"的策略。宋徽宗委任童贯负责与金国修好事宜。童贯让王师中找一个能干的人出使金国，王师中推荐了被贬谪到青州任职的马政。宋徽宗马上任命马政为武义大夫，派马政与平海指挥使呼延庆以及高药师、曹孝才等人一同出使金国。

　　马政等人于政和八年（1118年）闰九月乘船出海。到了渤海对岸后，马政等人被金国的巡逻兵抓捕。金兵抢了马政等人的财物，还要杀掉马政等人。马政等人好说歹说，总算没有被杀掉，最后被金兵绑了，走了十几个州，才到达金太祖所在的"皇帝寨"。

　　马政等人到达金太祖那里时，大概是当年的十二月，此时的金太祖正与辽国为册封一事而反复交涉，两国使者特别是辽国的使者耶律奴哥已经往返了六七次。金太祖正在等待辽国对册封礼仪作最后的确认。

　　对于北宋派人来到金国，金太祖着实没有想到，他甚至对马政等人的到来感到不解，担心他们有什么企图。所以当见到马政时，金太祖便责问他们为何渡海而来。马政向金太祖陈述了北宋朝廷的想法。金太祖从未想过要与宋朝联手来消灭辽国，对宋朝的这个建议不能立即答复。金太祖与他的臣僚们为此商议了好几天，才决定接受宋朝的建议。

不过，如何具体实施这个计划，还有很多内容要谈，金太祖于是派李善庆等人为使，随马政前往宋朝。金太祖让李善庆给宋朝带去了国书，还给宋朝带去了北宋宫廷特别喜爱的北珠以及其他物产，如金矿石、貂皮、人参、松子等。为防止马政等人是冒充的，金太祖留下了与马政同来的登州小校王美、刘亮等人作为人质。

天辅三年（1119年）正月初十，马政带着金国使者李善庆等人到了北宋的都城开封。宋徽宗让蔡京、童贯等人与金国使者会谈商议。宋徽宗一高兴，把金国的几位使者全部任命为官，还让他们享受全年足额的俸禄。十余天后，宋徽宗派直秘阁赵有开、武义大夫马政以及登州知州王师中的儿子忠翊郎王瓌，担任正使和副使，带着诏书和礼物，与李善庆等人一同渡海前往金国。

宋朝使者此次出使金国，算是正式出使，与上一次马政前往探路联络不一样。值得注意的是，宋朝使者带给金太祖的是诏书，而不是国书。最早主张与金国联合的赵良嗣认为给金国的文书，应当用国书格式，以表示是两个国家之间的书信。赵有开认为，女真的首领在辽国不过是一个节度使，他们仰慕宋朝，为没能成为宋朝的臣属而感到遗憾，没有必要过分地尊崇他们，用诏书就足够了。二人争执不下，最后问金国的使者李善庆，李善庆对此没有概念，随口说两种都可以。北宋朝廷最终按赵有开的意见，采用了诏书格式。

赵有开和李善庆一行到了登州，还没有渡海，赵有开突然就去世了。赵有开是北宋本次使团的正使，他去世了，就得暂停前行且向朝廷奏报，由朝廷重新确定正使。一行人于是就在登州等候。岂料就在这时，北宋的河北路官员上奏说抓到了辽国的密探，从密探口中得知辽国已经承认金国，准备正式册封金太祖。宋徽宗得知这个消息，立即取消了赵良嗣多年来的计划，马上派人到登州，命令马政等人不要前往金国，只派平海指挥使呼延庆以登州地方的名义，送金国使者李善庆等人回国。

六月初三，呼延庆等人来到金太祖所在的"皇帝寨"。金太祖听说宋朝只派了一个地方官员来，很是生气。金太祖没有接见呼延庆，而是让堂侄完颜宗翰去与呼延庆交涉，让完颜宗翰指责宋朝半途停派国使，并且说登州不应该对金国发出公文。呼延庆说宋朝已经得知金国与辽国往来，又由于宋朝的使臣赵有开到达登州时病故，所以才派他与金国的使臣一道前来，也是想早一天到来，没有其他原因。呼延庆还说，如果金国不与辽国往来友好，宋朝一定会再派使臣前来共议大事。完颜宗翰把呼延庆的话转告给金太祖，金太祖不采纳，下令把呼延庆等人扣留。金太祖又听说他的使者接受了宋朝的官职，很生气，下令杖责，并撤了他们的官职。

金太祖处理了北宋使者呼延庆等人的事宜之后，辽国的册封使者、太傅萧习泥烈便来到了。然而让金太祖大失所望的是，他等了一年半之久的册封让他很不满意。在辽国的册封文书中，辽国没有称金太祖为兄长。特别让金太祖生气的是，辽国竟然册封他为东怀国皇帝，而不是他所要的大金国皇帝。何为东怀国？分明是东边的一个小国家感怀大国的恩德。册封文书中还有多处字眼有轻慢之意，甚至没有善意，这让金太祖不得不拒绝册封。金太祖派乌林答赞谟出使辽国，交涉上述问题，指出只有答应金太祖的要求，才能接受册封。金太祖还给辽国定了一个期限，那便是最迟九月要册封。

金太祖派走了乌林答赞谟，便焦急地等待，岂料直到九月，辽国的册封使者仍然没有到来。金太祖已经感到不耐烦，他命令各路将领备战。就在金太祖下达了备战命令之后，辽国才于当月派萧习泥烈带着修改后的册封文书赶往金国。

十一月，萧习泥烈到了金国。辽国此次同意册封金太祖为大金国皇帝，但没有同意在皇帝前面加上"大圣"二字，因为这二字与辽国开国皇帝耶律阿保机的尊号相同，不能再给他人。金太祖继续拒绝册封，再派乌林答赞谟跟随萧习泥烈前往辽国交涉。

第一章 消灭辽国

北宋的呼延庆被金国扣留了六个月，这期间，呼延庆多次拜见金太祖，向金太祖陈述自己的意见。金太祖和完颜宗翰等人商议后，认为这是宋朝朝廷的错，不是呼延庆的错，决定让呼延庆回国。

临行前，金太祖对呼延庆说，跨海前来结好，不是金国的本心，金国已经得到辽国的很多土地，其他地方也可以轻易拿下，之所以派使前往宋朝，是为了结交一个邻邦。金太祖再次强调宋朝此次不用国书而用诏书是不应该的，就是使臣半道亡故，也应该重新再派，派呼延庆来，不合礼节。金太祖明确地指出，宋朝这样做，可以看出宋朝已经改变主意。金太祖要呼延庆回去对宋徽宗讲清楚，如果两国真的想结好，就早点送国书来；如果还是使用诏书，金国坚决不接受。金太祖还解释与辽国交往的事，说金国派使到辽国，请求辽国册封在先，之后才有宋朝派人前来联络之事。

金太祖最后说，现在辽国要册封他为东怀国至圣至明皇帝，他很生气，因为不是大金国大圣皇帝，他已经用鞭子抽打了辽国的使者，拒绝了辽国的册封。金太祖说他仍然恪守与宋朝之前的约定，没想到宋朝如此轻慢羞辱金国。金太祖让呼延庆赶紧回去，把这些事情向宋朝皇帝讲清楚。从金太祖放回呼延庆来看，他已经对辽国的册封不抱希望，开始转而与宋朝商议联合夹击辽国的事。

十二月二十六日，呼延庆等人离开金太祖的大帐，日夜兼程回国。天辅四年（1120年）正月，呼延庆从渤海上岸，到达登州。登州知州王师中派其子王瑰随呼延庆一同前往京城开封，向朝廷奏报。最终结果是，宋徽宗派赵良嗣与王瑰为使，前往金国商议此事。

赵良嗣是联金灭辽收复燕云十六州倡议之人，宋徽宗派他出使金国，看出宋徽宗的诚心。宋徽宗还任命赵良嗣为中奉大夫、右文殿修撰，以显示正使的地位。赵良嗣此次没带国书，只带了宋徽宗的亲笔信前往，表面上仍然宣称前去买马，实是要和金国缔结盟约夹攻辽国，收复燕云旧地。史书上说，这一次才是宋、金海上之盟的正式开始。

十一、攻克上京

天辅四年（1120年）二月，金使乌林答赞谟到了辽国，指责辽国册封金太祖完颜阿骨打时没有使用"大圣"二字，还指责辽国联络高丽，企图让高丽出兵牵制金国。天祚帝耶律延禧还不想放弃册封，于是再派萧习泥烈前往金国，与金太祖商议。

三月，萧习泥烈到了金国，金太祖看到辽国只是在口头上不断解释，并没有实质性的举措，很是生气。金太祖对大臣们说，辽国之前总打败仗，现在不断派使者来说漂亮话，实是他们的缓兵之计。金太祖认为应当继续向辽国用兵。

从一开始派使前往辽国商议册封，到现在准备用兵，前后已经过去了两年多。对金太祖来说，他根本不需要用这么长的时间来休整，册封一事，确实浪费了许多时间。然而辽国也没有利用好这段时间来调整部署，所以接下来，仍是被动挨打。

金太祖已经命令咸州路统军司调集兵马、准备兵器，他计划在四月二十五日亲自率领大军，兵分三路攻打辽国上京。金太祖既然决定开战，便没有再与辽国使者萧习泥烈商议册封的事，也没有让萧习泥烈返回辽国。

金太祖此次的目标是夺取辽国的上京临潢府（今内蒙古自治区赤峰市巴林左旗林东镇），最终把辽国的上京道纳入大金国版图。上京临潢府及其附近区域，是辽太祖耶律阿保机的创业之地，是辽国的主体民族契丹人的聚居地，也是辽国的象征。《辽史》说上京"负山抱海，天险足以为固，地沃宜耕种，水草便畜牧"。这几句话虽然十分简洁，但却非常完整地概括了上京城一带的情况，那便是有天险可以固守，有肥沃的土地可以耕种，有丰美的水草可以放牧。可以说在上京这里既有城，又有农田，还有草原，可以农耕，还可以游牧。

上京虽然是辽国的都城，但皇帝在这里的时间并不多，因为辽国还有另外四京作为陪都，特别是中京，才是辽国的政治中心。此外，辽国皇帝还有四时捺钵之地，朝廷不固定在一个地方，这与辽国主体民族契丹是一个游牧民族有很大的关系。当金太祖向辽国的上京攻来之时，天祚帝就在夏捺钵，当时正在胡土白山打猎。

五月十三日，金太祖到达青牛山，在此召开军事会议。第二天，北宋的使者赵良嗣等人到了青牛山。赵良嗣是在出使的途中得知金太祖已经御驾亲征，而且定于五月十三日在青牛山召开军事会议，所以直接前往青牛山，去见金太祖。

金太祖没有急于与赵良嗣商议盟约之事，而让赵良嗣与辽国的使者萧习泥烈一起跟随他的大军前行，金太祖希望两国的使者看看此次的出征会有怎样的一个场面。赵良嗣发现，金兵每走数十里，就吹号鸣笛，策马飞驰，一夜过来，已经行军六百五十里。赵良嗣不得不感叹金兵的神速。

快到上京城时，金太祖派侄儿完颜宗雄先到上京，让辽国降兵马乙带着诏书进城劝降。上京留守耶律挞不也认为上京城非常坚固，粮草也充足，决定坚守。劝降不成，金太祖只好下令准备攻城。

到了上京城外，金太祖自信地对赵良嗣等人说，你们可以看看我怎么指挥军队，然后再决定去留。赵良嗣很清楚，他前来商议盟约的使命还没有完成，而金太祖又不急于与他商谈此事，却让他先看如何攻打上京城，攻城结果必定直接影响盟约商议的结果。

金太祖亲自来到城下督战，各军击鼓呼叫奋勇前冲。攻城是从天亮开始的，前后攻了三个时辰，终于有了突破。金太祖的异母兄弟完颜阇母带领所部人马最先登城，把上京城外城攻克。辽国上京留守耶律挞不也不敢再守，立即宣布献出城池投降。

赵良嗣等人看到已经占领上京城，马上向金太祖祝贺。金太祖还带着赵良嗣与王瑰这两位宋朝的正副使者游览了上京城。赵良嗣感慨良多，当场赋诗一首："建国旧碑胡日暗，兴王故地野风干。回头笑谓王公子，骑马随军上五銮。"赵良嗣看到辽国灭亡在即，而宋朝也即将收回燕云故土，而且这又出于他的倡议，当时的心情不可谓不佳。

攻克了上京，金太祖还想继续向西推进，以图占领更多地方。

五月二十三日，金太祖带领大军到达沃黑河（今内蒙古自治区巴林右旗境内）安营扎寨。金太祖的长子完颜宗干看到父皇还没有班师的意思，担心父皇继续向西深入。完颜宗干是一位很有头脑的人，他认为现在应当班师休整。于是，完颜宗干带领群臣向金太祖进谏，说已经走了很远的路，天也越来越热了，将士们劳累，战马也困乏，如果再深入敌境，一旦粮草断绝，就会有无穷后患。金太祖也知道仗不是一天就能打完的，而且辽国几个京分散，各自为政，只能下一次再去攻打其他地方了。于是，金太祖下令班师。

辽国的上京攻下了，下面便是与赵良嗣正式商议盟约之事了。

十二、"海上之盟"签订

金太祖完颜阿骨打攻克上京临潢府后，便与北宋使臣赵良嗣商谈盟约之事。赵良嗣提出，燕京一带本是汉人的土地，宋、金两国约定夹击，攻取之后，燕京这些地方就属于宋朝了。金太祖说，辽国的疆土都将属于金国，但考虑到宋朝与金国结好，而且燕京又是汉人的住地，燕京确实应当给宋朝。赵良嗣提醒金太祖，现在已经定好盟约，金国不能再与辽国人讲和。金太祖说，如果要与辽国人讲和，也会叫他们先把燕京归还给宋朝，然后再讲和。

赵良嗣再提出，西京及其所属各州，也是汉人的土地，同样也要还给宋朝。金太祖说西京对他来说没什么用，只是为了捉拿天祚帝，才会到西边走一趟而已，事情完了，也可以还给宋朝。

赵良嗣与金太祖商议到这里，已经相当完美，毕竟燕云十六州的归属都已经谈妥。然而赵良嗣还想再为北宋多争取一些疆土，他提出，燕京所辖的营州、平州、滦州，也希望一起还给宋朝。金太祖认为这三个州在当时虽然属于燕京管辖，但并不是当年石敬瑭割给辽国的，是更早以前，辽国从藩镇节度使手中得到的，不属于燕云十六州。赵良嗣没有坚持。

下面便开始讨论北宋给金国进贡的钱币数目了。赵良嗣一开始说给三十万两匹，金太祖不同意，认为北宋在没有得到燕云的情况下，每年还给辽国五十万两匹。双方争辩了好久，最后确定按照北宋每年给辽国的数目，也就是银二十万两、绢三十万匹，共五十万两匹。

金太祖告诉赵良嗣，金国的大军已经开拔，九月便能到达辽国的西京，让赵良嗣一回到宋朝，就发兵攻打燕京。金太祖还说，金国大军直接从平地松林奔赴古北口（今北京市密云区境内），宋朝军队则从雄州（今河北省雄县）开往白沟（今河北省高碑店市白沟镇），一起夹击辽军。金太祖最后强调，宋朝如果不能按约行动，就不能获得土地。

天辅四年（1120年）八月，赵良嗣带着金太祖的书信就返程了。赵良嗣还没有离开金国，金国的驿传兵就追了上来，说情况有变，让赵良嗣回去见金太祖。赵良嗣只得又折了回去见金太祖。金太祖告诉赵良嗣，金国的兵马出发不久，由于天气特别炎热，牛马得了瘟疫，他已经下令撤兵。如此一来，金国已经不能按约与宋朝夹攻辽国，金太祖约定明年再同时举兵，并让赵良嗣更换了书信。

金太祖让赵良嗣留下再宴饮几天，还把俘虏来的辽国吴王妃叫出来给赵良嗣献舞。金太祖对赵良嗣说，这是辽国皇帝的儿媳，现在已经成了奴婢，给你这位使者取乐吧。数日后，赵良嗣返程，金太祖派锡剌曷鲁等人为使，与赵良嗣一同前往北宋。

从金太祖派人追回赵良嗣来看，金太祖对盟约的遵守还是十分重视的，首先担心的是自己不能履约，故而才把赵良嗣等人追回。那么北宋对这次盟约的态度会如何呢？

九月初，金国使臣锡剌曷鲁等人到了北宋的都城开封，把金太祖的书信交给宋徽宗。宋徽宗发现金太祖的书信上只提及归还燕京及其所属各州一事，西京没有提到。赵良嗣坚持说，金太祖已经答应，燕京、西京一起归还。宋徽宗于是与大臣们商议，形成一份国书。

国书是正式的文书，其内容非常关键。国书一开始的称谓是大宋皇帝致书大金皇帝，这个体现两国的平等地位，不再像上次那样，给金太祖用的是下达诏书的口气。国书的内容主要有三个：一个是已经派童贯部署兵马与金国接应，宋朝使臣回返之时，金国应当明确举兵日期，以便按时出兵夹攻；二个是宋朝此次出兵要得到的土地范围，这便是燕京及其所属各州，不超出长城以外；三个是绢帛和钱币按照给辽国的数目每年交纳。

宋徽宗还想得到更多地方，于是在国书之外，又附带一个事目，相当于是一个备忘录。在事目中，宋徽宗明确此次归还给宋朝的土地为燕京、西京及所属各州，包括营、平、滦三州。

一切准备停当，宋徽宗便于九月十八日下诏，让马政担任主使、王瑰为副使，前往金国。这一天，金使锡剌曷鲁等人也来到崇政殿辞行。宋徽宗又在显静寺赐宴，让赵良嗣主持宴会。宴会完毕，马政与锡剌曷鲁等人起程。

十月，马政一行到达金国，把国书与事目交给金太祖。金太祖根本不承认事目中所提到的西京归属北宋的内容。至于营、平、滦三州，金太祖说这三个州最初并不属于燕京管辖，不在商讨的范围内。马政等人提不出反对意见。

北宋如此在意燕云之地，让金太祖提高了警惕。金太祖与群臣商议认为，辽国之所以能够强盛，就是因为得到了燕云十六州，现在如果把这些地方还给宋朝，将来就没有可以用来控制宋朝的地势，这会让金国处于不利的地位。然而金太祖也不能全部否定当初与赵良嗣商定的内容，所以，他只答应归还燕京以及所属各州。

为了稳住马政等人，金太祖带着马政去远方打猎，过了好久才回来。回来之后，金太祖又让各位大臣轮番宴请马政等人。又过了十多天，金太祖才让大臣起草国书，继续派锡剌曷鲁为使，与马政一同前往宋朝。在国书中，金太祖明确指出，之前赵良嗣等人离开时，金国已经许诺燕京各州归还宋朝，但如果宋朝不能举兵夹攻，那就不能如约给予。金太祖特别强调，现在宋朝如果还想得到西京，请定好计划自己去攻取，如果无力攻取，希望能告知金国。至于金国会如何处置，金太祖没有说。

天辅五年（1121年）二月，马政带着金国使者锡剌曷鲁等人到达北宋的登州。登州知州王师中不让锡剌曷鲁等人继续前往都城开封。这是为什么呢？原来与金国谈判，都由童贯负责，童贯也准备出征辽国，岂料南方发生了方腊起义，童贯已经带着将士南下镇压方腊起义去了。北宋想拖一拖金国使者，等童贯回来再说。

金国使者锡剌曷鲁不想被滞留在登州，几次要离开馆驿，甚至要徒步前往京城开封。登州知州王师中一再挽留，锡剌曷鲁脾气暴躁，多次发怒。宋徽宗只好准许马政、王瑰带着锡剌曷鲁等人继续前往开封。

五月十三日，锡剌曷鲁等人进入开封城，宋徽宗先派国子司业权邦彦等人负责接待。此时的宋徽宗已经对盟约失去兴趣，原因是辽国已经知道宋朝与金国来往，宋徽宗担心盟约难以履行。宋徽宗让权邦彦打发锡剌曷鲁等人回去，权邦彦认为这样做，宋朝就理亏了。宋徽宗于是等童贯回来再说。

童贯平定方腊起义回朝后，又与宰相王黼（音同甫）的意见不一致。当年八月，宋徽宗采纳王黼的建议，写了一份内容含糊不清的国书给金国使者带回。在国书中，宋徽宗说已经完全明白关于疆土的告谕，还说有关事项在上次国书中讲得非常清楚，全部依照原先协议办理，宋朝等待金国举兵的明确日期，以便发兵夹攻。

这份国书，算是北宋最后给金国的答复，也是两国"海上之盟"的最后结果，后面便是执行阶段。这份言辞飘忽不定的国书，看出宋徽宗对结盟一事，已经心灰意冷。宋徽宗当时很想中止与金国的盟约，只是下不了这个决心。宋徽宗这一次连使者都没有派，只派呼延庆护送金国使者回国。

十三、占领中京、西京

金太祖在攻克辽国的上京后，就与北宋正式商谈盟约一事，没想到一谈就是一年多。这段时间，金太祖的堂侄儿完颜宗翰多次劝金太祖继续向辽国用兵，金太祖一边备战，一边等待北宋对盟约的最后确认。

天辅五年（1121年）正月，辽国副都统耶律余睹因受到枢密使萧奉先的诬陷而带领一千多名骑兵向金国投降。四月初一，耶律余睹还在前往金国的途中，完颜宗翰就劝金太祖趁机向辽国开战，认为天时、人和不能错过。金太祖认为完颜宗翰说得很对，于是命令各路将领备战。

闰五月，完颜宗翰的父亲、国论忽鲁勃极烈完颜撒改去世了，金太祖的五弟、国论昃勃极烈完颜杲出任国论忽鲁勃极烈，堂兄弟完颜昱出任国论昃勃极烈。金太祖还新增一个移赉勃极烈，由完颜宗翰担任。两个月后，金太祖下诏准备亲征，又因连日大雨而放弃。

不久，出使北宋的锡剌曷鲁等人回来了，北宋已经签订盟约，只是在等候金国出兵的日期。完颜宗翰再一次向金太祖提出作战建议，说各军长期驻扎，人人都想杀敌，马也强健，应该向辽国发起进攻，他建议去攻打中京大定府（今内蒙古赤峰市宁城县）。然而，群臣都说已经进入寒冬季节，建议明年再出兵。

金太祖采纳了完颜宗翰的建议，决定这个冬天就出兵，但没有派人告知北宋。原因大概有两个。一个是北宋本次并没有派使者来，呼延庆只是一个护送人员，金太祖也不打算派使者前去。二个是金太祖此次并没有攻打燕京，因为只有燕京才需要北宋出兵夹攻。

十二月，金太祖任命国论忽鲁勃极烈完颜杲为内外诸军都统，完颜宗翰、完颜宗雄、完颜宗干等人为副将。金太祖下令，全军渡过辽河向西进发，由辽国降将耶律余睹担任前锋和向导，兵锋直指辽国中京城。

大军出发三天后，金太祖给大军下诏说，辽国朝纲混乱，人神厌弃，现在命令你们率领大军前往讨伐；你们要赏罚分明，不要去侵扰已经归顺的地方，不要放纵士兵抓人抢物；你们要根据现场情况决定是进是退，不要耽误进军时间，遇事要灵活机动，不必凡事都要请示奏报。

天辅六年（1122年）正月，都统完颜杲率领大军接连攻克了辽国的高州、恩州、回纥三座城池。在扫清中京的外围据点之后，完颜杲率领大军于正月十五日，到达中京城下。

中京是辽国真正意义上的都城，辽国皇帝在四时捺钵之外，大多时间待在中京。不过当金国大军攻向中京之时，天祚帝正前往西边的鸳鸯泊（今河北张北县西北安固里淖）进行春捺钵。

辽国中京守将听说金国大军到来，主张焚烧粮草、带着百姓逃走。当时在中京的最高官员奚王萧遐买认为金兵不多，可以迎战，如果实在敌不过，再往西边逃走。然而，当完颜杲大军兵临城下时，辽军不战自溃，中京很快就被占领。

担任向导的耶律余睹知道天祚帝的春捺钵之地，于是带着金军前往。天祚帝听说金军杀来了，非常担忧。枢密使萧奉先认为，耶律余睹也是皇族中人，他不会消灭辽国，他不过是想拥立晋王耶律敖卢斡为太子而已。萧奉先劝天祚帝为了国家就不要吝惜晋王这个儿子，应当宣布晋王罪状然后将他诛杀，耶律余睹没了指望，也就不战自退了。

耶律余睹不仅是皇族中人，还与天祚帝是连襟，是天祚帝文妃的妹夫。文妃生的晋王耶律敖卢斡在契丹贵族中颇有威望，这让枢密使萧奉先担心自己的亲外甥当不了太子。萧奉先是天祚帝元妃的哥哥，他的亲外甥就是元妃生的秦王耶律定。于是，萧奉先诬陷文妃和她的姐夫耶律挞葛里、妹夫耶律余睹等人合谋拥立晋王耶律敖卢斡为皇帝，而让天祚帝当太上皇。天祚帝竟然对这样的诬告不假思索就相信了，马上就下令杀掉耶律挞葛里，并赐死文妃。耶律余睹听到这个消息，十分惊慌，故而投奔金国。

现在，萧奉先又出荒唐的主意，昏庸的天祚帝竟然想也不想，就派人去把儿子耶律敖卢斡给杀掉了。将士们听到耶律敖卢斡的死讯，没有不流泪的，从此人心离散。那么耶律敖卢斡死了，他的姨夫耶律余睹会带着金兵撤退吗？当然不会。金兵前来可不关心耶律敖卢翰，他们要的是天祚帝。

耶律余睹带着金兵逼近了，天祚帝又没了主意。萧奉先对天祚帝说，女真人虽然能攻陷中京，但不会远离他们的巢穴三千里而一直打到西京来。天祚帝于是带领五千余名骑兵从鸳鸯泊向西京大同府逃去。

金军都统完颜杲此时确实不想再追击天祚帝，他派人回朝向金太祖报捷。金太祖派人送来诏书，嘉奖了完颜杲，并且说如果去不了西京，就先让将士们耕种、放牧，等秋天来了，再全军出征。

当时正是严冬，完颜杲想按金太祖的诏令先休整，然而有人想继续追击天祚帝。此人便是多次劝金太祖出兵的完颜宗翰。此次一出征，便拿下中京，完颜宗翰的建言功不可没。不仅如此，完颜宗翰也善于作战，金国一位名将开始崭露头角。

攻克中京后，完颜宗翰就带着一支兵马追击奚王萧遐买，于当年二月，在北安州（今河北省承德市境内）击败了萧遐买。当年三月，完颜宗翰又俘虏了辽国禁军护卫耶律习泥烈，从而得知，天祚帝杀了自己的儿子，致使人心涣散，还知道西北、西南两路兵马都是弱兵，没有战斗力。完颜宗翰于是派人向主将完颜杲报告说，天祚帝杀了自己的儿子，臣下和百姓大失所望，现在逃往西京，陷于困境，还不忘打猎，毫不忧虑国家的安危。完颜宗翰希望完颜杲尽快告知下一步作战的策略。

从完颜宗翰的报告可以看出，完颜宗翰希望继续追击天祚帝。然而完颜杲却派人对完颜宗翰说，刚接到诏书，没有让立即开赴西京，应该先弄清情况再商量对策。完颜宗翰知道完颜杲不想深入西进，决定自己进兵，同时还想让完颜杲也跟着进军，于是派人对完颜杲说，皇上虽然没有下令立即攻打西京，但也同意见机行事。完颜宗翰还说他已经进军，他应该在什么地方与大军会合，盼望给予回复。

完颜宗干对叔父完颜杲说，完颜宗翰已经两度派人来请求进兵，一定不是轻举妄动，况且他已经发兵，就不能中途停止。经完颜宗干再三劝说，完颜杲才同意出战，约定两军在西京东边的羊城泊（今山西省天镇县）会合。

天祚帝听说金兵朝西京打了过来，就往西北边的白水泊逃去。完颜宗翰、完颜宗干带着六千名精兵奔袭，一天之内，连败辽军三次。西京不能去了，往哪里逃好呢？萧奉先提出前往夹山（今内蒙古土默特左旗西北），天祚帝于是丢弃辎重，轻装快马跑入夹山。到了夹山，天祚帝终于明白自己之所以落到如此境地，都是因为萧奉先的不忠，于是下令把萧奉先处死。

四月，辽国西南面招讨使耶律佛顶和云内、宁边、东胜等州守将都向金国投降。金兵抓到当年叛逃在辽国的阿疏，把他押回金国。金国当初一直向辽国索要阿疏，并以辽国不交还阿疏为借口攻打辽国，好像阿疏犯了滔天大罪。然而当阿疏被押回金国，只不过被打了几棒就放了。金国有人不认识阿疏，问这人是谁，阿疏自己解嘲地说，我是破辽鬼！好似消灭辽国的功劳也有他阿疏一份。

金国兵马到达西京大同府，辽将耿守忠前来迎战。金国将领完颜宗翰、完颜宗雄、完颜宗干等人相继赶来。完颜宗翰率领部众向耿守忠的阵地冲杀，让其他各军从两侧放箭。交战结果，耿守忠大败，西京很快被攻陷。

辽国的五京，只剩下南京了，也就是燕京。燕京是要和北宋一起夹攻的，这是金国、北宋"海上之盟"约定的。就在完颜杲攻打西京之际，辽国的南京析津府出现了一位新皇帝，还派人向完颜杲求和。

十四、燕云的交涉

辽国南京（今北京市）的官员认为天祚帝躲进夹山，命令无法传达，于是在天辅六年（1122年）三月拥立秦晋国王耶律淳为帝。历史上把耶律淳建立的国家称为"北辽"，以示与天祚帝的辽国有所不同。耶律淳把他组建的那支"怨军"改名为常胜军，并将军队的事务交给辽兴军节度使耶律大石。

耶律淳认为他的国家不能与金国对抗，于是派人到金军主将完颜杲那里求和。完颜杲指责耶律淳没有向金国通报就擅自称帝，希望耶律淳能够主动归降金国，答应让他继续当南京留守。耶律淳请求保留宗庙，完颜杲觉得耶律淳归降之心不诚，便说如果继续执迷不悟，等着的便是灭亡！耶律淳非常害怕，赶紧再派使者去见金太祖，向金太祖求和。金太祖用诏书指责耶律淳，说如果不投降，必将后悔莫及！

下一步是继续追击天祚帝，还是攻打南京的耶律淳，完颜杲没有自作主张，他派二太子完颜宗望回朝，请金太祖亲临大军指挥。六月，金太祖带领一支兵马出征，还下了一道诏书，向官民解释他再次出征的原因，那就是辽国的皇帝还没有擒获。从金太祖的诏书可以看出，他此次出征，目标是天祚帝。

八月，金太祖到达鸳鸯泊（今河北省张北县西北），听说天祚帝在北边的大鱼泊，便带领一万名精兵去追击，完颜昱、完颜宗望担任前锋。九天后，完颜昱、完颜宗望在石辇驿追上了天祚帝，然而前来的金兵只有一千多人，而辽军有两万五千人。天祚帝认为金兵不多，就和嫔妃们一起登上山坡观战。耶律余睹看到天祚帝，马上指给金国将领们，完颜宗望立即带着骑兵向天祚帝冲了过去。天祚帝赶紧逃跑，原本奋力作战的辽兵顿时瓦解溃散。

金太祖带着大队人马赶来了，让完颜宗望再去追击天祚帝。完颜宗望一直追到乌里质驿，天祚帝丢弃辎重逃跑，副都统萧特末被抓获。金太祖正想继续追击天祚帝，有消息传来，说宋朝已经派童贯带领大军去攻打南京。按照与宋朝签订的"海上之盟"，金、宋两国必须夹攻南京，金国才能得到岁币而宋朝才能得到土地。金太祖担心失约，于是派高庆裔等人为使，前往宋朝商议。

按当初的盟约，金、宋两国夹攻燕京应当有一个日期，然而双方都没有再派使者把这个日期给明确。宋朝枢密使童贯平定了方腊及其余党后，向宋徽宗提出单方面攻打燕京，宋徽宗也答应了。虽然童贯镇压农民起义确实有两下子，但是去攻打已经奄奄一息的辽国却很快就败下阵来。没过多久，耶律淳就病逝了，在位也就两个多月，燕京的官员拥立萧德妃为皇太后，主持军国要务。宋朝宰相王黼（音同甫）听说这一消息，马上命令童贯整治军队，准备再次攻打燕京。这时，金国的使者高庆裔等人就来了。

九月初九，高庆裔等人在崇政殿拜见宋徽宗，呈上了金国国书。高庆裔还转达了金太祖的话，说宋朝数次派使越海到金，一起商议消灭辽国，一切都已在国书中写明，宋朝是礼仪之邦，一定不会违约，现在好像听说宋朝中止盟约，所以派使前来了解情况。

在一旁参与会见的赵良嗣回答了高庆裔。赵良嗣说宋朝得知金国在今年正月攻占中京，又发兵去攻打西京，虽然宋朝没有得到金国出兵日期的通报，但已经知道金国大军开始出征，所以就派童贯统兵北进，以便响应金国，夹攻辽国。赵良嗣还说这件事彼此都没有通知对方。赵良嗣的回答很巧妙，高庆裔无话可说。

宋徽宗自知理亏，便极力讨好高庆裔等人，让亲贵大臣不断设宴招待高庆裔等人，赏赐的金钱、绢帛无法计算。宋徽宗甚至让宫中暂停供应御茶，而把御茶做成膏赏赐给高庆裔，以便带回。宋徽宗的做法，让金国使者看出宋朝的软弱。

九月十八日，宋徽宗派赵良嗣出使金国，马政的儿子马扩为副使，让他们跟随高庆裔等人回金国。宋徽宗此次仍然让赵良嗣带着一份国书和一份事目。临行前，赵良嗣把国书副本和事目拿给马扩看，马扩认为国书的措辞相当不妥，不仅没有说明宋朝先派兵攻打燕京的原因，而且还暴露出无力收复燕京、希望金国帮助收复的意图。赵良嗣说宋朝大军已经作出了努力，但确实无力夺取燕京，现在只能用金钱借助金国之手而得到。马扩认为这是贪图眼前小利，而不考虑后患。赵良嗣说朝廷已经作出决定，国书不能改动。

赵良嗣说得确实没错，宋朝确实没有能力拿下燕京。就在赵良嗣出使金国之际，童贯又一次向燕京发起进攻，结果是又一次遭败。战场上打不赢，只能靠赵良嗣拿着金钱与金国谈判了。

十月底，赵良嗣到达金太祖所在的奉圣州（今河北省涿鹿县），把国书及事目转呈金太祖。国书及事目中，宋朝提出要收回山前、山后十七个州，以及辽西一带的营、平、滦三州。山前、山后十七州，大致就是燕云十六州，后来有些变动，设置为十七个州。

金太祖对这份国书及事目十分不满意，他派完颜宗望与完颜蒲结去谴责赵良嗣，说宋朝没有按约定时间出兵，还说不要再讨论原来的盟约内容，只给宋朝燕京六州；即使宋朝自己攻下营、平、滦三州，金国的兵马也要从其中的平、滦二州借道回国。赵良嗣据理力争，说原来约定山前、山后各州都给宋朝，现在变成这样，还有什么信义？赵良嗣又说宋朝得到营、平、滦三州，必定分兵驻守，金国兵马经过，岂能听任不管？

赵良嗣为宋朝确实已经尽了力，他的话似乎让金国无言以对，然而谈判靠的不是言语上的强硬，而是背后的实力。完颜蒲结已经听得不耐烦，直接揭开宋朝的老底，说你们只晓得说阻挡我们借路过关，怎么不说你们的兵马又吃了败仗？言下之意，宋朝没有能力阻挡金国借路。这一来，赵良嗣就无话可说了。

金太祖准备将赵良嗣他们扣留在大营，不让他们回宋朝，赵良嗣说没有扣留使者的先例。金太祖说，现在正在用兵打仗，哪管有没有先例？最后，金太祖扣留了马扩，派李靖、王度剌等人为使，带着国书，与赵良嗣回宋朝。

十一月二十五日，李靖等人到达开封，对宋徽宗说燕京六州之外的地方，即使宋朝攻克，也不给宋朝，应该等待金国去占领；如果宋朝一再谋求更多地方，会让人担心此事因不讲信义而告终。宋徽宗让使者到宰相王黼家继续谈。王黼继续为西京所属各州以及辽西的营、平、滦三州而努力。李靖说营、平、滦三州，金国要作为边塞关口，不如先拿岁币换回燕京六州，其他地方再慢慢商量，说不定也会有可能；如果一起商讨，只能浪费时间。

十二月初三，李靖等人在崇政殿向宋徽宗辞行。宋徽宗让赵良嗣、周武仲担任正副使，陪同金国使者返回。宋徽宗给赵良嗣下达御笔诏书，希望增加五万两银、五万匹绢收回营、平、滦三州。宋徽宗同时表示，西京辖地也要设法收回。

赵良嗣尚未到达金太祖大营，宋朝主将童贯便悄悄派王瓌前往金太祖大营，请求金太祖按照约定，出兵夹攻燕京。童贯这是考虑到自己确实没有能力单独收复燕京，因为他已经两次出兵两次失败。童贯担心再出兵失败的话，一定会被弹劾而获罪。金太祖答应了童贯，并亲率大军攻打燕京。

面对金国的重兵来攻，萧太后五次派人向金太祖求和，金太祖不同意。于是，萧太后派精兵驻守居庸关，准备与金国兵马一战。金兵到达居庸关，尚未开战，山崖上的石头忽然崩塌，守在那里的辽兵多被压死，其他人不战自溃。金兵很快穿过居庸关，继续南进。

十二月初六，金太祖到达燕京城外，在城南扎营，派大将完颜银术可、完颜娄室部署攻城。萧太后从古北口逃往天德（今内蒙古呼和浩特市东）。辽国大臣左企弓、刘彦宗等人上表投降。金太祖赦免他们，让他们继续担任原来的职务，还让他们招降燕京所属各州县。

金太祖将扣留的宋朝使者马扩放回，让他回宋朝报捷。金太祖此举也是想表明，燕京是金国打下来的，宋朝没有功劳。可想而知，赵良嗣等人的谈判必将更加困难。

不多日，赵良嗣等人到了燕京，拜见金太祖。金太祖看到宋朝一心想收回营、平、滦等州，便说原先没有谈及这些地方，如果宋朝一定要得到这些地方，燕京也将不给。金太祖说完便让赵良嗣回馆驿，不想与他谈。

四天后，金太祖就让人打发赵良嗣等人回国。赵良嗣只好去向金太祖辞行，金太祖把国书拿给赵良嗣看，赵良嗣看到国书上虽然说归还燕京，但燕京的赋税仍然要由金国收取。赵良嗣说自古赋税跟着土地，哪有拿到土地而没有赋税的？要求把这一条删去。一旁的完颜宗翰说，燕京是金国打下来的，赋税应当由金国收取。完颜宗翰还威胁赵良嗣，如果不同意给赋税，就请宋朝把大军赶紧撤走，不要停留在金国的土地上。赵良嗣没有办法，只好与金使李靖等人一道回宋朝。

天辅七年（1123年）正月初四，李靖等人到达开封，宋徽宗让宰相王黼与李靖等人交涉。王黼说赋税一项，不是原来约定的条款，但宋朝皇帝认为两国友好深厚，特意迁就，不过运粮太远不太方便，宋朝想用白银布帛代替。李靖知道宋朝已经答应了这个原本就是额外的要求，马上追问白银布帛的数目。王黼说准备派赵良嗣去燕京面谈。李靖提出已经过去的一年赋税也要给，王黼请示宋徽宗，宋徽宗当即同意。第二天，宋徽宗派赵良嗣、周武仲、马扩带着国书和李靖等人一起前往燕京。

就在当月，赵良嗣等人到了燕京，见了金太祖。赵良嗣说宋朝屈从贵国的地方有很多了，难道在平州和滦州这件事上就不能听从宋朝的意见吗？金太祖说金国要把平、滦二州作为边境镇守，不能给宋朝。赵良嗣只好再谈赋税一事，金太祖说燕京赋税一年六百万贯，现在金国只要一百万贯，也不算多。赵良嗣说宋朝皇帝只同意给十万到二十万，他不能擅自增加数目。金太祖让赵良嗣回国请示，并说他准备在二月初十起程巡视边境，让赵良嗣别耽误他的事。赵良嗣建议让他们这些使者留在雄州，由驿站把书信送达朝廷，这样会快一些。金太祖表示同意。

宋朝很快便给赵良嗣回复，除了同意依照原来给辽国的岁币给金国外，每年另加燕京赋税一百万贯。二月初六，赵良嗣从雄州前往燕京，向金太祖回复。金太祖非常满意。

赵良嗣继续为宋朝争取西京以及所属各州，他对负责接洽的完颜娄室说，金国索要的岁币数额巨大，宋朝一点都不吝惜，现在平州也得不到，希望西京能早点定下来，这样在人情道理上才说得过去。完颜娄室笑着说，我国皇帝希望贵国能犒赏一下将士们。一旁的副使马扩马上说，贵国如果同意归还西京，我国怎能没有酬谢呢？完颜娄室说这需要重新派使者商谈。金国最后派完颜银术可等人和赵良嗣一起前往开封，与宋朝商谈。

三月初二，完颜银术可等人到了开封，先拜见宋徽宗，再到宰相王黼的府第商谈。完颜银术可说金国将士攻打西京很辛苦，宋朝应该给予犒赏慰劳。王黼马上就答应了。西京也谈好了，确实是意料之外的事。

接着便是商议交割燕京的事。宋徽宗派吏部侍郎卢益和赵良嗣一起担任信使，马扩担任副使，带着国书和盟誓文书前往金军大营，商议交割燕京的日期。卢益等人到了涿州，完颜娄室和高庆裔要求先看盟书。卢益等人便将盟书给他们看，岂料他们提出盟书笔划不工整，要求拿回朝廷调换。卢益说这是我们皇上亲笔书写的，以示对贵国的尊敬。完颜娄室他们没有把宋徽宗的"瘦金体"当作艺术欣赏，又提出好多细小问题，以至于让宋使回京更换了三四次。金国最后又要求把逃往到宋朝的辽国官员交出来，然后再商议交割燕京的日期。

三月二十九日，卢益、赵良嗣等人参加金太祖安排的赏花宴会。酒喝到一半时，金太祖催促卢益、赵良嗣立即辞行回国，就是不提交割燕京的事。卢益与赵良嗣据理力争，终于确定在四月十七日交割燕京，然后才向金太祖辞行。

四月十七日，童贯进入燕京，接管了燕京。童贯发现，燕京城内的金银布帛、在职官员、平民百姓都被金国带走了，宋朝得到的只是一座空城而已。金国之所以在交割一事上，一再拖延，正是为了把燕京搬空。完颜宗翰还不打算交割燕京所辖的涿、易二州，金太祖说，"海上之盟"不能忘，你们想要这些地方，以后自己再去谋取吧。

收复了燕京，不久还将收复西京，宋徽宗非常高兴，赏赐王黼玉带一条，晋升王黼为太傅，总管三省之事，进封童贯为徐豫国公，赵良嗣为延康殿学士。赵良嗣私下对熟悉的人说，这个盟约只能保证三年。当时朝廷上下都知道金国人必定要背弃盟约，只是没有人敢当众说破而已。

十五、擒获天祚帝

天祚帝耶律延禧听说燕京被金国攻下，赶紧往阴山方向逃去。在燕京被拥立为太后的萧德妃与耶律大石也逃到了天祚帝那里。天祚帝下令杀了萧德妃，赦免了耶律大石，让耶律大石带兵。

天祚帝还在，辽国就没有灭亡。天辅七年（1123年）四月，就在金、宋交割燕京之际，金太祖完颜阿骨打派完颜斡鲁、完颜宗望前往阴山攻打天祚帝，完颜斡鲁为都统，完颜宗望为副都统。

天祚帝得到消息，派耶律大石带领兵马出战。完颜斡鲁派大将完颜娄室打败了耶律大石，还活捉了耶律大石。完颜斡鲁让人用绳子绑着耶律大石，逼迫他当向导。完颜斡鲁听说天祚帝在青塚（今内蒙古呼和浩特附近）留有军事物资，就带领一万人包围了青塚，辽国的秦王、许王以及各位妃子、公主、侍从大臣都被俘虏，只有太保特母哥带着梁王耶律雅里逃掉了。

金国在派兵追击天祚帝的同时，也派人招降天祚帝，天祚帝想议和，但当得知宗族亲属被俘虏时，感到非常愤怒，于是带领五千人到白水泊与金国兵马决战。完颜宗望带领一千多人打败了辽军，天祚帝仓皇而逃，其子赵王耶律习泥烈和玺印被俘获。完颜宗望追了二十多里，俘获了天祚帝的随从，就是没有追上天祚帝。

天祚帝带着少部人马逃到云内州（今内蒙古土默特左旗西北）。这时，太保特母哥带着梁王耶律雅里来了，一同前来的人有一千多人。天祚帝的人马很少，担心特母哥搞政变，于是手持宝剑召见其子耶律雅里，想知道特母哥有没有拥立耶律雅里为皇帝的打算。耶律雅里说没有，天祚帝这才放心。

五月，西夏国皇帝李乾顺派人来见天祚帝，答应收留天祚帝，请天祚帝到西夏国去。天祚帝答应了。中军都统萧敌烈等人恳切劝阻，天祚帝就是不听，并动身前往西夏国。天祚帝的所为，让萧敌烈等人惶恐不安。萧敌烈于是联合特母哥等人劫持了耶律雅里离开天祚帝，拥立耶律雅里为皇帝，萧敌烈担任枢密使，特母哥为枢密副使。五个月后，耶律雅里在查剌山游猎，一天之内猎取四十只黄羊、二十一匹狼，因劳累过度而病死，年仅三十岁。

完颜宗望一路追击天祚帝到了天德军（今内蒙古呼和浩特市东）。完颜宗望听说西夏国要收留天祚帝，派人给西夏国送去书信，让西夏国不要收留天祚帝，答应割让土地给西夏国作为补偿。后来西夏国向金国称臣，金国把下寨以北、阴山以南的一块土地划给了西夏国。西夏国贪图金国的土地，便没有收留天祚帝。

六月，金太祖患病，开始东返，他下诏任命完颜宗翰为西南、西北两路都统，让他带领所部兵马驻守在西京大同府，负责西边的事务。八月，金太祖在东返途中病逝，终年五十六岁。九月，谙班勃极烈完颜晟继位，史称金太宗。金太宗派都统完颜宗翰继续追击天祚帝，并授权完颜宗翰不必上奏而自行处理军政大事，以免延误。

十二月，宋朝派使来到金国，提出交割山后各州事宜，也就是西京及其所属各州。金太宗打算答应这一要求，毕竟金太祖在世时，也已经答应了宋朝。完颜宗翰听到这一消息，立即从西京大同府赶回朝廷，劝金太宗不要同意宋朝的要求。

天祚帝听说完颜宗翰回朝去见金太宗，军中大事由完颜娄室代管，认为这是他南下作战的好时机。天祚帝当时的自我感觉非常好，不仅耶律大石再次逃了回来，还得到了乌古敌烈部的兵马，以为上天在帮助他。天会二年（1124年）七月，天祚帝决定出兵收复燕、云地区。耶律大石不赞同，他说过去拥有全国的军队都不谋划打仗与防备，使得全国都被金国人占领，现在应当休整军队等待时机，不能轻举妄动。天祚帝不听。

耶律大石对天祚帝失去信心，便自立为王，并带领三百名骑兵离开了。耶律大石后来向西征伐，打下不少地方，建立了西辽国，在虎思斡耳朵（今吉尔吉斯斯坦托克马克境内的布拉纳城）建立都城。从耶律大石离开天祚帝称王算起，到西辽国灭亡，西辽国立国共九十四年，传三代共六位君王。

耶律大石离开了天祚帝，天祚帝的实力有所削弱，但他毫不在意，他仍然决定去收复失地，因为他要抓住金军主将完颜宗翰不在西京大同府这一时机。天祚帝于是带领兵马从夹山出发，一连夺取天德、东胜军、宁边州、云内州等地，向南又攻下武州，如入无人之境。

天祚帝显然是小看了完颜娄室，完颜娄室是金国名将，不是等闲之辈。完颜娄室听说天祚帝来攻，没有正面迎战，而是带领兵马奔赴天祚帝的后方，切断天祚帝的退路。天祚帝没有想到完颜娄室会如此用兵，仓促应战，惨遭失败，慌忙逃走。

　　就在天祚帝面临困境时，宋徽宗准备请他到宋朝避难。宋徽宗当然不敢公开招降天祚帝，以免金国人反感，因为宋、金两国盟约中规定不得招降纳叛。宋徽宗于是派了一名外族僧人，在当年八月去联络天祚帝。宋徽宗担心天祚帝不相信，便让这名僧人带着自己的亲笔绢书。如果天祚帝同意招降，再把绢书换为诏书，以示正式。宋徽宗承诺给天祚帝皇弟的礼遇，地位在燕王、越王之上，修筑宅第一千间，配给女乐三百人。天祚帝当时很想投奔宋朝，但又担心宋朝不足以依靠，最后还是放弃了这个想法，继续前往阴山躲避。

　　天会三年（1125年）正月，党项族人小斛禄派人请天祚帝前往他的部族，天祚帝于是又向西而行。天祚帝经过沙漠时，金国兵马突然出现，天祚帝慌忙逃跑，最后骑着贴身侍从张仁贵的马得以逃脱。

　　天祚帝到了天德时，老天下起了大雪。没有防寒的衣物，护卫太保萧仲恭献上貂皮衣帽。没有粮食，萧仲恭进上炒面和大枣。天祚帝实在太累了，想要休息，萧仲恭就跪下，让天祚帝坐下靠着他和衣而睡。萧仲恭等人没有东西吃，就啃冰雪充饥。当时已是夜间，天祚帝到一户百姓家投宿，这家主人得知来人是天祚帝时，就拉住天祚帝的马头，跪下大哭。天祚帝看到这家主人很忠诚，便在他家住了好几天，还任命他为名义上的节度使。

　　数日后，天祚帝继续前往党项。二月二十日，天祚帝到达应州（今山西省应县）新城以东六十里的地方，被金国将领完颜娄室追上，成了俘虏。由于完颜娄室擒获天祚帝，功劳巨大，被金太宗赐予免死铁券。随着天祚帝被俘，辽国正式灭亡。天祚帝到了金国，被贬为海滨王，三年后病逝，终年五十四岁。

第二章 消灭北宋

一、谁破坏了盟约

"海上之盟"是北宋主动联络金国签订的，赵良嗣为此付出了很大的努力。赵良嗣想用金钱为北宋收回"燕云十六州"，甚至想收回辽西地区的营、平、滦三州，最后金太祖只同意归还燕京六州。金国攻克西京后，北宋单方面出军，企图在不通知金国的情况下，先武力收复燕京，岂料两次出兵均以失败告终，最后只能依靠金国去收复燕京。在这样的情况下，金国仍然答应把燕京交给北宋，同时金太祖一高兴，还答应把西京也交给北宋，这让宋徽宗大为开心。

宋徽宗以及朝中一些大臣不仅坚信这个盟约能让北宋继续得到安宁，他们也不认为金国会对他们构成威胁，就像一百多年前与辽国签订"澶渊之盟"一样。北宋没有想过，这个盟约其实是在双方实力不对等的情况下签订的，尤其是在签订的过程中，金国已经清楚地看出北宋虽然有钱，但很虚弱，特别是战斗力根本不值一提。历史上的任何一个盟约，要想得到很好的执行，一定是双方实力达到某种平衡，一旦力量失衡，这个盟约就是一张能轻易撕破的薄纸。

赵良嗣因多次出使，能看出金国的心思，所以对熟悉的人说这个盟约只能坚守三年。北宋很多大臣也看出金国一定会破坏盟约，但就是不说出来。此时恐怕只有宋徽宗坚信，金国会像当年辽国那样，坚守盟约上百年。这就像童话中讲的，皇帝明明没穿衣服，但大臣们都说皇帝的新装很漂亮，皇帝不仅相信，还非常开心。在接下来的时间里，宋徽宗接连做一些让金国感到不满的事，让金国认为是北宋先破坏了盟约。

天辅七年（1123年）四月，金国把燕京及其所属各州交给北宋，北宋将燕京改名为燕山府，任命王安中为知府。燕京在辽国称南京，金国仍想保留南京建制，便在平州（今河北省卢龙县）设置南京，任命张觉为南京留守。

张觉本是辽国平州人，曾考中进士。耶律淳称帝后，任命张觉为辽兴军节度副使。金国占领燕京后，张觉献出平州投降，被任命为临海军节度使，平州知州。现在张觉当了南京留守，却起了反叛之心。

五月，张觉派人带着书信到北宋请求投降。宰相王黼劝宋徽宗接纳，赵良嗣反对，认为北宋刚与金国结盟，这样做必定会让金国不高兴，将会追悔莫及。宋徽宗不听，还把赵良嗣的官阶降了五级。

六月初五，金太祖得知张觉反叛，派异母兄弟完颜阇母带领两千名骑兵前往讨伐，张觉带领兵马在营州迎战。金兵因为人少，没有交战便撤回，离开时在州城大门上写下"今年冬天再来"等语。张觉则谎称大获全胜。此后，金太祖患病、东返、去世，金太宗继位。十一月，金太宗再派完颜宗望带领兵马去讨伐张觉。

就在金太宗派出完颜宗望的前一月，宋徽宗将平州升为泰宁军，任命张觉为节度使。十一月，任命的诏书即将到达平州，张觉带着平州的官吏到郊外迎候。完颜宗望得到消息，立即派一千名骑兵袭击了平州城。张觉措手不及，便逃到了北宋的燕山府，常胜军将领郭药师收留了他。张觉于是在燕山府，躲在常胜军中，隐姓埋名。

完颜宗望屡次发文书给北宋的宣抚司，索要张觉。宣抚司向朝廷上奏，朝廷一开始不想交出张觉。后来完颜宗望索求越来越急，燕山府知府王安中便找了一个长得像张觉的人，砍下人头送给完颜宗望。完颜宗望说这不是张觉。王安中担心如果不交出张觉，可能会引发军事冲突，便将这个想法奏报朝廷。北宋迫不得已，命令王安中杀掉张觉，连同张觉的两个儿子，把首级送给完颜宗望。那些投降北宋的将领以及常胜军士兵都哭了起来。

郭药师说，金国想要张觉，就把张觉送给他们，哪一天要我郭药师，也送给他们吗？王安中很害怕，不敢再在燕山府担任知府，向朝廷提出辞官。北宋后来任命蔡靖担任燕山知府。

按照"海上之盟"的约定，宋、金两国都不能招降纳叛，北宋收留张觉，便是破坏了盟约。然而，就在这样的情况下，北宋还是于当年十二月向金国提出交割山后各州事宜，也就是西京及其所属各州。金太宗打算答应这一要求。完颜宗翰听到这一消息，立即从西京赶回朝廷，劝金太宗不要同意北宋的要求。

完颜宗翰大致讲了三个理由：第一个理由是北宋原本提出增加岁币来换取西京各地，金太祖没要岁币便把土地给了他们，言下之意，金国没有得到好处。第二个理由是盟约规定双方都不能接受对方逃亡之人，现在北宋在几个地方招降纳叛，金国多次索要都不肯交还，这个盟约没有必要坚守。第三个理由是西部边境还不安宁，天祚帝还没有擒获，金国大军还要在那里驻屯，一旦把这些地方给北宋，金国大军就失去驻屯之地。金太宗觉得完颜宗翰说得有理，但又不想全部否定盟约，于是派使前往北宋，只同意把西京所属的武州、朔州划给北宋。

在张觉一事上，已经让金国觉得北宋在破坏盟约，而北宋竟然还在做变本加厉的事。天会二年（1124年）八月，宋徽宗听说天祚帝在夹山，想收降天祚帝，派了一名外族僧人去联络天祚帝，答应给天祚帝优厚的待遇。天祚帝当时很想投奔北宋，但又担心北宋不足以依靠，最后还是放弃了这个想法。北宋虽然没有成功收降天祚帝，但这一做法，又将成为金国为难北宋的口实。

十一月，童贯派马扩与保州知州辛兴宗前往西京大同府，求见完颜宗翰，商议交割山后各州之事。由于完颜宗翰前往朝廷未返，暂由完颜娄室代理军务。完颜娄室派人对马扩说需要在公庭参拜他。马扩认为完颜娄室只是人臣，作为北宋使者，没有这个礼节。来人说谭稹任宣抚使的时候，他的使者就是这样做的。马扩说谭稹因为平庸不知道以往的惯例，他已经被朝廷贬官，现在代替他担任宣抚使的是枢密使童贯。

完颜娄室又派高庆裔来对马扩说，既然坚持按照旧的礼节，而完颜娄室也只是代理军务，不敢擅自相见，所说交割山后各州一事，也不敢擅自决定，要等国相完颜宗翰回来。高庆裔最后还说两国盟约规定双方都不接纳叛逃之人，北宋收留张觉，已经违背盟约，即使曾经答应交割山后各州，也难以马上办理。

马扩据理力争，说张觉有罪，北宋已经斩了他的首级并且送给金国，其他百姓大多隐藏在山谷之中，能够找到的已经相继遣送，没有发现的正在搜捕。马扩同时也指出金国在破坏盟约，说金国已经交割了蔚州，却又派兵夺了回去。高庆裔说山后的土地已经答应割让，应该不会食言，希望北宋永远遵守誓言。

马扩此次出使没有结果，便被打发回来。童贯问马扩在大同的所见所闻。马扩说金国人正在训练士兵，还增加了飞狐、灵丘两地的守军，多次指名提到张觉，必定包藏祸心，希望童贯加强边境的防备。童贯不以为然。

不久，金国得知北宋在招降天祚帝，又派人去太原见童贯，指责北宋背弃盟约。童贯狡辩说北宋没有招降天祚帝。金国再派使者前来，说话很不客气。童贯不得已，只得下令各将也去搜捕天祚帝，如果见到就杀了送给金国使者。好在后来天祚帝还是被完颜娄室俘虏，这事也就算平息了。

马扩让童贯加强边防，童贯不当回事，却对燕山郭药师的常胜军不放心，毕竟这是一支从辽国投降过来的部队，作战能力很强，有三万人。后来在马扩的建议下，童贯奏请朝廷在河北设置四个总管府。岂料北宋的这一举动，又让金国有了借口。

金国虽然在交割燕云的问题上，不断给北宋制造障碍，但北宋怎么也没有想到，金国会在很短的时间内撕毁盟约，发兵南下攻打北宋。提出攻打北宋的人主要是完颜宗望。完颜宗望对金太宗说的，北宋不肯交还叛逃的百姓，而且听说在燕山整治军队，假如不先发制人，恐怕后患无穷。不久，完颜宗翰也这样劝说金太宗，金太宗终于下定决心南下攻打北宋。

第二章　消灭北宋

天会三年（1125年）八月，金太宗下诏，命令有司挑选善于射箭、勇敢健壮的士兵，为南攻北宋作准备。九月，金太宗派李孝和等人为使，前往北宋通报已经俘虏天祚帝，实是为了到北宋打探军情。当月，完颜宗翰回到了西京大同府，积极谋划南下。为了麻痹北宋，完颜宗翰派人前往太原，要求会见北宋的宣抚使童贯，开始商议向北宋交割西京事宜。童贯把这事奏报朝廷，宋徽宗非常高兴，让童贯尽管前往交割，不要耽误时间。宋徽宗甚至已经在物色收复后的守臣，最后由蔡攸推荐了闲置在吉州的聂山。

十月初七，金太宗正式下诏南伐。

二、第一次南下

"海上之盟"其实没有坚守到三年。如果从交割燕京开始算，到金太宗正式下诏攻打北宋，前后也就两年半。此时，盟约承诺的西京及其所属各州尚未交割完毕。由于完颜宗望、完颜宗翰等人的劝说，金太宗撕毁盟约，兵分东西两路，向北宋发起了战争。

金太宗没有亲征，而是坐镇后方，由五弟、谙班勃极烈完颜杲兼都元帅，担任最高军事统帅。完颜杲也没有跟随大军到前线去，而是坐在朝中指挥。完颜杲没有到前方去，东西两路的主将便极为重要。西路的主将是完颜宗翰，被任命为左副元帅，级别仅次于都元帅。东路的主将是完颜宗望，被任命为南路都统，不是副元帅，这说明完颜宗望的资历还不及完颜宗翰，毕竟完颜宗翰是移赍勃极烈，是几位勃极烈之一。金太宗让完颜宗翰、完颜宗望担任两路大军的主将，也是考虑到二人力主南征，而且也是在战斗中成长起来的重要将领。

在攻打辽国的多年战斗中，金太祖的长子完颜宗干以及侄子完颜宗雄表现不凡，然而二人以后无法再到前线担任主将。完颜宗雄已经英年早逝，而完颜宗干在金太宗继位后，被任命为国论勃极烈，成了国相，是辅佐金太宗治理国家的重要帮手。金国就是这时才开始制定各种礼仪制度的，比如官名、服饰、学校、选举等，这些都是完颜宗干建议的。金太宗还在完颜部的住地建立宫殿，以后不用再住在"皇帝寨"中了。

金太宗即位，原本是没有异议的，因为金太祖给他的位置便是皇储。然而，金太祖去世后，金太宗没有马上即位，甚至在完颜杲、完颜昂、完颜宗干、完颜宗峻等人带领宗室、百官劝进的情况下，还是不肯即位。直到完颜宗干带领诸位兄弟把赭色袍子披到他的身上，又把天子的玺印放到他的怀里，他才勉强同意三天后登基。女真人当时没有嫡长子继承制度，兄终弟及甚至贤能者继位是常有之事。然而，金太祖毕竟开启了金国的大业，与之前的那些女真首领不一样。完颜晟不能不考虑金太祖几个儿子的感受。所以，金太祖的长子完颜宗干的举动便至为关键。

再看看两路大军的其他将领。西路军配备了两位将领，先锋经略使完颜希尹为右监军，左金吾上将军耶律余睹为右都监。监军级别低于副元帅，而都监则低于监军。东路军也配备了几位将领，完颜阇母担任南路副都统，辽国降臣刘彦宗担任汉军都统。

完颜阇母是金太祖、金太宗的异母兄弟，曾在讨伐张觉时无功而返，让金太宗很不满意。金太宗后来便让完颜宗望代替完颜阇母攻打张觉。现在让完颜宗望当都统，而让完颜阇母当副都统，也许是顺理成章之事，但完颜宗望觉得不妥。完颜宗望向金太宗提出，完颜阇母是他的叔父，应当让完颜阇母当都统。金太宗同意完颜宗望的请求，最后让完颜宗望负责监督完颜阇母及刘彦宗两军，是东路军事实上的"一把手"。

金太祖的三子完颜宗辅在金太祖时常常留在后方参与谋划，此次也没有参与南征，四子完颜宗弼跟随二哥完颜宗望出征，五子也是嫡子完颜宗峻已在一年前病逝。金太宗的长子完颜宗磐之前也曾多次出征，此次也没有参与南征，也留在朝中参与国政管理了。

两路大军的部署是，西路从西京大同府出发，先攻取太原；东路从平州（今河北省卢龙县）出发，先攻取燕山府（今北京市）。然后，两路大军继续南下，最终会师于北宋的都城开封（今河南省开封市）。

北宋不知道金国的南征计划，还在天会三年（1125年）十一月派使到金国，祝贺金国擒获天祚帝。当月，马扩又来到西京大同府，求见完颜宗翰，提出交割山后各州事宜。完颜宗翰以宋朝接纳张觉以及收留逃往燕京的官吏、百姓为由，说宋朝不遵守盟约。马扩说，张觉一事，宋朝皇帝已经后悔，希望金国维持两国友好，不要把这件事放在心上，同时请求先把蔚州、应州、飞狐县、灵丘县等地交割给宋朝。完颜宗翰断然拒绝，还说宋朝应当划几座城池来，才能抵消罪过。完颜宗翰最后要求马扩赶紧离开。

完颜宗翰之所以如此强硬，就是因为之前有两支人马向金国投降，让他得知北宋的虚实，也下定了南征的决心。一个是隆德府的义胜军两千人背叛北宋，投降金国。另一个是常胜军首领韩民义带领五百多人来到西京大同府，向完颜宗翰投降。韩民义告诉完颜宗翰，在常胜军中只有郭药师还忠于宋朝，其他各将因为张觉的事，都对宋朝不满。此外，辽国的降臣刘彦宗、耶律余睹等人也极力劝说金国谋取北宋，还说不必用太多的兵，哪里有粮就往哪里进攻。

马扩到金国的馆驿中，发现饭食非常丰盛。金国接待马扩的撒卢母笑着对马扩说，以后就没这待遇了。撒卢母的话暗示两国就要开战，以后使者往来可能会中断，就是有往来也不会如此招待了。

十二月初二，马扩回到太原，把完颜宗翰的话告诉宣抚使童贯，童贯说金国建立时间不长，没想到会有如此野心。马扩提醒童贯做一些防御。然而童贯心中已经有了逃走的想法，根本不想部署防备事宜。

就在马扩回到太原的前后，完颜宗望的东路大军已经一路占领了檀州、蓟州，向燕京挺进。不久金国还派使者王介儒、萨里穆尔来到太原，言语傲慢地对童贯说北宋收留张觉违背盟约。尽管童贯丰厚地招待了二位使者，萨里穆尔还是直接把话挑明，说金国的大军已经开始南征，国相的军队从河东路进入，二太子完颜宗望的军队从燕京路进入，没杀一个人，只靠宣告公文，就把事情解决了。

马扩警告金国使者，北宋是一个富裕的国家，只要稍加整治边境防务，金国根本敌不过。萨里穆尔很轻蔑地说，金国如果认为北宋可怕，就不会长驱直入了。萨里穆尔最后要求童贯把河东、河北割给金国，以黄河为界，还说金国的文书很快就会送到北宋朝廷。

童贯听了萨里穆尔的话，不知如何是好。要知道，当时北宋还在为交割山后各州而与金国交涉，现在金国反而提出更加意想不到的要求，竟然想要北宋的河东、河北，这简直就是狮子大开口。萨里穆尔还威胁童贯，只要割了河东、河北，才能保住宋朝。

童贯哪敢答应金国的使者，他与参谋宇文虚中商议，准备回朝奏报。太原府知府张孝纯希望童贯不要离开，而是会合各路将士，全力应对。张孝纯认为，如果童贯离开，人心必将动摇，这是主动把河东丢给金国人，而河东一丢，河北就保不住。张孝纯认为太原地形险要、城墙坚固，这里的人也熟悉战事，金国未必能攻得下来。童贯说他的使命是宣抚，不是守土，一定要留下他，那把帅臣放在什么地方？十二月初八，童贯从太原离开。张孝纯叹息说，童贯平生多有威望，事到临头，却胆小害怕，抱头鼠窜，他有什么脸去见皇帝啊？

童贯离开太原没几天，完颜宗翰的兵马已经一连占领朔州、武州、代州、忻州等地，离太原只有一百余里。这些地方大多是因为守将投降或有人做了内应，金兵才轻易得手。特别是到了忻州，守将贺权不仅打开城门，还搞了一个乐队来迎接金兵。完颜宗翰十分高兴，下令士兵不要入城，以免骚扰城内百姓。

十二月十八日，完颜宗翰大军到达太原城下，开始攻城。太原军民在知府张孝纯、守将王禀的带领下，英勇抵御，固守待援。完颜宗翰怎么也没有想到，他的西路大军被牵制在太原而止步不前了。东路完颜宗望的大军反而一路长驱南下。

完颜宗望的兵马在占领燕山府外围的檀州、蓟州之后，便逼近燕山府。当完颜宗望带领大军到达三河县（今河北省三河市）时，燕山府知府蔡靖赶紧派郭药师带领常胜军前往抵御。郭药师带领四万五千人在白河（今北京市通州区东）与完颜宗望交战，被打得大败而回。

完颜宗望继续向燕山府推进，才到郊外，郭药师便带着人马前来迎接，并且拘捕了蔡靖及燕山府的其他官员。随着燕山府被占领，其所管辖的州县，也很快被占领。完颜宗望让郭药师做向导，继续向北宋内地深入。完颜宗望还派人回朝，向金太宗奏报说，自从郭药师投降，便更加了解北宋的情况，请求任命郭药师为燕京留守。金太宗采纳，还给郭药师赐姓完颜，授予金牌。

十二月十四日，完颜宗望下令大军继续南下，要求沿途所过州县，不要擅自诛杀。十八日，完颜宗望大军到达保州（今河北省保定市）及安肃军（今河北省保定市徐水区），攻城不克。完颜宗望没有在保州境内逗留，而是继续南下，于二十一日到达中山府（今河北省定州市）。由于知府詹度组织兵马固守城池有方，完颜宗望大军也没能攻克中山城。完颜宗望放弃攻打中山，继续南下。

大军快到真定府（今河北省正定县）时，从燕山府投降的都监武汉英看到完颜宗望大军一路南下，俘获的北宋将士都不杀，便对完颜宗望说，大军优待俘虏，但如何才能让北宋的将士以及百姓知道呢？武汉英建议由他去向各地守将劝说，那河北一带的坚固城池可不攻而克。完颜宗望大喜，便让武汉英带着榜文到各地招降。武汉英离开完颜宗望后，便直奔京城开封而去，他要去提醒朝廷做好抵御。

完颜宗望带领大军继续南下，一路攻克庆源府（今河北省赵县）、信德府（今河北省邢台市），于天会四年（1126年）正月初二，到达汤阴（今河南省汤阴县）。完颜宗望的四弟完颜宗弼攻克了汤阴城。记住，汤阴是抗金名将岳飞的家乡。岳飞这一年二十四岁，虽然已经参军，但不在家乡，而在河东的平定（今山西省平定县）。岳飞当时只是一名偏校，而完颜宗弼也不过是军中一名将领，还不是独当一面的大将。数年之后，二人成为各自国家的大将，将在战场上较量。那时，人们习惯用完颜宗弼的女真名，那便是完颜兀术。

完颜宗弼夺取汤阴后，便再向南攻打濬州（今河北省浚县）。在濬州，一路南下的完颜宗望大军终于遇到北宋朝廷派来的兵马。

三、兵临开封城下

北宋朝廷得知金国两路大军南下的消息，是中山府知府詹度奏报的，时间是天会三年（1125年）十二月十二日，当时西路完颜宗翰大军尚未到达太原，而东路完颜宗望大军已经占领燕山府。此后，河东、河北各地又连续三次派人向京师告急。接连听到金军南下的消息，朝廷官员大惊失色，宋徽宗则有了内禅的想法。不久，童贯与他的参谋宇文虚中回到朝廷。在宇文虚中的建议下，宋徽宗于二十二日下了罪己诏，文字是宇文虚中所写。宋徽宗此时已下定决心将皇位内禅给皇太子赵桓，自己只当太上皇。

宇文虚中为宋徽宗所写的这份罪己诏，能够看出宋徽宗以及北宋当时所存在的问题，也能从一个侧面看出北宋王朝在很短时间内被金国灭亡的原因。罪己诏的内容有：进谏的道路被堵塞遮蔽，奉承的话每天都能听到，得宠的近臣把持朝政大权，贪财的恶人随心所欲，有才干的人被诬陷为拉帮结派，赋税敛尽百姓的财富，军队的粮草不能及时供给，守边的士兵没有战斗力，奢侈铺张成了风气，吃闲饭的人不劳而获，百姓怨恨而皇上不知，等等。

宋徽宗当年只有四十四岁，年龄不算大，身体也没什么毛病，为何要内禅？他的考虑可能很多，比如万不得已时离京到外面躲一躲，还有一条便是希望以此来得到金国的理解与同情，以期金国能够罢兵。宋徽宗还派通直郎李邺出使金国，把他的这个决定告诉金国，同时请求两国重归于好。

在此关键时刻，给事中吴敏向宋徽宗推荐了一个人，此人便是太常少卿李纲。吴敏说李纲刚正、忠义，愿为国家效力，自称有奇计和长远之策。李纲曾与吴敏说过，宋徽宗应当像唐玄宗传位给唐肃宗那样传给太子，这样可以像平定"安史之乱"那样解决金兵南下这场危机。吴敏也有这个想法，故而向宋徽宗推荐了李纲。李纲还说，唐肃宗继位，不是唐玄宗主动禅让，后世为此而感到惋惜，希望宋徽宗能主动禅位。吴敏于是上疏向宋徽宗请求，刺破胳膊以示忠心。宋徽宗决定内禅，先任命吴敏为门下侍郎，让他辅佐太子。然后，宋徽宗假装生病，突然不省人事。最后在执政大臣的服侍下，宋徽宗悠悠醒来，写了御笔诏书禅位。

宋徽宗在正式禅位之前，还作了一个重要部署，这便是再次起用已经退休归隐的老将种师道，任命种师道为检校少保、京畿河北制置使，让种师道奔赴京城开封。宋徽宗同时命令熙河路经略使姚古与秦凤路经略使种师中，带领本路兵马在郑、洛间会合，对外援助河阳，对内保卫京城。宋徽宗再任命宇文虚中为保和殿大学士、河北东路宣谕使，监督姚古、种师道的兵马。

十二月二十三日，宋徽宗正式内禅，皇太子赵桓即位，是为宋钦宗。这个时候，金国完颜宗翰西路大军已经在围攻太原，而完颜宗望东路大军已经经过保州、中山府，正向真定府进发。

宋钦宗即位的三天后，下诏派武泰军节度使何灌带领两万人马，与宦官梁方平一同守卫濬州的黄河大桥。也就在这时，从完颜宗望军中逃回的武汉英来到京城，向朝廷奏报金国的作战计划。武汉英说金国人认为宋朝只有西部的兵马能够作战，所以由完颜宗翰先攻太原，再取洛阳，截断西部大军前来的救援之路，也防备宋徽宗西逃巴蜀。同时，由完颜宗望的大军攻燕山、真定，直到攻取京城开封，最后两军会合。北宋刚刚举行过内禅，又听到这个议论，大臣们六神无主，是战是逃，犹豫不决。

十二月二十八日，宋钦宗在延和殿召见李纲。宋钦宗说在当太子的时候，曾见过李纲为治水灾而上的奏疏，到今天仍然能够背诵。李纲表示谢意，接着分析金国可能有五个方面的要求，同时提出应对方案。第一个是金国想要帝号，李纲认为可以像对待辽国那样对待金国，承认他们的帝号。第二个是想得到投归宋朝的人，李纲认为可以全部交给金国。第三个是想增加岁币，李纲认为只有全部归还燕、云之地才能给，现在金国私自夺了其地，岁币应当减少，但考虑到两国友好，姑且按照原来的数目。第四个是想得到犒赏军队的财物，李纲认为可以估量国家的财力给予。第五个是想得到土地，李纲认为祖宗的土地，子孙应当以死相守，不拿一尺一寸给人。李纲同时还陈述了御敌固守的策略，宋钦宗非常赞赏并采纳，还于次日下诏任命李纲为兵部侍郎。

第二年便是靖康元年，也是金朝天会四年，即公元1126年。这一年正月初三，宋钦宗下诏亲征，一切按照当年宋真宗亲临澶渊的事例。宋钦宗任命吴敏为亲征行营副使，李纲与开封府知府聂山为参谋官。宋钦宗还授予吴敏灵活处理公事、不必奏报的权力，同一天还任命其为知枢密院事，吏部尚书李棁（音同桌）为同知枢密院事。

宋钦宗能再现宋真宗当年的功业吗？

当天夜里，从濬州黄河前线传来消息：濬州已经在前一天失守，金国大军已经抵达黄河北岸。原来，金国将领完颜宗弼夺取汤阴后，便去攻打黄河北岸的濬州。梁方平当时带领兵马驻守黄河北岸，看到敌人的骑兵突然杀来，慌忙逃跑，拥上黄河大桥。在黄河南岸守桥的士兵看到金兵的旗帜，赶紧烧断大桥的缆绳，好几千人掉在了黄河之中。何灌的士兵听说金兵来了，也都逃跑，黄河南岸一个守兵都没有了。

濬州失守，金国完颜宗望的东路大军就到达黄河岸边，离京城开封也就两百里左右，北宋君臣大为惊慌。太上皇宋徽宗就连夜从通津门出城，向东逃去。负责监督姚古、种师道大军的宇文虚中也陪同宋徽宗"出巡"了。宋钦宗也不敢留在开封，想前往陕西，再指挥各路兵马作战，朝中大臣大都赞同。李纲极力反对，与大臣们辩论，并劝说宋钦宗，宋钦宗才决定坚守开封，还火线提拔李纲为尚书右丞，让李纲位列宰执大臣。

宋钦宗不能像宋真宗那样亲征了，不管怎么说，宋真宗当年还能够北上到达澶渊抵御辽兵。然而，宋钦宗能够决定坚守京城，已经相当难得了，因为他本来是想逃离京城的。关键时刻，宋钦宗任命李纲为亲征行营使，但也只是守城而已。正月初五，宋钦宗驾临宣德门，向守城将士表明坚守的决心，同时要求守城将士开始整治都城四壁的防御工事。正月初六，宋钦宗派使督促各路援军尽快奔赴京城。

援军尚未到来，而完颜宗望的大军正在南渡黄河。由于黄河浮桥被烧毁，金兵只能寻找船只渡河。找来找去，只找来能够容纳几个人的小船摆渡，前后用了五天时间。兵马到了南岸，随渡随走，没有集结。金国将士们说，北宋真是没有人才了，如果用一两千人守卫黄河，他们根本过不了河。

正月初七，完颜宗望大军抵达京城西北的牟驼冈驻扎。由于郭药师曾经到过京城，在牟驼冈打过球，知道这里堆积大量的草料，便指引着完颜宗望直接奔赴此处。完颜宗望在牟驼冈不仅得到粮草，还得到两万匹战马。

完颜宗望准备连夜向开封城发起进攻。

四、围攻开封城

完颜宗望在西路完颜宗翰大军没有如期抵达的情况下，决定连夜向开封城发起进攻，首先就攻打宣泽门。完颜宗望派人用几十只火船顺流而下，奔向护城河边，逼近城墙。在此紧急时刻，李纲亲临前线指挥。李纲来到城墙之上，派出两千名敢死之士，到城下布下障碍，甚至把蔡京家中的山石运来，放在水道中间。火船到来之后，李纲命人用长钩钩取，用石头把船砸碎，金兵伤亡一百多人。战斗进行了整整一夜，到天亮时，金兵才停止进攻。

完颜宗望觉得开封城难以攻克，他想退兵，但他要提出一些条件。完颜宗望派吴孝民去与北宋商议，北宋派郑望之担任军前计议使，与吴孝民接洽。吴孝民提出把黄河以北划给金国，再给金国大军一笔犒赏费用，然后便可以退兵。郑望之不能答应，带着吴孝民进城觐见宋钦宗。

宋钦宗没有答应吴孝民的要求，希望好好商谈。吴孝民希望宋钦宗派亲王、宰相到完颜宗望军中商议。宰执大臣大都低头不语，只有李纲请求前往。宋钦宗认为李纲性情刚烈，不能前往，最后命令李棁为正使，郑望之、高世则为副使。李纲认为敌人气焰十分猖狂，北宋援军尚未到来，讲和一定要策略得当，否则后患无穷，还说李棁柔弱怯懦，要误国。

李纲退出之后，李棁与郑望之再次入宫，宋钦宗答应的条件是增加岁币三五百万两，割地不接受。谈到犒赏军队，宋钦宗答应给银三五百万两，还让李棁带着一万两黄金及美酒菜肴去贿赂完颜宗望。

李棁、郑望之等人来到完颜宗望的大营。完颜宗望面朝南坐着会见使者，由从燕京投降而来的王汭负责传话。王汭说，开封城顷刻之间就会被攻破，完颜宗望之所以收兵不攻，为的是保存赵家天下。完颜宗望的议和条件就是犒赏大军的金银绢帛各需一千万两匹，马驼驴骡各需一万匹，称金国皇帝为伯父，凡在北宋的燕、云之人全部归还，割让太原、中山、河间三镇，以亲王、宰相为人质。

从这次提的条件来看，在土地方面有所减少，不是割让河东、河北全部，而是只要三镇，但在钱物上索要的更多。李棁胆小，不敢回话，只说宋朝皇帝赐的万两黄金以及美酒、菜肴已经送到。完颜宗望让吴孝民接受了这些赏赐。商谈没有结果，李棁等人当天晚上被留宿大营。完颜宗望再派萧三宝奴来对李棁、郑望之等人说，宋朝总是不守信用，一定要派一位亲王来做人质，割地要以黄河为界。郑望之只回答说增加岁币三百万，萧三宝奴不满意而走了。

完颜宗望所提的条件没有被接受，于是决定再次攻城。一大早，李纲刚刚上朝，外面就报通天门、景阳门告急。宋钦宗派李纲前往督促将士们防守抵御。李纲请求带领一千名善于射箭的禁卫军跟随他前往，宋钦宗准许。李纲到达城墙之上，看到金兵刚刚渡过护城河，正在架设云梯攻城。李纲命令禁卫军放箭，金兵都应弦而倒。守城将士都很勇敢，对近处的敌人，用手炮、垒木攻打，对远处的敌人，用神臂弓射，再远的，就用床子弩和坐炮袭击，金兵伤亡很多。李纲又招募好几百名壮士缒城而下，与敌人面对面交战。

完颜宗望看到通天门、景阳门难攻，又转攻别处城门，城墙上的箭多得像刺猬。李纲一直在指挥战斗，宋钦宗派人前来慰劳，带来手诏表扬，还把宫库中的酒、绢等赏赐给将士，将士们斗志更加高昂。这一轮战斗，金兵几千人被杀或被俘，完颜宗望只得再一次下令撤退。北宋方面也损失一员将领，那就是武泰节度使何灌。

完颜宗望还不死心，派一部分游骑兵到开封城周围抄掠，不少县城都被攻破，只有东明、太康、雍丘、扶沟、鄢陵等县还在坚守。完颜宗望对小县城都攻不下而感到耻辱，于是又增加三千名骑兵去攻打，仍然没有攻下。

完颜宗望又准备与北宋议和，主动约见还在营中的宋使郑望之等人。完颜宗望把条件稍微放低了一些，提出要黄金五百万两，白银五千万两，牛马一万匹，缎一百万匹，割让太原、中山、河间三镇，送宰相、亲王为质。完颜宗望为表诚意，还派萧三宝奴、耶律忠、王汭等人给宋朝皇帝送去一条玉带、一把玉麈刀、一匹名马。

宋钦宗答应了完颜宗望的要求，于正月初十下诏，征集私人家中的金银。名为征集，实际就是搜刮，因为诏书声称，有胆敢隐藏转移财物的，军法处置。宋钦宗在诏书中，还要求没收妓女和艺人的财产。如此一来，宋钦宗共得到二十万两黄金、四百万两白银。史书上说，虽然这个数目离完颜宗望的要求还有很大差距，但民间已经被搜刮一空。

宋钦宗还下诏给太原、中山、河间三镇，告诉他们已经把这三镇割让给金国。最后便是决定由谁去当人质的问题。康王赵构主动提出前往金营为质。赵构只有二十岁，是宋徽宗的第九子。宋钦宗于是任命赵构为军前计议使，张邦昌、高世则为副使。宋钦宗把赵构带到殿阁，与宰执大臣相见。李棁说金国怕宋朝失信，所以想让亲王送他们过黄河。李棁的话明显有安慰赵构的意思，而赵构却严肃地说，国家有难，死又何妨？

李纲听说宋钦宗准备接受金国的条件，极力反对。李纲认为金国所要的金银布帛数量太多，把天下所有资财拿来都不够；太原、河间、中山三镇是国家的屏障，割了三镇，如何立国？李纲特别强调，宋朝皇家的祖陵还在那里，做子孙的怎么能把这些地方给人？至于人质，宰相可以去，亲王不应当去。李纲认为议和只是缓兵之计，不是最终目的，一旦各路援兵到来，便可以与金兵一战。到那时，金兵一定不敢久留而退走，那时再签订盟约，方可长久。

李纲的观点是盟约要以实力为基础，一旦援军来了，打了胜仗，议和才会对自己有利。然而朝中的大臣都不赞同李纲的观点，想就这样答应完颜宗望的条件，希望完颜宗望能早一天退兵。李纲果然刚烈，马上提出辞职。宋钦宗知道李纲有带兵御敌的本领，现在还不能没有他，毕竟完颜宗望的大军还压在城外。宋钦宗对李纲说，你只管带领兵马守城，议和的事，再慢慢谈。宋钦宗话虽这么说，还是立即把誓书交给李棁，让李棁前往金营，交给完颜宗望。李纲坚持留下割让三镇的诏书，等待援军到来再说。

也就在这时，各地的勤王兵马陆续到达开封城外。正月十六日，统制官马忠带领在京西招募的兵马来到，在顺天门外与金兵遭遇，马忠立即下令袭击，杀死很多金兵。范琼带领一万名骑兵又从京东来到。完颜宗望看到北宋的兵马纷纷来援，也开始担心，游骑兵也不敢再四处抢掠，老百姓稍微安定了一些。

正月二十一日，京畿河北制置使种师道、安武军承宣使姚平仲带领大军来到。种师道沿途张贴文告，声称带来了西部一百万大军。完颜宗望听到这一消息，下令加强军营的防备。种师道当年已经七十六岁，年事已高，受到世人尊敬，人称老种。宋钦宗听说种师道来了，非常高兴，命人打开安上门，让李纲迎接。种师道对宋钦宗说，金国人不懂兵法，哪有孤军深入，还能完好回去的？宋钦宗说已经讲和了，种师道马上说，臣只管军队之事，其他事不敢知道。

援军终于来了，可以与敌人较量一下了，李纲提出要统一指挥作战，建议种师道、姚平仲两位将领由他一起节制。宋钦宗不肯，理由是种师道年老而且通晓兵法，职位也很高，与李纲官爵相等。宋钦宗于是另外设立宣抚司，由种师道担任京畿两河宣抚使，加检校少傅，姚平仲任都统制，各地来的勤王兵马都隶属于新成立的宣抚司,还把城内的前军与后军调给宣抚司。李纲所管的行营司只有左、中、右三军而已。宋钦宗多次重申,宣抚、行营两司不得混乱,从此军权分散。宣抚司常常以机密为由,所定计划不再向行营司通报。

宋钦宗如此部署,实际是对主将的不信任,无非是担心李纲的兵权太集中。其实李纲所在的行营司,本就是宋钦宗为亲征而设立,最高统帅是宋钦宗,然而宋钦宗担心驾驭不了李纲。宋朝的皇帝对武将的提防,是其家族祖传的,不足为怪。

正月二十七日,宋钦宗在福宁殿与李纲、李邦彦、吴敏、种师道、姚平仲等人商议用兵大计。李纲认为完颜宗望声势虽然浩大,其实不过六万人马,一大半还是奚人、契丹人及渤海人;宋朝的援兵有二十多万,已经数倍于敌,完颜宗望进入宋朝腹地,有如虎豹掉进陷阱之中。李纲建议暂不与完颜宗望交战,只要不让他们为害附近百姓就行,他们一旦粮草耗尽,必定北撤,在他们半渡黄河时,发起袭击,必定取得胜利。宋钦宗采纳了这个建议。

数日后,宣抚司都统制姚平仲提出新的策略,建议夜袭金军大营,活捉完颜宗望,把康王赵构营救回来。种师道认为李纲此前的策略很好,等姚平仲的养父姚古的大军来到、兵力更加强盛时,再与完颜宗望谈三镇不可割让;如果完颜宗望粮草不济而北返,再尾随袭击。没想到李纲此时却又改变了自己当初的想法,赞成姚平仲的计策,宋钦宗也就同意了。

二月初一夜里,姚平仲带领一万多名步骑兵偷袭金军大营,由于完颜宗望事先得到消息也有了防备,姚平仲最后大败而回。李纲也在行动,派行营司的左、右两军将士,在天刚亮时出景阳门,到幕天坡袭击金兵,杀死、俘虏不少金兵。完颜宗望派兵来攻行营司的中军,李纲亲自带领神臂弓士兵射退了他们。完颜宗望派人责备在大营为质的赵构,一旁的张邦昌吓得哭了起来,而赵构毫无畏惧。完颜宗望觉得赵构不像亲王,像是将帅子弟,要求宋朝再换一位。

种师道上奏，对宋钦宗说，劫寨已经错误，但用兵仍可以出其不意，建议第二天晚上再一次派兵袭击金兵。如果仍然不能取胜，以后每天晚上都用几千人去袭扰，用不了十天，完颜宗望就该逃跑了。李邦彦等人胆小，不赞同这个建议。

宋钦宗满心以为姚平仲一定能够成功，现在听说夜袭失败，感到非常担忧。宰执大臣与台谏官员又接连奏称，宣抚司、行营司两部兵马损失很大，宋钦宗大为吃惊，下诏不得再次出战。宋钦宗认为这全是李纲的错，于是罢免李纲尚书右丞和亲征行营使的官职，由蔡懋代替他。宋钦宗甚至撤销行营司，想以此来向完颜宗望道歉。蔡懋将事情了解清楚，告诉宋钦宗，行营司损失才一百多人，而宣抚司死伤也只有一千多人，主力兵马仍在。宋钦宗于是下亲笔诏书慰劳李纲，赏赐李纲五百两黄金，五十万钱，并且让吴敏给李纲带话，说会再起用李纲，李纲感激涕零称谢。

宋钦宗的举动，可以用"惊弓之鸟"来比喻。自己的两部大军明明没有什么损失，但一听人说损失很大，竟然坚信不疑，而且不问青红皂白，马上降了李纲的职，说明宋钦宗当时已经被吓破了胆。太上皇宋徽宗已经吓得离开开封，过了长江到南方去了，如此胆小怕事的宋钦宗岂能应对虎狼一样的金国大军？

完颜宗望派人来责问举兵的原因，宋钦宗准备派人到金营解释，劫营不是朝廷的主意，而是将领们的事，正要给劫营的人治罪。宋钦宗还让肃王赵枢去换赵构，以满足完颜宗望的要求。没有大臣愿意出使，只有刚刚从南方赶回来的宇文虚中情绪激昂，请求出使。

这一天，太学生陈东带领好几百名太学生跪伏在宣德门外，上书说李纲奋不顾身，为国保卫开封城，是真正的社稷之臣，要求恢复李纲的官职，处罚李邦彦等无能之辈。不多时，有好几万军民不约而同聚拢而来。宋钦宗没有办法，只得立即恢复了李纲尚书右丞的职务。

宇文虚中与肃王赵枢、著作佐郎沈晦前往完颜宗望大营，用赵枢、沈晦替换赵构与张邦昌，还给完颜宗望带来被李纲留下的割让三镇的诏书。

完颜宗望当时也得知北宋援兵来了不少，尤其是李纲带兵守城很有办法，便萌发了撤兵的想法。完颜宗望于是不等犒赏大军的金银玉帛数量给足，便于二月初九下令北返，开封城中的君臣终于松了一口气。

种师道提出在完颜宗望大军半渡黄河时袭击，宋钦宗不接受。为防止金国兵马卷土重来，御史中丞吕好问建议宋钦宗加强防范，宋钦宗也不听。李纲想以护送金军为名，寻机袭击，最终因朝中官员不支持也没有实行。数日后，完颜宗望大军顺利渡过黄河。

完颜宗望的东路大军于正月初七到达开封城外，二月初九撤退北归，前后一个月。在这一个月当中，北宋各路援兵未到之时，李纲组织开封城内兵马，成功指挥了"开封保卫战"。现在金兵已退，宋钦宗便升李纲为知枢密院事，算是对李纲功劳的认可。不久，李纲又受到排挤，不断被降职，直至罢免。老将种师道也因年老而被宋钦宗贬为中太一宫使。

然而，就在宋钦宗贬了种师道的当天，北方的泽州官员上奏说，金国完颜宗翰的西路兵马已经到了高平（今山西省高平市），离宋朝的西京洛阳只有三百多里。宋钦宗只得再次起用种师道，任命种师道为河北、河东宣抚使，驻屯滑州；同时命令统制官郝怀带领一万人马驻屯河阳，扼守太行险要；再任命姚古为制置使，节制各路大军援救太原。

五、第二次南下

左副元帅完颜宗翰的西路大军于天会三年（1125年）十二月十八日开始围攻太原。天会四年（1126年）二月初九，完颜宗望东路大军从宋朝都城开封北返时，完颜宗翰大军仍在围攻太原。此时的完颜宗翰已经分出一部兵马南下，攻破了隆德府（今山西省长治市），一直到达高平（今山西省高平市）。完颜宗翰没有继续南下，于当年三月留完颜银术可继续包围太原，自己北返西京大同府。由于完颜宗翰北返，宋将姚古于当月收复了隆德府。

完颜宗翰与完颜宗望同时南下，但二人策略不同。完颜宗翰一心想攻克太原，然后再南下，而完颜宗望攻不下就走，一路长驱直入到达京城开封。完颜宗望的做法便是宋朝人所说的孤军深入，但宋朝人也没有能够把这支深入宋朝腹地的孤军消灭。完颜宗翰也许担心如此用兵会被敌人切断退路，所以想步步为营、稳扎稳打。其实用兵作战并没有常规，不同的打法，在不同场合会有不同的结果。试想，如果一头狼冲进了羊群当中，哪怕是深入冲进，也不用担心会被羊群消灭。当然，如果交战双方将士的个性都像狼那样，孤军深入显然是危险的。完颜宗望带领的是一支狼性的队伍，而宋朝的大军人虽多，已是羊性的队伍，就是有李纲这样的狼性将领，改变不了整个大军的个性，因为李纲很多时候说的也不算。七百多年后，英国人发动鸦片战争，一支一万多人的队伍也是孤军深入，一直打到今天的江苏省南京市，逼迫清朝签订《南京条约》，割让了香港。这样的例子并不少见。所以，在战争中，人多人少，以及是否孤军作战，没有多大关系，关键是对敌人的了解，尤其是对敌人统帅个性的了解。

完颜宗望之所以未能攻克开封，是由于这支队伍擅长野战而不擅长攻城，尤其是高大、坚固的都城。攻城需要各种器械，而不只是云梯这种常规工具，这是完颜宗望大军所不具备的。当然，如果完颜宗翰的大军同时会师于开封，对守城将士的信心必将产生致命的影响，攻克开封这样的坚城是很有可能的，甚至敌人会不战而降。

完颜宗翰未能如期到达开封，完颜宗望又不能攻克开封城，只能撤退北返。完颜宗望北返途中，想凭宋钦宗的诏书而收取中山、河间，没想到这两地守将坚决不降。完颜宗望于是下令攻打中山、河间二府，但一直不能攻克。不久，两河宣抚使种师道的弟弟种师中率部逼近，于是，完颜宗望放弃攻打而继续北返。

完颜宗望北返时，带着宋朝的肃王赵枢，这是他的人质。完颜宗望打算在得到中山、河间、太原三镇之后，便放回赵枢。然而，这三镇守将拼死坚守，完颜宗望以及完颜宗翰的大军都没有攻下来。完颜宗翰的耐心还是够可以的，人虽回西京大同，大军仍在围攻太原。完颜宗望不想攻打中山、河间，于是派出使者前往宋朝交涉。

完颜宗望此次兵临开封，虽然没有攻破城池，但得到了不少好处。三镇虽然没有得到，但至少在宋朝的诏书上已经确定要把三镇割让给金国。完颜宗望派四弟完颜宗弼回都，向金太宗报捷，金太宗擢升完颜宗望为右副元帅，各将领都有奖赏。

金、宋双方接下来如果只在议和内容上交涉，比如把要的金银布帛给足，比如把所要的人交还，比如河东太原、河北中山与河间割给金国等，两国也许不会再有交战，至少在短时间内不会。然而，金国的使者出了一个主意，便让两国又启战端。

完颜宗望派到宋朝交涉的使者是辽国降臣萧仲恭，他的副使叫赵伦。二人在宋朝为金银玉帛的事交涉了一个月，没有什么进展。这不是宋朝不想给钱，而是钱要得实在太多，宋朝一时拿不出来。赵伦欺骗宋朝的馆伴使邢倞（音同劲），说金国有一个叫耶律余睹的人，是从辽国投降而来，手中有很多契丹士兵，与金国人不是一条心，建议宋朝收降耶律余睹，利用耶律余睹去攻打完颜宗翰、完颜宗望。邢倞向朝廷奏报此事，朝廷官员吴敏等人认为耶律余睹、萧仲恭都是辽国的贵族旧臣，身处金国，应当有亡国的悲痛。他们相信了赵伦的话，于是让萧仲恭给耶律余睹带去一份蜡书，让耶律余睹做宋朝的内应。

七月二十八日，萧仲恭返回金国，把蜡书直接交给完颜宗望，完颜宗望派人把这份蜡书送呈金太宗。金太宗大怒，召集大臣商议再次南下伐宋之事。这个时候，完颜宗翰也派人给金太宗送来奏报，说他也得到一封密信。这封密信是宋钦宗写给西辽国皇帝耶律大石的，想联合西辽国一起攻打金国。这封密信经过完颜宗翰的辖区时，被完颜宗翰得到。金太宗与朝中大臣听到这一消息，立即决定再次南征。

完颜宗望、完颜宗翰二人一唱一和，让人怀疑他们给金太宗提供的情报是真是假。不管怎么样，金太宗已经下定了决心。八月初七，金太宗下诏，仍然兵分两路南征宋朝，分别由左副元帅完颜宗翰、右副元帅完颜宗望带领。完颜宗翰从西京大同府出发，完颜宗望从保州（今河北省保定市）出发。

从完颜宗望撤离开封，到金太宗再次诏令南下，前后正好半年。

半年中，"海上之盟"的倡议者赵良嗣遭到弹劾，认为赵良嗣败坏了与辽国的百年友好，致使金国入侵，祸及中原。赵良嗣被流放到柳州（今广西柳州市），并于当年七月斩首。宋朝这时才认为当年与金国缔结"海上之盟"是错误的，并且把这个责任全部推到了赵良嗣的身上。其实赵良嗣只是出主意的人，最终做决策的人是宋徽宗。

半年中，太上皇宋徽宗已经返回京城，蔡京、童贯等人也一同回到京城。宋钦宗将蔡京、蔡攸父子流放，蔡京在流放途中死去，蔡攸于当年被杀。宰相王黼已被宋徽宗贬了官，并于当年被宋钦宗命人处死。童贯在当年被宋钦宗贬官，也被处死。

半年中，完颜宗翰一直没有解除对太原的围攻。宋朝也曾派兵前往解救太原，但没有取得战果，种师中还因姚古贻误战机而战死在太原城西南数十里外的榆次，姚古接着也被金兵打败。宋钦宗召回种师道，于六月初三任命李纲为两河宣抚使。李纲此次外任，名为援救太原，实是受到朝廷官员的排挤。李纲先到河阳（今河南省孟州市）集结兵马，训练士兵，但朝廷并不支持他，竟然下诏减少甚至停止征集兵马。李纲上疏呼吁，无人理会，只得就这样奔赴太原，毕竟太原已经被围太久了。八月初一，李纲命令驻屯在辽州、汾州、南北关的三路兵马一齐向太原进发。由于三路兵马也接受宋钦宗的指令，李纲的宣抚司空有节度的名称，最后各自行动，都被金国兵马打败。后来朝廷又准备议和，禁止李纲进兵。李纲请求罢官，朝廷于是又任命种师道为两河宣抚使，代替李纲，也不再考虑种师道是否年老有病。

八月二十七日，宋钦宗派人前往完颜宗翰及完颜宗望军中，答应割让三镇以及交付金银布帛。宋钦宗哪里知道，金国的两路大军已经又一次南下了。

完颜宗翰再次来到太原时，已经做了充分的攻城准备。完颜宗翰命人制造了三十座大炮，每次开炮，以鼓声为令，三十座大炮一齐发射，炮石比斗还要大，城上的望敌楼一旦被击中，没有不毁坏的。副都总管王禀巧妙组织，很快就修复了望敌楼。完颜宗翰又用五十多辆装满土木柴草的车辆来填护城河，王禀预先在城墙上凿出洞穴，鼓动风箱，点燃灯火，把车辆上的柴草木头烧掉。完颜宗翰又让人制作一种鹅形的车，下面有车轮，顶上用皮或铁裹住，用好几百人推着前行，打算取代云梯登上城楼。王禀在城上，命人用绳索将大石头捆起来，放到敌人的鹅车上，再令人用搭钩拉拽，敌人的鹅车就不能前进。

从完颜宗翰的攻城战术来看，完颜宗翰已经在使用中原人攻城的各种工具。尽管如此，完颜宗翰仍然不能攻破太原，因为守城的王禀也有应对之法。然而，太原城被包围了已经八个半月了，城内的粮草已经耗尽了。三军将士先吃牛马骡，再烹煮弓弩和皮甲，百姓只能用草糠充饥，最后出现人吃人的惨况。

九月初三，太原城被攻破了，王禀仍然带领瘦弱的士兵与完颜宗翰的金兵展开巷战。王禀知道不能战胜敌人，于是背着太原庙中的宋太宗赵光义的画像突围。王禀虽然冲出重围，出了太原城，但是金兵紧追不舍。王禀没办法，最后投入汾水而死，其子王荀一同赴难。太原知府张孝纯被金兵抓获，完颜宗翰把他释放，并继续任用为官。

在宋钦宗看来，太原丢失在意料之中，再说他早就下过诏书，要把太原割给金国。朝廷当中的主和派还弹劾李纲因主张抗战，致使军队损失，财物浪费，宋钦宗便于九月十五日调李纲为扬州知州，数日后又罢免其职，让他到杭州洞霄宫去担任宫观官。

金国大军越来越近了，宋钦宗只顾忙着议和。南道总管张叔夜等人带着军队奔赴京城，宋钦宗为了议和，竟然下令让他们不要来。九月二十八日，宋钦宗派给事中黄锷从海路出使金国，到金国的都城与金太宗议和。宋钦宗此次名为议和，实是求和，因为他已经没有议和的实力。

就在宋朝企图求和之际，种师道与完颜宗望的东路军遭遇了。

六、攻破开封城

天会四年（1126年）十月初，东路完颜宗望的大军到达河北西路的治所真定府（今河北省正定县），开始部署攻城事宜。就在这时，宋朝河东、河北路宣抚使种师道带领兵马到达真定府所辖的井陉县，离真定府城池不到一百里。完颜宗望立即分兵与种师道作战。种师道不敌，率部撤走。完颜宗望于是全力攻打真定城。真定府知府李邈、兵马都钤辖刘翊带领士兵昼夜不息地与金兵作战，仍然守不住真定城。

完颜宗望大军攻入城中后，刘翊仍然与金军巷战，最后自杀。李邈准备跳井，被左右之人拉住，最后被俘。完颜宗望要求李邈向他跪拜，李邈不肯。完颜宗望让人用火烧他的胡子、眉毛和大腿，李邈仍然不屈服。完颜宗望最后让人把李邈拘禁在燕山府。三年后，金国任命李邈为沧州知州，还让李邈换上金国人的衣服，李邈愤怒、大骂，最后被杀。

完颜宗望大军攻克真定后，继续南下，准备在上一次渡黄河的地方——澶州（今河南省浚县）境内渡河。完颜宗望得知刚被宋朝任命为两河宣抚使的范讷正带领五万人马，守卫在黄河南岸的滑州（今河南省滑县）与北岸的澶州，知道宋朝已有防备，决定不走旧路，于是奔赴大名府（今河北省大名县东），准备在大名府境内南渡黄河。

西路完颜宗翰大军攻克太原后，于十月初攻打汾州（今山西省汾阳市）。知州张克戬极力抵御，城池仍然被攻破，张克戬便与金兵进行巷战。张克戬不能取胜，于是找出朝服，点上香，向京城开封方向虔诚叩拜，然后带着全家八口人自尽。完颜宗翰大军继续南下，方向是平阳府（今山西省临汾市）。

消息传到开封，朝中官员认为在汾州南边有一个叫回牛岭的地方，险峻如同墙壁，可以扼守，于是派将领带着士兵前往防守。由于粮草严重不足，守卫回牛岭的士兵每人每天只分给二升豌豆或陈麦。士兵们苦笑着说，就吃这样的东西，还要我们打仗？不久，完颜宗翰派出的精兵来到回牛岭，抬头望着岭上的宋朝官兵，担心岭上的宋军用箭或石头从上面打下来，徘徊不敢前行。岂料就在这时，岭上的宋朝官军全部溃散，金国士兵顺利越过回牛岭，于十月二十四日到达平阳城下。负责守卫平阳的将领刘琬看到金兵到来，立即带领兵马逃跑，平阳城轻易就被金兵攻破。接着，河东路所辖的隆德府（今山西省长治市）、泽州（今山西省晋城市）也被金兵攻占。

十一月十二日，完颜宗翰带领大军到达黄河北岸。宋朝当时在黄河两岸的兵马有宣抚副使折彦质的十二万大军，以及签书枢密院事李回的一万名骑兵。完颜宗翰派了几十名骑兵到黄河边打探，得知宋朝兵马很强盛，难以渡河。将领完颜娄室认为宋朝的兵马虽然多，但不足害怕，建议虚张声势，吓退敌人。完颜宗翰采纳了完颜娄室的建议。完颜娄室于是命人把所有的战鼓拿出来，一齐击鼓。就这样，击了一夜的鼓。第二天黎明，探马来报说，宋朝部署在黄河两岸的兵马已经全部逃散。完颜宗翰于是下令渡河，只用一天时间，大军全部渡过黄河。大军继续南进，京西北路所辖的河阳、郑州等地守将不是弃城逃走，就是开门投降。

金国两路大军南下的同时，也响应宋朝的议和请求，不断派人与宋朝议和。此时议和，在宋钦宗实是求和，而在金国则是进军的策略。宋钦宗为了议和，多次派出使者前往金国两位元帅的军中，甚至还派使者从海上去金国的朝廷求和。金国朝廷以及两路大军元帅便用议和来麻痹宋朝，一边议和，一边前进，从未停止过南下的步伐。如此一来，宋朝便疏于调兵防守，甚至把一些前来增援的兵马撤回，以示专心议和。金国在议和时，一会儿只要钱财，一会儿只要三镇，一会儿又说以黄河为界，根本没有诚心议和，宋朝竟然都想答应。

宋钦宗为了诚心议和，还派出康王赵构作为议和使者，前往完颜宗望的大营。赵构到达磁州（今河北省磁县）时，磁州知州宗泽前来迎接，并劝赵构不要去金兵大营，因为这是金人在欺骗宋朝。相州知州汪伯彦则请赵构前往相州（今河南省安阳市）。赵构去了相州，还在相州见到了武翼大夫刘浩新招募的义士岳飞，任命岳飞为承信郎。

就在赵构到达相州之际，完颜宗望的东路大军已在大名府境内的李固渡渡过黄河，一路向开封挺进。十一月二十四日，完颜宗望大军到达开封城下，驻屯在刘家寺。

完颜宗望大军又一次兵临开封城下，宋朝的各地援兵并没有来，只能靠城内的七万人马守城。殿前司对城内兵马作了部署，把一万人分作前、后、左、右、中五军，前军驻屯顺天门，左军、中军驻屯五岳观，由统制官姚友仲统领；右军驻屯上清宫，后军驻屯景阳门，由辛亢宗统领。其他士兵全部分到四面城墙防守。

十一月二十六日，完颜宗望的兵马开始攻打通津门，没有进展，还被宋将范琼出城烧了营寨。二十七日，完颜宗望派人入城，提出要宋钦宗出城与金国结盟，宋钦宗没有答应。二十八日，宋钦宗到城中慰劳军队。闰十一月初一，完颜宗望下令攻打善利门，被姚友仲击退。完颜宗望两次攻城都没有进展。

闰十一月初二，西路完颜宗翰大军到达开封城外。

金国东西两路大军在开封城外会师，这与上一次只有完颜宗望一路大军兵临城下不一样。宋钦宗此时会如何应对呢？宋钦宗这时才想到被他贬官的李纲。李纲在上一次完颜宗望大军攻打开封城时，成功组织了"开封保卫战"，关键时刻还得靠李纲。为了节省时间，宋钦宗用驿马给李纲送去诏书，任命李纲为资政殿大学士，领开封府，命令李纲速速回京。然而，李纲当时被安置在建昌军（今江西省南城县），离京两千里。

当时已是寒冬，闰十一月初三这一天又是雨雪交加，金国的两位元帅已经发出再次攻打通津门的命令。宋钦宗在李纲没有到来之前，只得穿着铠甲，亲自登上城墙，慰劳将士。宋钦宗所能做的，便是把自己的御膳赏赐给士兵，他来吃士兵的饭食。这个举动确实让将士们感动，好几百名士兵缒城而下，面对面与金兵作战，烧了金兵五座大炮、两辆鹅车。

闰十一月初四，金兵开始攻打朝阳门。金兵攻不下城门，于初六又开始攻打京城四壁的东壁。东壁守将刘延庆巧妙部署，用九牛炮打碎金兵的云梯，击退了金兵的进攻。宋钦宗下诏任命刘延庆为护国大将军。

金国两位元帅看到东壁难攻，又转攻南壁。金兵用大量柴土填护龙河，河水终于不流。闰十一月初八，金兵又在护龙河上架桥。宋朝南壁守将姚友仲挑选精兵从城墙上缒下，布置弓弩、炮石，炮石不够，就把宋徽宗的杰作"艮岳"拆毁。姚友仲还在城墙上部署一排排善射的士兵。一时间，炮石齐发，箭如雨下，金兵根本无法架桥前行。金国两位元帅于是放弃架桥计划，下令再修造火梯、云梯、偏桥、撞竿、鹅车、洞子等攻城器具。

闰十一月初九，金兵攻打宣化门，被姚友仲击退。初十，金兵再次攻打南壁，双方死伤相当。刚刚赶来增援京城的南道都总管张叔夜得知金兵在攻打南壁，与将领范琼分出一部分兵马去袭击金营。岂料这些士兵远远看到金国的骑兵，竟吓得自相践踏，一千多人淹死在护龙河中。

闰十一月十三日，天又下起大雨大雪，雨很快就结成冰。十四日，天特别冷，守城士兵冻得拿不动兵器，还有人冻僵倒下。宋钦宗听到消息，在宫廷中光着脚祈祷老天赶快变晴朗。宋朝的外地援兵还没有来，城中可用的士兵只有三万了，经过这几轮交战，损失了一半以上。朝廷为了向金兵显示还有能力抵抗，便不断命令官军向金兵发起挑战。

闰十一月十七日，金兵又攻通津门。金兵在攻城的同时，又派人要求宋朝派亲王出城议和。十八日，宋钦宗派官员冯澥、曹辅与宗室赵仲温、赵士䜣出使。四人到了完颜宗翰的大营，完颜宗翰看到宋钦宗并没有派出亲王，立即打发他们回城。

宋钦宗并不敢违拗金国两位元帅，但又不想派出亲王，担心像肃王赵枢那样，回不来了。然而又能有什么办法呢？殿中侍御史胡唐老想到了康王赵构。胡唐老认为康王被留在相州，实乃天意，建议任命赵构为大元帅，带领天下兵马来援京师。宋钦宗采纳这一建议，募得敢死之士四人，带着蜡书出城前往相州，去找赵构。这份密诏任命赵构为大元帅，陈遘为元帅，宗泽、汪伯彦为副元帅。

闰十一月二十日，金国两位元帅再派人入城，要宋钦宗派亲王出城议和。二十一日，宋钦宗又派冯澥、曹辅与宗室赵仲温、赵士㣧四人前往金营议和。二十二日，赵仲温、赵士㣧回城，说金国元帅一定要亲王去议和。这一天，金兵又开始攻打通津门、宣化门。范琼带领一千人出城作战，过护龙河时，河面上的冰裂开，五百多人掉入水中，冻死，士气愈发受挫。二十三日，刮起呼啸的北风，雪一会儿就下了好几尺厚。二十四日，金国两位元帅又派使入城，催促宋钦宗派亲王、宰相出城结盟。宋钦宗仍然没有同意派出亲王。

从完颜宗望东路大军到开封城，到现在已经过去了整整一个月，而完颜宗翰到开封城也已经二十二天。两位元帅发起多次攻城，但结果都没有攻破。两位元帅到这时也不想再攻城，只想通过谈判得到他们要得到的东西，比如金银布帛、割让土地等。宋钦宗虽然也想议和，但又心存幻想，以为局势会出现转机。宋钦宗当时也在等待援兵，也许援兵来了，议和会多一份筹码。

终于，兵部尚书孙傅给宋钦宗请来了一支神兵。孙傅找到一个叫郭京的人，说此人能施展六法，只要七千七百七十七人，就可以活捉金军的两位元帅，把金兵扫荡得一个不剩。朝廷很多官员深信不疑，任命郭京为官，赐给他金银玉帛，让他招募兵员。

郭京真的招募了一支兵马。朝廷多次催促郭京出兵，郭京总是说不到危急时分，不出兵。现在金兵要亲王出城谈判，不答应便攻城，准备了一个月的郭京终于要上场了。

闰十一月二十五日，仍然大风大雪，郭京让守城士兵都离开，不得窥探他施法。郭京下令打开宣化门，让他的神兵出战，自己与张叔夜坐在城楼上观战。金兵部署四翼迎战，鼓噪前进，郭京的士兵一战就败，纷纷逃跑，掉进护龙河而死，城门急忙关闭。郭京对张叔夜说，需他亲自下去作法。郭京没有去作法，而是带着余下兵马向南逃跑。

金将完颜银术可带领金兵攻了上来，登上城墙，宋兵溃散，统制姚友仲死于乱兵之中。四壁守御使刘延庆夺门而逃，被金国骑兵追上杀死。开封城被攻破了，宋钦宗痛哭起来，说不听种师道的话，以至到了这个地步。种师道在井陉不敌完颜宗望后，曾给宋钦宗上疏，说金国大举进攻，建议宋钦宗到长安去避一避。当时朝中官员认为种师道胆小，没有采纳。

宋钦宗到城破之时想到了种师道，而种师道已经在两个月前病逝。宋钦宗在危难之时，也想到要起用李纲，然而，当李纲收到被起用的诏书时，开封城已经被攻破。宋钦宗最后能盼望的便是康王赵构能收到他的密诏，希望赵构能够带领兵马前来增援。然而，赵构此时还在相州征集兵马，尚未出发。

开封城破了，宋钦宗即将成为金国两位元帅的俘虏。

七、扶立伪楚

天会四年（1126年）闰十一月二十五，开封城被攻破。第二天，宋钦宗派尚书右仆射何㮚（音同力）与济王赵栩前往金军大营，请求议和。到了金军大营，金国二位元帅完颜宗翰、完颜宗望提出要让太上皇宋徽宗亲自来大营议和，何㮚只得回城向宋钦宗奏报。宋钦宗知道，金兵大营，有如龙潭虎穴，去了很可能就回不来了，他不忍心让太上皇出城，决定亲自前往。

闰十一月三十，宋钦宗出城，前往完颜宗翰大营所在的青城，何㮚等人跟随。青城是开封城外不远处的一个行宫，是宋朝皇帝祭祀天地时斋戒歇息的地方。宋钦宗到了青城，与金国二位元帅相见。左副元帅完颜宗翰说还没有得到金太宗的诏令，便先用好话安慰宋钦宗。开封城中的百姓听说宋钦宗去了金营，纷纷站立在泥雪之中，从宣德楼一直到南薰门，等待宋钦宗回来。

当天晚上，宋钦宗没有回城，就留宿在青城。完颜宗翰派萧庆进入城中，住在尚书省，朝廷的一举一动，都要向他报告。十二月初二，宋钦宗从青城回城，城中官员、百姓及太学生都来迎接。面对如此敬重自己的臣民，即将成为亡国之君的宋钦宗并没有感动，而是觉得无脸面对。然而宋钦宗还是会表演的，他当场掩面大哭，说宰相耽误了他们父子。宋钦宗在最后时刻把亡国的责任推给了宰相。宰相在当时只是一个泛称，不是一个官名，具体指的是尚书左、右仆射以及同平章事。看看宋徽宗用的都是什么样的宰相，就知道他是怎样的皇帝。宋徽宗用过十二位宰相，最重用的就是蔡京、王黼、李邦彦三位。臣民们不明真相，竟然被宋钦宗的表演给感动了，都流下了眼泪。

宋钦宗之所以能回城，是他同意向金国两位元帅投降，同意给钱给地。十二月初三，完颜宗翰就派人进城，向宋钦宗索要一千万锭黄金，两千万锭白银，一千万匹绢帛。宋钦宗下旨向百姓搜刮。金国元帅又要京城的骡马，宋钦宗又照办，最后搜刮到七千多匹。十二月初五，宋钦宗派出多名官员，带着诏书前往两河地区，给金国割地。

金太宗已经得知完颜宗翰、完颜宗望攻克开封城，特地派堂兄弟完颜勖前来慰劳。完颜勖给二位元帅带来金太宗的诏书，要求对立功的将士按功劳大小升官或给予赏赐，那些死于战事、为国献身的要丰厚地抚恤其家人。诏书特别强调，所赐官爵，一定要优厚。

金国将如何处置宋朝的皇帝？是继续让宋钦宗当皇帝，还是另立他人，还是直接把宋朝纳入金国的版图？完颜宗翰、完颜宗望要等待他们的皇帝金太宗与朝中大臣们商议的结果。

这当中还有一件事，那便是金国二位元帅要宋钦宗把康王赵构给召回来。赵构当初到完颜宗望大营担任人质，完颜宗望感觉赵构不像亲王，所以才换了肃王赵枢。然而就是这位康王，已经出任宋朝的兵马大元帅，正在相州地区征集兵马，准备前来援救京城。金国二位元帅想借助宋钦宗之手，把赵构给弄回来。宋钦宗只好派人去召赵构，结果是没有见着人便回来了。

第二章 消灭北宋

时间过得很快,转眼新的一年到了。天会五年(1127年)正月初一,宋钦宗派济王赵栩、景王赵杞出城,向金国二位元帅祝贺新年。二位元帅也派人入宫,向宋钦宗祝贺新年。这一来一往好像很友好,也很客气。

正月初二,金国二位元帅派人入宫,再次催促宋钦宗把他的兄弟赵构给召回京城。宋钦宗不敢拒绝二位元帅的要求,只得再派人带着诏书去找赵构。赵构当时已经不在相州,而是带着他新征集的兵马离开河北,去了京东西路所辖的东平府(今山东省东平县)。

正月初十,金国二位元帅派使者萧庆前来催促金银,威胁宋钦宗说,再不给足就放纵士兵入城抢劫。萧庆还让宋钦宗去见二位元帅。宋钦宗面有难色,不想前往。宰相何㮚、吏部侍郎李若水认为不用担心,劝宋钦宗出行。宋钦宗预感情况不妙,便作了一些安排,让兵部侍郎孙傅辅佐太子监国,说最多五天后就回,然后与何㮚、李若水等人前往金军大营。

宋钦宗这一次去了金营,就再也未能回来。五天过去了,尽管老百姓都尽力把家中的钱财拿出来希望换回自己的皇帝,但因金国所要金银数额巨大,根本换不回宋钦宗。宋钦宗在青城的下榻之处,条件粗陋,夜间也不能安心休息,每天只能面对大臣流泪。正月十六,太学生徐揆来到南薰门,求见金国二位元帅,请他们把宋钦宗放回。二位元帅把徐揆提到军中责备,徐揆直言争辩,被杀。尽管如此,每天都有百姓出城迎接宋钦宗。

金国之所以一直不让宋钦宗回宫,是因为金太宗已经不打算再让赵家人当皇帝了。尽管辽国降臣刘彦宗向金太宗上表,建议继续让赵家人当皇帝,可以换一个人。刘彦宗跟随完颜宗望东路大军南下,担任汉军都统,曾向金太宗提出攻宋十策。尽管金太宗对刘彦宗十分信任,但刘彦宗建议仍由赵家人当皇帝一事,金太宗不接受。

二月初六,宋钦宗在大营已经二十六天。这一天,金太宗最新的诏书送达,诏书内容是将宋钦宗及太上皇宋徽宗废黜为庶人。金太宗虽然不让赵家人当皇帝,但仍然决定重新扶立一位汉人当皇帝,来管理原来的宋朝臣民。金太宗及朝中大臣考虑到他们的金朝还不能顺利接管宋朝的政权,毕竟金朝的朝廷地处遥远的东北，而且女真人在生产、文化等方面还比较落后。女真人开始只有语言，没有文字，直到金太祖称帝的两年后，才让人造字。金太祖的长子完颜宗干也正在加紧改造金国，力图让一个奴隶制国家快速转变为封建制国家。完颜宗干建议学习宋朝的做法，比如官制，比如行政区划等。

金国二位元帅在得到金太宗的诏书后，便开始着手做两件事。第一件便是把太上皇宋徽宗以及宗室成员、后宫嫔妃全部押到大营，要把他们与宋钦宗一起押往金国。第二件便是寻找一位宋朝大臣当汉人的皇帝，这个皇帝要完全听命于金朝。完颜宗翰本想让萧庆或刘彦宗坐镇开封，当这个代理人，二人都说不敢。完颜宗翰也没有坚持，便命令吴开（音同千）、莫俦进入城中，与城中宋朝大臣商议选一个人来当汉人皇帝，同时把皇家成员全部押出来。

二位元帅只派吴开、莫俦二人进城，并没有派大军入城，能否把事情办成呢？当然能，因为有人愿意为金国办事，比如原本为宋朝坚守城池的将领范琼就是一位。范琼就去逼迫太上皇宋徽宗及太上皇后前往金军大营。完颜宗望也担心宋徽宗不愿出城，便用一支精锐骑兵来拥着他出城。不少人看到这一幕，都号哭起来，范琼立刻杀了几个，想给他们点颜色看看。

宋廷内侍邓述把各皇子、后宫嫔妃列了一个名册，一个一个找出来，交给吴开、莫俦。肃王赵枢已经在金营当人质，而郓王赵楷等九人在这之前已经跟随宋钦宗去了青城，宫中只有安康郡王赵楃等九人以及王贵妃、乔贵妃、韦贤妃、康王赵构的夫人邢氏与王夫人、帝姬（公主）以及太上皇的十四位孙子，广平郡王赵櫂躲在民间，最后被开封府尹徐秉哲找到。

孙傅留下皇太子赵谌不给金国人，带领百官向金国二位元帅请求册立赵谌为君主，二位元帅不答应。吴开、莫俦催促得紧，范琼便用耸人听闻的话来吓唬孙傅，孙傅只好交出太子。二月十一，皇后与太子同车出城，前往金军大营。

金人要宋钦宗更换衣服，宋钦宗不敢拒绝，一旁的吏部侍郎李若水上前抱住宋钦宗，不让人为宋钦宗更换。金人拉开李若水，李若水骂不绝口，被打晕了过去。李若水醒来后，继续大骂金人，前后十天，金人终于怒不可遏，割断他的脖子、切了他的舌头。李若水面临死亡，毫无畏惧，金国人都感到惊叹，说辽国灭亡，死于忠义的有十几个人，而宋朝只有李侍郎一人。

二月十三，留守王时雍与朝中百官商议拥立新的皇帝。金国想让张邦昌当皇帝，让各位大臣签名。王时雍怕百官不肯签名，自己先带头签，百官也纷纷签名。吴开、莫俦把这份签名送给二位元帅，二位元帅派人回朝向金太宗奏报。

接下来的日子，便是等金国朝廷的回复。同时，二位元帅还在为索要的金银而催促宋朝的官员。到了二月二十五这一天，金银仍然没有给足，二位元帅下令杀了宋朝的户部尚书梅执礼、侍郎陈知质、刑部侍郎程振、给事中安扶等人，将他们的首级示众。二位元帅还说再不给足，就放纵士兵抢掠。汉军都统刘彦宗对二位元帅说，当年萧何进入关中，秋毫无犯，只收地图和户籍；辽太宗进入汴京，只把车驾、礼服以及石刻的经书拿走，这些都是好的做法。两位元帅听了他的意见，才没有放纵士兵入城。

三月初七，金国的册封诏书到了，张邦昌要正式登基了。张邦昌听说就要册封了，马上哭泣起来。张邦昌在众官员引导下，来到宣德门西宫外，进入临时搭建的帷幕，又大哭起来。金国的册封官员拿着御衣前来，张邦昌走出帷幕，望着金国朝廷的方向下拜，跪下接受册封。金国给张邦昌定的国号不是"大宋"而是"大楚"，都城也不在开封，而在长江南岸的金陵（今江苏省南京市）。

册封礼仪结束，张邦昌在百官引导下，进入宣德门，从大庆殿走到文德殿，不肯坐车，步行上殿。到了殿中，不肯坐御床，而是在御床西侧放了一把椅子，张邦昌就坐在这把椅子上接受百官的祝贺。祝贺完毕，张邦昌站了起来，说为了老百姓才不得不如此，其实不敢当这个皇帝。张邦昌让大家不要跪拜。王时雍等人恳切地请求行跪拜之礼，张邦昌说如果不听，他就不当这个皇帝。王时雍带领百官快速地跪拜，张邦昌赶紧面朝东，拱手而立，不敢接受。

张邦昌当了皇帝，心中很是不安，任命官吏时都用一个"权"字，以示临时性。张邦昌在百官面前，不敢称"朕"，只称"予"，不敢用诏书，而称手书。张邦昌虽然当的是大楚皇帝，但并没有更改年号，也就是当年仍是靖康二年。

三月十五，张邦昌前往青城会见金国二位元帅，提出七个请求：一，不要毁掉赵家陵寝和宗庙；二，不要再索取金银布帛；三，保存开封的城楼；四，等金陵城修缮完毕，三年之内再迁都；五，金国大军五天后北撤；六，以帝为号，称大楚帝；七，借一些金银以便赏赐之用。二位元帅全部答应。张邦昌又提出把冯澥、曹辅等十三位官员以及太学、六局官和秘书省的官员放还，二位元帅也答应了，但何㮚、孙傅、张叔夜、秦桧、司马朴等人，不能放回，二位元帅要带着他们全家北迁。二位元帅打算留下一支兵马保卫张邦昌，张邦昌在官员吕好问的建议下，拒绝了二位元帅。

二位元帅虽然没有在五天后撤兵，但也很快就下令撤兵。三月二十七，完颜宗望的东路军先撤。张邦昌带着百官到南薰门五岳观内，远远地辞别宋钦宗与太上皇。宋钦宗没有跟随完颜宗望的大军北上，只有太上皇宋徽宗以及太上皇后等人与完颜宗望同行。

四月初一，完颜宗翰的西路军开始北返，宋钦宗与皇后、皇太子等人同行。史书记载，宋钦宗跟在军中，骑着马，头戴青毡笠，每经过一座城，总要掩面号哭。的确，这些城池已经不再属于他的大宋，而他也不再属于大宋。

金国两路大军攻破京城开封，索取了大量金银布帛，带走了宋朝的宗室、部分官员以及宫中物件。史书上说，宗室共有三千人被掳北去。北宋灭亡了，很多读史的人表示同情，其实北宋的灭亡，是宋朝君臣一手造成的。宋朝到宋徽宗时虽然仍很富裕，但并不强大。宋徽宗只顾享乐，爱好艺术，重用奸臣，致使百姓困苦，南有方腊起义，北有宋江起义。宋徽宗败坏了这个国家，这个国家的百姓以及皇家宗室就要蒙受灾难。金国只是掳走了宗室以及朝中部分官员，最倒霉的还是宗室尤其是宋徽宗及其子女、后妃。宋徽宗的一些后妃以及帝姬就被金国宗室、将领纳为妻妾。

北宋灭亡之际，宋徽宗四十六岁，共有子三十二人，女三十四人，除去死得早的，有子二十五人，有女二十人。宋徽宗后宫有封号的嫔妃一百多人，无封号的五百多人。宋徽宗被掳金国后，被贬为昏德公，又活了八年，虽然过的是囚禁生活，但还能再生子六人，生女八人。

金国二位元帅根据邓述列的名册掳走宋徽宗的子女，但还是有一人躲开了这场灾难，那便是康王赵构。还有一位皇后也幸免于难，此人在邓述所列的名册上没有。

第三章 三攻南宋

一、巩固两河地区

北宋第七位皇帝是宋哲宗，他的第一任皇后孟氏在当了四年皇后之后被废黜。宋哲宗驾崩后，弟弟宋徽宗继位。宋徽宗恢复孟氏的皇后名号，称为"元祐皇后"。两年后，宋徽宗又废黜了孟氏的皇后名号。邓述在给金国二位元帅填写后宫名册时，就没有把孟氏的名字列出，因为孟氏已经被废黜，没有封号。孟氏此时已经五十五岁。就在邓述提供名册的二十天后，因后宫失火，孟氏步行出宫，住到侄子孟忠厚家。

吕好问对"伪楚"皇帝张邦昌说，金国人走了，谁能保证你的地位？又说大元帅、康王赵构在外，元祐皇后在内，这是天意。吕好问建议张邦昌先迎接元祐皇后听政，把大权交出来，再请赵构回朝继位，这样可以转祸为福，免遭杀戮。张邦昌认为这个建议出得很好，于天会五年（1127年）四月初五把元祐皇后孟氏接进宫，住在延福宫。张邦昌下手诏册封元祐皇后为宋太后，当时一些有见识的人认为，张邦昌还是想自己当皇帝。他们认为张邦昌这是模仿当年宋太祖赵匡胤即位后，迎接周太后入居西宫的旧例，赵匡胤虽然迎立周太后，但并没有把皇权交出来，而由他自己当皇帝。

不管张邦昌是怎样想的，张邦昌在交出皇位一事上，还是有实际行动的。张邦昌首先就派人去迎接康王赵构。四月初七，张邦昌派他的外甥吴何及赵构的舅舅韦渊带着书信去见赵构。张邦昌在书信中以臣子的身份对赵构说，他之所以不死，是封存府库，等待赵构回来。赵构当时已经到达济州（今山东省巨野县），有兵八万人。四月初八，张邦昌又派谢克家带着玉玺去见赵构，请赵构收下玉玺。赵构恸哭不已，再三谦让，不肯接受，最后让汪伯彦先保管着。

四月初九，张邦昌请元祐皇后垂帘听政。张邦昌还追回之前给各路所颁发的赦文，并毁弃了他所写的册封元祐皇后孟氏为宋太后的手书。四月十一，元祐皇后在内东门小殿垂帘听政，张邦昌则换上官员的衣服，以太宰的身份退居资善堂。

张邦昌从被册封为帝，到退位，前后一共三十三天。张邦昌以为他这样就能转祸为福，至少吕好问是这样劝说他的。其实张邦昌不知，皇帝这个位置不是随便坐的，要么不坐，要坐就要坐下去。张邦昌没有看过《水浒传》，因为发生在那时的宋江起义的故事要到二百多年后，才被写进这本书。《水浒传》讲了一个道理，造反的结果要么是当上皇帝，要么是被杀。张邦昌没有留下金国的兵马保护自己，并且把皇位还给了赵家，赵家人在面子上是感激他的，但在心底是憎恨他的，因为他当了三十三天的皇帝，这是赵家人不能接受的。所以，在当年秋天，已经当上皇帝的赵构便找了一个理由，赐死了张邦昌。

元祐皇后听政后，便派尚书左丞冯澥为奉迎使、权尚书右丞李回为副使，带着她的手书去济州迎接康王赵构。几天后，手书送到济州，在场的官员都劝赵构登基即位。赵构说等到了京城再说。赵构虽然这样说，但他心里并不想再回开封，不是他不想当皇帝，而是不想再到开封去当皇帝。开封那里显然是一个是非之地，已经成了金国人关注的目标，而且那里也无险可守。赵构想到更南边的地方去定都。

四月二十四，赵构到达宋朝的南京应天府，就是今天的河南省商丘市睢阳区商丘古城。五月初一，赵构在应天府天治门左侧修筑高坛，登基称帝，是为宋高宗，历史上的南宋由此开始。赵构的登基仪式是刚刚从开封赶来的太常寺主簿张浚主持的。张邦昌也从京城赶来，带领百官向赵构祝贺。赵构称帝，改年号为建炎元年。也就在这一天，元祐皇后在开封城拆帘，不再听政。

宋高宗任命在危难时刻跟随自己的黄潜善为中书侍郎，汪伯彦为同知枢密院事。宋高宗想重用李纲，因为李纲曾在金军第一次南下时，成功组织了"开封保卫战"。宋高宗于是任命李纲为尚书右仆射兼中书侍郎，催促李纲尽快前来赴任。黄潜善、汪伯彦二人本以为能当上宰相，现在反而是李纲当了宰相，心中很是不高兴，暗暗谋划排挤李纲。黄潜善、汪伯彦还排挤宗泽，不让宗泽在朝中为官，想把宗泽外任到襄阳府。宋高宗最后让宗泽去了开封府，屯兵黄河，抵御金军。

金朝本以为掳走了宋徽宗、宋钦宗以及宗室、重要官员，宋朝就灭亡了，北方的那些土地也就成了金朝的领土，而南方则由张邦昌代为管理。现在的结果并非如此，张邦昌把皇位让给了赵构，而北方很多城池一直不肯投降，还在坚守抵抗。金朝对此很快作了一些对策。

金朝先巩固两河地区，对已经占领的城池派兵镇守，尚未占领的地方，派兵夺取。不过，金太宗在派兵攻打拒不投降的地方时，也很谨慎。金太宗曾为此下了一份诏书。诏书说黄河以北已经划给金国，如果对那里坚守不降的人进行讨伐的话，让人感到怜悯。诏书要求对这些人讲明道理，保证他们的安全，如果他们仍然不听，再派兵讨伐。金太宗在诏书中特别强调，如果各军敢于贪图抢掠、擅自扫荡的，一定予以惩罚。宋高宗不久也给河东、河北各州县下诏，由于金国掳走二帝，便不再承诺对两河地区的割让，号召各地守将坚守，朝廷也会派兵声援。

太原已经被完颜宗翰的西路军攻下，此次完颜宗翰北返时，走的是来时的路，最后经太原回到西京大同府，留下将领完颜银术可镇守太原。真定已经被完颜宗望的东路军攻下，完颜宗望北返时，仍是从河北境内北上，最后让完颜韶合镇守真定。

河间府是河北境内的一个重要城池，也是金国一开始便提出割让的三镇之一。然而完颜宗望东路大军两次南下经过河间府时，都没有能够占领河间府。完颜宗望在第二次北返时，于当年五月派大㚟（音同昊）去攻打河间。六月，完颜宗望去世，大㚟没有攻克河间府，此事便搁了下来，没有进展。

八月，金太宗任命完颜宗望的三弟完颜宗辅为右副元帅，代替完颜宗望镇守燕京，谋划河北各地。金太宗虽然任命了完颜宗辅，但也没有马上就加大对河北的用兵部署，而是换了一个方式。金太宗考虑到两河地区官员缺乏，于当月下诏在两河地区开科取士，既可以解决金朝在两河地区官员不足的问题，又能给当地人出任官员的机会。科举的结果是共有七十二人中榜，号称"七十二贤榜"。

河间府是一个重镇，一直不能拿下，这对进一步打击南方宋高宗的势力不利。金太宗想一步一步来，打算在解决了两河地区之后，再到黄河以南讨伐宋高宗。金太宗于是在当年九月派出重要将领去攻打河间，同时解决河北境内尚未臣服的其他城池。金太宗此次派出的将领是完颜昌与完颜阇母。完颜昌是完颜盈歌的儿子，是金太宗的堂兄弟，完颜阇母是金太宗的异母兄弟。二人在当年四月，因跟随右副元帅完颜宗望东路军南下作战立功，而被分别升为元帅左监军、元帅左都监。

完颜阇母一军经过几个月的苦战，终于攻占河间。完颜阇母接着在莫州击败宋军万余人，占领莫州，又迫使雄州守军投降。完颜昌大军则连下祁州、保州等地。与此同时，金朝其他兵马又陆续攻占了邢州、洺州、冀州、磁州、相州等地。到当年十一月，两河地区基本上被金朝控制。

金朝在巩固两河地区的时候，完颜宗翰还做了一件重要的事。完颜宗翰北返时，留下大将完颜娄室去攻打河中府（今山西省永济市）。河中府在河东路的西南方向，不属于河东路，但却是进入关中、谋图陕西的跳板。当完颜娄室到达河中时，守臣席益逃跑，贵州防御使郝仲连临危受命，担任权河中府事。面对完颜娄室重兵压境，郝仲连极力奋战，等待援兵。不少天过去了，没有援兵的消息，郝仲连估摸不会有人来援，于是杀了家人，继续拼死坚守。最后，完颜娄室攻破河中城，俘虏郝仲连，命令郝仲连投降。郝仲连宁死不降，最后被杀。

金朝在两河地区施展政治、军事行动的时候，宋高宗在做什么呢？宋高宗曾在刚称帝时，起用李纲，认为李纲这个主战派可以帮助他对付金国大军。李纲确实被重用了，但前后只有七十五天就被贬官，这也能看出宋高宗心态的变化，那便是从主战走向了主和，从此投降派黄潜善、汪伯彦掌权。宋高宗曾说他不承认金国对黄河以北一带的占领，但他并没有能力收复那些地方，甚至自己也不想回到开封去镇守，尽管开封府知府宗泽多次请他还都开封。宋高宗一边派使去西京大同府与金朝的左副元帅完颜宗翰交涉，一边在策划南逃。宋高宗不想回到开封，也不想留在南京应天府，他希望再往南边去一去，他心目中的地方是扬州。宋高宗最后于十月初一离开应天府南下，至此，他在应天府一共待了五个月。六十九岁的开封守将宗泽又一次上奏，请宋高宗回开封，说开封城池已经修缮、加固，宋高宗根本不理。

金朝在巩固了两河地区之后，便准备南下对宋高宗用兵。

二、三路南下，一攻南宋

金朝此次派大军南下，共分东、中、西三路。东路由右副元帅完颜宗辅率领，从沧州（今河北省沧县旧州镇）南渡黄河，攻打山东，将领有四弟完颜宗弼及叔父完颜阇母等。中路由左副元帅完颜宗翰率领，从河阳（今河南省孟州市）南渡黄河，攻打河南，将领有完颜银术可等。西路由大将完颜娄室率领，从河中府（今山西省永济市）西渡黄河，攻打陕西，将领有完颜撒离喝等。金朝给完颜娄室的官职是陕西诸路都统。

完颜娄室与完颜撒离喝原本隶属完颜宗翰大军，此次奉命单独出战，向关中地区挺进。完颜撒离喝还有一个汉名，叫完颜杲，与金太宗的五弟完颜斜也的汉名完颜杲相同。为防止混淆，本书提到完颜撒离喝时，只用他的女真名完颜撒离喝，不用汉名完颜杲。不过，从完颜撒离喝的汉名可以看出，他不仅是完颜氏宗室成员，还与金太祖、金太宗同辈。

天会五年（1127年）十二月，右副元帅完颜宗辅带领的东路大军渡过黄河后，很快就攻入山东境内，第一战便占领了淄州。接着，东路军一分为三。完颜宗辅带领一部人马镇守在淄州，四弟完颜宗弼与叔父完颜阇母各带领一部人马到外围作战。

之所以由完颜宗辅这位主帅镇守淄州，是因为淄州战略地位十分重要。淄州西临济南，东靠青州，是京东东路的中心地带。果然，金朝大军占领淄州，让南宋兵民大为震动，南宋将领李成便率领兵马来包围淄州，企图夺回淄州。完颜宗辅派将领乌林答泰欲将李成击败。

此时，完颜宗弼与完颜阇母也率部趁机向东进攻。天会六年（1128年）正月，完颜宗弼攻打京东东路的治所青州，击败宋军将领郑宗孟，夺取青州。完颜宗弼又由青州向南，攻打临朐，先击败宋将赵成，再大破宋将黄琼，最后夺取临朐。完颜阇母继续向东攻打潍州，宋朝潍州知州韩浩、通判朱廷杰战死，完颜阇母占领潍州。

在完颜宗弼、完颜阇母向外开拓之际，宋将马扩带领大军，号称二十万人马，来到青州所辖的千乘县（今山东省淄博市高青县东）。千乘县在淄州北边一百多里的地方，位于黄河南岸。完颜宗辅得到消息，立即率所部人马北上，与马扩交战，将马扩击败。

尽管完颜宗辅击败了马扩，而且完颜宗弼、完颜阇母也不断取得胜利，完颜宗辅还是下达了撤军北归的命令。东路军此次南下行动，到此结束。

关于完颜宗辅停止在山东境内作战的原因，史书上讲是完颜宗辅得到消息说宋高宗已经不在应天府，而到了扬州，原本与完颜宗翰大军合攻应天府的计划落空，因而首先撤军，再作新的部署。史书上还说了一个原因，那便是当时已经到了春耕的季节，而完颜宗辅的士兵都是战时为兵、种时为农的猛安谋克，所以要罢兵屯田。

东路军从天会五年十二月出发，到天会六年正月十八撤军，前后一个半月。东路军率先北撤，也对另外两路军的作战产生一定的影响。

中路是三路当中最强的一支，主帅完颜宗翰更是胆略过人。完颜宗翰大军也于天会五年十二月起程，从西京大同府南下，行军路线仍是此前南下消灭北宋的旧路，可以说是轻车熟路，一路无阻，直抵河阳。

宋军已经有了防备，沿黄河作了部署，以阻止金军渡河南下。宋朝将领郑建雄据守河阳城，西京洛阳统制官翟进扼守河阳西北的河清、白坡，与郑建雄相互策应。完颜宗翰发现难以渡河，于是在河阳城北扎营，作出攻城的态势，然后再派大将完颜银术可悄悄从九鼎渡河，攻打黄河南岸的河阳南城。郑建雄腹背受敌，最终溃败。完颜宗翰于是从河阳迅速渡黄河南下。

完颜宗翰大军渡过黄河后，进入偃师境内。宋将姚庆率兵阻截完颜宗翰大军，不敌而亡。完颜宗翰率部向西挺进，兵锋直指宋朝西京洛阳。宋朝西京留守孙昭远不敢迎战，弃城南逃，完颜宗翰大军进入洛阳。完颜宗翰任命宋朝代州降官李嗣本为河南府知府，再派大将完颜银术可继续南下攻城略地，自己则驻守洛阳。完颜宗翰之所以亲自镇守洛阳，是防止宋朝东京开封的守将宗泽断其后路，只有这样，完颜银术可才可以没有后顾之忧地南下作战。

完颜银术可大军号称二十万，挥戈南进，于天会五年（1127年）十二月二十四日攻克汝州。第二年正月，完颜银术可接连攻占邓州、襄阳、房州、均州等地。二月，完颜银术可从均州向东北方向进发，连克唐州、蔡州、陈州，再由陈州折向西北攻打颍昌府，最后北上攻占了郑州。宋朝东京留守宗泽派统制阎中立、郭俊民、李景良等人带领兵马赶往郑州迎敌。交战结果，阎中立战死，郭俊民投降，李景良临阵逃走。宗泽下令逮捕李景良、斩首。不久，郭俊民带着金兵使者来到东京开封，向宗泽劝降，宗泽将他们全部杀掉。

完颜宗翰发现东京开封的防守很严，不敢贸然进攻。完颜宗翰又听说完颜宗辅的东路军已经撤退，不想孤军深入作战，便也准备撤军。完颜宗翰大军北撤时，把洛阳、襄阳、颍昌、汝州、郑州、均州、房州、唐州、邓州、陈州、蔡州等地的百姓一起带到了河北。在那个人口稀少的年代，一个国家对人口的数量十分看重，尤其是金朝，需要更多的百姓去为他们干活。完颜银术可在强迫百姓搬迁时虽然说到了北方，士大夫调整官职，和尚道士安排寺观，商人还住在街市，农民分给田地，但百姓们哪想离开故土？

由完颜娄室与完颜撒离喝率领的西路军，于天会五年（1127年）十二月，从河东路境内的隰州、慈州南下，从龙门（今山西省河津市）渡过黄河进入陕西。西路军进入陕西境内作战，并非为了夺取陕西，而是策应中路完颜宗翰大军作战，然而完颜娄室大军却越战越远，一发而不可收。

陕西在宋朝二十六路中，已经分为永兴军路与秦凤路，治所分别在京兆府与秦州，就是今天的陕西省西安市与甘肃省天水市。当金朝兵马进入陕西境内时，宋高宗还没有精力去关注这里，他当时想到的是自身的安危。当陕西的告急文书送到宋高宗的行在时，宋高宗才临时任命唐重为永兴军路经略安抚使，兼知永兴军，统领关中地区的宋军抵御金兵。唐重是一位儒士，原为天章阁待制，后出任同州知州。一个不懂军事的人当此大任，失败是不可避免的。

唐重为加强黄河沿岸的防御，决定沿河设置安抚使，以统制官带领兵马守卫黄河，然而他所任命的安抚使、统制官不断变换，最后由曲方担任治河安抚使。曲方也不是合格人选，年龄太大不说，统兵驻于黄河西岸的韩城时，每天都饮酒、蹴鞠。当金朝大军集结于龙门一带时，有人向曲方禀报，曲方正在饮酒，竟然说是谎报军情。唐重把河防重任交给一个老酒鬼，可以看出唐重本人不是一位知人善任的主帅。

完颜娄室的西路军于十二月十三日从龙门顺利渡河，直扑韩城。当离韩城只有四里路时，曲方才得到消息。曲方没有率兵迎战，而是带领兵马逃走，韩城随即陷落。完颜娄室接着从韩城南进，奔向同州。同州的守将也是闻风而逃，完颜娄室不战而占领同州。完颜娄室又一路向西，攻克华州，占领潼关。

天会六年（1128年）正月初三，完颜娄室大军围攻永兴军路的治所京兆府。唐重虽然不是一位能战之将，但关键时刻没有像曲方那样弃城逃走。

唐重带领兵马拼死坚守，等待宋高宗给他派来援兵。然而，十天过去了，援兵没有来。经制副使傅亮打开城门，向金军投降。唐重坚决不降，带领兵马与金军巷战，最后身中数箭而死。

完颜娄室的西路军占领京兆府后，没有停止步伐，继续向西边的秦凤路攻去。完颜娄室大军越过秦凤路所辖的凤翔府，沿渭水西进，逼近秦凤路的治所秦州。宋朝秦州守将李复开门投降。

二月，完颜娄室再向西，攻打熙河路，遭到熙河路经略使张深的阻击。张深派都监刘惟辅带领两千名精锐骑兵夜袭金军大营。完颜娄室大军一路西来，从未有败，疏于防备，此次惨遭失败，先锋将领黑风被杀。完颜娄室于是不再孤军西进，传令由原路向东撤退。

熙河路经略使张深得知完颜娄室向东撤退，派陇右都护张严带领兵马追击。完颜娄室是金朝名将，之所以在熙河路遭到失败，是没有估计到敌人敢于主动偷袭。现在探得敌人派兵来追，完颜娄室决定还击，他在凤翔境内设下埋伏，等待张严。张严一路追来，以为敌人只顾逃跑，不敢迎战，没有料到敌人会设伏，最终惨遭失败，战死。

完颜娄室上次经过凤翔时，没有攻城，此时在消灭张严之后，决定攻下凤翔府。三月，完颜娄室攻占凤翔，又派游骑兵北上攻打泾州。完颜娄室怎么也没以想到，他的游骑兵在泾州遇到宋朝的一位名将，只不过这位名将此时还不是很有名。多年以后，这位将领的大名会让金朝大军极为忌惮。这位名将便是吴玠，当年三十六岁。

四月，当完颜娄室的游骑兵逼近泾州时，据守在泾州麻务镇的宋朝统制官曲端派副将吴玠担任前锋出战。吴玠带领所部兵马，主动进据青溪岭，迎战完颜娄室所派的游骑兵。这一战，金军大败，慌忙东撤。吴玠下令追击，一直追了三十里。就在这时，曲端乘胜收复秦州，当地义军李彦仙等人又收复了陕州、凤翔、京兆等地。此时，陕西境内的形势对宋军十分有利，然而曲端说敌人已经过了黄河回国，农务不可耽搁。曲端于是把渭河以南的义兵全部遣散，金朝西路大军于当年五月从蒲津（今山西省永济市西）

从容东渡黄河北归。

金朝三路大军南下攻宋，前后将近半年，至此全部结束。此次三路南征，虽然没有达到预期的战略目的，但使得金朝对南宋兵马的部署有了深入了解，从而为第二次南下攻宋制定更加有针对性的计划。

三、东西并进，二攻南宋

金朝第一次攻打南宋，完颜宗翰的中路军虽然攻占了宋朝的西京洛阳，还攻占了洛阳周边多个州县，但不能攻克东京开封，这与东京留守、老将宗泽的部署有方不无关系。宗泽与李纲一样，是主战派，极力主张与金国抗战到底。宗泽沿着黄河部署了严密的防线，还聚拢了多路人马。尽管宗泽苦心经营东京及黄河防守，但宋高宗及其朝中主政大臣黄潜善、汪伯彦等人并不想与金朝对抗，他们是投降派，一直希望得到金朝的承认，哪怕答应金朝再多的屈辱条件。宗泽多次给宋高宗上奏，请宋高宗还都开封，前后二十多次，然而宋高宗就是不答应。

宋高宗当时连南京应天府也不想久留，一心想着到更南边的扬州定都。尽管扬州没有长江天险可以防守敌人，但宋高宗认为，扬州离长江很近，一旦有事，可以很快南渡长江，向南逃窜。宋高宗在应天府一共待了五个月，便于建炎元年（1127年）十月二十七到达扬州。接着便发生了金朝三路大军南下的战事。

天会六年（1128年）七月初一，六十九岁的宗泽在开封去世，此时离金朝第一次攻打南宋结束仅过去两个月。金朝两位元帅完颜宗翰、完颜宗辅得知这一消息，立即决定再次发兵南下。完颜宗辅的将领们认为此次南攻，不再分兵到陕西境内作战，而是集中兵力从两河南下，目标是扬州的宋高宗。完颜宗翰的将领们认为还应当分兵到陕西境内作战，原因是陕西与西夏国相邻，要防止西夏国趁机谋取陕西。左副元帅完颜宗翰也认为西夏国有可能会偷偷发兵，牵制金朝南下的大军。完颜宗翰甚至认为应当先平定陕西、战胜西夏国，然后再去消灭南宋。完颜宗辅的河北各将与完颜宗翰的河东各将争论不下，二位元帅也不能决定。最后，二位元帅把这件事奏呈金太宗，由金太宗定夺。

金太宗与朝中大臣们商议的结果是，要极尽所能地追击宋高宗赵构，一定要平定宋朝，再扶立一个像张邦昌那样的藩国。金太宗同时也强调，陕西地区也不能放弃而不夺取。金太宗最终给二位元帅的是东西两路并进的作战方案。东路由完颜宗翰、完颜宗辅一同率领，是大军的主力，目标是追击宋高宗。西路由大将完颜娄室、完颜蒲察率领，完颜婆卢火、绳果担任监军。

完颜娄室的西路军在第一次攻打南宋时，最后结束战斗。第二次攻打南宋时，完颜娄室却是率先投入战斗的一路。完颜娄室接到命令后，于七月二十三日立即带领将士们起程。八月，完颜娄室大军到达陕西境内的华州，击败宋军。部将讹特剌攻破防守渭水的宋军，北上占领下邽。九月，部将绳果率军攻克蒲城、同州、丹州。十月，完颜娄室与完颜蒲察带领大军北进，向延安府挺进。

从完颜娄室大军攻向北边的延安府，可以看出这一路大军到陕西境内作战，目的是防范西夏国南犯。完颜娄室大军只有尽早地夺取陕西北部地区，才能让西夏国没有机会可乘。当然，在陕西境内作战，也会牵制这里的宋军，让完颜宗翰、完颜宗辅的大军专心南下追击宋高宗。

宋朝在陕西境内的兵力部署其实比河南、山东要强一些，但这里的将领们不和，尤其是不服从主帅王庶的指挥。王庶在当年六月被朝廷任命为延安知府，节制陕西六路军马，负责陕西方面的防卫。然而王庶在陕西的威望不高，曲端等将领不愿受其节制。陕西将帅之间存在矛盾，已被完颜娄室得知，所以完颜娄室只顾一路向前进攻，没把这些将帅放在眼里。

曲端的士兵是精锐，驻屯在邠州境内，王庶每天都发公文催促他率部阻截完颜娄室，还十多次派使者前往劝说，曲端就是不听。曲端不听王庶调度，还有自己的理由。曲端曾问转运判官张彬，他的兵马与两年前李纲救太原的兵马相比哪个强？张彬说不如李纲的兵马强。曲端说李纲带领那么强的兵马去救太原，最后败北，而他曲端兵马不足一万人，一旦被打败，敌人就会长驱直入，陕西就全部丢失。曲端说他在保全陕西与保全延安府之间权衡了一下，还是陕西更重要。曲端还说他会去攻打敌人所必救的地方。于是，曲端擅自行动，派将领吴玠攻打完颜娄室攻下而没有留兵防守的华州等地，吴玠确实收回了华州，但完颜娄室并没有分兵来救。

完颜娄室大军已经攻克了延安东城，看到没有宋军来救，于是继续攻打西城。没有援兵，西城守将只能靠自己坚守了。延安府通判魏彦明与权府事刘选分头坚守。防守东壁的魏彦明把家中的财物全部拿出来赏给士兵，士兵拼死战斗，敌人不敢靠近。王庶的儿子王之道当时也在城中，还不到二十岁，已经带领老弱士兵登城御敌。尽管如此，在坚守了十三天后，也就是十一月十二日，西城的后大门还是被攻破了，刘选与马步军总管马忠逃走了。魏彦明没有离开，他要与城中百姓一起死。完颜娄室带领大军进城，要魏彦明投降，魏彦明不从，被杀。

王庶听说延安府告急，只好自己临时收集一些溃散士兵前往援救，尚未到达便听说延安府失守。王庶无处可去，便去投奔曲端。曲端斥责王庶丢失延安，最后把王庶赶走。王庶上书朝廷自己弹劾自己，被免去制置使一职，调到京兆府任职。这样一来，陕西六路兵马更是群龙无首了。

完颜娄室攻克延安府后，继续北上，招降绥德军（今陕西省绥德县），逼近晋宁军（今陕西省佳县）。晋宁军在延安府以北三百余里之外，虽在黄河西岸，但属于河东路。当时在黄河西边还有三个州也属于河东路，这三个州由南向北分别是麟州、府州与丰州，由府州知州、安抚使折可求统管。这些地方的西边、北边便是西夏国的范围，已经是边境之地。

晋宁军守臣徐徽言派人联络折可求，请折可求一同夹攻金兵。完颜娄室得知这一消息，也派人去联络折可求，希望折可求归降金朝，承诺把关中地区封给折可求。折可求于是献出麟、府、丰三州向完颜娄室投降。完颜娄室带着折可求来到晋宁城下劝降徐徽言，徐徽言以大义谴责折可求，说你折可求对国家没有情义，我与你又有何情义？不独我徐徽言无情，此箭更无情。徐徽言说完，向折可求射箭，折可求只得离开。完颜娄室下令猛攻晋宁城。完颜娄室怎么也没有想到，这个小小的晋宁城极其难攻。完颜娄室多次被徐徽言打败，连儿子都战死在这里。

就在完颜娄室被滞留在晋宁城下时，东路大军也开始行动了。

东路大军出发时，完颜宗翰、完颜宗辅二位元帅约定一起到京东西路境内的濮州（今山东省鄄城县旧城镇）会合，然后再南下作战。十月，完颜宗翰大军率先到达濮州。完颜宗翰认为濮州是一个小城，没有放在眼里。濮州守将姚端发现完颜宗翰防备不严，于夜间偷袭完颜宗翰的大营，一直打到中军，攻入完颜宗翰的军帐。完颜宗翰连鞋子都来不及穿，光着脚逃跑，才保住自己的性命。

东路完颜宗辅的兵马在镇压了河北境内的五马山起义军后，一路向南推进。途中，完颜宗辅派四弟完颜宗弼攻打开德府（今河南省濮阳市北）。开德府非常难攻，完颜宗辅没有恋战，继续前进。完颜宗辅于十月中旬到达濮州城下，与完颜宗翰大军会合。

两军会合后，实力大增，于是猛攻濮州城。濮州的宋军顽强抵抗，多次打退金兵的进攻。金朝两位元帅怎么也没有想到，这个小小的濮州城，竟然让他们攻了三十三天。十一月十五，大军终于从濮州城西北角攻入城中。宋将姚端带领敢死之士突围出城，前往南方。知州杨粹中爬到一座佛塔的最高层仍然被俘，杨粹中不向金军屈服最终被杀。完颜宗翰对濮州城中的兵民十分痛恨，决定以屠城来报复，于是城内的兵民无论年长还是年幼，都被杀死。

东路军被滞留在濮州城下一个月之久，当地兵民用血肉之躯延缓了金兵南下的速度，原本为宋朝组织抵抗金兵争得了时间，但是南宋统治者并没有把握这个机会。

东路军在攻克濮州后，于十二月分兵四出，攻城略地。

完颜宗弼率领一支兵马，再去攻打开德府。宋朝开德府知府王棣带领军民坚守城池，完颜宗弼不能突破。完颜宗弼于是采用离间计，伪造一份降书，说是王棣所写。完颜宗弼命人把这份降书拿到城下，对城头兵民说王棣已经向金朝投降。兵民听到这个消息，信以为真，都想杀掉王棣。王棣面对兵民，有口难辩，最后在南门被兵民踩踏而死，城门很快也就被攻破。破城之后，完颜宗弼对城中兵民坚守不降十分恼怒，下令将他们全部杀光。

完颜宗翰率领一部兵马从濮州向东北方向攻去。十二月初十，完颜宗翰抵达东平府（今山东省东平县）。东平府也属于京东西路，城中最高官员是宋朝京东西路制置使权邦彦。权邦彦可不像杨粹中、姚端、王棣他们那样坚守城池，听说金朝兵马来攻，马上逃走。完颜宗翰不战而得东平。

完颜宗翰在东平分兵，派完颜昌带领一支兵马北攻济南府，自率兵马南下攻打徐州。完颜昌到了济南，依仗兵马多，将济南城包围了好几圈。济南府知府刘豫派其子刘麟出战，通判张东也带兵助战，完颜昌只好解围。完颜昌并没有放弃夺取济南府，他想劝降刘豫。完颜昌于是派人进城，以利益引诱刘豫，刘豫动心，准备与张东一起出城，前往完颜昌的大营投降。城中百姓听说知府刘豫要出城投降，纷纷来到街道上，阻拦刘豫。刘豫投降的决心很坚定，竟然从城墙边用绳子缒下，来到完颜昌的大营投降。济南是山东北部的重镇，济南一失，金朝大军乘势扫荡山东北部的青州、潍州等地，山东大部落入金军之手。

完颜宗辅率领一部兵马继续向北，到河北境内作战，攻打那些尚未臣服的城池。完颜宗辅的目标是河北东路的治所大名府（今河北省大名县）。大名府知府张益谦听说金军来攻，想弃城逃走，被提点刑狱郭永劝阻。郭永认为大名一旦被金军占领，金军就会向南攻去，南方的朝廷就会告急。郭永主张坚决死守，等待援兵。郭永于是亲自带领兵马登上城头固守，再派人缒出城外，到宋高宗的行在告急。完颜宗辅也不想强攻，以免不必要的伤亡，于是让人把从东平、济南俘虏的士兵押到城下，让他们对城内喊话，说东平、济南那里投降的人已经得到富贵，不投降的人已经全部杀掉。张益谦与转运判官裴亿开始心动，郭永则誓与大名城共存亡。十二月十四，天降大雾,完颜宗辅下令用炮石攻打城楼。不久,城池被攻破,张益谦投降,郭永骂不绝口而死。

完颜宗辅在河北作战,完颜宗翰准备南下追击宋高宗。

四、攻至扬州

天会六年(1128年)十二月,完颜宗翰攻克东平府后,便率部南下,打算经兖州,南进徐州。兖州属于北宋二十六路中的京东西路,在宋徽宗时已经升为袭庆府。兖州是圣人孔子的家乡,孔子受到后世读书人以及不少帝王的尊敬,其后世每代的嫡长子还被朝廷封为衍圣公。

当完颜宗翰的大军到达袭庆府时,当时的衍圣公、孔子的四十八世孙孔端友已经为躲避战火而南逃,袭庆府很快被占领。有将领向完颜宗翰请示,想打开孔子的坟墓。完颜宗翰不知道孔子是什么人,便问身边的通事官高庆裔,高庆裔说孔子是古代的大圣人。完颜宗翰说大圣人的墓怎么可以侵犯,谁侵犯就杀谁!

天会七年(1129年)正月,完颜宗翰大军继续南进,渡过泗水,很快到达徐州。徐州已是京东西路最南边的一个州,再往南便进入淮南东路境内,而扬州便是淮南东路的治所。

完颜宗翰到了徐州,便将徐州包围,徐州知州王复带领军民奋力坚守,等待援兵。一连多日,没有援兵到来,王复仍在坚守,就是不降。正月二十七,完颜宗翰大军攻破徐州城。王复端坐厅堂对前来的完颜宗翰说,拼死守城的只有他一个人,希望完颜宗翰只杀他王复一人,不要杀其他官员与百姓。完颜宗翰劝王复投降,王复大骂不止,要求一死。完颜宗翰最后杀了王复及其全家。徐州是宋朝储存江淮一带财物的重要基地,完颜宗翰占领徐州后,得到充足的补给,如虎添翼。

完颜宗翰一路没有遇到宋朝的兵马,到了徐州终于听说南宋有一位将领就守在徐州东边的小城淮阳军(今江苏省邳州市西),这位将领是御营平寇左将军韩世忠。"御营"二字表明韩世忠这支兵马隶属于御营司,由宋高宗直接指挥。淮阳军虽然属于北宋二十六路中的京东东路,但已是京东东路最南边的一个小城。完颜宗翰担心韩世忠的兵马阻挡他的大军向扬州进发,耽搁他进军的时间,于是派完颜拔离速、乌林答泰欲、耶律马五三位将领带领一万名精兵奔袭扬州,自己亲率大军迎战韩世忠。

韩世忠只有一万人马,不能抵挡,连夜带领兵马逃到南边的宿迁。韩世忠以为完颜宗翰没有追来,于是就在宿迁扎营。第二天天亮,韩世忠发现完颜宗翰的兵马追来了,立即带领兵马向东逃到沭阳。完颜宗翰没有继续追击,但韩世忠如同惊弓之鸟,在沭阳夜不能寐,与他的僚属谋划,连夜丢弃军队,乘着潮水,驾船继续向东逃往盐城。天亮后,韩世忠的将士们才知道主将逃走了,于是全部溃散,不少人占山为王去了。完颜宗翰当时已经进入了淮阳城,俘虏了守臣李宽。

再看完颜拔离速、乌林答泰欲、耶律马五带领的兵马南进情况。正月底,三将到达淮河北岸的泗州城外。屯兵泗州的防御使阎瑾听说金兵攻来了,立即带领兵马南撤,只有县尉孙荣带领一百多名弓箭手在抵御敌人。那一天,天空浮尘蔽日,金兵不知道宋兵有多少人,双方相持了一天多。正月三十日,孙荣战死,金兵占领泗州城。

金兵虽然占领泗州城,但一时过不了淮河,因为在这之前,江淮发运副使吕源已经命人把淮河北岸的几百只船划到了南岸,还烧毁了浮桥。金兵于是在泗州数十里的辖境内寻找能渡河的船只。

正在扬州的宋高宗听说金兵杀到泗州,十分惊慌,赶紧命人把府库中的财物连夜搬上船,准备运走。宋高宗也派江淮制置使刘光世带领兵马去阻击敌人。行在的官员都认为刘光世一定能阻止金兵南下。然而,刘光世的士兵没有斗志,还没有赶到淮河就溃散了。二月初一,宋高宗想离开扬州,南渡长江,宰相黄潜善劝宋高宗再等一下,说府库中的金银布帛还没有搬运完毕,至少搬走三分之一才行。宋高宗只好同意了。

金兵渡过淮河后,分为两支,一支杀向南边的天长(今安徽省天长市),

一支杀向东边的楚州（今江苏省淮安市）。二月初二，金兵到达天长城下，虽然只有数百名骑兵，但宋朝守将任重、成喜却带领一万人全部逃走。楚州知州朱琳也不敢抵抗，立即写了一份降书，派人送给金兵，并打开西北门迎接金兵入城。朱琳同时也打开东门，让城内的百姓逃走。不少百姓以及士兵都往南边的宝应县逃去，准备赶到扬州南渡长江。金兵发现后，立即赶来阻拦，最后一个人也没有逃得掉。

二月初三，金兵占领天长的消息传到了扬州，宋高宗还不敢相信，于是派贴身内侍邝询去天长打探一下。天长离扬州只有几十里，宋高宗也没有料到金兵会这么快就杀到这里。邝询来去匆匆，告诉宋高宗，金兵确实杀到了。宋高宗不再犹豫，马上穿上铠甲，跨上马，夺门而出。由于宋高宗走得急，只有御营司的都统制王渊、内侍省押班康履等五六个人骑马跟随。宋高宗经过大街时，百姓指着他们说，皇帝走了。不多时，宋高宗的宫人纷纷逃走，城中的百姓也跟着大乱。宋高宗已经顾不了这些，他只顾自己的性命要紧。一时间，宋高宗骑着马与街上的行人一同奔逃。

左相黄潜善、右相汪伯彦正在都堂议事，有人告诉他们敌人杀来了，二人说不足担忧。这时有堂吏大声说皇帝都跑了。黄潜善、汪伯彦这才慌忙穿上戎装，骑上马，向南奔驰。扬州城内的士兵、百姓争抢城门逃难而死的不可胜数。扬州的百姓都痛恨宰相黄潜善，竟然误把司农卿黄锷打死。

宋高宗等人奔到了扬子桥，有一个卫士说了几句不太中听的话，大概就是皇帝应当镇定，不能如此慌张，以致百官、百姓更加六神无主。宋高宗此时哪里听得下这样的话，立即拔出佩剑，将这名卫士杀死。宋高宗等人很快就赶到了长江北岸的瓜州小镇，这时大臣吕颐浩、张浚也骑着马赶来了。他们找到了一条小船，就用这条小船渡过了长江，到了对岸的镇江府。

上岸后，来到一个水帝庙中，宋高宗终于可以松了一口气，坐了下来。宋高宗发现自己的宝剑上沾满了鲜血，于是就拿剑在自己的靴子上擦血。镇江的百姓听说皇帝一路逃来，竟然吓得躲到山谷之中，城中没有几个人。镇江府知府钱伯言听说皇帝来了，赶紧调来府兵，迎接宋高宗。

宋高宗于建炎元年（1127年）十月二十七到达扬州，又于建炎三年（1129年）二月初三离开扬州，在扬州一共一年零三个月。宋高宗的命还是挺大的，终于又逃过了一劫，然而扬州城内的百姓就没有这么幸运了。

就在宋高宗逃离扬州的当天晚上，金朝将领耶律马五带领五百名骑兵奔到了扬州。扬州的官员已经逃走了，百姓手拿鲜花到城外迎接金兵。耶律马五入城后，问皇帝在哪里，百姓说已经渡江了。耶律马五立即带领他的五百名骑兵，又从扬州向南边的瓜州渡口奔去，以图追上宋高宗。耶律马五没有追上宋高宗，到了长江边，看了一眼滚滚东流的大江，掉头又回扬州城。

耶律马五将兵马驻扎在摘星楼下，命人搜取城中的金银布帛还有美女。金兵没有到来的时候，从扬州运出的财物堆放在船上，船在扬州到瓜州的运河之中，这条河有五十里长，但同时只能容纳一条船通过。财物很多，有公家的，也有私人的，船也很多。时值冬天，河中的水位不高，船竟然全都搁浅在泥淖之中，所有的财物最后被金兵抢得。连宋高宗的乘舆、服饰，官府中的案卷文书都没能带走。

宋高宗在镇江也没有敢久留，于二月初四从镇江起程，当天晚上到达吕城镇。初五，宋高宗以为金兵渡江，继续从吕城前往常州。初六，宋高宗到达无锡。初七，宋高宗到达平江府，也就是苏州。这时，宋高宗才敢脱下甲胄，穿上他的龙袍。宋高宗并没有停下他的脚步，他一边派人去扬州与金兵议和，一边继续向南而去，在六天后到达杭州，决定以杭州为行在。

耶律马五在占领扬州后，又派人到西边的真州（今江苏省仪征市），以及东边的泰州，占领了这两个地方。金军虽然占领扬州等地，但由于兵马太少，又是一支孤军，不能有太大的作为。南宋方面反而趁机将兵马驻屯在长江北岸的瓜州渡口，与金兵相对为营。

二月十九，耶律马五下令烧毁扬州城，然后北撤，宋军接着便收复了残破的扬州城。也就在这个时候，金朝的西路兵马终于攻克了小小的晋宁城（今陕西省佳县）。完颜娄室围攻晋宁前后整整三个月，那么他又是如何攻破晋宁城的呢？完颜娄室发现晋宁城中的百姓吃的不是井水，而是流经城内的一条河水。完颜娄室于是命人在城外将这条河的水引走，让城内没有水源。三个月过去了，尽管守臣徐徽言坚守的决心不减，但将士们已经不能支撑了。二月十三日，有将领主动打开城门，向金军投降。徐徽言仍然带领人马与金兵激战，终因寡不敌众被俘。完颜娄室也敬重徐徽言的忠诚，想收降他，但徐徽言就是不降，还不停地咒骂，最后被杀。金朝第二次攻打南宋到此也就结束了。

宋高宗到杭州不久，便罢免了左仆射黄潜善、右仆射汪伯彦两位宰相，共有二十条罪状，第一条便是没有让宋高宗尽早离开扬州，致使宋高宗慌忙逃窜。宋高宗又派人与金军议和，为了诚意，用了张邦昌的一个子弟跟随使者前去。宋高宗知道张邦昌是金朝扶立的皇帝，他虽然已经赐死了张邦昌，也把张邦昌的亲人、以及相关的官员贬官，但此时为显示议和的诚意，决定起用这些人，让这些人到行在来做官。其实黄潜善、汪伯彦也是投降派，但由于二人让宋高宗如此落难，宋高宗从个人角度考虑，已经不想用这二人。史书上说，北宋很富裕，按规定，皇帝的御膳每天都有一百多个品种。靖康初年，减少了七十种。到了宋高宗渡江之后，每天一个羊肉炊饼而已。宋高宗下了罪己诏，还大赦囚犯和流放的官员，但只有李纲不在大赦之中，因为李纲是金朝憎恨的人，如果大赦了，就会让金朝不高兴。那么金朝会接受宋高宗的议和吗？

五、三攻南宋

宋高宗在给金朝左副元帅完颜宗翰的书信中，以康王的身份与金朝讲和，甚至说用金朝的年号，以藩国的形式存在。完颜宗翰没有同意与宋高宗讲和，金朝朝廷也没有。完颜宗翰既然没有议和的打算，为何他派的兵马杀到扬州时，又戛然而止，不再追击了呢？

从东路大军两位主帅的作战过程来看，右副元帅完颜宗辅虽然也到山东境内作战，但后来又回到河北境内，左副元帅完颜宗翰虽然攻到了徐州一带，但本人并没有继续南下，而是派部将完颜拔离速等人继续南进，最后只是耶律马五带领的五百名骑兵杀到了扬州。宋高宗过江了，耶律马五没有过江追击，完颜宗翰也没有继续南进，第二次攻打南宋的战事也就结束了。长江不同于淮河，确实会让金朝的将领们望而却步，但并不是不能渡过，只是需要一些准备。这个也许是金朝将领们暂且停下脚步的原因之一。还有一个原因，那便是又到了春天，这支北方的队伍要回去了，他们是一支既要打仗、又要生产的队伍。

我们可以看看金朝兵马几次攻打宋朝的情况。

第一次是左副元帅完颜宗翰与完颜宗望率领，于天会三年（1125年）十月起程南下，于次年二月北撤。这一次只有完颜宗望的兵马到达开封城下，未能消灭北宋。第二次还是完颜宗翰与完颜宗望率领，于天会四年（1126年）八月起程，于次年三月、四月分别北撤。这一次消灭北宋，掳走徽、钦二宗。南宋建立后，第一次是左副元帅完颜宗翰、右副元帅完颜宗辅以及陕西都统完颜娄室率领，兵分三路于天会五年（1127年）十月起程，于次年二月结束，虽然攻略山东、河南、陕西多地，但没占领多少土地，也没有危及扬州的宋高宗。第二次仍是完颜宗翰、完颜宗辅以及完颜娄室率领，兵分两路于天会六年（1128年）七月起程，于次年二月结束，这一次完颜娄室攻到陕西北部，逼近西夏国，完颜宗翰、完颜宗辅占领河北、山东多地，完颜宗翰的部将还攻到扬州，把宋高宗赶到了长江以南，但仍然未能消灭宋高宗。

从上面的四次战事大概可以看出，金朝人用兵一般在秋天，到第二年春天结束。北方剽悍的民族，南下作战往往依赖马匹，而秋天正是草长马肥之时。当然，秋天更是收获的季节，不仅草足，粮食也丰富。而春天一旦开始，粮草便耗尽很多，而且还要忙于生产，以备秋天再发起一轮攻势。宋高宗到杭州之后，也多次在朝堂之上与大臣谈到"防秋"的问题，也就是防止到了秋天，金兵再一次南下。

宋高宗到了杭州不久，便发生"苗、刘兵变"，就是扈从他的将领苗傅、刘正彦不满宋高宗宠幸权臣及宦官而发动的兵变。苗、刘二人逼迫二十三岁的宋高宗将皇位禅让给只有三岁的儿子赵旉，由元祐太后孟氏垂帘听政。不久，各地将领如张浚、韩世忠、刘光世、张俊等纷纷前来勤王。苗、刘二人非常惊慌，后在宰相朱胜非的劝说下，请宋高宗复位，还向宋高宗认错，请宋高宗盟誓不要加害他们。退位二十多天的宋高宗于是复位。苗、刘二人干了大逆不道之事，要么成功，要么成仁，认错能有什么用？盟誓又能有什么用？这二人的下场可想而知，最终被韩世忠擒获，斩于建康（今江苏省南京市）街头。

被拥立为皇帝的赵旉年龄太小，什么也不懂，在其父宋高宗复位后，被正式册立为太子。赵旉当了太子不久，便开始生病。有一回，宫女不小心弄倒金炉，响声惊吓了赵旉，加重病情，于三个月后去世。赵旉是宋高宗在南京应天府即位后生的儿子，此前宋高宗曾生有五个女儿，最大的四岁，最小的两岁，都被金兵掳往北方，三个死于途中，两个到了金朝。二十三岁的宋高宗在失去了唯一的儿子赵旉之后，就再也没有生过儿子，连女儿也没有生过，从此失去了生育能力。

尽管宋高宗刚到杭州时，就发生"苗、刘兵变"，而且这场危机前后长达四个月之久，但金朝并没有趁机举兵南下，这大概是秋天还没有到来吧。金朝在这段时间，不只是忙于生产，也在巩固北方新占领的城池与土地，毕竟第二次攻打南宋，占领的地方不少，向南已经突破了淮河，一直打到长江边。这段时间，左副元帅完颜宗翰已经回到西京大同府，右副元帅完颜宗辅回到燕山府，而左监军完颜昌则在山东境内镇守。

正如宋高宗所预料的那样，秋天一到，金朝再次发兵了。

金朝第三次攻打南宋，共分东、中、西三路大军。中路由完颜宗弼为主将，从宋朝南京应天府方向南下，渡江攻打已经由杭州北上建康的宋高宗。东路由完颜昌率领，攻取山东境内没有攻下的城池以及淮河北部地区，同时保障中路军的左翼安全。西路由完颜娄室率领，继续在陕西境内发动攻势，保障中路军的右翼安全，同时牵制西夏国。从此次的部署来看，左副元帅完颜宗翰与右副元帅完颜宗辅都没有带兵出征，完颜宗弼已经成为此次南征的主将。

天会七年（1129年）八、九月间，金军东、西两路在山东、陕西两地同时发起进攻，配合中路军顺利南进。完颜昌从东平到潍州指挥东路军东进，连破莱、登二州，然后又掉头攻克了密州、沂州，向南边的楚州挺进。完颜娄室的西路军渡过渭水，攻占了京兆府（今陕西省西安市）。

在东、西两路大军攻城略地之时，完颜宗弼带领中路军于九月攻克了京东西路所辖的单州、兴仁府，不久抵达京东西路的治所，也就是宋朝的南京应天府。完颜宗弼攻破应天府城池，南京留守、应天府知府凌唐佐被俘。凌唐佐不愿向金朝投降，让完颜宗弼感到敬佩，于是，完颜宗弼将他释放，还让他当知府。凌唐佐于是假意投降，明里当金朝的知府，暗里收集情报，送给南宋朝廷。三年后，凌唐佐的所作所为被金朝发觉，金朝将他杀害。

十月二十三日，完颜宗弼带领十多万大军南下渡过淮河，到达寿春城下。寿春府（今安徽省寿县）是淮南西路的治所，当时只有代理知府马识远等官员在城中。马识远写了投降书，打开城门拜见完颜宗弼。完颜宗弼接受马识远投降，也不派兵入城，只将马识远留在军中三天。

完颜宗弼得到消息说，宋朝的孟太后与宋高宗从杭州先到建康，后二人又离开建康，孟太后去了南昌，宋高宗又回杭州。完颜宗弼决定兵分两路过江，一路由完颜拔离速、耶律马五率领，从蕲州、黄州方向攻入江西，追击孟太后；一路由自己率领主力，从庐州、和州方向过江攻向江东地区，继续追击宋高宗。完颜拔离速、耶律马五后来攻下黄州，用时三天渡过长江，一直攻入江西境内。孟太后继续南逃，完颜拔离速、耶律马五一直追到湖南的潭州（今湖南省长沙市），但没有追上孟太后。

十一月初一，完颜宗弼大军到达庐州（今安徽省合肥市）城下，淮南西路安抚使李会打开庐州城门，向完颜宗弼投降。完颜宗弼带领大军继续向东，于十一月初四到达和州（今安徽省和县），和州知州李俦向完颜宗弼投降。完颜宗弼又攻打西南边的无为军（今安徽省无为市）。无为军的守臣李知几带着财物和百姓一起南渡长江逃离，完颜宗弼占领无为军。

完颜宗弼在和州、无为一带用兵，目的是想从采石渡江。初六，完颜宗弼攻打采石渡，遭到太平州知州郭伟的顽强抵抗，完颜宗弼不能取胜。第二天再战，完颜宗弼又败。完颜宗弼下令撤退，转而攻打长江上游的芜湖，没想到又被赶来的郭伟打败。完颜宗弼发现此地难以渡江，决定带领兵马沿江东下，到靠近建康府的马家渡去渡江。

十一月十三，完颜宗弼大军到达真州所辖的六合县，守臣吴将之逃离。十一月十五，完颜宗弼大军到达真州治所扬子县（今江苏省仪征市），守臣向子忞（音同民）弃城而走。十一月十七，完颜宗弼大军到达马家渡，开始渡江。完颜宗弼大军能否顺利渡江呢？要知道，在长江南岸的建康有一位重要官员镇守在那里。

这位重要官员便是杜充，曾在宗泽去世后，代替宗泽镇守东京开封，担任东京留守。金朝大军南侵时，避开了东京开封，而杜充也未能有效发挥抵御的作用。苗、刘兵变时，杜充以勤王为名放弃开封，南撤到建康，使黄河以南大片领地丢失。杜充此举，不仅没有受到宋高宗的责备，却被升为宰相，担任尚书右仆射、江淮宣抚使。其实宋高宗与杜充一样，也是不抵抗的逃跑派。在宋高宗看来，黄河是守不住的，开封迟早会丢，所以杜充的做法，与宋高宗的想法一致，自然也就得到宋高宗的重用。

杜充当时有六万大军，他下令将这六万大军列阵于长江南岸防守，而他自己则闭门不出。岳飞本是副元帅宗泽的部将，宗泽去世后就隶属杜充，也跟随杜充来到建康，在军中已经担任一名统制官。岳飞认为杜充应当视察兵马，鼓舞将士们作战，尽管岳飞哭着劝说，杜充仍是不肯。不久，完颜宗弼大军开始渡江，杜充这才派都统制陈淬率领岳飞、刘纲等十七人带领三万人与金军交战，同时命令御营前军统制王㸔带领一万三千人前往策应。

十一月十九，都统制陈淬带领的兵马在马家渡与完颜宗弼的大军遭遇，前后打了十几仗，互有胜负。就在这个关键时刻，御营前军统制王燮带领兵马逃走。陈淬孤军奋战，最终不敌，只得与岳飞等人退屯于蒋山。水军统制邵青力战不胜，最后退到竹淥港。统领赤心队的刘晏带领部众退到常州。就连在东边镇江的浙西制置使韩世忠听说金军攻到建康，也带领部众向东撤到江阴。杜充却带领三千人马离开建康，到江北边的真州。真州已被完颜宗弼攻占，杜充此去并非为了收复失地，却是为了向金朝投降。完颜宗弼后来派人向杜充劝降，杜充果然向金朝投降，在金朝做官，最后做到了右丞相一职，相当南宋的右仆射。

完颜宗弼大军渡过长江，很快到达建康城下。在建康城中的户部尚书李棁与沿江都制置使陈邦光准备好了投降书，派人送给完颜宗弼。完颜宗弼高兴地说，建康城不用攻打了，大事成功了。完颜宗弼进入建康城，陈邦光带着城中官员前来迎接。通判杨邦乂没有一同前来迎接，在自己的衣服上写道：宁做赵氏的鬼，不做他国的臣。完颜宗弼让人将杨邦乂带来，杨邦乂来了，但并不下拜。完颜宗弼用官爵引诱杨邦乂，杨邦乂用头撞向台阶求死。完颜宗弼派李棁多次劝降杨邦乂，杨邦乂就是不屈服。杨邦乂还在宴会上大骂完颜宗弼，完颜宗弼命人残忍地将杨邦乂杀害。

完颜宗弼在建康待了几日，便率部继续南下，目标是临安府。

六、搜山检海

天会七年（1129年）十二月初，完颜宗弼大军离开建康府（今江苏省南京市），经溧水方向，前往临安府（今浙江省杭州市）。完颜宗弼大军一路攻破广德军（今安徽省广德市）、安吉县城，于十二月十一日，到达临安府。

宋高宗此时已经不在临安。宋高宗第一次到达临安时，发生"苗、刘兵变"，后迫于舆论压力，将行在北迁到建康，表示要组织兵马抗击金军。然而宋高宗在建康只待了四个多月，便与孟太后离开了建康。那时已到秋季，宋高宗也听到金军又一次南下的消息，便又南下，再一次来到了临安。然而到了临安，宋高宗都没有下船，大臣有事，就上船议事。不久，宋高宗便从临安前往东边的越州（今浙江省绍兴市）。到了越州，宋高宗终于下了船，上了岸，住在越州官府。此时的完颜宗弼大军尚未到达淮河，可见宋高宗这次吸取了扬州的教训，很早就谋划逃跑事宜。

宋高宗在越州的时日较长，前后有一个多月。十一月二十五日，宋高宗与大臣们商议决定继续向东逃去，准备到大海上去躲避金朝南来的大军。此时的完颜宗弼已经在江北岸作战，正在寻找渡江之处，尚未攻打建康。当完颜宗弼大军于十二月十一日到达临安城下时，宋高宗已经到达明州（今浙江省宁波市）五六天了。明州离临安三百余里，宋高宗逃得还是够快、够及时的。

临安府知府康允之听说金军攻来了，早已放弃城池，到赭山一带防守，只有钱塘县令朱跸带领兵民去迎战金军。朱跸负了重伤，但仍然让左右之人背着他指挥作战。兵民后来又推举从楚州赶来的官员刘晦为守臣。刘晦便带领兵马坚守临安城，抵御完颜宗弼大军。

完颜宗弼攻了几天，不能攻克临安城。十二月十五日，完颜宗弼派已经向金朝投降的和州知州李俦入城，向刘晦劝降，因为李俦与刘晦友善。李俦穿着金朝的衣服入城与刘晦相见，二人拉手交谈，李俦哭泣不能自已。城中人发现李俦前来劝降，而且与刘晦谈得很动情，便高呼说刘晦想投降。兵民不能容忍刘晦投降，便将刘晦杀死。这一天，完颜宗弼攻破临安城，钱塘县令朱跸也战死在天竺山。

完颜宗弼占领临安后，便坐镇临安，派将领斜卯阿里、乌延蒲卢浑带领四千人马继续追击宋高宗。二将立即向东边的越州攻去。两浙宣抚副使郭仲荀当时正在越州，听说金军攻破了临安，便乘船逃跑了。两浙东路安抚使李邺派兵在途中拦截金军，虽然取得了三次胜利，但终因寡不敌众而失败。李邺派人拿着书信向金军投降。十二月二十四日，金军占领越州。

十二月二十九日，斜卯阿里、乌延蒲卢浑到达明州。

宋高宗此时已经不在明州，早已在十多天前从定海（今浙江省宁波市镇海区）乘坐楼船，航行于大海之上。参知政事范宗尹认为敌人虽有一百万骑兵，但也追不到海上，可以脱险了。宋高宗说只有果断才成就这件事。看来宋高宗仍对扬州的仓皇逃离耿耿于怀。有人甚至说宋高宗大概就是那时吓得失去生育能力的。

宋高宗离开定海，先到了明州所属的昌国县（今浙江省舟山市）。昌国县在大海中，是一个很大的海岛。当金军攻入明州境内时，宋高宗的御船已经离开昌国县，向南边的台州（今浙江省台州市）海域航去。

南宋在明州有一支兵马，这支兵马是从越州撤退到这里的，主将是御前右军都统制、浙东制置使张俊。张俊的士兵到了明州后，竟然大肆抢掠，纪律很差。明州城中的百姓不多，这支兵马竟然还以坚壁清野为名，到城外三十里以内的地方继续抢掠，纵火焚烧。

当听说金军攻到明州时，张俊在宋高宗"一战成功、当封王爵"的重赏之下，派统制官刘宝到城外二十多里处的高桥阻截金军。高桥之战，是南宋正规军与地方军、陆军与水军配合默契的一次战斗。张俊派刘宝、杨沂中、田师中、赵密等将在高桥迎头阻击，主管殿前司的李质率领水军协同作战，明州知州刘洪道带领州兵参战。在刘宝、杨沂中等人殊死抵抗之下，金军不能前进。李质、刘洪道又从两旁夹击，金军被打败。

金军不能打败张俊，便派人到城下喊话，请张俊派人到营中议事，实是想劝降张俊。张俊派了一个小校出城，与金军谈判。金军果然是想招降张俊，遭到张俊的拒绝。

几天后，便是天会八年（1130年）正月初二。这一天突然刮起了西风，金军趁机向明州城发起进攻。御前右军都统制、浙东制置使张俊与明州知州刘洪道坐在城楼上指挥士兵御敌。交战结果，双方死伤相当，金军只好停止攻城。金军开始撤退，到西边的余姚屯兵，再派人到临安请完颜宗弼派兵增援。张俊虽然两战都取得了胜利，但他认为明州是守不住的，他决定收兵，前往台州去找宋高宗。

正月十六，金军再攻明州。这一次攻城，完颜宗弼已经给斜卯阿里、乌延蒲卢浑增兵了。金军在明州西门部署了十多个炮架，在晚上向城楼开炮。守城的士兵四散而逃，不多时城被攻破。金军痛恨城中兵民坚守不降，让他们两次战败，于是开始屠城报复。

斜卯阿里、乌延蒲卢浑攻克明州后，得知宋高宗已经到了海上，正往台州航去。斜卯阿里、乌延蒲卢浑于是再攻定海。攻克定海后，斜卯阿里、乌延蒲卢浑也派水军乘船渡海，前往昌国县。金军的目的便是追击宋高宗的船，可是当他们的船前行三百里时，风雨大作。这时南宋枢密院负责海船的官员张公裕率领船队击溃了金军的船只。金军没有办法，只好上岸。宋高宗听说明州失守，在台州也不敢待了，已经继续沿海域南进，到达温州附近的海域了。

斜卯阿里、乌延蒲卢浑派人来到临安府，对完颜宗弼说搜山检海完毕，未能找到赵构。完颜宗弼说就如同扬州的先例吧。斜卯阿里、乌延蒲卢浑于是纵火焚烧了明州城，于二月初三从明州向临安府撤退。

完颜宗弼所说的如同扬州的先例，不只是要烧毁城池，更是表明要离开这里。对金朝大军来说，秋季发起的攻势又结束了，春天来了，他们得返回北方了。金朝大军一路占领的这些城池，他们不要，他们只要城中的财物，以及一些投降的官员，所以在离开之时，放了一把大火。完颜宗弼于二月初七收兵，将兵马集结在吴山和七宝山，然后放火焚烧临安府，整整烧了三天三夜。二月十三日，完颜宗弼开始从临安北撤。

完颜宗弼怎么也没有想到，他的归途非常惊险。

七、黄天荡

完颜宗弼从临安府北撤时，没有走来时的路。完颜宗弼来时走的路，是太湖西边的路，就是从建康、溧水、广德、安吉一路到达临安府。完颜宗弼北返时，打算从太湖东边经过，也就是从秀州、平江府、常州方向，最后从镇江府北渡长江。完颜宗弼为何要这么做，史书上说得不太清楚，大概是完颜宗弼认为宋朝没有能战之将，他想怎么走都可以。再说，走新的路，一路上还可以再攻打几个城池，多得一些财物，何乐而不为呢？

天会八年（1130年）二月十三，完颜宗弼大军从临安府北撤。二月十八，大军到达秀州（今浙江省嘉兴市）。宋朝皇家后裔、秀州兵马都监赵士䂞带领士兵坚守城池。完颜宗弼大军攻破城池，赵士䂞被乱箭射死。

完颜宗弼继续北进。二月二十三，完颜宗弼的将领赤盏晖率领骑兵率先到达平江府（今江苏省苏州市）城东。统制官郭仲威不敢交战，便撤兵城中。同知枢密院事、两浙宣抚使周望向太湖方向逃去，城中百姓请他留下，他不肯。百姓口出怨言骂他，他头也不回地走了。平江府知府汤东野听说周望已经出城，也带着家人偷偷逃走。二月二十四夜里，郭仲威也逃跑了，他的属下在城南抢劫一番后，再从北边的齐门逃离，赤盏晖占领了平江府。

二月二十五，完颜宗弼到达平江府，驻兵府衙。完颜宗弼下令将府中金银布帛抢光，然后再放火烧城。史书记载，城中大火扬起的烟尘在一百多里外都能看到，大火整整烧了五天才熄灭。

三月初一，完颜宗弼离开平江府，继续北上。三月初十，完颜宗弼大军到达常州（今江苏省常州市）。常州知州周祀丢弃城池，逃往宜兴县。完颜宗弼不战而入常州城。

三月十五，完颜宗弼带领大军到达镇江府（今江苏省镇江市）。完颜宗弼没有想到一路无大碍的他，在镇江遇到宋朝兵马的阻截。这支兵马便是浙西制置使韩世忠的兵马。三个多月前，完颜宗弼大军在马家渡南渡长江时，在镇江的韩世忠吓得从镇江沿江东下，一直到江阴去躲避，以防完颜宗弼杀到镇江。韩世忠后来缓过神来，谋算完颜宗弼还会北返，打算在长江上阻截。韩世忠于是就在镇江一带的长江上设防，准备了不少大船，等待北归的完颜宗弼。

在长江边上有一个龙王庙，韩世忠猜测完颜宗弼会派人登上龙王庙观察他的虚实。韩世忠于是派将官苏德带领二百名士兵埋伏在庙中，再派二百名士兵埋伏在庙外。韩世忠命令他们，一听到江中的鼓声，岸上的士兵先入庙中，庙中的士兵随后出击。

果然有五个人骑着马奔向龙王庙。庙中的伏兵看到有人来了，不等江中的鼓声就向这五个人发起袭击。五人挥动马鞭，赶紧逃走。伏兵追赶，抓到两个。有一个穿着红袍骑着白马的人在逃跑时，掉下马来，又跳上马背逃走了。伏兵问被俘的人，那个穿红袍的是谁？原来正是主将完颜宗弼。

数日后，完颜宗弼大军与韩世忠的兵马在江面上开始交战。韩世忠的妻子梁夫人来到阵中，亲自擂鼓。战斗非常激烈，完颜宗弼大军就是不能渡江。完颜宗弼收兵，派人去见韩世忠，愿意把所抢掠的金银布帛归还，希望韩臣忠能借路通过。韩世忠不答应。完颜宗弼又增加名马，韩世忠还是不答应。

当时左监军完颜昌还在山东境内，听说完颜宗弼被困于镇江，连忙派将领托云奔赴淮东，声援完颜宗弼。托云包围楚州，知州赵立坚守城池，托云攻不下来。托云没有继续攻打楚州，而是南下包围扬州。由于扬州知州张绩守城有方，托云也不能攻破。托云在楚州、扬州攻略，未能影响韩世忠的部署，韩世忠专心在江中阻截完颜宗弼大军，不让完颜宗弼北渡。托云于是带领人马前往真州（今江苏省仪征市），到达长江北岸，以图接应完颜宗弼过江。韩世忠的大军全都是大船，挡在江中，托云无法接应。

完颜宗弼决定不从镇江渡江，打算到西边的建康（今江苏省南京市）渡江北归，他想走来时的路。完颜宗弼于是率领兵马划着小船逆江而上。韩世忠下令所有大船扬帆，在长江北侧西进，一路阻挡，不让完颜宗弼有北渡的机会。完颜宗弼大军的船没有韩世忠的快，因而一直没有机会划向北岸，尽管前来接应的托云兵马就在北岸边上。

完颜宗弼的大军与韩世忠的大军一同沿江西进，不久便离开镇江，进入建康境内。完颜宗弼怎么也没有想到，他不仅没有机会北渡，还被韩世忠逼进了一个死港之中，这个死港便是黄天荡。完颜宗弼大军进入黄天荡之后，韩世忠立即将入口堵死。

黄天荡位于今天的江苏省南京市栖霞区境内的长江一带，原本不是死港，因为有一个叫老鹳河的故道可以通向秦淮河，然后再从秦淮河进入长江。当时，老鹳河已经不通，所以黄天荡便成了死港。

形势对韩世忠大军十分有利，韩世忠决定再次向完颜宗弼的大军发起进攻。韩世忠早就让工匠打了多条长长的索链，再在索链上连一个大铁钩。天刚亮，韩世忠将大船分为两路攻击完颜宗弼的船。完颜宗弼士兵的船都是小船，韩世忠的士兵每缒下一条索链，就能把完颜宗弼士兵的一条船拖过来。

完颜宗弼作战不利，再次请求与韩世忠对话，提出借路北归。韩世忠提的条件是把宋徽宗、宋钦宗放回来，把宋朝的疆土还过来，然后再向宋高宗奏报一下，就可以借路了。完颜宗弼怎么能答应这些条件呢？结果便是出不了黄天荡。

韩世忠把阻截完颜宗弼的消息奏报给已经到达越州的宋高宗，宋高宗准备亲征，认为可以活捉完颜宗弼。宋高宗甚至还认为，如果加紧训练士兵，敌人冬天再来的话，完全可以战胜。当时完颜宗弼的大军有十万多人，而韩世忠只有八千人，就能把完颜宗弼堵在江边，所以朝中大臣以及宋高宗有上述想法。

完颜宗弼被困黄天荡一个月之久，实在是无计可施。完颜宗弼于是第三次提出要与韩世忠对话。完颜宗弼这次请求韩世忠面谈，韩世忠只带了两个随从去与完颜宗弼见面。完颜宗弼用高官、厚禄劝韩世忠投降，韩世忠大怒，举弓要射完颜宗弼，完颜宗弼赶紧离去。

就在完颜宗弼一筹莫展之际，当地有人提供一个办法，那便是打通老鹳河故道。献计的人说，已经进入夏季，江水正在上涨，可以把老鹳河故道挖通，连上秦淮河，最后便可进入长江。完颜宗弼采纳这个建议，下令士兵开挖，一天一夜就把水渠凿成。第二天早上，完颜宗弼大军乘船离开黄天荡。韩世忠得知后大为吃惊，立即扬帆向完颜宗弼船队出江口方向赶去。韩世忠的船大，又有大风，走得很快，赶在了完颜宗弼的前头。完颜宗弼虽然逃出了黄天荡，但还是不能渡江。

完颜宗弼到了建康，向当地人征集可以击败韩世忠大船的办法。有一个姓王的福州人就住在建康，他教完颜宗弼在船上载土，把平板铺在上面，再在船板上开洞安装船桨，等风停之后再出江。韩世忠用的是海船，没有风是不能动的。这个姓王的人还提出用火箭射海船的竹编棚屋，不用交战，宋军就会崩溃。完颜宗弼于是按照这个人的办法，一夜之间造出大量火箭。第二天，是四月二十五，天空晴朗，没有风，完颜宗弼大军的船照样划行，而韩世忠的大船动不了。完颜宗弼再下令放火箭，韩世忠军队的海船很快就着火，熊熊大火加上太阳晒，船上的士兵立即混乱，不少人掉入江中。完颜宗弼的大军用轻舟追袭，鼓声震天。韩世忠大败，统制官孙世询、吉州防御使严永吉战死。韩世忠带领残兵撤到了瓜步（今江苏省南京市六合区东南），弃船上岸，后来回到镇江。完颜宗弼大军终于渡过长江，暂屯于六合。

留在建康府中的金军于五月十一撤离，临走时，照例放了一把大火，还把南宋的官员李棁与陈邦光带走。这支兵马从建康城西北边的静安渡江。已经担任淮南宣抚司右军统制的岳飞当时离静安渡不远，得到金军渡江的消息，立即率部前来截击。岳飞虽然没有能够阻止金军渡江，但也消灭不少金军，取得一定的胜利，收复了建康。

完颜宗弼分兵追击孟太后的完颜拔离速、耶律马五向南一直追到湖南，没有追上，也于当年二月开始北撤。这支兵马经石首（今湖北省石首市）渡江北还，后经荆门（今湖北省荆门市）进入河南境内。四月下旬，完颜拔离速、耶律马五在宝丰（今河南省宝丰县）遭到留守司统制牛皋的伏击，死伤很多。

西路军在完颜娄室的带领下，于正月十四攻破陕州（今河南省三门峡市），宋朝陕州知州李彦仙战死。完颜娄室与将领完颜撒离喝长驱直入，奔向潼关。三月初，宋朝宣抚处置使司都统制曲端派将领吴玠等人迎战，击败完颜娄室。完颜娄室最后也率部回返，退军河东。

金朝三次攻打南宋的战斗，可谓全面进攻，虽然打得宋高宗落荒而逃，但并没有消灭宋高宗。金朝朝廷以及元帅府的将帅们一直想消灭或俘虏宋高宗，这样便算是消灭了南宋，所以他们年年发起南攻。然而金军对攻下的城池并不留兵驻守，很快便又撤回北方。在金军将帅们看来，好像北方才是他们的家，他们并不想久留南方。如此一来，金朝几次作战，给人的感觉是抢掠，而不是为了统一。比如完颜娄室，虽然所向披靡，在陕西境内攻下多处城池，但兵马一撤，城池又回到宋军手中。在江淮、两浙战场的情况也一样，金军一离开扬州、临安，扬州、临安便被宋朝官员或将士收复。长驱直入可以作为作战的策略，但不能作为消灭一个国家或者完全占领一个国家的主要手段。金朝必须对所占领的地方实施有效地管理，逐步消化、巩固，然后再向南推进。

三次攻伐之后，金朝终于开始调整战略了。

第四章 扶立伪齐

一、扶立伪齐

金朝三次攻打南宋,东边到了山东境内,西边到陕西境内,南边过了长江到了两浙境内,攻下很多城池。然而,每次大军北撤之后,不少城池又被南宋将领或官员、义军收复。试想一下,如果金朝派几位声名显赫的大将镇守在重要城池,结果会怎样呢?比如,左副元帅完颜宗翰、右副元帅完颜宗辅不要总是待在西京大同府及燕京(今北京市)这些地方,而是坐镇开封、长安等地,或是派一位副元帅将大本营南移开封,再让左监军完颜昌坐镇山东,大将完颜娄室坐镇陕西,完颜宗弼到建康(今江苏省南京市)或临安(今浙江省杭州市)镇守。金太宗所在的金朝朝廷也可以向内地迁移,不要一直待在遥远的女真之地,比如迁到燕京。如果这样,就是宋高宗没有被擒获,南宋还能维持多久呢?

金朝的君臣、元帅府的大将们并不想如此。他们想再找一位张邦昌那样的人,来为金朝管理这几年占领的地方。谁会成为第二个张邦昌呢?左监军完颜昌想推荐从宋朝投降来的官员刘豫。

完颜昌的女真名叫完颜挞懒,是女真首领完颜盈哥的儿子,与金太祖完颜旻、金太宗完颜晟是堂兄弟。完颜昌在金朝元帅府中的官职是左监军,级别仅次于左副元帅完颜宗翰与右副元帅完颜宗辅。

完颜昌在金朝大军第二次攻打南宋时,隶属于完颜宗翰与完颜宗辅一同担任主帅的东路军。完颜宗翰在攻下东平府时,派完颜昌去攻打济南府。济南府知府刘豫面对兵马数倍于己的完颜昌,一开始也认真抵御了。完颜昌没能取胜，便转而劝降刘豫，答应给刘豫一定的好处。刘豫听到这个好处，也不管完颜昌说了算不算，马上就决定投降了。城中的百姓阻挡刘豫出城向完颜昌投降，刘豫就用绳子缒下出城，去完颜昌的大营投降，可见刘豫投降的决心有多强。那么完颜昌承诺给刘豫的好处是什么呢？这个好处就是像册封张邦昌那样册封刘豫为皇帝。刘豫虽然知道这个皇帝是听命于金朝的傀儡皇帝，然而这已经让刘豫激动万分了。

那时是天会六年（1128年）十二月，金朝正在向南宋进攻，而且第二年又向南宋发起一轮进攻，因而没有人提出来要扶立一个新的政权。完颜昌也没有向朝廷提出，毕竟金朝朝廷以及元帅府都在忙于南攻。刘豫后来担任东平府知府，其子刘麟担任济南府知府。虽然刘豫只是一个知府，但还兼京东、京西、淮南等路安抚使，节制大名府、开德府、濮州、滨州、博州、棣州、德州、沧州等地。刘豫当然不满足这些，在刘豫心中，他一直想当皇帝。刘豫没有忘记完颜昌给他的这个承诺，于是让其子刘麟去贿赂驻屯在山东境内的完颜昌。

刘豫也不好意思直接向完颜昌提出要当皇帝，他找了一些借口。天会八年（1130年）三月，有人在济南境内捕到一条鳝鱼，说这条鳝鱼与众不同，是一种祥瑞。刘豫听说后，便认为是上天显灵，不仅要求放了这条鳝鱼，还进行了祭拜。不久，北京大名府的顺豫门外长出一棵庄稼，三个穗子长在一个茎干上。刘豫的党徒们认为这也是祥瑞，而且与刘豫有关，因为这个门叫"顺豫门"。刘豫于是开始行动，派他的儿子刘麟带着贵重的宝物去见完颜昌，把这些祥瑞之事先说了一遍，然后说这是上天在暗示要让刘豫当皇帝。完颜昌当初给刘豫承诺过，要推荐刘豫当皇帝，现在刘豫让儿子提出来了，完颜昌也不便反对。然而完颜昌没有马上着手推进这件事，因为到南方追击宋高宗的完颜宗弼在北返时，遭到韩世忠的阻截，被困在黄天荡出不来，完颜昌正在考虑接应完颜宗弼的事。完颜昌不仅派兵去接应完颜宗弼，自己还挥兵南下，到淮南境内作战。

完颜昌没有想到，推荐刘豫当皇帝一事被别人抢了先。

刘豫此时提出要当皇帝，确实是一个好的机会，因为金朝三次攻打南宋之后，已经开始考虑调整战略。当然这个调整主要是元帅府中的完颜宗翰、完颜宗辅以及朝廷中的皇帝与大臣的事，作为左监军，完颜昌可能还没有想到这件事。就在刘豫梦想着要当皇帝并为此而努力时，完颜宗翰这边反而先行动了。

这件事由完颜宗翰的亲信高庆裔提了出来。高庆裔是大同府尹，而大同府便是完颜宗翰镇守的地方，是他的势力核心地。高庆裔认为当初消灭北宋，便立张邦昌为帝，后来因张邦昌被废黜驱逐，所以才有了三次征伐；现在所占领的黄河以南州郡，官制不变、风俗不变，可以看出金太宗的意思不是贪求土地，而是打算再找一个像张邦昌那样的人。高庆裔劝完颜宗翰向金太宗提出这一想法，完颜宗翰表示同意。

那么完颜宗翰会推荐谁来当这个皇帝呢？完颜宗翰当时并没有想到由刘豫来当这个皇帝，他想到了府州知州折可求，大概是折可求所在的地方属于河东路，而河东正是完颜宗翰的势力范围。高庆裔希望完颜宗翰推荐刘豫，而且认为要尽快地推荐刘豫，要不然就会被完颜昌抢了先，这个功劳便是完颜昌的了。

于是，完颜宗翰派人到朝廷向金太宗上奏，建议扶立一个像伪楚那样的国家，并推荐由刘豫来当这个国家的皇帝，金太宗同意了。于是，完颜宗翰派高庆裔办理此事。高庆裔从河东来到刘豫所管辖的景州，会见当地官吏与兵民，讲明金朝想寻找一位贤者来建国的打算。当地官民都不敢说话，不知他是什么目的。高庆裔只好透露一点，说希望册封刘豫为皇帝。高庆裔这么一说，景州的官民马上心领神会，纷纷迎合，都说刘豫是一个合适的人。其实高庆裔之所以先来到景州，就是考虑到景州是刘豫的家乡，这里的人应当会支持刘豫当皇帝。当然，高庆裔也不能只在一个景州活动，他也怕自己调查的结果没有说服力。高庆裔于是又到了德州、博州、大名府等地，按照在景州的做法行事，也得到同样的结果。高庆裔最后来到刘豫所在的东平府，干脆给没去的州发一个公文，让他们反馈意见。高庆裔做完了这些事，便回到了西京大同府，向完颜宗翰汇报，说各州都愿意拥戴刘豫。

完颜宗翰把他搞的这个"民意调查"派人送呈金太宗。金太宗及朝中大臣都没有意见。七月二十七日，金太宗正在东京辽阳府的一处温泉避暑，他就在东京辽阳府下旨，派高庆裔、韩昉担任册封使，前往册封刘豫。金太宗给刘豫册封的国号为"大齐"，都城定在大名府。

由于路途遥远，诏书一来一去都需要时间。完颜宗翰接到金太宗的诏书后，便派高庆裔前往大名府。刘豫接到通知后，便从他所在的东平府赶往大名府。九月初九这一天，册封仪式正式举行，刘豫登基当了大齐国的皇帝。由于这个大齐国是金朝扶立的傀儡政权，得不到史家的承认，所以在史书上都称为"伪齐"。值得注意的是，金朝册封的大齐国与金朝的关系是儿子与父亲的关系，因为金太宗在册封诏书中称大齐国要"世修子礼"，也就是要求刘豫的齐国世世代代以儿子的身份侍奉金朝。刘豫从此成了"儿皇帝"。后来，刘豫又有了自己的年号"阜昌"，还把都城迁到了汴京开封府。

金朝册封了伪齐国，希望伪齐国有效地管理金朝将帅们从南宋那里夺来的疆土。这些疆土不包括最早从北宋夺取的河东、河北等地。刘豫的"伪齐"国当时能够管辖到的地方大致有山东、河南、陕西以及淮南一些地方。那么有了刘豫帮助金朝治理这些地方，是不是金朝从此可以不动兵戈了呢？老百姓是不是从此可以过上安稳日子了呢？就在刘豫正式登基不久，南宋在陕西境内主动向金朝发起了进攻，这让金朝的将帅们感到意外。意外之余，赶紧组织兵马迎战。

二、富平之战

金朝向南宋开战以来，几路大军肆意攻略，南宋的军队没有能力向金朝的兵马发起主动会战。就是在兵马相对较强的陕西境内，一样任由金朝陕西都统完颜娄室四处攻略。陕西境内的宋军不是没有统帅，而是统帅能力不行，或是没有资历，让各路将领不服，不能形成统一的指挥。

完颜娄室第一次进入陕西境内作战时，宋高宗临时任命一个不懂军事的儒士去统领关中地区的宋军抵御金军，这个人便是唐重，最终失去陕西境内多处城池，其本人也战死沙场。完颜娄室第二次到陕西境内作战时，宋军的主帅是王庶，然而王庶威望不高，陕西境内的将领曲端等人不愿受其节制。完颜娄室得知宋军将帅不和，便毫无顾忌地一路攻到了延安府。曲端最后指责王庶丢掉延安，王庶上书朝廷自我弹劾，被免去制置使一职。完颜娄室第三次到陕西境内作战时，陕西境内已经来了一位新的主帅，此人便是张浚。

张浚在宋徽宗政和年间进士及第，靖康年间担任太常寺主簿。宋高宗在南京应天府登基即位时，有关礼仪便是张浚主持的。南宋开始后，张浚曾担任枢密院编修官、侍御史等官职。"苗、刘兵变"时，张浚联络张俊、韩世忠、刘光世等将勤王。宋高宗复位后，张浚升任知枢密院事。

张浚曾对宋高宗说，中兴应当从关陕开始，他认为金朝可能会经陕西去谋取四川，如果川、陕丢失，东南也将不保。张浚向宋高宗请求由他到川陕一带去，为国家经略这块地方，守住这块地方。宋高宗接受了张浚的建议与请求，任命张浚为川、陕宣抚处置使。

张浚前往川、陕时，是建炎三年（1129年）七月，此时离金朝第三次攻打南宋还有三个月。张浚这一年三十三岁，可以说正是人生的壮年。张浚临出发时，宋高宗对他说，泾原经略使曲端可能会谋反。张浚以全家老少一百口人的性命担保，曲端不会谋反。宋高宗当时给张浚的权力很大，可以承制任命官员。张浚在前往陕西的途中，便任命曲端为威武大将军、宣抚处置使司都统制。

张浚还在途中，金朝大将完颜娄室已经第三次攻向陕西境内，并于当年九月再次占领长安。十月下旬，张浚到达兴元府（今陕西省汉中市），调整了川、陕一带的将领。十一月，张浚到了秦州（今甘肃省天水市），打算坐镇秦州指挥陕西境内各将与金朝大军作战。此时完颜娄室大军已经东返，去攻打陕州（今河南省三门峡市）。

十二月，完颜娄室到达陕州，大将完颜银术可与府州知州折可求也一起来攻打陕州。李彦仙向张浚告急，张浚给都统制曲端发檄文，命令曲端带领泾原的兵马前往增援陕州。曲端对李彦仙没有好感，不想出兵。张浚只得派出身边的兵马去救援李彦仙，然而兵马到了长安便不能前行，因为完颜娄室之前已经派人将道路阻塞了。天会八年（1130年）正月十四日，完颜娄室攻破陕州，李彦仙投河而死。张浚听说此事，承制追赠李彦仙为彰武节度使。

张浚刚到陕西境内，未能有效抵挡完颜娄室大军的第三次攻略，这也许情有可原。不久，完颜娄室离开陕西，第三次进攻就此结束。张浚则在陕西境内调整部署，准备主动作为。张浚为何要这么做？一个原因是他前往川、陕是带着使命的，那便是收复失地。还有一个原因便是，完颜宗弼从江南北返时驻屯在六合，而左监军完颜昌为接应完颜宗弼又挥军南下攻打江淮，张浚认为金朝还将再一次大举南下，对宋高宗是一个极大的威胁，他只有在陕西境内有所行动，才会让金朝无力东顾。

陕西境内的一些将领不赞同张浚主动向金朝发起挑战，认为还不具备条件。威武大将军、都统制曲端便不赞同。曲端认为金朝兵马擅长在平原旷野作战，而这不是宋军所长，建议先训练士兵，养好战马，守好疆土，等十年后再说。张浚不赞同曲端的说法，于是将这一想法奏呈宋高宗。宋高宗在张浚刚去川、陕时，也曾要求张浚准备三年再用兵。岂料宋高宗在金朝"搜山检海"之后，担心金朝大军再来一次穷追猛打，考虑自己所处之地的安危，便同意了张浚的建议。张浚此时已不想再用曲端，便罢免了曲端的兵权，让曲端担任宫观官。不久，张浚又贬曲端为海州团练副使，将曲端安置在万州。陕西境内不少将士听说曲端被贬，很不高兴。

其实张浚与宋高宗都没有料到，金朝已经在考虑调整战略，不会再像之前那样向南宋发起全面进攻。宋高宗君臣担心的秋天攻势不会再有了，至少暂时不会有，因为金朝已经在扶立伪齐国以巩固所占之地。张浚的举动，反而让原本打算调整战略部署的金朝又一次发兵了。

张浚不同于陕西之前的那些主帅，部下不听也没有办法。张浚是得到宋高宗授权的，也很强势，所以把陕西境内另一个强势的将领曲端给撤职了。张浚于是开始行动，首先就发出檄文，向金军左副元帅完颜宗翰问罪，他要挑战完颜宗翰。张浚然后开始发兵，在七月派统制官吕世存、王俊一举收复了鄜州（今陕西省富县）。八月，张浚再派将领吴玠收复了长安。长安是永兴军路的治所，收复了长安，其他州县也随之而降，张浚很快便收复了永兴军路。吴玠因功被张浚升任为忠州防御使。

张浚的行动有了成果，并不奇怪，毕竟金军主力大军已经撤走。当然，张浚的行动必定让金朝朝廷以及元帅府的将领们震惊。首先感到震惊的便是左副元帅完颜宗翰。陕西境内的战事，原本就是完颜宗翰的部将完颜娄室负责的，张浚收复了陕西的几处重要城池，完颜宗翰不能不引起重视。再者，张浚的问罪檄文便是针对完颜宗翰的，完颜宗翰不能不管。

完颜宗翰召集将领们商议对策，他认为陕西境内的宋军强劲，应当全力攻打。完颜宗翰建议让左监军完颜昌继续在东部战场的江北一带作战，而让完颜宗弼带领两万名精锐进入陕西境内作战。将领们认为，他们的作战能力不是不行，而是没有更好地安抚陕西各地，以致张浚一来，多处城池又回归宋朝。将领们建议派一位名望高又有威严的人前往陕西，一定能解决陕西境内的问题。将领们甚至明确地提出，可以由右副元帅完颜宗辅前往，或者由完颜宗翰、完颜希尹当中的一个人前往。

从大家的商议可以看出，完颜宗翰原本只打算派完颜宗弼，但将领认为只派完颜宗弼还不够，因为完颜宗弼的名望还不算高，至少在当时比不上完颜宗辅与完颜宗翰。完颜宗翰将这一问题上呈金太宗，金太宗给完颜宗翰的回复是派完颜宗辅进入陕西，担任主帅，统领各将征伐之事，同时做好安抚。金太宗在回复诏书中还说，原来一直是由完颜娄室负责陕西境内作战，而且也总是取得胜利，现在提出要派别人前去指挥，是不是厌烦用兵而保重身体了呢？金太宗提醒说，陕西境内的城池很重要，希望他们尽心尽力。金太宗也同意从东部战场抽调精锐兵马参战，完颜宗翰于是命令完颜宗弼带领两万名精兵赶往陕西作战。

金太宗的诏书可谓一举两得，既同意派完颜宗辅进入陕西，又对原来在陕西境内作战的将领们提出了要求。其实不是完颜娄室不想打仗，完颜娄室当年已经五十三岁，而且身体确实不太好，已经生病。尽管如此，完颜娄室接到命令后，立即率部奔赴前线。

九月，张浚从秦州赶往邠州（今陕西省彬州市）督战，熙河路经略使刘锡、泾原路经略使刘锜、秦凤路经略使孙渥、环庆路经略使赵哲以及忠州防御使吴玠带领所部兵马到达耀州的富平县（今陕西省富平县），共有六万骑兵、十二万步兵，军用物资堆积如山。面对即将到来的一场大战，张浚洋洋自得，认为必能克敌制胜，甚至可以一直杀到燕山府（今北京市）。

此时，完颜宗弼的大军已经到达华州的下邽县（今陕西省渭南市临渭区北），离富平八十里，右副元帅完颜宗辅已经来到完颜宗弼的军中。完颜娄室大军在绥德军（今陕西省绥德县），离富平县六百余里。南宋将领们请张浚下令趁完颜娄室大军尚未赶来，先袭击完颜宗弼的兵马。张浚是正人君子，不想这样做，他派人去与完颜宗辅约定交战日期。然而，张浚前后几次给完颜宗辅送去书信，都没有得到答复。

几天后，完颜娄室的大军从绥德赶来了。完颜娄室先部署好兵马，然后亲自带领几十名骑兵，登上一个高处，瞭望张浚的兵马。张浚的兵马数量确实不少，但完颜娄室认为张浚的军营并不坚固，千疮百孔，很容易攻破。

张浚派人向完颜娄室约战，完颜娄室答应了。然而到了交战日期，完颜娄室仍然按兵不动。张浚认为完颜娄室怯懦，不敢出战，认为此战赢定了。张浚于是张榜悬赏，说如果能活捉完颜娄室，哪怕是普通百姓也任命为节度使，赏银万两。张浚还派人给完颜娄室送去一套妇女的衣服，以激怒完颜娄室出战。完颜娄室针锋相对，也在军前贴出榜文，说如果能生擒张浚，赏驴一头、布一匹。完颜娄室此举，表明对张浚极为蔑视。

大战就要开始了,张浚新任命的都统制刘锡召集将领们商议作战方案。吴玠认为,用兵必须占据有利的地势,应该将兵马驻屯在高处,让敌人难以进攻。秦凤路提点刑狱公事郭浩也认为现在不可与敌人交锋,应当坚守营寨,等敌人困乏。然而,更多的将领认为,他们的兵马是敌人的好几倍,前面又有芦苇水荡,敌人的骑兵发挥不了作用,应当主动出战。

张浚决定出战。张浚这时想到了被贬官的曲端,认为曲端在陕西境内也是一位能战之将,敌人感到惧怕,于是命人树起曲端的旗帜,想在气势上先胜一局。完颜娄室早已得知曲端已经被张浚赶走了,便对将士们说,张浚这是在骗我们哩。

九月二十四日,大战开始。完颜宗辅将兵马分为左、右两翼与张浚的宋军交战,左翼由完颜宗弼带领,右翼由完颜娄室带领。完颜宗弼从东面率先杀入宋军阵中,没想到陷入宋军的重围之中。与完颜宗弼对阵的是泾原路经略使刘锜。刘锜身先士卒,奋力作战,金军伤亡很多,金将韩常被射中一只眼睛。韩常大怒,拔出箭,鲜血淋漓,便用泥土塞在伤口,继续与完颜宗弼一起带领人马,拼死苦战,才突出重围。史书上说,刘锜与完颜宗弼交战,胜负未分,但这时战场情况发生了变化。

完颜娄室率部从北面进攻宋军。北面地形对金军不太有利,有芦苇有水荡,金军骑兵行动不便。完颜娄室派将领完颜折合带领三千名骑兵担任先锋,用柴土垫路,逼近宋军外围由乡民组成的营寨,突然发动攻击。这些乡民非常惊慌,纷纷逃入宋军大营,引起宋军的混乱。环庆路经略使赵哲带领人马率先逃跑,其他四路士兵纷纷说,环庆路赵经略走了,于是也跟着溃散。这一战,金军大获全胜,所得物资不计其数。完颜宗辅将陕西的战况奏呈朝廷,金太宗下诏褒奖。

富平之战是一场以少胜多的战役,几万金兵打败将近二十万的宋军,主要是主将张浚指挥不当,将领赵哲临阵脱逃。南宋从此丢失陕西,张浚也因此斩了赵哲,贬了都统制刘锡,还上书请罪。宋高宗没有怪罪张浚。

金军虽然在富平击败南宋的大军,但还没有完全占领陕西各地。从当年十月到次年二月，主帅完颜宗辅派出完颜撒离喝、耶律马五等将，攻占泾州、陇州、德顺军的静边寨、庆州、巩州、洮州、河州、乐州、西宁州、兰州、廓州、积石军，收降耀州、渭州、原州、熙州、环州等地，基本占领陕西全境。由于大将完颜娄室去世，完颜宗辅派完颜撒离喝镇守陕西，自己与完颜宗弼班师东返。

占领陕西之后，金朝开始部署向南边的四川用兵。

三、两战和尚原

宋朝的一级行政区划称路，陕西一开始就称陕西路。宋神宗熙宁五年（1072年），陕西路一分为二，分别称为永兴军路、秦凤路。宋徽宗宣和四年（1122年），由于增设燕山府路与云中路，北宋共有二十六路。在二十六路中，陕西仍然分为永兴军路与秦凤路，属于转运使路。为了分化权力、加强管理，又将陕西分为六个经略使路，分别为永兴、鄜延、环庆、秦凤、泾原、熙河。这六个经略使路的级别比较低，不属于北宋二十六路的称谓。

富平之战结束后，金朝右副元帅完颜宗辅带领大军继续在陕西境内攻略，基本占领陕西六路，使得南宋川陕宣抚处置使张浚南移到利州路境内的兴州（今陕西省略阳县），已经不在陕西境内。陕西全境只剩下阶、成、岷、凤等州以及凤翔府的和尚原、陇州的方山原还在宋军的控制之下。这些地方属于秦凤路，但已经与南边的利州路离得很近。这些地方也属于秦岭区域，易守难攻。

完颜宗辅在基本占领陕西之后，便带着完颜宗弼班师回朝了。完颜宗辅为何没有趁胜攻打南边的四川呢？一个重要的原因就是新的一年春天到了，对金朝大军来说，又到了收兵的时候。还有一个原因就是，完颜宗辅与完颜宗弼到陕西作战，是朝廷的临时安排，他们的战场原本在东部，而西部一直是左副元帅完颜宗翰的战场。

金朝朝廷以及元帅府有没有继续向四川进攻的计划呢？朝廷的想法不太明朗，但左副元帅完颜宗翰是有这个想法的，而且也很坚决。然而，完颜宗翰想继续攻打四川或是南宋的其他地区，完颜宗辅未必会支持他。史书上说完颜宗弼从江南回到北方后，也就是金朝第三次攻打南宋结束后，完颜宗翰就准备入朝，与金太宗商议再一次伐宋之事。完颜宗翰坚持要再攻南宋，而经过黄天荡之险的完颜宗弼说江南地势低，水多，气候潮湿，而且兵马疲惫，粮草不足，难以取得成功。完颜宗翰指责完颜宗弼想苟且偷安。当时完颜宗辅也不支持完颜宗翰，所以命令已到长江一带的左监军完颜昌北撤。

在富平之战即将暴发之际，都元帅完颜杲去世了，金太宗尚未重新任命都元帅一职，完颜宗翰已成为元帅府最高领导。尽管如此，完颜宗翰也不能直接调动完颜宗辅的大军，这要由金太宗来安排，就像富平之战。

完颜宗翰是一个强势的人，也是一个有雄心的人，他很想继续南攻，之所以同意扶立伪齐，也是看到朝廷以及很多人有这个想法，怕被别人抢了功而已。完颜宗翰一直不想放弃陕西，甚至想先消灭西夏国，然后再消灭南宋。在又一次占领了陕西之后，完颜宗翰想继续谋取四川，然后再进一步谋取东南地区。

遗憾的是，此时的完颜宗翰少了一员大将，那便是在陕西境内作战多年的完颜娄室。虽然完颜撒离喝曾多次跟随完颜娄室作战，对陕西也很熟悉，但他的能力与资历远不及完颜娄室。尽管如此，完颜宗翰在完颜宗辅与完颜宗弼班师之后，还是让完颜撒离喝部署攻打四川之事。

完颜撒离喝已经不是什么声名显赫的大将，他派出的将领也很一般。一位是完颜没立，是金太宗的堂侄，虽是宗室成员，但在军中的威望不算高。还有两位是乌鲁与完颜折合，同样也不是大将。完颜撒离喝让这三位将领兵分两路，一路由完颜没立率领，从凤翔府出发，一路由乌鲁与完颜折合率领，从阶、成二州出发。两路均为骑兵，共几万名，先到凤翔府境内的和尚原会合，在夺取和尚原之后，再入川作战。

和尚原在今天的陕西省宝鸡市西南,是秦岭北麓的一处险要之地,也是扼守川陕交通的要地。张浚在退到秦岭南边的兴州之后,就由吴玠守在和尚原。张浚当时给吴玠任命的官职除了之前的忠州防御使,还任命吴玠为秦凤经略使、陕西诸路都统制。

尽管金朝此次派出的将领并不有名,但吴玠此时情况也不好。吴玠与兄弟吴璘带着几千名溃散之兵从关中撤到和尚原,与上级的音讯断绝,物资储备也严重缺乏。不仅如此,将士们的家属又多留在敌方,将士们没有斗志,有人甚至想劫持吴玠、吴璘兄弟到北方去投敌。幕僚陈远猷得到消息,赶紧向吴玠报告。吴玠连忙召集诸将,用忠义激励他们,并与他们歃血盟誓,诸将感激涕零,一致表示与金军拼死作战。

天会九年(1131年)五月,乌鲁与完颜折合这支骑兵首先到达和尚原,不等完颜没立到来,便在北面摆开阵势。吴玠得到消息,立即带领兵马去迎战金军。乌鲁与完颜折合带领的都是骑兵,在山道中作战非常不利,因为山道狭窄,又有很多石头,战马很难奔驰,不少金兵丢下战马,徒步作战,骑兵优势发挥不出来。吴玠又采用疲劳战术,让士兵们分批出战,四战四捷。金军士兵伤亡惨重,不少人徒步逃出山谷。乌鲁与完颜折合收拾败兵,暂且退守黄牛岭,等完颜没立那支兵马到来。

三天后,吴玠得知金朝另一支兵马在完颜没立带领下,正在攻打箭筈(音同扩)关(今陕西省千阳县南)。箭筈关在和尚原北不到一百里的地方,吴玠担心这一路兵马一旦与乌鲁、完颜折合的兵马会合,必将对和尚原产生更大的威胁,那时再守和尚原就比较困难。吴玠于是派出一支兵马,到箭筈关去攻打完颜没立,让金朝两支兵马不能会合。

五天后,天降大雨,又刮起大风,还夹着冰雹,金朝两支兵马全部北撤。张浚得知吴玠在和尚原击退金朝兵马的进攻,承制任命吴玠为明州观察使,吴玠的弟弟吴璘为康州团练使、秦凤兵马都钤辖。

金朝两路兵马攻打和尚原没有成功,一个原因是吴玠兄弟作战有方,还有一个原因是金朝没有准备好,此次派完颜没立等人出战,有投石问路的意味。此战虽然没有取得成功,但让金朝决定下一步作战的重点就是入川。不仅如此,史书上还说,这一战之后,金朝将帅大怒,发誓一定要把吴玠消灭掉。

完颜宗翰的努力也得到金朝朝廷的支持。金朝在作了一番准备之后,便决定在秋天再一次攻打和尚原,而且这一次的主将也不同寻常。完颜娄室已经去世大半年了,坐镇陕西的完颜撒离喝是否要亲自去攻和尚原呢?没有,因为完颜撒离喝还不够厉害,金朝此次派出了完颜宗弼。

十月,已是深秋,完颜宗弼带领几万兵马,号称十万,到达凤翔府,计划从凤翔府的宝鸡县(今宝鸡市陈仓区)南攻。完颜宗弼命人在宝鸡境内的渭水搭建浮桥,然后南渡渭水,向和尚原攻去。完颜宗弼这一次吸取上次失利的教训,步步为营,保障补给线畅通,因而顺利到达和尚原。

吴玠也早有准备,与他的弟弟吴璘带领统制官雷仲等人,选拔强劲的弓弩手,分批交替射箭,不仅射出的箭不中断,而且繁密如雨。完颜宗弼的大军不能前行,只好向后略加后撤。吴玠抓住这一良机,派出一支奇兵,去切断完颜宗弼大军的粮道。完颜宗弼得知粮道被袭,不敢恋战,指挥大军撤退。吴玠又派出一支兵马抄近路,赶到完颜宗弼大军的前面,在他们的必经之路设下埋伏,这个地方叫神坌(音同笨)。夜里,完颜宗弼大军到达神坌,宋军伏兵四起,金军大乱。宋军乘势猛攻,金军大败,死伤无数,主将完颜宗弼也身中两支流箭。完颜宗弼慌忙逃走,连兵马都不管了,他的大旗也被宋军缴获。

这一战,金军被杀死或俘虏共有几万人。南宋川陕宣抚处置使张浚得知后,又承制任命吴玠为镇西军节度使,吴璘为泾原路马步军副总管。吴玠的将士们都有升迁。

完颜宗弼兵败和尚原,受到了金太宗的责备,陕西副统完颜撒离喝反而得到金太宗的表扬。完颜宗弼准备回到三哥完颜宗辅所在的燕山府,经过河东时,被左副元帅完颜宗翰留下。完颜宗翰先任命完颜撒离喝为陕西经略使,命令完颜撒离喝带领大军驻屯凤翔府,与吴玠对峙。完颜宗翰之所以留下完颜宗弼,是想用他继续谋取四川。然而完颜宗翰没有马上就派完颜宗弼出战,因为他要到朝廷去一趟,他要去找金太宗商议一件重要的事。

四、册立谙班勃极烈

金朝当时的皇储称谙班勃极烈,金太祖时,金太宗曾担任此职。金太宗继位后,五弟完颜杲担任此职。完颜杲已在天会八年九月去世,然而一直到天会十年三月,金太宗都没有重新任命此职。金太宗此举让朝中大臣以及元帅府的将领感到不安。此前,金太祖在称帝后的半年内便任命金太宗为谙班勃极烈,而金太宗在继位三个月后便任命完颜杲为谙班勃极烈。现在完颜杲去世已经一年半了,金太宗仍然没有任命谙班勃极烈。

金朝当时没有确立嫡长子继承制,采用的是兄终弟及,然而随着完颜杲去世,金太宗的同母兄弟已经无人在世,如果再传,就要传到下一代了。说到下一代就比较复杂了,因为这个下一代不只是金太宗的下一代,也不只是金太祖的下一代。从这个角度来说,完颜宗翰、完颜宗干以及完颜宗磐都有希望,因为他们都是下一代当中的长子。完颜宗翰是完颜撒改的长子,完颜撒改曾担任国论勃极烈,仅次于谙班勃极烈。完颜宗干是金太祖的长子,已经担任国论勃极烈。完颜宗磐是金太宗的长子。当然,这些人虽然都有机会,但也要有一个顺序。如果以年龄的大小为顺序,完颜宗翰最大,完颜宗磐最小。如果以官职大小为顺序,完颜宗干是国论勃极烈,要比完颜宗翰的移赉勃极烈排名靠前。

尽管几个人都有机会,但金太祖的儿子最应当有机会,因为金太祖不同于之前的那些女真首领。金太祖称帝、建国,又基本消灭辽国,其功业无人能比,如果要传到下一代,首先得从金太祖的儿子中选择。而在金太祖的儿子当中,完颜宗干最有资格。完颜宗干是长子,又有能力,官职又仅次于谙班勃极烈。金太宗当初继位时,左推右推,直到完颜宗干带领诸位兄弟把赭色袍子披到金太宗的身上，又把天子的玺印放到金太宗的怀里，金太宗才勉强同意三天后登基。如此说来，完颜宗干应当是兄弟之中的最佳人选。完颜宗干一直没有向金太宗提出确立谙班勃极烈一事，可能就是考虑不便于自己推荐自己。

然而金太宗不想让完颜宗干当谙班勃极烈。

金太宗当时之所以一直没有确立谙班勃极烈，是他有私心，他想把兄终弟及的规矩给废除。金太宗很想让自己的长子完颜宗磐担任谙班勃极烈，成为皇位继承人。金太宗一直让完颜宗磐在朝中任职，也是有这个考虑。然而，金太宗也不便把这个想法说出来，他知道这一定会遭到很多人的反对。金太宗一直在等待机会，没想到等来了完颜宗翰等人。

完颜宗翰决定去解决这件事。完颜宗翰带着右副元帅完颜宗辅、右监军完颜希尹一起入朝，先找到完颜宗干商议。完颜宗翰对完颜宗干说，谙班勃极烈的位置空了很久，如果不早点确定，恐怕会交给不当之人。完颜宗翰还说他日夜不曾忘记这件事。那么完颜宗翰心中的人选又是谁呢？肯定不是他自己，要不然他不会主动提出来。完颜宗翰知道他不够资格，也看出金太宗可能要让自己的儿子完颜宗磐来当这个谙班勃极烈。完颜宗翰不希望看到这个结果，所以说再不确定，可能会让不恰当的人来当。然而完颜宗翰并没有推荐完颜宗干，说明他也心存私念，他也要考虑自己的利益。完颜宗翰想到一个人选，这便是金太祖嫡长子完颜宗峻的儿子完颜亶（音同胆），也就是金太祖的嫡长孙。

完颜亶当年只有十四岁，还是虚岁，从年龄上看，太小，就是让他当了谙班勃极烈，也只是占一个位置而已，基本不能发挥什么作用。这也许就是完颜宗翰希望看到的结果。当然，完颜宗翰推荐完颜亶也是经过考虑的，因为完颜宗干等人可能不便反对。完颜宗翰的理由就是完颜亶是金太祖的嫡长孙。还有一条没说的理由，那便是在完颜宗峻去世后，其妻子便改嫁完颜宗干，这是女真人的规矩，年幼的完颜亶自然也由完颜宗干抚养，完颜亶已经成为完颜宗干的养子，与完颜宗干的关系不一般。

完颜宗翰提出这个建议之后，完颜宗干确实不便反对。完颜宗干也看出金太宗想让自己的儿子当继承人，自己想争，支持的人不一定多，如果完颜宗翰能够支持完颜亶当继承人，也相当于是自己的儿子当了，尽管只是养子。完颜宗干可以通过培养完颜亶来实现自己的政治抱负。

众人商议好之后，便去找金太宗，把这件事提了出来。金太宗当时相当为难，因为这不是他的本意。金太宗虽然没有马上表示反对，但也没有爽快地答应。最后在完颜宗翰等人再三请求之下，金太宗才松了口。金太宗知道，这几位大臣都很有实力，不答应他们不行。当然，金太宗也有自己的补救措施。

天会十年（1132年）四月，金太宗下诏，任命完颜亶为谙班勃极烈，完颜宗磐为国论忽鲁勃极烈，完颜宗干为国论左勃极烈，完颜宗翰为国论右勃极烈、兼都元帅，完颜宗辅为左副元帅。从这个任命来看，完颜宗干被降了，排在了完颜宗磐之后。完颜宗磐本来不在勃极烈之列，现在一下子排在了谙班勃极烈之后，升得最快。此外，完颜宗翰、完颜宗辅都有提升。从这个任命可以看出，金太宗想用自己的儿子来平衡完颜宗干的权力。然而金太宗大概没有想到，这也为将来的权力之争埋下了隐患。

除了完颜撒改、完颜杲两位勃极烈已经去世外，金太祖在位时任命的国论阿买勃极烈完颜习不失、国论乙室勃极烈完颜阿离合懑，以及金太宗在位时任命的国论阿买勃极烈完颜谩都诃也都去世了，只有金太祖在位时任命的国论昃勃极烈完颜昱还在。然而，按照金太宗的这一次任命，完颜昱还算不算是勃极烈，不得而知，就算是，也排在完颜亶、完颜宗磐、完颜宗干、完颜宗翰四位勃极烈之后。

就在完颜宗翰等人回朝商议册立完颜亶为谙班勃极烈之际，陕西经略使完颜撒离喝开始向宋军驻守的方山原发起进攻了。

五、饶风关之战

方山原（今陕西省宝鸡市西）在陇州境内，而陇州属于秦凤路。陇州的治所本在汧源县（今陕西省陇县），后因此地被金朝占领，南宋的守将范综便将治所南移到方山原。金朝的陕西经略使完颜撒离喝想从方山原取得突破，于是会同南宋降将张中彦、慕容洧（音同伟）一起攻打方山原。

驻守在和尚原的吴玠得到消息，担心范综不敌完颜撒离喝，决定派兵增援范综。吴玠此时不仅是秦凤经略使，还是陕西诸路都统制，他对金军攻打方山原不能不管。吴玠于是派都统司的同统制杨政带兵去救方山原。

天会十年（1132年）三月，完颜撒离喝的兵马与杨政的兵马在方山原大战三天，结果是完颜撒离喝大败，营寨都被宋军烧毁。完颜撒离喝不敢再战，下令撤退。川陕宣抚处置使张浚得知后，继续行使他承制任命官员的权力，任命杨政为凤州知州。

完颜撒离喝攻打方山原，是在春夏之际，并不是金朝大举用兵的秋冬之时。不久，升任都元帅的完颜宗翰从朝廷回到了西京大同府。当年秋天，金太宗前往燕京，完颜宗翰与完颜希尹又前往朝见。右都监耶律余睹趁完颜宗翰等人不在大同期间谋反，完颜宗翰派完颜希尹先回大同，平定了耶律余睹。直到冬天，回到大同的完颜宗翰才命令完颜撒离喝再度南攻，目标是秦岭之南的兴元府。

兴元府就是今天的陕西省汉中市。汉中在今天虽然属于陕西省，而在宋朝时属于四川。四川这个名称就是北宋时才有的，当时是对四个路的合称，这四个路是成都府路、潼川府路、利州路与夔州路。四川四路这个叫法，有点像陕西六路的叫法，有所不同的是，四川境内的这四路都属于北宋二十六路。

完颜宗翰此次用兵，做了不少准备，表明他非常重视这次行动。完颜宗翰不仅派出陕西经略使完颜撒离喝带领的陕西兵马，还让伪齐国皇帝刘豫派兵一同参战。刘豫派出的将领是招抚使刘夔。完颜宗翰此次对完颜撒离喝的作战策略也进行了调整，那便是不从防守严密的和尚原入川，而是出奇兵，走一条让南宋将领们想不到的道路。

完颜撒离喝派南宋降将李彦琪驻屯秦州，威胁仙人关（今甘肃省徽县东南），以牵制已经驻屯在凤州河池县（今甘肃省徽县）的吴玠，再派一支游骑兵出熙河，牵制宋将关师古。完颜撒离喝自己则带领主力兵马向商州（今陕西省商洛市）方向进军。

十二月，完颜撒离喝到了商州，南宋商州守将邵隆向南撤退到上津（今湖北省郧西县西北上津镇）。完颜撒离喝继续向西挺进，又攻占了洵阳（今陕西省旬阳市），击败南宋守将王彦。接着，完颜撒离喝沿汉水西进，于天会十一年（1133年）正月占领金州（今陕西省安康市），兵锋直指饶风关（今陕西省石泉县西）。

商州属于永兴军路，而金州在北宋时属于京西南路，到了南宋建炎四年（1130年）划入利州路。完颜撒离喝这一次为了能够攻入利州路的治所兴元府，确实是走了一条让人难以想到的路。

南宋兴元府知府刘子羽听说金军攻破金州，想到金军一定会从饶风关攻入兴元。刘子羽立即派统制官田晟去防守饶风关，同时派人火速通报镇守在河池的都统制吴玠，请吴玠派兵来援。

河池在兴元府的西北，中间还有秦岭山路，而饶风关在兴元府的东方，与兴元府连着汉水。一旦金军攻破饶风关，必将沿着汉水一带的平地一路攻到兴元。吴玠认为形势非常紧迫，将领们不一定能救援得了，他准备亲自去解救饶风关。幕僚陈远猷认为尚未接到张浚的宣抚司命令，敌人又大举来攻，锐不可当，劝吴玠不要到那么远的地方去抗敌。陈远猷还说，张浚之前已经命令诸将分兵把守，诸将都有自己的防地，如果吴玠此去不利，必将后悔莫及。

吴玠想到民族大义，又想到自己是都统制，决定去增援饶风关。吴玠于是带领兵马，从驻屯之地河池出发，一天一夜，行军三百里。中途，吴玠也让兵马稍事休息，便又接到刘子羽的书信。刘子羽在书信中说，敌人旦夕之间就到饶风岭下，如果不坚守此关，四川就没有保障。刘子羽还说，如果吴玠不来增援，他刘子羽就去迎敌。吴玠知道情况紧急，下令加快行军速度。

二月初，吴玠到达饶风关，而完颜撒离喝也带领大军到达。吴玠当时只有几千人，再加上洋州（今陕西省洋县）当地义士一万三千人，数量仍不及完颜撒离喝。吴玠派人给完颜撒离喝送去黄柑，说完颜撒离喝的大军远道而来，送点柑橘止止渴。吴玠还说，今天就要决战了，我们各自忠于自己的朝廷吧。

完颜撒离喝出的是奇兵，怎么也没有想到会在饶风关碰到南宋名将吴玠，还如此地淡定。完颜撒离喝十分惊诧，用手中的木杖敲打地面说，吴玠，你来得怎么这么快啊？也就在这时，南宋的金州、房州镇抚使王彦也带领"八字军"从洋州的西乡县（今陕西省西乡县）赶来与吴玠会合。

饶风关的守兵看到援军纷纷来到，开始有些大意，放松了防守。吴玠发现后，非常生气，要把守将斩首。守将吓得逃到完颜撒离喝的军中，告诉完颜撒离喝，统制官郭仲荀把守的地方虽然险峻，但兵少，容易攻破。

完颜撒离喝得知宋军虚实，便不准备从正面夺关。完颜撒离喝于是把一路掳掠来的妇女释放，让她们前往宋军的山寨，再派一支兵马从蝉溪岭绕到饶风关的背后，乘着夜色，用轻兵袭击郭仲荀。郭仲荀不能抵挡，慌忙撤走。金军夺了郭仲荀的山寨，便居高临下虎视饶风关。完颜撒离喝看到时机已到，又从正面攻打饶风关，饶风关腹背受敌。

宋军开始乱了起来，纷纷退却，吴玠下令将撤退的士兵斩首，但仍不能制止士兵逃走。吴玠不想就这样放弃饶风关，带着少部人马整整坚持了六天。六天过去了，饶风关还是被金军攻破了，吴玠没有办法，收拾残兵退往兴元府所辖的西县（今陕西省勉县西），王彦带着残兵投奔达州（今四川省达州市）。消息传出，四川境内大为震动。

知府刘子羽知道兴元城守不住，于是放火烧了兴元城，撤出兴元。刘子羽先到三泉县（今陕西省宁强县）驻扎，跟随的兵马不到三百人。吴玠听说刘子羽忠心耿耿，而且与士兵同甘共苦，很受感动，便到三泉去见刘子羽。刘子羽认为二人都守在三泉，对敌人没有威胁。吴玠准备从兴州、河池绕出，到完颜撒离喝的背后，让完颜撒离喝认为他会设伏断其归路，以逼迫完颜撒离喝尽早退兵。刘子羽认为潭毒山（今四川省广元市北）陡峭挺拔，山上还有水，于是带着仅有的人马前往潭毒山。不久统制官王俊又带领五千人来到，刘子羽的兵势又振作起来。

完颜撒离喝攻破饶风关，果真带领大军沿着汉水向西边的兴元府攻去。完颜撒离喝一路无阻，于二月中旬到达兴元城下。兴元城已经无人坚守，完颜撒离喝轻易就进了城。然而城中一无所有，完颜撒离喝什么也没有得到。

就这样，完颜撒离喝还是在兴元待了一个月。完颜撒离喝在兴元城一无所获，士兵开始少粮，战马开始缺草。这时，巡逻兵又截获了宋军的信件，得知吴玠联络诸将，准备在完颜撒离喝北返时截击。完颜撒离喝孤军深入，确实担心在北返的途中被宋军伏击，于是在四月初，下令大军撤出兴元，从褒斜谷方向北返。刘子羽与吴玠打算派人到褒斜谷截击完颜撒离喝，结果没有来得及。褒斜谷道路狭窄，只能一人单行，完颜撒离喝只得下令把所抢的财物扔在路上。

完颜撒离喝于冬季出兵，春季北返，未占一城一池，又是一次抢掠性质的作战。现在连所抢的东西都没有全部带回，心里一定不是个滋味，也十分不甘心。完颜撒离喝回到凤翔府，派十几个人拿着书信去招降刘子羽和吴玠。刘子羽把这些人斩首，只放一个回去，带话给完颜撒离喝，要来战就只管来战，我刘子羽誓死奉陪，搞什么招降？吴玠也派人给完颜撒离喝回信，以民族大义谴责完颜撒离喝，完颜撒离喝这才停止招降。

冬季，金朝大军又一次大举进攻，这回带队的是完颜宗弼。

六、仙人关之战

在饶风关之战开始前，南宋川陕宣抚处置使张浚向宋高宗提出回行在，也就是到宋高宗所在的地方临安（今浙江省杭州市）。之所以称行在，就是表明宋高宗还没有正式将临安确定为都城。宋高宗同意张浚的奏请，下诏免去张浚宣抚处置使一职，仍担任知枢密院事。宋高宗此前已经任命王似为川陕宣抚处置副使，在免去张浚宣抚处置使之后，又任命夔州知州卢法原为副使，与王似共同管理川陕事务。

饶风关之战结束后，在川陕已有四年之久的张浚便起程前往临安，王似、卢法原两位副使则坐镇利州路境内的阆州（今四川省阆中市）。二位副使按朝廷的要求，将陕西、四川地区分片防守，诸将各负其责。从秦州、凤州到洋州，由利州路制置使兼本司都统制吴玠主管，驻军仙人关（今甘肃省徽县东南）。从金州、房州到巴州、达州，由镇抚使兼本司参议同都统制王彦主管，驻军达州。从文州、龙州到威州、茂州，由绵州知州兼绵州、威州、茂州、石泉军沿边安抚使刘锜主管，驻军绵州。从洮州、岷州到阶州、成州，由熙河路马步军总管关师古主管，驻军阶州境内的武都。

吴玠原本守在和尚原（今陕西省宝鸡市西南），两次击退金军的进攻。后来，吴玠到凤州的河池县（今甘肃省徽县）驻守，让兄弟吴璘镇守和尚原。饶风关之战后，吴玠负责防守河池县不远处的仙人关。仙人关在和尚原的西南，离和尚原两百里左右。从凤翔府的宝鸡县到达秦岭南边的兴元府（今陕西省汉中市），有一条陈仓古道，是当年韩信"明修栈道、暗度陈仓"而走的一条通道。大散关、仙人关便是陈仓古道上的重要关隘。和尚原离大散关不远，也是陈仓古道必经之路。如果把和尚原看着是第一道防线，仙人关便是第二道防线。吴玠打算专心防守仙人关，已经有了放弃和尚原的想法。吴玠在仙人关一带修建营垒，取名为"杀金坪"，做好与金军作战的准备。

天会十一年（1133年）十一月，金朝再次派兵攻打和尚原，此次大军的主将是左都监完颜宗弼。统制官吴璘因粮草缺乏，不能坚守，便放弃和尚原，撤往阶州境内的七方关。完颜宗弼没费多大力气便占领了和尚原。

完颜宗弼准备继续攻打吴玠据守的仙人关，但完颜宗弼没有立即向前推进，而是整顿兵马，先做准备。都元帅完颜宗翰对此次出兵也非常重视，不仅派出完颜宗弼担任主将，还派出一直在川陕作战的完颜撒离喝，还有曾参加富平之战伤了一只眼睛的大将韩常。伪齐国则继续派将领刘夔参战。此次金朝、齐国联军达到十万人。金朝将帅对此次作战志在必得。除了完颜宗弼，从完颜撒离喝以下将官，都带着全家人口，一齐出动，做好攻入四川就不再回头的打算。

在做好这些准备之后，完颜宗弼便从宝鸡出发，一路开山凿石，于天会十二年（1134年）二月二十一日，到达仙人关附近的"杀金坪"。杀金坪是金军攻打仙人关的必经之地，吴玠当初只准备在杀金坪修建一道防线，后来听从兄弟吴璘的建议，又修了第二道防线。

吴玠在得知金军攻来的消息后，为防不测，便派人去召金房镇抚使王彦、熙河路总管关师古以及安抚使刘锜等人前来增援仙人关。关师古没有来，不久还背叛南宋，投降了金朝。王彦没有及时赶到，只有刘锜率领所部兵马赶来。吴玠的兄弟吴璘得到消息，也率领一支轻兵从七方关日夜兼程赶来，在山道中行走了七天，正好赶上与金军作战。

完颜宗弼大军到达的地方，便是杀金坪的第一道防线。完颜宗弼先让大军在高处扎营，与宋军对垒，择日交战。数日后，金军从高处攻下，吴玠毫无畏惧，亲自带领一万人正面迎战。

初战对吴玠军不利，统制官郭震的营寨被金军攻破。由于郭震作战不力，金军连战连胜，宋军接连遭败。吴玠非常怒火，下令将郭震斩首示众，以振军威。由于吴玠的有力指挥，完颜宗弼不能突破第一道防线。

完颜宗弼于是又用起了招降法。完颜宗弼派人去对吴玠说，赵家已经衰落，扶持他已经没有意义；如果吴玠愿意归顺金朝，金朝将会选择一块好的土地封吴玠为王，方圆一百里。吴玠不为所动，回复表示感谢，同时还强调，已经为赵家干事，不敢再有二心。

完颜宗弼劝降未果，于是再一次发起进攻。完颜宗弼先派一万名士兵攻打吴玠大营的左边，吴玠指挥兵马迎战，将这一万名金兵击退。完颜宗弼大怒，再调大军前来。吴玠也有应对之法，派统制官杨政带领刀枪手深入金军阵中作战。统制官吴璘用刀画地，对诸将说死就死在这里，哪个敢后退就把哪个斩首！

完颜宗弼将大军分成两个战阵，完颜宗弼列阵于东，将军韩常列阵于西。南宋将士虽然同仇敌忾、奋勇应战，但面对数倍于己的金军，作战极为艰苦，最后不得不退守到第二道防线，也就是第二个山口。南宋军中有人建议放弃杀金坪，重新找一个地形险要的山头据守。吴璘很坚决地说，刚刚交战就要后退，这是不战而退却，不同意放弃杀金坪另找他处。吴璘还很自信地认为，金军很快就会撤走。杨政也认为，杀金坪是扼守金军进入蜀地的要塞，就是战死也不能丢失，他建议吴玠派强弩手来防守。吴玠听从了杨政的建议。

完颜宗弼带领大军又来进攻第二道防线，每个金兵都身穿两副铠甲，手举一把铁刀，鱼贯而上。吴璘督促宋军拼死作战，一时箭如雨下，金兵被射死很多人。然而，又有大量金兵踏着被射死的金兵，冲了上来。尽管如此，金兵一直不能突破宋军的防线，作战时间越久，金兵伤亡越多。大将完颜撒离喝骑着战马，向四处山野环顾许久，然后说："我有办法了！"

完颜撒离喝先请完颜宗弼下令停止进攻，休息一晚。

三月初一，在完颜撒离喝的建议下，完颜宗弼命令各军合力进攻宋军大营的西北箭楼。宋军统领官姚仲登上箭楼死战。箭楼被攻得就要歪倒，姚钟就命人用布帛做成绳子，把箭楼拉正。金兵再放火烧箭楼的柱子，姚仲就让人将火扑灭。

吴玠看到金军攻势太猛，又派杨政与统领官田晟带领一支精锐士兵，手持长刀大斧去与金军作战。交战非常激烈，击退了金军的一次又一次进攻。当天夜晚，吴玠决定反击，派出士兵乘着夜色，在四面山上放火，同时大声敲鼓，让疲劳的金军无法在营中休息。吴玠又派右军统领王庆及王武等将，分别举着紫旗、白旗冲入金军营中，杀将起来。金军非常惊恐，四散而逃，慌乱中，将军韩常被流箭射伤了左眼。完颜宗弼看到大军已乱，只得也跟着北撤。吴玠派兵追击，右军统制张彦劫了金军的横山寨，杀死一千多人。吴玠又派统制官王浚在不远处的河池县设伏，扼守金军归路，又一次击败金军。

金朝此次攻打仙人关，本想一举攻入四川，岂料这一战，金朝大军又一次失败，完颜宗弼只得带领大军退还凤翔府。完颜宗弼给士兵们分了田地，打算长期驻屯凤翔，不再谋图入川。

仙人关之战后，吴玠于当年四月收复了凤州、秦州、陇州，从此南宋川陕的防务更加巩固，金朝谋图控制长江上游、迂回南下的战略彻底遭到失败。由于吴玠的战功，宋高宗升任吴玠为定国军节度使、川陕宣抚副使。宋高宗还给吴玠写了一封亲笔信，在信中说只恨道路险阻遥远，不能亲自抚摸吴玠的后背以作祝贺。

吴玠本是统制官曲端帐下的一员普通将领，经过四年的作战，不仅升任为统制官、都统制，还被任命为宣抚副使。由于吴玠守在秦岭，金军在夺取陕西之后，一直不能入川，南宋的四川得以安宁。

就在川陕战场激烈战斗之际，伪齐国皇帝刘豫也开始派兵主动向南宋发起进攻。刘豫进攻的方向是荆襄一带，企图从中间撕开一个缺口，切断南宋朝廷与川陕联系的通道，策应西边作战的金军，同时威胁东边的江淮。刘豫没有想到，他的行动，引出另一位英雄人物，这便是岳飞。

七、伪齐出兵荆襄

富平之战后，金朝连续三年在川陕战场发动攻势，基本上是秋冬发起，第二年春天结束。就在金朝发动第三次攻势之际，伪齐国皇帝刘豫也主动向南宋发起进攻，他的举动，影响了金朝的作战计划。

金朝扶立伪齐国，就是要把打下来的地方交给伪齐国管理，比如河南、山东以及富平之战后占领的陕西。刘豫不满足这些，他自己也想要夺取南宋的城池，以扩大他的伪齐国。李纲曾对宋高宗说，伪齐国比金朝更可怕，因为金朝的大军作战，只为抢掠，而伪齐国出兵，是为了占领土地。

刘豫主动出击的地方并不是川陕，而是荆襄。刘豫首先要夺取的地方便是京西南路，因为京西北路，也就是河南一带，已经在伪齐国的范围内。京西南路是北宋二十六路之一，治所在襄阳府（今湖北省襄阳市）。刘豫夺取京西南路，不仅把领地向南推进，也能响应金朝在川陕的战斗。

刘豫把此次南征的任务交给了将领李成。

李成是河北人，勇武绝伦，能挽三百斤的弓。金朝占领河北后，李成聚众为盗，到南方活动，被南宋将领岳飞打败。李成后来投降了伪齐国，在伪齐国官至开德府知府，成为伪齐国的名将。史书称，李成在投降伪齐国的将领中，最为勇猛，号令也非常严明，没有人敢违反他的命令。

天会十一年（1133年）十月十八日，李成带领大军攻克了邓州（今河南省邓州市），任命将领齐安上为知州。李成继续向南边的襄阳攻去，南宋襄、邓、随、郢等州镇抚使李横弃城而逃，李成轻易便占领襄阳。东南边不远处的随州知州李道听说李成占领襄阳，也不敢守城，赶紧逃走。伪齐国后来任命将领王嵩为随州知州。李成派兵继续南进，攻打襄阳南边的郢州（今湖北省钟祥市），南宋守将李简同样弃城逃走。刘豫又任命荆超为郢州知州。史书上说，荆超当时的官阶很低，也就是一个班直官，刘豫因为他有才而加以任用。

伪齐出兵，占领了京西南路南边的四个州，再向南就逼近荆湖北路的治所江陵府（今湖北省江陵县）了。当时已经接近冬季，刘豫准备收兵，等到第二年麦熟季节，再大举南攻，目标是占领荆湖地区。刘豫还派出使者，来到洞庭湖地区，联络当地的农民起义军首领杨幺，希望杨幺的农民军配合作战，以对荆湖地区形成夹击之势。

曾经打败过李成的南宋将领岳飞建议朝廷收复荆襄地区。

第四章 扶立伪齐

岳飞与同时期的三位名将刘光世、张俊、韩世忠不一样，没有他们资历深。南宋刚建立不久，宋高宗便成立了御营军，共分为五军。苗、刘兵变后，御营军只有三军，便由刘光世、张俊、韩世忠三人统领。刘光世、张俊、韩世忠三人很早就是独当一面的大将了。

岳飞开始属于宗泽的东京留守司，不属于宋高宗直属的御营司。宗泽去世后，岳飞跟随杜充到了建康。岳飞先后跟随宗泽与杜充，做到了一名统制官。后来建康失守，杜充到了北方降金。再后来，岳飞又隶属御前右军都统制、浙西江东制置使张俊。

南宋建炎四年（1130年）五月，在完颜宗弼北渡长江后，岳飞收复了建康。七月，南宋朝廷任命岳飞为武功大夫、昌州防御使，任通州、泰州镇抚使兼泰州知州。八月，完颜宗弼与左监军完颜昌合兵攻打楚州。不久，完颜宗弼被调往陕西参加富平之战，完颜昌则继续围攻楚州。九月，岳飞奉命救援楚州，因众寡悬殊，给养匮乏，难以对抗金军，楚州城被金军攻陷。十一月，完颜昌率大军进犯岳飞的防区通州、泰州，号称二十万人马。岳飞因泰州无险可凭，最后掩护民众南渡长江，驻屯江阴。岳飞将失守泰州的罪责奏报朝廷，请求给予处分。朝廷没有处分岳飞，命令岳飞就在江阴驻扎，防守江岸。

由于金朝扶立伪齐、调整战略，没有在东部战场继续大举用兵，南宋与金朝处于相持状态。南宋此时内部叛乱频发，也非常激烈，宋高宗手下的大将大都参与平叛了，连被罢免数年的李纲也被派去参与平叛。好在外患转移到了川陕战场，南宋能够有精力来平定内乱。岳飞在后续的三年中，也参与平叛，还让他的"岳家军"更加壮大起来。金朝调整战略，反而让南宋很快平定内部叛乱，同时形成有力的防线，来应对伪齐以及金朝的下一轮进攻。

岳飞平定内乱不是本书重点，但本书还是要简要地讲一讲岳飞这几年的平叛情况。因为正是由于这几年的平叛，岳飞成长为与刘光世、张俊、韩世忠齐名的中兴名将。

建炎四年十二月，神武右军都统制张俊奉命讨伐流寇李成，多日无功，便请朝廷增派通、泰镇抚使岳飞率部同往。绍兴元年（1131年）正月，岳飞从江阴起程，到饶州与张俊会合，最后在洪州（今江西省南昌市）境内大破李成兵马。李成向伪齐国投降，成为伪齐国的一员大将。

李成被平定后，张用拥兵五万，在江州（今江西省九江市）、洪州一带活动。岳飞给张用修书一封，以同乡之谊、早年同袍之情以及利害形势劝说张用。张用立即向岳飞投降。

七月，南宋朝廷将岳飞的军队定名为神武右副军，任命岳飞为统制，驻屯洪州。十一月，朝廷再改岳飞军队为神武副军，岳飞升为都统制。岳飞能够得到神武军的一个番号，非常重要，因为宋高宗的御营司已于上一年六月撤销，韩世忠的御前左军称神武左军，张俊的御前右军称神武右军，也就是说岳飞的军队此时已经与他们一样，位列神武军。

绍兴二年（1132年）正月，为剿灭两湖一带的游寇，朝廷再任命岳飞为潭州知州兼荆湖东路安抚使、马步军都总管。三月，岳飞从洪州出发，前往讨伐侵扰湖南、广南诸州的曹成。岳飞先向曹成劝降，曹成不肯投降，岳飞只得武力讨伐。曹成有一员猛将名叫杨再兴，连战岳飞几位将领，还杀死岳飞的亲兄弟岳翻。六月，岳飞以八千人战胜曹成三万多人，擒获杨再兴。岳飞不记杀弟之仇，劝杨再兴投降。曹成败走后，其部众两万多人被岳飞收编。曹成最后向韩世忠投降。由于岳飞平定曹成之功，被授予中卫大夫、武安军承宣使。朝廷让岳飞屯兵江州，守卫长江中游。

此后，岳飞还平定了吉州、虔州境内的叛乱，于绍兴三年（1133年）九月到行在临安觐见宋高宗。宋高宗赐给岳飞铠甲、弓箭，还御书"精忠岳飞"锦旗一面。当月，南宋任命岳飞为镇南军承宣使、江南西路舒、蕲州制置使，岳家军改号神武后军，岳飞为统制。随后，牛皋、董先、李道等所部也被拨归岳家军，岳家军兵力得到扩充，达到两万多人的规模。最为重要的是，岳飞的大军从此与韩世忠、张俊等大将的番号平等。两年后，宋高宗认为神武是北齐时的军号，不宜再用，于是将神武军改为行营护军，共分五军,韩世忠为行营前护军、刘光世为行营左护军、张俊为行营中护军、吴玠为行营右所军、岳飞为行营后护军。

就在岳飞入朝觐见宋高宗的次月,伪齐国占领了襄阳、郢、随、邓四个州府。岳飞当时所在的江州,属于江南西路,离襄阳一千多里,然而岳飞很想为国家收复襄阳等地。岳飞不只是想收复被李成刚刚占领的四个州府,还想夺回京西南路境内的唐州与京西北路境内的信阳军(今河南省信阳市),因为岳飞认为襄阳六郡对南宋至关重要。绍兴四年(1134年)春天,岳飞给朝廷上了一个札子,叫《乞复襄阳札子》。岳飞在札子中说,襄阳六郡十分重要,恢复中原,这里是根本。岳飞的提议得到朝中宰相朱胜非等人的支持。朱胜非也认为,襄阳六郡连着吴、蜀,宋朝如果得到这里,进可以威胁敌人,退可以保守国境。朝廷最终把收复襄阳六郡的任务交给了岳飞,同时诏令刘光世派兵增援。宋高宗还特别强调,让岳飞不得宣称"提兵北伐或收复汴京",只准收复六郡,否则即使立功,也要加以惩罚。宋高宗当时想与金朝议和,不想过度地刺激金朝。

四月十九日,岳飞大军由驻屯之地江州北上。在鄂州(今湖北省武汉市)渡江时,岳飞情绪昂扬地对属下说,如果不擒获贼帅,恢复旧土,决不再过此江!岳飞此次重返北方战场,被称为岳飞第一次北伐。

五月初五,岳飞大军到达郢州城下。岳飞首先劝伪齐国郢州守将荆超投降。荆超作战勇猛,号称"万人敌",而且有一万多人,城防工事也相当完备,哪会投降?岳飞于次日黎明时分下令攻城。战斗非常激烈,一个炮石落在岳飞面前,险些击中岳飞。岳飞毫不慌张,平静地指挥将士攀附云梯攻城。这一战,岳飞大军杀死伪齐士兵七千多人,攻占郢州城,荆超兵败自杀。

岳飞接着兵分两路,由将领牛皋、张宪、徐庆带领一支兵马向东攻打随州,岳飞自己亲率大军直扑襄阳,准备与伪齐大将李成决战。三年前,李成不敌岳飞而投奔伪齐国,现在面对更加壮大的岳飞大军,李成已经无心坚守襄阳城了,于是从襄阳北撤。五月十七日,岳飞兵不血刃,占领襄阳。

十八日，牛皋、张宪、徐庆合力攻下随州城，俘虏了五千余名伪齐士兵。

岳飞连占郢州、襄阳与随州，伪齐国皇帝刘豫急忙调兵应对。李成得到援军之后，又与岳飞交战，以图夺回襄阳府。李成宣称大军有三十万人，结果仍然败给岳飞。刘豫赶紧派人向金朝求救。

六月，金朝将领刘合前来与李成会合，集结于邓州附近，修筑营寨以阻遏岳飞大军北上。七月，岳飞派将领王贵、张宪分道前去掩杀，在离邓州三十余里的地方与李成兵马交战。岳飞考虑到李成兵马数量太多，又派将领王万、董先前往增援，最后大败李成，俘虏金朝将领杨德胜等二百余人。七月十七日，岳飞大军攻打邓州城，一场血战之后，占领邓州。

岳飞再派将领李道去攻打唐州，王贵、张宪又在唐州以北三十余里处，再次击败金、齐联军，掩护李道攻打唐州城。七月二十三日，李道占领唐州。当天，信阳军也被岳飞兵马攻占。七月二十六日，刘光世的部将郦琼率领五千援兵赶到，已经无仗可打，但岳飞仍然奏请给这五千人行赏。岳飞因功被任命为清远军节度使，荆湖北路荆、襄、潭州制置使，奉诏移屯鄂州。从此，鄂州成为岳飞的大本营。

伪齐国失去襄阳六郡，皇帝刘豫又向金朝借兵。

八、金齐联军南攻

岳飞夺取襄阳六郡时，金朝虽然在刘豫的请求下也派出兵马，但无论是数量还是将领的威名，都不怎么样，未能达到有力增援刘豫的目的。刘豫再次请求出兵时，金太宗又以南宋使者韩肖胄、章谊正在金朝为由，不宜大举出兵。然而，伪齐国挑起的战火，不可能就这样熄灭，它必然会把金朝再次卷入进来。

几个月后，宋高宗又派魏良臣、王绘等人出使完颜宗翰处，用卑辞厚礼，希望放回宇文虚中，同时说明让岳飞收复襄阳六郡的原因。宋高宗给使者们带去的理由是，襄阳各郡原是宋朝故地，因李成不断侵犯，才派岳飞收回。

然而，宋高宗派出的使者尚未起程，金朝已经又一次大举出兵了。魏良臣请求面见宋高宗重新商议出使一事，宋高宗没有答应，魏良臣只好上路了。

金朝这一次之所以出兵，是因为刘豫向金太宗提出借兵五万，保证攻下两淮。刘豫认为，宋朝从汴京南迁以来，不断失去领土，如果金朝借兵五万攻下两淮，再向南追逐五百里，那么宋朝又将放弃吴、越之地。刘豫建议，到那时，由金朝选一位贤王或者有德望的人坐镇两淮，封他为淮王，与山东形成唇齿之势，金朝便没有南顾之忧，两河就更加安定。刘豫最后说，河北、山东自古为上土，土地肥沃，根本不必计较宋朝进贡的那点微薄贿赂。

金太宗让诸将商议刘豫的提议，结果便是再一次出兵。其实金朝此次出兵，还有一个原因，那便是又到了秋冬之时，金朝也打算再次出兵了，只是这一次出兵，又到了东部战场。金太宗对此次出兵极为重视，不仅派出五万人马，派出的将领也不常寻常，他们是左副元帅完颜宗辅、右副元帅完颜昌以及左都监完颜宗弼。完颜昌本是左监军，此次升任右副元帅。由于完颜宗弼曾经在五年前渡过长江作战，知道那里的情况，所以此次由他率领前军。

伪齐国皇帝刘豫也派出自己的儿子梁国公刘麟带领兵马，随同金朝大军南征。刘麟本是伪齐国的诸路大总管、尚书左丞相，刘豫此次特地擢升他兼任东西道行台尚书令。

金、齐联军的将帅们在出发前，商议了作战计划。伪齐国大将李成认为，应当沿汴水南进，到达泗州（今江苏省盱眙县淮河北岸），渡过淮河，以大军扼守盱眙，占据渡口要塞，然后分兵攻下滁州、和州与扬州，再准备大量船只，分两处渡江，一处由采石渡江，进攻建康（今江苏省南京市），一处由瓜州渡江，进攻镇江。李成建议再派出一支兵马，向东攻掠海州、楚州，掠夺粮草，策应大军渡江。李成之所以提出这样的作战方案，是想避开岳飞驻屯的襄阳防区，看来李成对岳飞还是挺害怕的。

金、齐联军到达泗州后，右副元帅完颜昌就坐镇泗州指挥，由左都监完颜宗弼带领大军南渡淮河，兵分两路，向采石、瓜州两渡口方向攻去。

天会十二年（1134年）九月二十五日，金、齐联军渡过淮河。二十六日，南宋楚州知州樊序听说金朝大军逼近，立即弃城而去。驻屯在承州（今江苏省高邮市）的南宋淮东宣抚使韩世忠，则下令大军南渡长江，退保镇江。

韩世忠撤到长江南岸，是他自己的主张，他还得向宋高宗奏报一下。宋高宗这一次没打算逃跑，因为经过几年的准备，南宋已经有一定的力量去应对金朝的又一次进攻。宋高宗甚至准备亲自率领六军，到长江边与金朝大军决战。宋高宗于是下诏，派神武右军都统制张俊率部去增援韩世忠，再命令淮西宣抚使刘光世移军建康，防备金军渡江。宋高宗也定下北上亲征的日期。

宋高宗虽然没有斥责韩世忠不战而撤到长江南岸，但也给韩世忠下了一道手诏，换一种语气批评韩世忠。宋高宗在手诏中说，敌军气焰十分嚣张，他们的小船很轻便，稍不留神就能渡过长江，一直到达浙西，逼近临安，他对此十分忧虑。宋高宗担心，建康各地的渡口万一守不住，便关系到宋朝的存亡。宋高宗最后说他虽不能称为有德之君，不一定能当国家子民的君主，但祖宗的德望与恩泽仍然留在人们心中，希望韩世忠深深记住朝廷培养的恩情。韩世忠看了宋高宗的手诏，十分感动，都流下了眼泪。韩世忠知道自己做错了，于是带领大军北渡长江，驻屯扬州。

十月十二日，韩世忠在扬州见到了宋高宗派往金朝的魏良臣、王绘二位使者。韩世忠故意出示避敌守江的指令，假装要回师镇江。二位使者在扬州吃了饭，便继续前行，没有在扬州逗留。韩世忠估算二位使者已经走远，便下令向扬州西北的大仪镇进发。到了大仪镇，韩世忠将兵马布成五阵，还设下二十多处埋伏。韩世忠告诉将士们，听到鼓声，就开战。

十月十三日，由于二位使者给金军带去了韩世忠避敌守江的情报，金军一支数百人的骑兵率先南进，逼近大仪镇。韩世忠带领轻骑兵挑战诱敌，将金军诱入伏击区，鼓声一响，宋军伏兵四起，金军猝不及防，无法施展弓刀。韩世忠派精骑兵包抄合击，再派背嵬军手持长斧，上劈人胸，下砍马足，金军陷于泥淖之中，伤亡惨重。韩世忠还派将领董旼前往天长县御敌，董畋在鸦口桥遭遇数十人的金军队伍，俘虏四十余人。十四日，韩世忠的部将、前军统制官解元，又在承州击败一百多人的金军队伍，把他们俘虏。韩世忠的部队虽然打了三场胜仗，但不能扭转整个战局，对金军的打击不算太大，因为三次交战，面对的金军总共才几百人。

十月十四日，金军开始攻打濠州（今安徽省凤阳县）。南宋濠州知州寇宏带领军民一起守城。寇宏前后坚守了八天八夜，还是失去了信心。十月二十一日，寇宏打开北门逃跑。寇宏一走，兵马钤辖丁成打开南门、兵马都监魏进打开东门，向金军投降。

十一月十三日，金军攻破滁州，离长江只有一百里。江东、淮西宣抚使刘光世率部移驻建康府，东边的韩世忠也退守长江南岸的镇江，张俊则退到了常州，与刘光世组成长江下游防线，阻挡金、齐联军南渡长江。至此，宋军放弃江北防线，退至江南。

宋高宗起用被闲置为宫观官的张浚，再次任命张浚为知枢密院事，让张浚前往镇江指挥各部大军作战。宋高宗当时已经离开临安，北上督战，到了平江府（今江苏省苏州市）。张浚在赶往行在的途中，奏请派岳飞北渡长江，进入淮西，以牵制金朝在淮东的军队，宋高宗采纳。

金军增派兵马攻打淮西，庐州知州仇悆（音同玉）派出一千名士兵抵御，无一生还。仇悆于是派人向岳飞求救，岳飞派将领牛皋、徐庆带领两千人前来救援。十二月十八日，牛皋、徐庆带领数十名随从骑兵先到庐州（今安徽省合肥市），所部兵马尚未集结，探马来报，金军五千名骑兵已经逼近庐州城。仇悆神色不安，而牛皋毫无畏惧，立即与徐庆率随从骑兵出城，向金军喊话，说牛皋在这里，你们为何袭扰我境？说完打开旗帜，金兵一见，大惊失色，立即溃逃。牛皋带领骑兵追赶，金兵看到牛皋人少，以为有大军埋伏在两旁，更加害怕，不少人互相践踏而死。此战，岳飞所部完成了牵制金、齐联军的任务。

金朝右副元帅完颜昌在泗州，左都监完颜宗弼屯兵竹塾镇，二人曾给韩世忠送去书信和礼物，向韩世忠约战。韩世忠正与诸将饮酒，当即派两位戏子拿着橘子、茶叶去回礼，并带话说，元帅的士兵很辛苦，现要与我约战，怎敢不快点整理行装来接受指挥？韩世忠虽然如此说，但并没有真的与金军决战，因为韩世忠采用的便是扼守金军南进的策略，与金军消耗时间。

时间拖得越长，对金军越不利。要是过了冬天，金军不战也会自退。十二月下旬，天气很冷，又下起雨雪。由于粮道不通，四周又抢不到粮草，金军只好杀掉战马充饥，士兵们已经开始抱怨。这时后方又传来金太宗病重的消息，将领们也不想再战了。

十二月二十六日，大将韩常对主将完颜宗弼说，如今兵无斗志，国君又病重，朝中可能会有变化，还是早日撤军北返才好。完颜宗弼一点都没有犹豫，当天晚上便下令北撤。刘麟听说金朝大军已经北撤，也不敢多留一天，立即扔下辎重，向北撤退，日夜兼程二百多里，到了宿州（今安徽省宿州市），才敢稍加休息。十二月二十九日，占据滁州四十七天的金军也开始北撤。天会十三年（1135年）正月初一，占据濠州的知州赵荣在接到完颜宗弼的通知后，也离开濠州北撤。

宋军抓住时机，开始反击。张俊率兵从六合北上，追击金军，在淮河之畔追上殿后的兵马，杀伤很多，俘虏了金朝将领程师回、张延寿。刘光世派将领郦琼攻占光州，伪齐国任命的知州许约投降。韩世忠的将领崔德明收复盱眙。至此，金、齐联军南攻计划彻底破灭。

从天会五年（1127年）开始，每年秋冬之时，金朝都会大举进攻南宋，到天会十二年一共有八次。前三次被称为全面进攻，后五次也就是在扶立伪齐国之后，称为重点进攻。这五次的重点进攻中，前四次都在西部的川陕战场，第五次在东部的两淮战场。可以看出一个趋势，金朝的攻势越来越弱了，不只是士兵们不太想打，连将帅们也开始厌战。就看金、齐联军南攻的这一次，原本计划要在建康、镇江两处南渡长江再次杀到临安追击宋高宗的，而最后的结果是一直在江边没有实质行动，连渡口都没有到达，尽管南宋各将已经退守长江南岸。这固然与南宋各将的有力防守有关，也与金朝主将不太用力有关。

首先，大军统帅也就是左副元帅完颜宗辅一直没有到前线来，其次，大军的另一位主帅右副元帅完颜昌一直驻屯在淮河北岸。完颜宗弼虽然过了淮河，但也未能指挥一场大的战斗，所发生的都是小股兵马的遭遇战，双方损失也不大，但时间一长，对金军就很为不利。完颜宗弼其实是不想再打下去的，所以由他冲到最前面，是没有什么意义的。最后，再传来金太宗病重的消息，完颜宗弼连请示都没有，就直接率部北撤了。当时可能最想打的还是都元帅完颜宗翰，所以宋高宗在几次场合都说，金军虽然退走了，但完颜宗翰还在，他不能安心。虽然完颜宗翰想打，但完颜宗辅、完颜宗弼兄弟并不支持他。

九、金熙宗即位

金太宗在位期间，用完颜杲、完颜宗干管理国政，用完颜宗翰、完颜宗望、完颜宗辅、完颜昌等人掌管军事，有文治也有武功。金太祖草创国家，礼仪制度没有来得及制定，甚至连都城、宫殿都没有来得及修建，金太宗完成了这些事。都城所在的会宁府就是金太宗在位期间设置的，宫城就是完颜部所在的按出虎水一带（今黑龙江省哈尔滨市阿城区）。金太宗还接着金太祖的事业，消灭了辽国。其实金太祖已经基本完成消灭辽国的大业，金太宗只是收了一个尾。金太宗虽然消灭了北宋，但没有能够消灭南宋。史书上说金太宗把帝位又传到了金太祖这一脉，是做了一件很难做的事。

天会十三年（1135年）正月二十五日，金太宗在会宁府明德宫驾崩，终年六十一岁。金太宗驾崩的第二天，谙班勃极烈完颜亶在灵柩前即位，是为金熙宗。金熙宗当年只有十七岁，还不能亲政，朝中大事，还得由几位勃极烈来管。当时在世的勃极烈，除了金熙宗这位都勃极烈，还有国论忽鲁勃极烈完颜宗磐、国论左勃极烈完颜宗干、国论右勃极烈完颜宗翰等。完颜宗磐相当于国相，排在前面，排在后面的完颜宗干与完颜宗翰相当于左相与右相。完颜宗磐、完颜宗干、完颜宗翰三人代表三方势力。完颜宗干代表的是金太祖一系的势力，完颜宗磐代表的是金太宗一系的势力，而完颜宗翰代表的是另外一系。

金太宗当初想让自己的儿子完颜宗磐当谙班勃极烈，结果没有当成，便让完颜宗磐当了国相，也是希望完颜宗磐能成为朝中最重要的大臣，将来可以成为谙班勃极烈。完颜宗磐在朝中做了多年的官，从排在完颜宗干、完颜宗翰等人之后，一直到排在完颜宗干之前。完颜宗干虽然被降到了完颜宗磐之后，但他是金太祖的长子，也是金熙宗的养父，有着特殊的身份，在朝中有一定的实力。

让完颜宗磐失望的是，金熙宗当了几个月的皇帝，一直没有确立谙班勃极烈，反而逐渐废除了勃极烈制度，改行中原朝廷的三省制。推行汉化的做法，当时还不是金熙宗本人的想法，尽管金熙宗在汉族大臣韩昉等人的教导下，很像是一位汉家少年子弟。金熙宗喜爱汉族文化，但他当时并没有能力推行汉人的朝政制度，这只能是完颜宗干的主张，只不过是通过金熙宗得到实施。

完颜宗干推行三省制，并没有改变几位勃极烈的官职顺序，毕竟三人都有一定的势力，这要一个过程。金熙宗即位不久，给三人的官职分别是，完颜宗磐为尚书令，封宋国王；完颜宗干为太傅、领三省事；完颜宗翰为太保、领三省事，封晋国王。从这个任命来看，完颜宗磐的官职最高，完颜宗干次之。

完颜宗干在朝中的官职虽然不及完颜宗磐，但他巧妙地通过金熙宗去逐步限制完颜宗磐，以及掌控军事大权的完颜宗翰。完颜宗干对完颜宗磐采用的是以相位易君权，对完颜宗翰采用的是以相位易兵权。完颜宗干的这一运作，完颜宗磐便当不了皇位继承人，而完颜宗翰也不再是都元帅。

完颜宗磐虽然没有当上谙班勃极烈，但他心里还存着这一梦想，他觉得过一段时间会任命的，因为此前的几位谙班勃极烈也不是马上就任命的。

完颜宗磐在耐心地等待着，但完颜宗翰却没有机会再当都元帅了，他到了朝中便被架空。其实想架空完颜宗翰的不只是完颜宗干，完颜宗磐也希望削弱完颜宗翰的兵权。完颜宗磐一直记着，三年前，正是完颜宗翰入朝劝说金太宗，让金太宗任命金熙宗为谙班勃极烈的。要不是完颜宗翰带头从中干预，完颜宗磐就当上了谙班勃极烈。

完颜宗翰之所以被架空，是因为在元帅府中还有左副元帅完颜宗辅与右副元帅完颜昌。完颜宗辅是完颜宗干这一系的人，而完颜昌已经与完颜宗磐走到了一起。完颜昌看中完颜宗磐在朝中的权力，以及未来的地位，而完颜宗磐看中完颜昌在军中的地位。再说，在扶立伪齐一事上，完颜昌已经对完颜宗翰这帮人有意见了，只是没有表现出来而已。在扶立伪齐之后，伪齐皇帝刘豫每年都向完颜宗翰以及高庆裔他们进献丰厚的贿赂，而蔑视其他将帅，完颜昌对此很不高兴。刘豫的做法，也加深了完颜昌与完颜宗翰之间的矛盾。从完颜宗磐角度来说，他只能看中完颜昌，因为他没有可能与完颜宗辅、完颜宗弼形成一派，因为这兄弟二人只会拥护大哥完颜宗干。

元帅府中除了完颜宗辅与完颜昌两位元帅，还有一直追随完颜宗翰的右监军完颜希尹。完颜宗干把完颜宗翰调到朝中担任宰相，让完颜希尹继续留在军中，还升他为左监军，位置仅次于两位元帅。完颜宗干这么做，也是考虑到完颜宗翰的感受，毕竟不能一下子把完颜宗翰的势力全部铲除。然而，几个月后，情况又有了变化。

当年五月，四十岁的左副元帅完颜宗辅去世了，这是完颜宗干一系的损失。要知道，有完颜宗辅在，军中就有一半的势力支持完颜宗干。当然，没有了完颜宗辅，还有完颜宗弼。然而，完颜宗弼在军中的地位还不算高，不仅排在完颜昌之后，还排在完颜希尹之后。不过，五个月后，完颜希尹又有了新的任命。

十一月初六，金熙宗下诏，先任命完颜宗磐为太师。尽管太师高于太傅与太保，但完颜宗磐以为这一次会让他当谙班勃极烈，所以很是失望，也很不高兴。失望归失望，完颜宗磐在朝中仍然担任最高官职，也有自己的实力，毕竟他在朝中已经做了十多年的官。完颜宗翰就没有他这么幸运了。十一月初十，金熙宗再任命左监军完颜希尹为尚书左丞相，太子少保高庆裔为尚书左丞，平阳尹萧庆为尚书右丞。这几位都是完颜宗翰一派的人，如此任命，看似让他们当了宰相、执政，却是要进一步削弱完颜宗翰在军中的势力。由于完颜希尹离开元帅府，完颜宗弼便与完颜昌一起，成为元帅府中数一数二的人物了。至此，完颜宗磐与完颜宗干在军中的势力分别是完颜昌与完颜宗弼。

这一年，金朝发生君主更换，朝中各方势力相互角逐，注定不会有大举南下用兵之事。再者，完颜昌是主和派，他早就不想再攻打南宋了，他甚至把在他军中数年的秦桧放回南宋，让秦桧去促成两国的和议。完颜宗弼虽然没想过要与南宋议和，但多年的征战，让他疲于奔命，让他对南下用兵逐渐失去了信心。

金朝没有南下用兵的计划，但在当年却被逼向北方用了一次兵。就在当年冬天，北方传来消息，说蒙古人发生叛乱。史书上说，蒙古人活动在女真部的东北，民众强劲、剽悍，勇猛善战，用鲛鱼皮制成铠甲，可以抵挡箭羽。蒙古人当时还没有进入漠北境内，只是在更东北一带的草原上。所谓发生叛乱，就是不听金朝的号令。金朝朝中大臣经过商议，将此事交给了完颜宗磐。完颜宗磐虽然多年在朝中为官，没有带兵打仗，但此次出马，很快就平定了蒙古人的叛乱。

这一年，南宋又得到了喘息的机会，便派兵去洞庭湖镇压农民起义军。这支活跃在洞庭湖的起义军，一开始以钟相为首领。钟相被杀后，杨幺继续带领这支义军与朝廷军队作战。钟相、杨幺先后率领的这支义军，已经活动五年之久，南宋朝廷多次派兵都未能剿灭。当年二月，宋高宗把平定这支义军的重任交给了张浚和岳飞。为此，宋高宗特地任命张浚为守尚书右仆射、同平章事，兼知枢密院事、都督诸路兵马，岳飞为荆湖南、荆湖北、襄阳府路制置使。岳飞于三月进军，四月到达潭州（今湖南省长沙市）。

五月、六月，经过招降、作战，岳飞平定了这支义军。岳飞因功被任命为检校少保，进封武昌郡开国公，后又升任荆湖北路、襄阳府路招讨使。岳飞奏请把襄阳府路改回原来的名称京西南路，所以岳飞的官职又为湖北、京西招讨使。另两位大将张俊、韩世忠对岳飞这位后起之秀还有些不服气，对岳飞的书信经常不回复。岳飞平定洞庭湖义军之后，给张俊、韩世忠各送一艘楼船，兵员、器械齐备，韩世忠大为欢喜，而张俊则更加嫉妒。

此时的张浚想主动出击，收复中原。

十、伪齐三路南攻

天会十四年（1136年）二月，张浚开始部署北伐事宜，命令淮东宣抚使韩世忠由承州、楚州进图淮阳；淮西宣抚使刘光世驻屯合肥，以招降北军；江东宣抚使张俊在建康练兵，进屯盱眙；主管殿前司公事的杨沂中率领中军，作为后翼；湖北、京西招讨使岳飞驻屯襄阳，以图中原。

韩世忠大军率先行动，于二月十七日到达淮阳军所辖的宿迁县（今江苏省宿迁市），离淮阳军的治所下邳县（今江苏省邳州市西）一百余里。韩世忠派统制官岳超带领二百人继续北进。途中，岳超与伪齐将领贾舍人带领的一千名骑兵遭遇。岳超带领兵马冲向敌阵，前后四次，把伪齐兵马击退。

第二天，韩世忠率领大军向淮阳城推进，北行三十里，遇到一支金兵。统制官呼延通带领士兵迎战，杀死金兵将领叶赫，击败这支金兵。韩世忠大军继续北进，包围了淮阳城。六天后，由于金朝与伪齐派兵来援，韩世忠传令南撤，结束这次北伐。

韩世忠北伐没有结果，但张浚并不甘心。张浚多次向朝廷奏报，说韩世忠、岳飞二人英勇，可以依靠二人成就北伐大业。为此，朝廷在三月又调整韩世忠、岳飞的官职，为再一次北伐作准备。韩世忠任京东、淮东宣抚处置使兼节制镇江府，在楚州设置帅司；岳飞为湖北、京西宣抚副使，在襄阳设置使司。在二人的官职前，分别加的这个京东与京西，位于韩世忠与岳飞控制区域的北边。

朝廷如此任命官职，正是让岳飞、韩世忠二人北伐得以名正言顺。然而，韩世忠竟然以兵少而推辞，希望调张俊的部将赵密作为协助。张浚给张俊下令，岂料张俊加以拒绝，说韩世忠想吞并他的兵马。岳飞此时也因母亲去世，而不等朝廷批准便回乡服丧。宋高宗得知后，下诏命令岳飞赶紧回到军中。岳飞坚持要为母亲守丧三年，不奉诏。当年四月，伪齐将领王威攻陷了唐州，南宋守将扈举臣、张从之战死。宋高宗担心伪齐继续南攻，对岳飞下了严厉警告，岳飞只得返回军中。

张浚认为北伐的时机已过，于当年六月到达淮河岸边，安抚驻扎在淮河一带的各路军马。张浚认为快到"防秋"之时，要求各军暂且不要北伐，先做好防守，等金军秋天到来之时，再寻找机会袭击。然而，岳飞回到军中后，决定仍按原来的计划北伐。

岳飞此次北伐，是他的第二次北伐。七月，岳飞制定了两路出兵、声东击西的作战方案。岳飞命令左军统制牛皋带领一支偏师，从邓州往东北方向挺进，以吸引伪齐军的注意。岳飞则带领主力部队从襄阳向西北方向进发。

八月初，牛皋先攻下镇汝军（今河南省鲁山县），擒获伪齐骁将薛亨。牛皋继续东进，攻克颍昌府（今河南省许昌市），再南下蔡州（今河南省汝南县），焚烧齐军囤积的粮草器械，最后回师。

与此同时，岳飞派将领王贵、董先、郝晸等人率军从邓州出发，攻占虢州的卢氏县（今河南省卢氏县），缴获十五万石粮食。岳飞又分兵攻取虢州的治所虢略县（今河南省灵宝市），以及虢州所辖的朱阳、栾川两县。虢州属于永兴军路，一共管辖四个县，至此全被岳飞大军占领。岳飞占领虢州全境后，迅速西进，又占领了永兴军路的商州（今陕西省商洛市）全境，一共五个县。

商、虢二州属于陕西的范围，为战略要地，北可控制黄河，东可谋图洛阳，西可攻入关中。南宋朝廷得到战报后，下诏嘉奖岳飞，充分肯定岳飞此战的重大意义。

岳飞并没有就此收手。岳飞又分兵向东攻取了河南府的伊阳县（今河南省嵩县）。八月中旬，王贵派副将杨再兴从卢氏向河南府的长水县（今河南省洛宁县西南）进攻。杨再兴两战两捷，击溃了几千名齐军，攻占长水，缴获两万石粮食。接着，岳家军又攻克了河南府的永宁县（今河南省洛宁县）和福昌县（今河南省洛宁县东北），距西京洛阳不到百里，形成声震河、洛的态势。然而，岳飞孤军北伐，军需又不足，只得决定班师。岳飞撤军，部分州郡被伪齐收复，但商州全境以及虢州大部仍被南宋控制。

岳飞的攻势让伪齐国大为震惊。此外，在张浚的奏请下，宋高宗已经在当年九月从临安北上，准备到建康巡视大军，谋划恢复中原。这两个消息让伪齐国皇帝刘豫坐卧不宁。刘豫派人向金朝告急，建议金朝出兵援助，并希望先发制人，攻打长江沿岸。

金熙宗当年十八岁，还是虚岁，虽然当皇帝已经一年多了，但按当时朝廷的情形，他说了不算。金熙宗将刘豫的计划交由宰相们商议。太师完颜宗磐提出了自己的看法。完颜宗磐认为，先帝之所以立刘豫为齐国皇帝，是想让刘豫开辟疆域、保住边境，金朝得以安抚百姓、停止战争，而现在刘豫进不能攻取，退不能防守，战争仍然接连不断，国家不能休养生息；如果答应刘豫派兵的请求，那么刘豫就会得到好处，而一旦失败了，金朝就要蒙受损失；前年由于刘豫请求增援，已经在长江边上失利过，现在怎么还能答应他的请求呢？

完颜宗磐在朝中官职最高，是有实力的，他说的话是有用的，所以金熙宗采纳了完颜宗磐的建议。金熙宗为确保安全，还是派完颜宗弼率兵驻扎在黄河北岸的黎阳（今河南省浚县），观察形势，以防不测。

刘豫得不到金朝的支持，决定自己发兵攻打南宋。刘豫当时已经感觉到金朝对他的态度发生了转变。这个转变便是不再信任他。刘豫打算打好这一仗，让金朝君臣改变对他的态度。

刘豫于是任命他的儿子尚书左丞相、梁国公刘麟兼任东南道行台尚书令，改封淮西王，作为此次大军的主将。刘豫再任命开封府尹许清臣为诸路兵马大总管，以尚书右丞李邺为行台右丞，以李成、孔彦舟、关师古等人为将领，征集三十万士兵，号称七十万，分三路大举南攻。中路军由刘麟亲自统领，从寿春方向，进攻合肥；东路军由刘豫的侄子刘猊统领，从紫荆山出涡口，进攻定远县，目标是宣州、徽州。西路军由孔彦舟统领，从光州方向，进攻六安。刘豫还发出檄文，指名讨伐宋高宗赵构。刘豫为了造成金朝也派兵参战的假象，让一部分士兵穿上金军的服装，以迷惑和恐吓宋军。

南宋君臣听说金、齐联军再次南攻，出现了两种不同的意见。

南宋的主力部队是岳飞、韩世忠、刘光世以及张俊的军队。当时，岳飞驻守在鄂州地区，韩世忠驻防在楚州一带，在两淮的宋军还有刘光世和张俊以及接受张俊指挥的扬沂中的殿前司军。刘光世、张俊、杨沂中三军分别部署在庐州、盱眙和泗州。刘光世和张俊还没有与齐军交战，就向朝廷告急，请求朝廷派兵增援。刘光世更是声称庐州（今安徽省合肥市）难守，要求撤至长江南岸的太平州（今安徽省当涂县）。在这种情势下，尚书左仆射赵鼎等人主张弃淮保江，传令刘光世、张俊放弃淮河，退守长江，再调岳飞火速东援，同时奏请宋高宗从平江（今江苏省苏州市）南返临安。宋高宗赞同这一战略决策，并写手诏给在建康（今江苏省南京市）督战的右仆射兼知枢密院事张浚。

张浚主张迎战，反对撤退。张浚给宋高宗上奏，认为没有淮南，长江天险就将与敌人共有。张浚还认为调岳飞东援不可取，说岳飞一动，襄、汉一带就会告急。张浚又说，如果宋高宗返回临安，会造成人心惶惶。张浚派人去打探情况，得知只有伪齐国的兵马，金朝并没有参战，便有意缩小伪齐军的数目，以免宋高宗害怕，对宋高宗说只有刘麟的六万淮西军而已。吏部侍郎、都督府参议军事吕祉也支持迎战，在宋高宗榻前再三劝说。宋高宗得知金军在这个秋天并没有南下，终于安下心来，转而同意张浚的建议，下诏迎敌。

张浚接到宋高宗的诏书，立即飞奔采石渡口，对正在撤退的刘光世军下令，有一人南渡长江的，斩！张浚及时阻止了刘光世部队的后撤，稳住了宋军的阵脚。在张浚的督促下，刘光世派部将王德、郦琼前往淮西，迎战刘麟的中路军。杨沂中也从泗州进驻濠州（今安徽省凤阳县），准备迎战刘猊的东路军。张俊驻守在盱眙，防止伪齐军进入淮东境内。

十月，刘猊的东路军按预定计划进至定远县（今安徽省定远县），向东南推进，以策应刘麟的中路军，然后从六合南攻建康。十月初十，东路军前锋刚到定远东南，便与南宋将领杨沂中所部遭遇，不敌而退。杨沂中乘胜追击，刘猊只好指挥东路军列阵迎战，一时箭如雨下，企图阻止宋军的攻势。杨沂中命统制官吴锡率领五千名精锐骑兵猛冲伪齐军阵，趁齐军阵势混乱，自己再带领一队精锐骑兵绕到齐军侧翼袭击。这时，江东宣抚司前军统制张宗颜率领的增援部队及时赶到，加入战斗。交战结果，刘猊大败，只带数名骑兵逃走，齐将李谔、李亨等数十人被俘，士兵一万多人投降。

刘麟统领中路军不敢贸然突进，他坐镇顺昌（今安徽省阜阳市）指挥，分别派将领崔皋、贾泽、王遇率军先渡淮河，经寿春（今安徽省寿县）南下。这时，刘光世的部将王德、郦琼率部北上寿春，正好与这支齐军遭遇，双方展开激战。激战结果，齐军大败。齐军转而围攻寿春城，又被南宋寿春守将孙晖趁夜劫寨，死伤很多。

刘麟看到南攻庐州的计划破灭，又听到刘猊东路军失败的消息，只得下令撤军。这时，孔彦舟统领的西路军进展更不顺利，首战就遭到南宋光州守将王莘的有力阻击而一直困于光州（今河南省潢川县）城下。当听到两路兵马失败的消息，孔彦舟也率兵北撤。

伪齐国大举南攻失败，皇帝刘豫决定再作一些努力。当年十一月，因岳飞大军被调往两淮增援，虽然没赶上战斗，但防区空虚，刘豫决定派兵向襄阳、商州、虢州一带发起进攻，以图捞回一些战果。岳飞及时回军，组织反攻，刘豫一点好处都没有得到。岳飞此次北上用兵，被称为岳飞的第三次北伐。

刘豫南攻失败，金朝派人前来谴责，有废除伪齐国的打算。

第五章　两次议和

一、废除伪齐

刘豫最早是想通过完颜昌来建立伪齐国而当皇帝的，没想到被完颜宗翰抢了先，所以刘豫不得不向完颜宗翰示好。刘豫每年都向完颜宗翰以及高庆裔他们进献丰厚的财物，而蔑视其他将帅，完颜昌对此很不高兴。

完颜昌在元帅府中起初位列第三，排在都元帅完颜宗翰以及左副元帅完颜宗辅之后。完颜宗翰被调回朝廷担任太保、领三省事后，便不再担任都元帅，完颜昌在元帅府中便只排在完颜宗辅之后。完颜宗辅去世后，完颜昌便成了元帅府的最高官员，排在其后的是完颜宗弼。完颜昌不仅在军中的资历高，就是他的出身也很高贵，他的父亲便是女真的著名首领完颜盈歌。

完颜昌多年镇守在山东境内，一直认为山东就是他的。金太宗在世时，完颜昌便多次对金太宗说，把肥沃的土地封给刘豫是失策的，金太宗没有同意他的看法。金太宗去世后，其子完颜宗磐在朝中掌握大权，完颜昌于是又依靠完颜宗磐。当刘豫又一次向金朝请求派兵南下时，完颜宗磐就没有同意，以致刘豫三路大军南征，无功而返。完颜宗磐不同意，也间接表明完颜昌不同意。

完颜昌与完颜宗磐一外一内，势力正盛。此时在朝中的完颜宗干以及在军中的完颜宗弼都只能避开他们的风头。不过，完颜宗磐与完颜昌还没有考虑要限制完颜宗干以及完颜宗弼的权力，而是考虑限制完颜宗翰以及完颜希尹、高庆裔的权力。废除伪齐从一个角度也可以看着是对完颜宗翰势力削弱的继续。

刘豫三路大军南征失败后，金朝曾派出使者前往伪齐国的都城开封府，谴责刘豫。刘豫十分害怕，便让侄子刘猊当替罪羊，把刘猊废黜为平民，以向金朝谢罪。然而刘豫的做法，并不能改变金朝对他的态度，不久便传出金朝要废除伪齐的消息。

刘豫听到了这个消息，不能确信，因为他的靠山完颜宗翰以及高庆裔等人都在朝中任职，虽然不是最高官职，但也是要职。刘豫决定派人去金朝试探一下。天会十四年（1136）冬天，刘豫派皇子府参谋冯长宁前往金朝朝廷，向金熙宗提出册立刘麟为太子，看看金朝的态度。

金熙宗对冯长宁说，先帝之所以册立刘豫为齐国皇帝，是因为刘豫对河南的百姓有恩德。金熙宗反问冯长宁，刘豫的儿子刘麟有恩德吗？金熙宗说他都没有听说过，希望刘豫不要着急，应当先派人到河南的百姓中了解一下这件事，然后再作决定。

要废除伪齐国，主要是完颜昌、完颜宗磐的主意，当然金熙宗与完颜宗干也没有反对。然而，在朝廷中还有太保完颜宗翰一派官员，他们一定不想废除伪齐国，毕竟刘豫对他们不薄。当然，完颜宗翰等人已经被架空，实力大为减弱，在朝中已经说不上话。当时在朝中做主的是完颜宗磐，在元帅府中则是完颜昌。

尽管如此，完颜宗磐也没有立即就让金熙宗下诏废除伪齐国。完颜宗磐还要再做一些事，他要进一步削弱完颜宗翰，毕竟完颜宗翰多年掌管元帅府，实力不可小觑。从金熙宗与完颜宗干一方来看，他们乐意看到这个局面，也希望削弱完颜宗翰的势力，所以也就支持完颜宗磐。

天会十五年（1137年）春天，有人告尚书左丞高庆裔贪赃，完颜宗磐马上建议金熙宗把高庆裔关到大理寺狱中，并开展调查。高庆裔是完颜宗翰的亲信，完颜宗翰知道这是在为难他。完颜宗翰不能阻止对高庆裔的调查，但他在努力，希望高庆裔能无罪释放。几个月后，调查结果是高庆裔罪名成立，而且是死罪。五十八岁的完颜宗翰十分沮丧，向金熙宗提出免去自己的官职，为高庆裔赎罪。

完颜宗翰虽然在军事方面有着强悍的风格，但在政治上，还是斗不过长期在朝中为官的完颜宗磐以及完颜宗干等人。完颜宗翰为高庆裔赎罪的建议不可能得到采纳，因为朝廷内部的斗争是残酷的，是你死我活的。就在当年六月，高庆裔被杀。

高庆裔被杀，对完颜宗翰的打击很大，完颜宗翰的心情很糟糕，身体也越来越不好。就在高庆裔被杀的次月，完颜宗翰也就跟着去了。史书上对完颜宗翰的评价还是挺高的，说他能够决策制胜，有古代名将的风度。当然，完颜宗翰的本领主要在军事方面，而朝廷内部的斗争，让他成为牺牲品。

完颜宗翰是伪齐国皇帝刘豫的靠山，现在没有了完颜宗翰，伪齐国还能存在多久呢？不管怎么说，伪齐国已经存在了七年。刘豫虽然感觉到金朝要废除他的齐国，但还不能确定是什么时候。就在完颜宗翰去世的两个月后，刘豫又一次向金朝提出派兵增援，原因是南宋发生了"淮西兵变"，让刘豫觉得又有了一次南征的机会。

"淮西兵变"要从淮西宣抚使刘光世说起。伪齐大军三路南攻时，刘光世退到长江南岸的太平州，差点误了大事。刘光世本人也常常沉湎于酒色之中，部队的纪律也很差，朝中官员对此议论纷纷。张浚向宋高宗提出罢免刘光世的军职，以警告其他将帅。刘光世得到消息，主动向宋高宗上奏，说自己有病，请求担任宫观官。宋高宗于是下诏解除刘光世的军职，改任宫观官，同时将刘光世统领的军队交由张浚的都督府管理。张浚将刘光世的军队分为六军，交由都督府参谋军事吕祉指挥。吕祉处置军中矛盾不当，激发兵变，被将领郦琼杀死。郦琼带领四万人马北渡淮河，投降伪齐国。"淮西兵变"震惊南宋朝野，张浚也因此引咎辞职。

郦琼带着兵马来投，刘豫十分高兴，任命郦琼为靖难军节度使，拱州知州。郦琼告诉刘豫，南宋必定要北征，于是把南宋各军的虚实告诉了刘豫。刘豫认为这也是一次南攻的机会，一来南宋要北伐，齐国不能坐以待毙，二来有了郦琼的四万大军，就有了主动出击的实力。刘豫于是派已经升任户部侍郎的冯长宁前往金朝，请金朝派兵，一同攻打南宋。

冯长宁见到金熙宗，请金熙宗派兵，与齐国一同南征，就让郦琼担任向导。金熙宗不仅不答应，还对郦琼带来的四万兵马，感到担忧，他打算采取一些措施。金熙宗表面上先答应了冯长宁，让冯长宁先回去。

冯长宁走后，金熙宗便派使臣乘着驿马车，快速前往开封，以防备郦琼诈降为名，让刘豫立即解散郦琼的部众。金朝解除郦琼的兵马，刘豫并不认为是不同意发兵南攻，所以还在不断地请求金朝发兵，只是一直没有结果。

刘豫又派人去见完颜昌，请完颜昌派兵南攻。完颜昌说他不是不想出兵，而是以前出兵，总是无往而不胜，可是自从建立齐国之后，出兵总是不利。完颜昌担心重蹈覆辙，挫伤金朝大军的威名。

完颜昌的回复，已经非常明确地表明不会再派兵帮助刘豫了，然而刘豫仍然继续请求金朝出兵，金朝终于到了把废除伪齐付诸行动的时候了。金朝假装答应了刘豫的请求，派兵分别驻屯在伪齐国的陈、蔡、汝、亳、颍各州之间，并要求伪齐的军队暂时听从元帅府指挥。准备得差不多之后，金熙宗才下诏责备刘豫，说建立你这个齐国已经七年多了，到现在还指望金朝去驻守，那要你这个国家还有什么用呢？

金熙宗虽然把话说得这么明白，但还是谨慎地行动。十一月，金熙宗派完颜昌、完颜宗弼以南攻为名，率部南下。完颜昌与完颜宗弼在一个月前，刚被正式任命为左副元帅与右副元帅，还被封为鲁王与沈王。完颜昌与完颜宗弼到达黄河北岸，派人到开封去请刘豫的儿子刘麟单独过黄河，到滑州议事。十七日，刘麟带领二百名骑兵到了滑州，与二位元帅的大军相遇，顿时就被包围了好几圈，被当场拿下。

十一月十八日，完颜昌、完颜宗弼以及三路都统完颜雍一同来到开封，用骑兵把守宣德门、东华门及左、右掖门。完颜宗弼再与完颜雍等人骑马冲进东华门，问刘豫在什么地方。伪齐国皇城使惊惶失措，答不上来。完颜宗弼用鞭子抽打了他几下，直奔垂拱殿。进入后宫门，完颜宗弼又问刘豫在哪里，一位美人掀开门帘说，在讲武殿检阅射箭。完颜宗弼等人又纵马直奔讲武殿。刘豫看到完颜宗弼来了，立即站了起来，想去换一下衣服。完颜宗弼下马，握住他的手说，不要换了，有紧急公事，所以登门前来。

完颜宗弼与刘豫一起走出宣德门。完颜宗弼找来一匹马让刘豫骑上，与他一起到大营中议事。刘豫意识到情况不妙，但又不得不上马。当天，完颜昌、完颜宗弼宣读金熙宗诏书，将刘豫废黜为蜀王，暂时拘禁在金明池。

金朝还派已经担任左监军的完颜撒离喝以南攻四川为名，率兵到达京兆府（今陕西省西安市），将刘豫的弟弟、京兆府留守刘益拿下。史书上说，刘益不重钱财，喜爱施舍，礼贤下士，与士兵同甘共苦，志向远大，金朝很是忌惮他，所以才派兵悄悄将他拿下。

伪齐国被废后，金朝在开封设立行台尚书省，伪齐国的不少官员便被调整官职，也有一些官员继续留任。已经不再担任要职的银青光禄大夫、太子太傅张孝纯为权行台尚书左丞相，契丹人萧保寿奴为右丞相，镇海军节度使李成为殿前都指挥使兼知许州，孔彦舟为步军都指挥使兼知东平府。

刘豫得到机会见到完颜昌，说他家父子尽心尽力，没有辜负金朝，希望完颜昌能够可怜可怜他。完颜昌一点都不同情刘豫，说了一句打脸的话。完颜昌说，当年宋钦宗被掳北上时，成千上万的百姓痛哭哀号，十几里外的人都能听到，而你刘豫被废，汴京城竟然没有一个人怜悯。完颜昌还反问刘豫，你难道还不知道自己有罪吗？刘豫后来被迁到很远的临潢府（今内蒙古自治区赤峰市巴林左旗），数年后去世。

史书上还说了一件有趣的事。说刘豫当初被册立为皇帝时，印制了不少纸币，还在纸币的末尾注明一个有效期，说八年后作废。果然，从伪齐国成立，到被废除，前后七年有余，差几个月就八年了。

二、第一次议和

伪齐国被废除后，左副元帅完颜昌主张与南宋议和，也得到太师、领三省事完颜宗磐的赞同。太傅、领三省事完颜宗干以及右副元帅完颜宗弼对议和没有表示反对，说明他们当时也有议和的意愿。然而，完颜昌与完颜宗磐的议和方案，让完颜宗干、完颜宗弼兄弟不能接受。

议和，如果是在两国实力差距较大的情况下，是很难实现的。较弱的一方往往会主动提出议和，而较强的一方不会真正答应议和，但可能会把议和作为军事进攻的一个补充，用以迷惑对方，让对方疏于防备。

金国在天会三年第一次南下攻打北宋以来，北宋朝廷就一直在设法与金国议和，不断地派出使者。金国也曾回派使者，只是一直没有真正把议和达成，这是因为北宋当时已经腐朽，而金国刚刚消灭辽国，势头正强。

天会五年南宋建立后，金朝每年都大举南下用兵，宋高宗也不断派使前往金朝元帅府，还到金朝朝廷，甚至用近于哀求的口吻向金朝请求议和。当时的宋高宗，什么条件都能答应，只要金朝能承认他的皇帝地位。金朝没有理睬南宋，连续三次全面进攻南宋。此时的金朝兵力很强，而刚刚建立的南宋，无论是兵员质量还是数量都不及金朝。

天会八年黄天荡之战后，金朝对南宋的进攻进入第二阶段，由全面进攻转为重点进攻，连续四次在川陕战场以图新的突破。金朝此时对南宋的议和请求，也是置之不理。然而川陕作战的四年，金朝除了巩固之前曾经攻下的陕西之外，一直不能攻占四川。

相反，由于金朝扶立伪齐国，数年没有在东部战场大举用兵，南宋在得到喘息的同时，不断加强东部地区的防守，兵力得到加强，将领们也成长了起来，其中一个重要的代表便是岳飞。此后，无论是天会十二年金、齐一起南攻，还是天会十四年伪齐国单方面南攻，都没有能够取得成功，只是突破淮河防线，一直不能突破长江防线。尽管如此，金朝仍然没有响应南宋的议和请求。

第五章 两次议和

南宋的实力在增强，而金朝经过多年的征战，实力开始减弱，尤其是金太宗去世后，金朝内部权力重新分配，各方势力展开了残酷的斗争，完颜宗翰等人从被架空到去世，让南宋有了敢于北伐的念头，而且岳飞的北伐也取得了一定的战果。

金朝与南宋的实力由不对等，到逐步对等，这既是时势也是人为。金朝发生这样的改变，只能说是金朝的君臣、将帅们处置不当。其实金朝的军事实力是相当强的，将帅们负责作战方案，而更大的战略还得由朝廷中的皇帝与大臣来定。金朝的朝廷中缺乏大智大谋的人。如果有这样的人，提出非常合理的战略，再加上金朝的雄军，是有可能消灭南宋的。然而，时间一长，君臣几代相替，情况就会发生变化。战争不能长时间地进行，无论是谁都会厌恶战争，最好能在一个合理的时间内解决。金朝一再错过消灭南宋的机会，注定以后就更加困难了。金朝的第二代第三代逐步走向历史的舞台，他们当中还有多少人愿意战争呢？在这样的情况下，金朝的一些将帅，特别是左副元帅完颜昌就开始把议和作为首要策略提了出来。

南宋一直有使者在金朝，或在路上，或在元帅府，或在金军大营，有的人回来了，有的人长时间留在金朝，有的人就一直没有回来。当完颜昌主张议和并得到朝廷赞同时，南宋的使者王伦等人就在金朝。王伦此次出使金朝的任务是向金朝请求，把宋徽宗的灵柩迎回江南。王伦起程时，宋高宗还让他给金朝带话，说黄河以南的土地，金朝既然自己不要而交给刘豫，不如还给宋朝。如果在以前，宋高宗这句话就是异想天开，但真的是世事难料，当王伦在天会十五年（1137年）十二月回到南宋时，竟然给宋高宗带来了好消息，那便是完颜昌说议和可以开始了。

那么完颜昌的议和会是怎样的内容呢？天眷元年（1138年）正月初四，宣议郎、总管府议事官杨克弼与迪功郎杨凭，给完颜昌、完颜宗弼两位元帅提交了对于议和的三个策略。上策是送还宋徽宗的灵柩，放回宋朝宗室的亲属，保全宋朝的国土，划定与宋朝的边界，要求宋朝每年进贡。中策是送还宋徽宗的灵柩，据守河北、河东两河地区，原伪齐国所管的山东、河南、陕西等地还给南宋。下策是用议和作为缓兵之计，要求南宋每年交纳岁币，然后出其不意，袭击南宋，也许能取得一时的胜利。

二杨之所以能够提供这样的议和策略，大概是他们已经知道完颜昌的意图，要不然不会如此确定上中下三策。如果从主战派角度来看，这个上中下三策要颠倒一下顺序才行。二杨在提交了三策之后，还对二位元帅说，宋朝的使臣要求送回宋徽宗的灵柩，如果不答应他们，宋朝的军队就会穿着白色的丧服前来进攻。二杨强调，到那时理亏的就是金朝而不是宋朝。完颜昌对二杨的看法十分赞同，完颜宗弼不同意，但也没有办法拒绝。

完颜昌正在为议和而努力，不久便接连听到南宋将帅韩世忠、岳飞、吴玠派人到中原地区招降的消息。四月，南宋的议和使者王伦又一次来到祁州（今河北省安国市）的金朝元帅府，会见了完颜昌。完颜昌对王伦说，议和的事正在进行，宋朝却在暗地里搞这些小动作。王伦说议和的事一直没有结果，这些守卫边境的将领们想谋求小利而立点功，宋高宗对此并不知晓。王伦趁机说，如果金朝明确答应和解，那么宋朝只需一句话训诫这些将帅，他们也就不敢再这样做了。

完颜昌被王伦一说，反而无言以对。完颜昌觉得他要尽快推动议和一事。完颜昌于是派人与王伦一起前往金朝的都城会宁府，与金熙宗商议议和之事。五月下旬，王伦等人到了金朝都城，见到了金熙宗。王伦首先感谢金朝废掉刘豫的齐国，然后表达宋高宗希望议和的意愿。金熙宗也同意议和，便派太原少尹乌陵阿思谋与太常少卿石庆为使，与王伦一起回南宋商议议和之事。乌陵阿思谋当年曾经参与金朝与北宋缔结"海上之盟"，如今派他出使，充分表示金朝议和的意向。

乌陵阿思谋就要到达南宋，南宋朝廷为此议论纷纷，大臣们有不同的看法。有人认为宋朝多次向金朝提出议和，都没有得到同意，现在金朝主动提出议和，这当中一定有阴谋。宋高宗对议和坚信不疑。宋高宗不仅意志坚决，还对大臣们的这些看法非常动怒。

六月，乌陵阿思谋与王伦到了临安。乌陵阿思谋先与宰相赵鼎见面。

赵鼎提出边界一事，乌陵阿思谋说土地不要强行索求，这个要由金朝来定，金朝想给多少就给多少。赵鼎又与乌陵阿思谋商议了文书颁布的仪式等内容。乌陵阿思谋接着去见宋高宗，主要谈的内容便是希望议和早日实现。

乌陵阿思谋此次出使南宋，只是表明金朝同意议和，并没有商议具体的条款，比如边界划分，以及南宋需要进贡的钱物数目等。宋高宗再派王伦出使金朝，商议具体划界一事。赵鼎给王伦的指导原则是以黄河为界，这与之前宋高宗提出让金朝把伪齐国的土地还给宋朝的提法是一样的。

南宋对议和的实质内容有了指导意见，那么金朝呢？完颜昌已经有了自己的考虑，他要推动议和尽快完成，一个重要内容便是边界如何划分。完颜昌知道这才是议和的关键，他决定亲自入朝，与朝中的金熙宗以及各位大臣们商议他的建议。

七月初七，完颜昌见到了金熙宗，提出把伪齐国的属地全部还给宋朝，宋朝每年交纳五十万两匹银绢作为岁币。由此可见，完颜昌用的是二杨提出的中策。金熙宗不能决定，交由群臣商议。

东京留守完颜宗隽当时正在朝中，也一同参与商议。完颜宗隽已经依附完颜宗磐与完颜昌，所以他第一个对完颜昌的提议表示赞同。太傅完颜宗干虽然也同意议和，但他不同意这样的议和，他反对把原伪齐国的属地还给宋朝。完颜宗隽是完颜宗干的弟弟，他不仅不支持完颜宗干，还继续说这样做会让宋朝感激金朝。完颜宗翰的弟弟完颜宗宪反而支持完颜宗干，他认为金朝俘虏了宋朝的皇帝还有宗室，仇已经结得很深了，如果再把土地送给宋朝，这是在帮助仇人，有什么恩德可言？完颜昌的弟弟完颜勖也认为土地不能给宋朝。

完颜昌坚持他的建议，完颜宗干与他据理力争。这时完颜宗磐的意见便极为重要，因为他在朝廷中的官职最高。完颜宗磐当然支持完颜昌，完颜宗干继续与完颜宗磐争论，但不能说服完颜宗磐。金熙宗最后便按完颜昌的提议作了决定。退朝之后，完颜昌责怪弟弟完颜勖，说别人反对我就算了，你怎么也不支持我呢？完颜勖说，对国家有利的事，怎能考虑私情呢？

金朝与南宋第一次议和就这样达成了，可以说南宋的收益最大，而金朝的收益就是岁币，相当于是拿大片土地换了钱物。事实上，这些地方的财富远不止这个数目。宋高宗敢想，完颜昌也敢答应，尽管南宋很多官员、将领都不同意与金朝议和，金朝同样也有不少人不同意这样的议和。

接着便是交割土地。天眷二年（1139年）三月十六日，宋高宗刚任命的东京留守王伦在东京开封府与金朝的右副元帅完颜宗弼办理交割手续。交割完毕，东京城的父老、官吏一起把完颜宗弼送到城北郊外，完颜宗弼坐在高坛之上，饮酒作别。土地是按议和的内容交割了，而各州的军用物资，只留下两层，其余八层运到河北。完颜宗弼从沙店北渡黄河，然后前往祁州元帅府。金朝把河南交割给南宋后，把行台也北迁到河北境内的大名府。

完颜宗干与完颜宗弼准备采取行动，他们想毁约。

三、铲除完颜宗磐与完颜昌

完颜宗干与完颜宗弼之所以反对完颜昌的议和，主要是不同意把原伪齐国的属地还给南宋。要知道，河南以及陕西，都是在金朝消灭北宋之后经过几年的浴血奋战得来的。完颜宗干与完颜宗弼对完颜昌他们的做法十分不甘心，他们很想把这些地方拿回来。

天眷二年（1139年）五月，出使南宋的金朝使者张通古回国途中，看到南宋在刚刚得到的河南一带部署兵马、设置营垒。张通古责问同行的宋朝报谢使韩肖胄，韩肖胄派人飞驰上奏宋高宗，宋高宗下令停止。张通古回到上京会宁府，拜见太傅完颜宗干。张通古建议完颜宗干，趁宋朝在河南一带尚未部署完毕之际，出兵把这些地方收回来。张通古之所以去找完颜宗干商议，就是知道完颜宗干当初并不同意把这些地方还给南宋。完颜宗干听了张通古的建议，非常高兴，说这也是他的想法。

完颜宗干虽然有这个想法，但要想实施还是很困难的，毕竟他在朝中

第五章 两次议和

一个人说了不算,因为还有太师完颜宗磐。完颜宗磐不仅官职高,个性也很强势,完颜宗干往往争不过他。有一次,完颜宗干实在争不过完颜宗磐,就向金熙宗提出辞官不干了。于是,金熙宗对二人进行了调解。岂料金熙宗越是这样做,完颜宗磐越是嚣张,有一次竟然拔出佩刀威胁完颜宗干。

金熙宗这一年虽然二十周岁,也准备在六月初一穿上皇帝的衣服、戴上皇帝的冠冕,正式亲政,但由于完颜宗磐多年积累的势力,金熙宗不可能一下子完全掌控朝政。金熙宗本想把另一位叔父完颜宗隽调入朝中当太保,接替完颜宗翰的位置,同时好限制完颜宗磐的权力,没想到完颜宗隽不仅支持完颜昌的议和,还与完颜宗磐结为一派。完颜宗隽后来便当了尚书左丞相,又当了太保、领三省事,还被封为兖国王。完颜宗磐有了完颜宗隽,势力就更大,完颜宗干想要改变他们的决定就更难了。完颜宗干还想干掉他们,可是,这同样不是一件容易做的事。

然而完颜宗干有金熙宗,军中还有完颜宗弼,他的势力也不容小觑。完颜宗弼在军中的官职虽然不及完颜昌,但他多年四处征战,手下将领很多,实力并不比完颜昌弱。再说,完颜宗干在朝中为官多年,帮助金朝完善国家制度,其实力与势力也不会小。完颜宗干是一位了不起的政治家,他有办法,他准备找一位帮手,完颜宗干的帮手便是尚书左丞相完颜希尹。

完颜希尹虽然多年在军中任职,其实他更像是一位文官。完颜希尹的一个重要贡献就是创造女真文字。女真人作为一个民族,有自己的语言,但一直没有自己的文字,直到金太祖称帝建国的两年后,才让完颜希尹造字。为了有别于后来金熙宗创造的女真文字,完颜希尹创造的文字,被称为女真大字,而金熙宗创造的女真文字则称为女真小字。

完颜希尹在军中多年,一直跟随完颜宗翰在西京大同府担任右监军。金熙宗即位后,完颜宗翰被调到朝廷担任太保、领三省事,不久完颜希尹也被调到朝廷担任尚书左丞相。尚书左丞相的官职很高,在宋朝就是尚书左仆射,是宰相之首,而在当时的金朝,虽也是宰相之首,但上面还有太师、太傅、太保三人，因为这三个人都领三省事。完颜宗翰郁郁而终后，完颜希尹曾提出退休，但没有得到金熙宗的准许。金熙宗不久就贬完颜希尹为兴中府尹，不再让他担任宰相。

几个月后，完颜希尹被再次起用为宰相，仍然担任尚书左丞相，不久还封为陈王。与完颜希尹同时被任命的还有完颜宗隽，完颜宗隽由尚书左丞相升任太保、领三省事。完颜希尹此时开始依附太傅完颜宗干。完颜宗干也想借助完颜希尹，一同对付太师完颜宗磐与太保完颜宗隽。

完颜宗干在朝中谋划的时候，完颜宗弼也在行动。完颜宗弼从开封返回祁州后，就秘密给金熙宗上了一奏，说河南地区，是完颜昌与完颜宗磐二人主谋割让给宋朝的，二人之所以要这么做，是在暗地里与宋朝勾结。完颜宗弼还说宋朝的使者王伦已经到汴京了，不能让他过界来到金朝。

完颜宗弼终于向金熙宗把话挑明了，两派之间的斗争已经到了你死我活的地步。就在金熙宗考虑如何处置这件极为复杂的事情时，完颜宗干与完颜希尹又奏报说，大理寺狱中一个叫谢十的贵公子招供，他的谋反是受完颜宗磐等人指使的。谢十还说完颜宗磐与太保完颜宗隽以及滕王完颜宗英、虞王完颜宗伟已经准备发动政变，由完颜宗磐当皇帝。完颜宗英、完颜宗伟是完颜宗磐的亲兄弟。金熙宗不仅相信，还准备采取行动。金熙宗的行动也是在完颜宗干与完颜希尹的策划下进行的。

七月初一，完颜宗磐、完颜宗隽、完颜宗英、完颜宗伟等人要入朝向金熙宗奏事，金熙宗决定就在这一天对他们动手。当完颜宗磐等人进入大殿之时，藏在两侧的伏兵突然冲出，将完颜宗磐等人拿下。完颜宗磐平时嚣张惯了，哪肯束手就擒？完颜希尹的儿子便亲自动手，把完颜宗磐擒获。三天后，金熙宗下诏将完颜宗磐等人全部诛杀。

金熙宗在朝中行动，完颜宗弼则在朝外行动。完颜宗弼赶到燕京，把燕京留守、彬王完颜宗孟以及他的儿子完颜襄囚禁。完颜宗孟是完颜宗磐的弟弟。不久，咸州的详稳、沂王完颜晕也因与完颜宗磐等人有来往而被杀掉。

还有一个完颜昌。完颜昌是完颜盈歌的儿子，辈分与金太祖是一样的。金熙宗认为完颜昌辈分高，也曾立有大功，提出不加罪，只把他贬官，让他到行台当左丞相，还赐了一份手诏，表示慰问，也以此为他送行。金熙宗在任命完颜昌为行台左丞相的同时，还任命杜充为行台右丞相。完颜昌非常生气，说他是开国元勋，有什么罪而与宋朝的降奴为伍？完颜昌看不起杜充这位从宋朝投降而来的官员，认为他是降奴而已。

完颜宗磐为首的一系被铲除，完颜宗干一系的人便不再有对手。金熙宗随即对朝政、军事大权进行了重新分配。金熙宗升太傅完颜宗干为太师，晋封为梁宋国王；升右副元帅完颜宗弼为都元帅，晋封为越国王；升尚书左丞萧庆为尚书右丞相；尚书左丞相、陈王完颜希尹下诏不呼其名，准许乘轿上朝。司空完颜昱因受到完颜宗磐的牵连，被削去司空一职，不久也离开人世。

完颜昌到了燕京后，真的有谋反的打算。金熙宗听说完颜昌确实与宋朝有勾结，又听到有人奏报完颜昌谋反，于是在八月初四下诏，将完颜昌处死。完颜昌听说金熙宗要杀他，便逃离燕京，一路南下，打算投奔南宋，没想到在到达祁州境内时被抓获。

祁州是金朝元帅府所在地，完颜宗弼就在这里。完颜昌被带到了完颜宗弼的面前，完颜宗弼下令将完颜昌斩首。完颜昌对完颜宗弼说，他死了，大祸就会降到完颜宗弼身上。完颜宗弼没有理睬完颜昌，在杀了完颜昌后，派人将完颜昌的首级送到朝廷，交给金熙宗。

天眷三年（1140年）正月，金熙宗下诏，任命都元帅完颜宗弼兼领行台尚书省事。元帅府管的是军事，而尚书省管的是行政事务。金朝为管理两河地区的百姓，特地设立一个行台尚书省，至此完颜宗弼的权力更大。当月，金熙宗还让完颜宗干的二儿子完颜亮到完颜宗弼的军中效力，完颜宗弼马上任命完颜亮为行军万户。完颜亮当年十八岁。

完颜宗干在朝中掌管朝政，完颜宗弼则在军中担任都元帅，下面便是策划把河南、陕西给收回来。四月，完颜宗弼召见南宋降将郦琼，向郦琼了解南宋的朝政情况，以及兵马情况，问哪位将领敢抗拒金朝大军？

四、毁约南攻

完颜昌主持的这次议和，文书还没有形成，双方还在就若干事项进行商谈，比如岁币，比如金朝对宋朝的册封等。然而，完颜昌就先把河南、陕西交割给南宋，确实有讨好南宋的嫌疑。完颜宗弼不准备执行这个议和内容，他准备用武力收回河南、陕西。

天眷三年（1140年）四月，完颜宗弼问南宋降将郦琼，南宋将领当中，谁敢抗拒金朝大军？郦琼说南宋的军队都很怯弱，都是些残兵败将，没有出色的将帅，怎么能抗拒金朝大军？郦琼认为，金朝大军只要到达边境，南宋的君臣必定心破胆裂，如同惊弓之鸟。完颜宗弼认为郦琼的话很有见识，也非常高兴。

郦琼对南宋将士的评价，显然有贬低的意味。郦琼的话如果用来评价他之前的上司刘光世，倒也有些道理，因为刘光世确实被人称为"逃跑将军"。然而，南宋各军各将中，不只是一个刘光世，还有岳飞、韩世忠、杨沂中以及吴玠、吴璘兄弟。郦琼之所以这么说，显然是想讨好将要南征的完颜宗弼。郦琼之所以被完颜宗弼召见，是因为他曾说了一番称赞完颜宗弼的话。

郦琼是这样称赞完颜宗弼的。郦琼说元帅国王完颜宗弼每次亲临战阵督战，宋军弓箭、檑石密集如雨，而元帅国王不戴头盔指挥战斗，三军将士意气风发，元帅国王用兵制胜的战术，和孙武、吴起不分上下，是闻名于世的英才。郦琼还说，元帅国王还亲自上阵作战，勇往直前，不避死难，将士们见了，谁还敢贪生怕死？所以，元帅国王带领大军，所向无前，一日能开辟千里疆域。

郦琼这番话传到了完颜宗弼的耳朵里，完颜宗弼很是受用。

完颜宗弼在军中做准备，完颜宗干也在朝中为开战而运作。完颜宗干对朝臣们说，如果现在不出兵收复河南、陕西的话，以后恐怕就难了。朝中大臣此时已经没有什么人会反对完颜宗干的提议了。所以，五月初三，金熙宗便给元帅府下诏，命令元帅府攻取河南、陕西地区。金熙宗在诏书中对完颜宗弼说，宋朝以为金朝不可能突然出兵攻占河南，因而还没有部署防备事宜，所以金朝应当立即发兵。金熙宗还说完颜宗弼作为都元帅，长期带领兵马与宋军作战，应当深明此事的利害。其实完颜宗弼早就想动手了，哪里还需要金熙宗做思想工作？

完颜宗弼得到金熙宗的诏书，便有了行动的依据。完颜宗弼调集兵马到祁州（今河北省安国市）元帅府，进行检阅，然后兵分四路，大举南攻。第一路，由聂黎孛堇率领，从山东南进；第二路，由右监军完颜撒离喝率领，从河中（今山西省永济市）攻入陕西；第三路，由骠骑大将军、冀州知州李成率领，攻打河南府（今河南省洛阳市）；第四路，由完颜宗弼亲自率领十万精兵，与东平府知府孔彦舟、博州知州郦琼、宿州前知州赵荣，一起攻打东京开封府。四路大军，实为两路大军，也就是完颜撒离喝攻陕西，完颜宗弼攻河南，而聂黎孛堇与李成如同完颜宗弼的左右两翼。

五月十三日，完颜宗弼率领大军进入东京开封，南宋东京留守孟庾惊惶失措，不知如何是好。统制官王滋提出率兵保护孟庾，夺取城门，南逃临安。孟庾认为金兵太多，难以逃走，于是带领东京的留守官员向完颜宗弼投降，迎接完颜宗弼入城。

完颜宗弼占领东京开封后，金熙宗便给河南一带的吏民下诏，说完颜昌擅自割让河南，又说宋朝对金朝索求的太多，所以不得不出兵。金熙宗强调这不是他一个人自作主张而有所食言。金熙宗让使者带着诏书，到河南各州宣示，同时分兵随后进驻，之后，河南各州望风而降。

完颜撒离喝一路也很顺利，从河中府西渡黄河，进入同州（今陕西省大荔县）境内，然后向西急行二百五十里，直奔永兴军的治所长安。陕西各州的官员，大多是原金朝及伪齐国任命的官员，南宋继续留用，没有更换，这些人纷纷向完颜撒离喝投降。

五月十四日，金朝归德府知府完颜雍带领数千名骑兵去收复归德府。金朝的归德府便是宋朝的南京应天府（今河南省商丘市）。完颜雍带领兵马到达宋王台，派人向归德府的百姓、官吏、学生通告，说不会烧杀抢掠，请南宋南京留守路允迪出来相见。路允迪不得已，便出城与完颜雍在宋王台相见。路允迪是主，完颜雍是客，路允迪备酒向十八岁的完颜雍表示祝福，完颜雍也举杯回敬。会面结束，完颜雍派人把路允迪送往东京开封，然后率军在鼓乐声中进入城中，秋毫无犯。

五月十六日，金朝大将李成率领数千铁骑到达西京洛阳，占据天津桥。南宋西京留守李利用与副总管孙晖弃城逃走，兵马钤辖李兴只出动七名骑兵前来迎战李成。李成不知虚实，下令撤退。李成弄清情况后，再度来战，李兴带领兵马与李成交战，身负重伤，倒在地上，到半夜才醒，得以生还。李成率兵进入洛阳城，被金朝任命为河南府知府。

金朝大军在短短数日之内，便夺取南宋的东京、南京、西京以及长安等地，收复河南、陕西大部地区。完颜宗弼此时已经不满足只收复原伪齐国的疆域，他准备为金朝再多开拓一些地方。完颜宗弼于是调整战略部署，将大军分为两路，继续南攻。一路由完颜撒离喝率领，从陕西攻入四川。一路由完颜宗弼亲自率领，计划经亳州（今安徽省亳州市）、顺昌府（今安徽省阜阳市），再渡淮河南下。

我们先讲讲完颜撒离喝这一路在川陕作战的情况。

多年在川陕作战的南宋名将吴玠，已在一年前去世，南宋当时负责川陕军事的是四川宣抚副使胡世将。金朝把陕西交割给南宋后，部分宋军已经分散到陕西境内据守。当完颜撒离喝占领长安和凤翔时，胡世将正与部分将士在渭河以南的河池（今甘肃省徽县），而半数以上的川陕宋军被金兵隔在渭河以北，形势十分危急。熙河经略使孙渥认为河池无险可守，建议胡世将退到仙人关去指挥各路兵马抗敌。右护军都统制兼秦凤经略使吴璘认为这样做会丧失士气，坚决反对放弃河池。胡世将采纳吴璘的建议，就在河池组织兵力抗击金军，并且说做好战死在河池的准备。五月二十三日，胡世将派吴璘率领两万兵马赶赴宝鸡抵抗金军，再调都统制杨政和郭浩配合作战。

五月二十八日，金军进攻凤翔府的石壁寨，吴璘派统制官姚仲等人领兵阻击，金军作战不利，退守武功（今陕西省武功县西北）。此时，郭浩所部也击败围攻耀州（今陕西省铜川市）的金军。

六月初六，胡世将让吴璘、杨政给完颜撒离喝下战书，约定日期交战。数日后，金、宋两军在扶风（今陕西省扶风县）会战。完颜撒离喝派三千名骑兵冲击宋军，宋军都统制李师颜等人带领骁骑出战，金军败退扶风县城。完颜撒离喝再派人马策应，仍然不能取胜。李师颜乘胜进击，攻下扶风城，俘虏金军将士一百余人。李师颜再派兵马攻打凤翔西城外金兵营寨，完颜撒离喝亲自领兵出战，在城外的百通坊列阵二十余里。统制官姚仲等人率部力战，大败完颜撒离喝，完颜撒离喝退入凤翔。不久，郭浩又派兵收复醴州（今陕西省乾县），吴璘则进驻宝鸡东北的大虫岭，对凤翔形成东、西、南合围之势。

完颜撒离喝认为吴璘占据有利地形，无法取胜吴璘，决定放弃进兵西南的计划，留下部分兵马守卫凤翔，自率主力北攻，准备前往邠州（今陕西省彬州市）。郭浩率部进驻邠州的三水县（今陕西省旬邑县），泾原经略使田晟派部将曲汲、秦弼领兵据守邠州西南的青溪岭，阻截金军北上。胡世将又派将领杨从仪、鄜延经略司公事王彦等人分道而出，从背后牵制金军。完颜撒离喝攻打青溪岭，曲汲、秦弼抵挡不住，弃岭而走，田晟杀曲汲示众。六月二十一日，金军在北上途中，被王彦击败，完颜撒离喝被迫退回凤翔。

闰六月初九，完颜撒离喝再次率兵出凤翔，北攻泾州（今甘肃省泾川县）。田晟率军凭借山势险要阻击，几次击败金军，缴获大量战马、器械。闰六月十二日，金军再次出战，绕道至田晟背后，击败田晟。然而，这一战，金军也付出惨重代价，被迫再次退回凤翔。

完颜撒离喝在凤翔，一年左右，没有大的动作。我们再来讲讲完颜宗弼这一路大军的作战情况。完颜宗弼怎么也没有想到，有一位名将当时正在顺昌城中，让他在小小的顺昌城前，大失颜面。

五、顺昌之战

南宋新任命的东京副留守刘锜在前往东京开封赴任途中，经过顺昌府（今安徽省阜阳市），顺昌府知府陈规告诉刘锜，金朝大军已经进入东京。刘锜当时只有一万八千人马，而且辎重很多，又远道而来，根本不可能夺回东京。陈规说顺昌城中有数万斛大米，希望刘锜与他一起坚守顺昌城，刘锜接受了陈规的请求。

天眷三年（公元1140年）五月十八日，刘锜得到报告，金朝的骑兵已经占领淮宁府（今河南省周口市淮阳区），离顺昌府三百里。顺昌城内的百姓听说金军要攻来，惶恐不安。刘锜将兵马收入城中，作守城准备，百姓看到城中来了不少兵马，才逐渐安定下来。

五月十九日，刘锜召集诸将商议对策。诸将认为，一路远来，还没有来得及休整，但如果退兵，可能会被敌人半路拦击，获胜的可能性不大，建议坚守顺昌城，一边坚守一边考虑退敌之策。刘锜也说大军到了顺昌，幸好有城可守，机不可失，号召大家同心协办，以死报国。刘锜把将士们的思想统一之后，又派人把船凿沉，以此表明没有撤退的想法。也就在这时，北边的亳州（今安徽省亳州市）已经向金军投降，金朝派将领郦琼镇守。

刘锜让人把坚守城池的决定奏报朝廷。奏章到达临安，宋高宗下诏罗列完颜宗弼的罪名，悬赏能够擒拿完颜宗弼的勇士。诏书说，如果能够擒拿完颜宗弼的，授任节度使，赏赐五万两银、五万匹绢、一千顷田、一座住宅。宋高宗还起用刘光世，任命刘光世为三京招抚处置使，调统制官李贵、步谅的军队隶属刘光世，派刘光世带领兵马前往增援刘锜。

南宋枢密院也给各路宣抚司下达讨伐金兵的檄书。在檄书中，同样列出完颜宗弼与完颜撒离喝的罪行。檄书要求上下臣僚、远近兵民，共同杀

第五章 两次议和

敌，凡立功的将士，赏赐和官爵可传子孙，忠君报国的美名，将光照史册。檄书写得文采飞扬，其中一段翻译如下：

> 前年，金国忽然派人前来，说愿意割还我国的河南故地。皇上考虑十多年间，两国兵交怨结、战乱频仍，两国百姓，肝脑涂地，因此同意议和，以便罢兵，让百姓休养生息。但是，我国刚刚派出使者，前往商议，使者才进入金国境内，金兵就已经南下渡过黄河，借口捕捉逃寇，欺骗我国边防守臣，趁其不备，再次攻取东京，信义俱尽，如同盗贼。金国的大将乌珠（完颜宗弼），号称四太子，喜好征战，滥杀生灵，乐于战祸，贪狠凶残。暗藏谋反之心，再次倡导战乱，杀害叔父，擅夺兵马。既不体恤将士和战马，又怎能想到黎民百姓的疾苦？表面上把战祸加给中原，实际上窥视朝中大权，实在是天理难容，必知他将来可悲的下场。

朝廷也给正在顺昌坚守的刘锜加官。刘锜原来的官职为龙神卫四厢都指挥使、济州防御使、东京副留守，现在升官为鼎州观察使、枢密院副都承旨、沿淮制置使。

刘锜开始部署防守事宜。刘锜把城外数千家百姓迁入城中，把他们的房屋全部烧毁，防止金军占领，作为攻城的据点；派统制官许青守东门，贺辉守西门，钟彦守南门，杜杞守北门；招募当地百姓作为民间暗探，侦察敌情；让老百姓把家中的门板拆来，修建壁垒以及作战工具。刘锜亲自督办，总共六天时间，部署大致完毕。也就在这时，金朝的一支游骑兵已经到达顺昌城外。

刘锜早有准备，已经在城外设下伏兵。当金军游骑兵到来时，伏兵突然杀出，将游骑兵将领擒获。从游骑兵将领口中，刘锜得知金军大将韩常已在白龙涡扎营，离顺昌府只有三十里。十年前富平之战时，刘锜曾与韩常兵马对阵过，韩常被射伤了一只眼。刘锜不怕韩常，马上派一千名士兵在夜间袭击韩常的营寨，杀死不少金兵。

五月二十九日，金朝三路都统完颜雍和龙虎大王完颜突合速率领兵马到达顺昌城下，共有三万多人。随同完颜雍前来的有一个人叫王山，此人曾经担任过伪齐国的顺昌府知府，完颜宗弼之所以让王山来，就是准备让他继续当顺昌府知府。刘锜担心有人怕死而响应王山，于是命令原顺昌府的官吏、百姓一概不得登城，只让自己带来的士兵守城。刘锜接着用神臂弓和强弩在城头向金兵射击，完颜雍不能抵挡，下令撤退。刘锜又派步兵阻截，金兵被杀很多，不少兵器被宋军夺取。完颜雍赶紧派人飞奔东京开封府，向都元帅完颜宗弼告急。

完颜宗弼接到告急文书，立即穿靴上马，下令出兵，顷刻之间，兵马集合完毕。完颜宗弼大军路过淮宁府，留住一日，修治战具，准备粮草。从东京到顺昌一千二百里，完颜宗弼大军用时不到七天，于六月初五，到达顺昌城外三十里处安营扎寨。

刘锜得知完颜宗弼大军已到，与诸将商议对策。有将领认为，守城大军多次奏捷，现在应当乘此机会，准备舟船，全军南撤。刘锜认为完颜宗弼亲自来攻，要想全军顺利南撤，必定难上加难，而且会导致前功尽弃；如果遭到失败，完颜宗弼就会侵犯两淮，震动江、浙，如此一来，就会犯下误国的罪责。刘锜号召诸将背城一战，死里求生，也许有成功的可能。诸将都认为言之有理，纷纷请求为国效命。

面对强大的敌人，刘锜决定用计。刘锜把将领曹成叫来，让他带着一人到完颜宗弼那里去施行反间计。刘锜信心百倍地告诉曹成，只要按他交代的去做，完颜宗弼一定不会识破，也不会加害他。刘锜把计策讲明之后，便派一支骑兵前去侦察敌情，让曹成二人也跟在当中。不久这支骑兵就与完颜宗弼的兵马遭遇，立即掉头南撤，曹成二人依计落下马来，被金兵擒获。

曹成二人被带到完颜宗弼面前，完颜宗弼问曹成，刘锜是什么样的人。曹成说刘锜出身边防将帅之家，喜好声色，宋朝鉴于两国修好议和，才任命他到东京来，只是来贪图安逸享乐罢了。完颜宗弼听罢大喜，认为踏平顺昌城不在话下。完颜宗弼于是下令，不用搬运鹅车和炮具，准备直接攻城。完颜宗弼还责怪诸将攻城不力，诸将说宋军今非昔比，请完颜宗弼到现场看看就知道了。完颜宗弼果然没有杀害曹成二人，命人写了一份文书，让二人带给刘锜。刘锜收到文书，看也不看，下令烧毁，准备迎战。

六月初八，完颜宗弼到达顺昌城下，看到顺昌城并不大，也很简陋，根本不能与东京那些大城相比。完颜宗弼不屑地对诸将说，这种城池，用靴尖就可以一下子踢倒。完颜宗弼立即下令，明天早晨攻城，诸将到顺昌府衙会合，然后用饭。完颜宗弼还折箭立誓，以激励将士。

六月初九黎明，完颜宗弼大军开始攻城，有十多万人。刘锜的部众不满两万人，可以出战的士兵只有五千人。金军首先攻打东门，刘锜出兵应战，金兵退走。完颜宗弼亲自带领三千名亲兵前来增援。完颜宗弼的这支兵马与众不同，一般不会轻易使用，都是在遇到难以攻克的城池时才会派出来。这支亲兵都穿着两重盔甲，三人一排，马匹用绳索相连，称为"铁浮屠"。"铁浮屠"每前进一步，立即用拒马子在后面遮挡，以表示决无反顾，勇往直前。在"铁浮屠"左右两翼再配以铁骑兵，都由女真族的士兵担任，称为"拐子马"。完颜宗弼的这支兵马又称"常胜军"。面对完颜宗弼的大军，宋军诸将建议避开，先去攻打韩常的兵马。刘锜认为就是击败了韩常，仍然要面对完颜宗弼的精骑，不如先凭着锐气去攻打完颜宗弼，一旦完颜宗弼的精骑动摇，其他兵马就无所作为了。当时已是盛夏炎热季节，刘锜在早晨凉爽时先在城中按兵不动，坚守城池，等到了下午天热时，忽然派数百人出西门，金兵刚刚接战，刘锜又派数千人出南门。刘锜告诫将士不要呐喊，只以短兵相接。统制官赵撙、韩直身中几支箭，仍在拼杀，不肯退下。刘锜发现后，立即派人把二人扶了回来。这一次，金兵大败，五千多人被杀，尸横遍野。

刘锜之所以要在午后与金兵交战，就是要让他们感到口渴。刘锜事先在颍河上游及草地上投毒，告诫将士们，即使渴死，也不喝颍河中的水。金兵哪里知道，人喝了水、马吃了草，便开始生病，困乏无力，所以不堪一击。完颜宗弼把营寨移到城西，挖掘壕沟，想挡住宋军，以便歇息一下，同时也准备以此来长期围困顺昌城。岂料这时，老天又降下倾盆大雨，平地水深一尺多，刘锜又趁机派兵来袭击，金兵一直不得安宁。

完颜宗弼即使有精兵强将，却没有办法与刘锜打下去了，顺昌府城本是一个不起眼的普通城池，却让完颜宗弼望而却步。然而，完颜宗弼并不甘心，不想就此退兵。然而完颜宗弼在顺昌城外坚持了三天，身患疾病，放弃攻打顺昌城，领兵撤退。

六月十二日，完颜宗弼北撤到达泰和县（今安徽省太和县旧县镇）后，病得厉害卧床两天不起。到了淮宁府，完颜宗弼开始历数诸将罪责，从韩常以下，都被鞭打。最后，完颜宗弼仍命完颜雍守归德府，韩常守许州，一位翟姓将领守淮宁府，完颜宗弼自己率部返回东京开封。

刘锜当年四十三岁，与完颜宗弼差不多大。顺昌之战，成就了刘锜的威名。刘锜不是顺昌人，而是德顺军人，也就是今天的甘肃省静宁县人。后人为了纪念刘锜，在顺昌建了刘公祠。顺昌就是今天的安徽省阜阳市，如今的阜阳市还修建了刘锜公园，缅怀这位抗金英雄。在阜阳，还有刘锜路、刘锜小学，处处都能感受到刘锜的影子。

此时，岳飞开始他的第四次北伐，完颜宗弼不得不再去迎战岳飞。

六、郾城、颍昌之战

十多年前，岳飞曾在建康与完颜宗弼的大军交战过，只不过岳飞那时只是一名统制官，在金兵主帅完颜宗弼眼里，只是一名普通将领。那一次由于杜充部署不当，也不积极迎战，岳飞等人没有能够阻止完颜宗弼大军攻占建康。几个月后，完颜宗弼从临安北返，脱险黄天荡、再到建康时，岳飞又一次与完颜宗弼的兵马交战。完颜宗弼当时已经准备北渡长江，结束此次南征，没有与岳飞展开大规模地战斗，岳飞也只是击败了尚未来得及渡江的金兵，接着也就收复了建康。此后，岳飞进行过三次北伐，但一直没有与完颜宗弼面对面交锋过。三次北伐，对手都是伪齐国的将领，最厉害的大将李成，最早也曾是岳飞的手下败将。就在完颜宗弼撕毁和约再次南攻时,岳飞准备第四次北伐。岳飞终于与完颜宗弼展开了面对面的决战。

天眷三年(1140年)六月,就在完颜宗弼从顺昌城北撤不久,宋高宗派司农少卿李若虚出使岳飞军中。岳飞此时的官职已是湖北、京西宣抚使,不再是副使,与京东、淮东宣抚使韩世忠、淮西宣抚使张俊他们的官职平等。李若虚告诉岳飞,宋高宗不让轻易出兵,最好班师回朝。岳飞不听,坚决要求北伐。李若虚赞同岳飞的主张,还说责任由他承担,就说他假传圣旨。

岳飞大军北伐,一路进展顺利,各将都取得战绩。六月下旬,统领官孙显在蔡州与淮宁府(今河南省周口市淮阳区)之间与金兵交战,打败金兵。闰六月二十日,统制官张宪、傅选与金朝将领韩常战于颍昌府(今河南省许昌市),打败韩常。二十四日,张宪等人又与韩常战于淮宁府,再败韩常。数日后,统制官王贵收复了郑州。王贵派副统制郝晸前往河南府(今河南省洛阳市),与河南府兵马钤辖李兴会合。七月初,郝晸派部将张应、韩清与李兴收复了河南府所辖的永安军。

岳飞把大军留在颍昌,命令诸将继续分道出战,自己则率领轻骑兵驻屯在颍昌府所辖的郾城县(今河南省漯河市郾城区),指挥作战。岳飞身边的这支兵马虽然是轻骑兵,但却是精锐。消息传到东京开封,金朝都元帅完颜宗弼准备与岳飞拼死一战。完颜宗弼认为,岳飞在郾城的兵马不多,而且又是指挥部所在,如果消灭了岳飞,就可大功告成。

七月初八,完颜宗弼率领龙虎大王完颜突合速、盖天大王完颜赛里(汉名完颜宗宪)、大将韩常等人,挑选一万五千名精锐骑兵,直扑郾城。岳飞派儿子岳云带领八千多名背嵬军与游奕军出战。完颜宗弼拿出他的"撒手锏",派一万五千名"拐子马"出战。岳飞有对付"拐子马"的战术,命令步兵手拿麻扎刀,进入敌阵,让他们不要抬头向上看,只管砍马腿。岳飞这一招果然有效,完颜宗弼的"拐子马"接连倒下。岳飞帐下统制官杨再兴单枪匹马,冲入敌阵,打算生擒完颜宗弼。然而,杨再兴杀敌数百人,身上多处受伤,也没有能够将完颜宗弼擒获。两军一直战到天黑,金兵尸横遍野，完颜宗弼只得下令撤退。完颜宗弼悲痛地说，自从起兵以来，每次都靠"拐子马"取胜，没想到"拐子马"今天全军覆没了。

完颜宗弼并不甘心，两日后又派一千名骑兵前来袭击郾城。岳飞的将领王刚带领五十名骑兵侦察敌情，与完颜宗弼派的这支骑兵在城北的五里店遭遇。王刚奋起作战，杀死这支骑兵的将领。岳飞发现远处尘埃飞起，知道正在交锋，立即带领四十名骑兵前往作战，左冲右突，把完颜宗弼派来的这支骑兵打败。

岳飞在郾城重创完颜宗弼，于是给朝廷上奏，说金军锐气已经失去，即将丢弃辎重北渡黄河，各地豪杰归心朝廷，官军士卒踊跃向前。岳飞说这是收复中原的良机，时不再来，机不可失。朝廷会怎样对待岳飞的建议呢？

二次担任宰相已经两年的秦桧当时独揽朝政大权，因为尚书左仆射赵鼎已经罢相。秦桧和宋高宗一样，是主和派，没有收复北方故土的雄心。宋高宗当时面对金军毁约南攻，被迫派兵抵御，根本没有与金朝一战到底的决心。在宋高宗看来，前线各将只作防御性进攻就可以了，而像岳飞这样一心想收复中原甚至直捣黄龙府（今吉林省农安县）的想法，是不符合宋高宗的本意的。秦桧很清楚宋高宗的真实想法，因为他曾经为此测试宋高宗三次，终于弄清宋高宗主和的决心。秦桧当时的议和主张是放弃淮河以北，也就是淮河是他心中的分界线。秦桧暗示御史台官员，让他们向朝廷提议，让诸将班师。秦桧也知道岳飞收复中原的意志坚定不移，所以先召回其他将领，这样一来，岳飞一支孤军，也就不可能完成收复中原甚至消灭金朝的梦想，最终也就不得不班师。

此时的岳飞正在谋划再一次与完颜宗弼激战。完颜宗弼兵败郾城后，正带领十二万人抵达颖昌府所辖的临颖县，也准备再一次作战。七月十三日，岳飞派统制官杨再兴、王兰、高林带领三百名骑兵，在小商桥袭击完颜宗弼的兵马。三百人虽然勇猛，也杀死两千多名金兵，但毕竟人少，杨再兴、王兰、高林三将全部战死。不久，统制官张宪率部赶到，与完颜宗弼大军再战，完颜宗弼连夜逃走。岳飞收回杨再兴的尸体，将其火化，发现尸体内有二百多个箭头。岳飞无比痛惜。

悲痛归悲痛，岳飞还得指挥作战。岳飞对儿子岳云说，完颜宗弼屡战屡败，必定去攻打颍昌，让岳云带领人马火速前去颍昌救援王贵等将。

岳飞算得没有错，完颜宗弼避开岳飞，果然要去攻打颍昌城。七月十四日，完颜宗弼到达颍昌城西，王贵率游奕军、岳云率背嵬军与完颜宗弼派出的兵马激战。岳云带领八百名骑兵冲向完颜宗弼阵中，步军分为两支，担当岳云的左右两翼。这一战，岳家军非常勇猛，没有一人贪生怕死，杀得是"人为血人，马为血马"。交战结果，大败金军，杀死金军五千多人，包括完颜宗弼的女婿、统军使夏金吾。此外，这一战，还俘虏金军将官七十八人，俘虏金兵两千余人，缴获战马三千多匹。完颜宗弼不敢再战，率领残兵往东京开封方向撤退。

岳飞率部继续北进，追击完颜宗弼。据岳飞的孙子岳珂在《金佗稡编》中载，前部五百名背嵬军一直抵达朱仙镇（今河南省开封市祥符区朱仙镇），距离东京开封只有四十五里，与完颜宗弼带领的兵马对垒。岳家军果然勇猛，面对完颜宗弼的大军，毫不畏惧，直管杀进阵中。完颜宗弼不敌，一路退还汴京城中。完颜宗弼叹息道，自北方起兵以来，从未有过今天这样的败绩。金兵也发出"撼山易，撼岳家军难"的感叹。

完颜宗弼担心汴京守不住，打算离开汴京，北渡黄河。有一位书生拦住完颜宗弼的马首，劝完颜宗弼不要北撤，因为岳飞就要退兵了。完颜宗弼不明原因。书生告诉完颜宗弼，自古以来，如果朝中有奸臣掌权，大将不可能在外立功，岳飞难以逃过被害的结局。完颜宗弼大悟，决定留在汴京。

书生分析得没有错，秦桧当时已经命令其他各将南撤，然后对宋高宗说岳飞孤军深入，十分危险，应当让岳飞尽快班师回朝。宋高宗是主和派的源头，他当然同意秦桧的建议。秦桧担心岳飞不肯班师，于是在一天之内给岳飞下了十二道"金字牌"，让岳飞南撤。七月二十日，岳飞从郾城南撤，百姓拦住马首大哭，说官军一走，他们就没有活路了，因为他们头顶香盆，运送粮草，迎接官军，金军都知道。岳飞听了也悲痛不已，拿出诏书给百姓看，说他不能擅自留在这里。一时哭声震天动地。

岳飞退回武昌后，此前收复的颍昌、淮宁、蔡州、郑州、西京洛阳等地又被金朝夺取，中原的各路豪杰十分绝望。完颜宗弼给金熙宗上奏，称此次在河南、陕西用兵，取得大捷。金熙宗派遣使者前来慰劳，完颜宗弼以下有功士兵共三千人，都加授忠承校尉。

完颜宗弼休战不到半年，决定再次南攻。

七、柘皋、濠州之战

完颜宗弼还想继续南攻，为此他还到燕京觐见了前来巡视的金熙宗，向金熙宗汇报了这个计划。随同金熙宗前来的尚书左丞相完颜希尹反对继续南攻，完颜宗弼便与金熙宗联手杀掉了完颜希尹。完颜宗弼回到元帅府后，开始调集大军，为再一次大举用兵作准备。

完颜宗弼此次用兵的目标地区是淮南西路。在淮西地区的顺昌府（今安徽省阜阳市），有一位让完颜宗弼难以战胜的将领刘锜，完颜宗弼为何还要来攻打淮西呢？因为刘锜已经奉诏放弃了顺昌，南撤到长江南岸的太平州（今安徽省当涂县）。

皇统元年（1141年）正月，完颜宗弼带领九万大军前往攻打淮西，于正月十五日攻打寿春府。南宋守将孙晖与雷仲带领人马坚守寿春府城池（今安徽省凤台县）。四天后，二将弃城逃走，城被攻破，一千多名宋兵战死。金军接着在淮河架设浮桥，让大队人马南渡淮河。

南宋得知完颜宗弼南下攻打淮西，立即命令到临安朝见宋高宗的淮西宣抚使张俊返回建康（今江苏省南京市），防备金军南进。朝廷同时也派淮北宣抚副使杨沂中、淮北宣抚判官刘锜、湖北宣抚使岳飞以及淮东宣抚使韩世忠增援淮西。

刘锜接到诏令后，率部从太平州北渡长江，于正月二十五日到达庐州

（今安徽省合肥市）。庐州知州陈规刚刚病逝，城中没有知州，城内的守城器具也不足，官吏、兵民正在四散逃亡，只有统制官关师古（关师古降金五年后归宋）的军队两千多人。刘锜当时有士兵两万人，战马几百匹，以步兵为主，他绕城巡视一周，认为庐州城无法防守，便和关师古带领兵马冒雨南撤。

正月二十六日，金军进入庐州，立即派轻骑兵追击刘锜，在西山口追上刘锜的军队。刘锜亲率精兵为后队，排兵布阵抵挡敌军。金朝的骑兵看到刘锜的旗帜，很害怕，不敢进攻。到了傍晚，金朝的追兵北撤。

正月二十七日，刘锜带领兵马前往东关（今安徽省巢湖市东南）。东关依山傍水，是一个十分有利的地形。刘锜占据东关后，让将士们进行休整，以备下一次的战斗。金军占领了庐州后，不时派兵进入无为军（今安徽省无为市）与和州（今安徽省和县）境内抄掠，但就是不敢靠近长江，正是害怕刘锜从后方反攻。如此一来，江南得到了安宁。

淮西宣抚使张俊当时已到建康，建康府知府叶梦得请张俊迅速出兵。张俊犹豫不决，还想再等一等探马的情报。叶梦得认为，如果和州被金军占领，长江就守不住。张俊于是命令诸军出发，并对诸位统制官说，占领和州就能取胜。王德说他愿作诸军的前锋。

二月初四，王德率部从采石渡过长江，直抵和州城下。金军放弃和州向西撤退到含山县（今安徽省含山县）境内的昭关。数日后，王德向西边的含山县进逼，与金朝镇国大将军韩常遭遇。两军发生激战，韩常不敌而退。二月十四日，杨沂中率部到达，派部将张子盖与王德一起，攻取了含山县，夺取了昭关。

在东关的刘锜也在行动。刘锜派关师古攻取了巢县（今安徽省巢湖市），自己也率兵出击清溪，拦击金军。二月十七日，刘锜达到巢县东北的柘皋镇（今安徽省巢湖市柘皋镇）。

刘锜为何来到柘皋镇？因为金军被南宋几支兵马接连击败后，一路退到了柘皋镇。金军之所以驻扎在柘皋镇，是因为柘皋镇地势平坦，有利于骑兵作战。然而刘锜的兵马多为步兵，到了柘皋镇便处于劣势，所以刘锜与金军隔石梁河对峙，等待时机。石梁河，就是今天的柘皋河，宽有两丈，流向巢湖。刘锜先命令士兵搭建浮桥，然后派士兵过桥，横枪而坐，继续与金军对峙。不多时，杨沂中、王德、田师中、张子盖都率部赶到。当天双方没有开战。

先来看一下双方的兵力。金军主帅完颜宗弼当时在寿春，没有到柘皋前线，所以前线的金军大约七万人，由完颜宗弼的弟弟、邢王完颜宗敏与镇国大将军韩常指挥。宋军三位将领中，张俊是宣抚使，官职最高，其次是副使杨沂中，再次是判官刘锜，而作战最为勇猛的王德只是张俊大军的都统制。张俊是此次作战的总指挥，但他没有深入前线，而是临近前线指挥。张俊当时有三万人马，杨沂中有三万人马，刘锜加上关师古一共两万两千人，总人数八万多，在数量上不比金军少。

二月十八日，完颜宗敏与韩常将兵马分为两队，沿道路两旁布阵。杨沂中率所部兵马，从石梁河上游水浅处徒步过河，攻击金军。杨沂中的统制官辅逵在作战中，眼睛受伤，所部骑兵有所退却。王德认为金军右队是精锐，他打算先冲破金军右队的阵地。于是，王德和田师中率所部兵马渡过浮桥，直冲金军右队。王德看到金军一将披甲跃马，在阵前指挥，立即弯弓搭箭，这名金将应弦坠马。王德乘机大声呼喊，纵马冲入金军阵中，诸军一齐擂鼓助威。这时，金军"拐子马"从两翼杀来，王德面临危险。杨沂中一见，马上命一万名士兵手持长斧，横队前进，杀向"拐子马"。金军不敌，开始向北面退去，王德率部尾随追击一番，俘获一百多名金兵，几百匹战马。金军最后退到寿春的紫金山（今安徽省寿县境内），柘皋之战就此结束。由于金兵北撤，宋军趁机收复了庐州。

刘锜带领的是步兵，盔甲沉重，不能追击金军，所以什么战利品也没有得到。这一战，宋军将官及士兵战死的，有九百零三人，金军死亡的更多。刘锜曾听说过王德的威名，而且谋略如神，今天亲眼所见，果然不虚，十分敬佩。刘锜从此把王德当作兄长。

就在完颜宗敏、韩常与王德、杨沂中、刘锜等人大战之际，完颜宗弼、郦琼派轻骑兵逼近长江，打算渡江南进。江东安抚制置大使、建康府知府叶梦得早已征集长江沿岸数万军民，分别据守沿江各个渡口，还派其子叶模带领一千人防守马家渡。金军发现无法渡江，只得北撤。

柘皋之战结束后，金军半个月没有动静，淮西宣抚使张俊认为金军此次南攻已经结束，于是开始统计各将战功并上奏朝廷。张俊与杨沂中关系很好，而与刘锜有矛盾。特别是刘锜在顺昌之战中立了功，升了官，诸将十分忌妒。所以在张俊的奏报中，各将都有战功，只有刘锜没有。

三月初四，有一些被金军俘虏的百姓从淮河一带逃了回来，说金军已经北渡淮河，走得很远。张俊听了这个消息，让刘锜的步兵先班师，从采石渡江回太平州。张俊还不打算班师南返。第二天晚上，张俊与杨沂中继续北上，准备到濠州（今安徽省凤阳县）一带的淮河跃马扬威，同时安抚当地百姓。张俊此举，是让刘锜没有机会立功。第三天，张俊和杨沂中正在北进，前方探马来报，金军正在濠州城外，准备攻城。张俊大惊失色，急忙派骑兵去请正在南下的刘锜前来增援。刘锜接到通知，让大军准备十天干粮，掉头北上。

张俊得到濠州被攻的消息，已经晚了，因为金兵在三月初一这天便到达濠州。金军有数万人马，而濠州城中只有一千多名宋兵。金军先派人到城下招降，南宋濠州知州王进坚决不降。三月初七，金军直逼城下，用云车、冲梯开始攻城，一时弓箭、檑石如雨。然而金军攻了一天，没有进展。初八清晨，濠州兵马铃辖邵宏绳缒城投敌，把城中的虚实告诉金军。于是，金军增加东南城角的兵力，乘风纵火，把城上的楼橹烧毁，接着，金军开始登城。王进知道城要破了，做好被俘的准备，立即乘马奔往府衙，穿上朝服，端坐于州府大厅。不多时，金兵攻入，将王进俘虏。

三月初九，张俊、杨沂中、刘锜抵达黄连埠，离濠州城六十里，得到消息说濠州城已被金军攻破。刘锜认为濠州已经失守，继续前进无所投靠，而且士兵作战多日，已有归心，建议据守险要设置营寨，然后再寻找机会袭击敌人。刘锜认为这是先保全自己，再谋求取胜的策略。张俊与杨沂中认为正确，于是三支兵马设置营寨，成鼎足之势。

探马给张俊带来消息说，濠州城已无金兵。张俊不放心，又派数百名骑兵前去侦察，结果也说一无所见。张俊派人告诉刘锜，不需刘锜前往濠州，于是，刘锜按兵不动。张俊派王德与杨沂中带领两千名骑兵前往濠州，当夜四更出发。第二天中午时分，杨沂中、王德抵达濠州城西岭之上，尚未站稳阵脚，就见濠州城头升起烟火，濠州城两旁埋伏着的一万多名铠甲骑兵冲杀出来。杨沂中十分惊慌，问王德怎么办？王德说他只是一名统制官，而杨沂中是宣抚副使，应当作出决断。杨沂中在惊慌之中，用马鞭号令军队，骑兵以为是下令撤退，于是一齐南逃，毫无秩序。步兵发现骑兵已经撤退，以为战败，也一哄而散。金军追击，宋军步兵大多被杀。

当天，奉命前来增援的淮东宣抚使韩世忠到达濠州境内，离濠州城三十里。第二天晚上，韩世忠派游奕军统制刘宝率领水军沿淮河逆流而上，袭击濠州。韩世忠接着便得到消息，说金军已经发觉，正要伐木到下游去堵塞刘宝的退路。韩世忠于是取消袭击濠州的计划，命令刘宝迅速返回。由于金兵没有来得及堵塞淮河，刘宝最后还是撤了回去。

至此，南宋与金朝在淮西的战斗已经结束。杨沂中从宣化（今江苏省南京市浦口区）渡过长江，南返临安。张俊回到建康府，刘锜返回太平州。三月十三日，金兵也离开了濠州，从涡口渡淮河北返。

完颜宗弼此次在淮西用兵，南宋除了派张俊带领杨沂中、刘锜迎战，也派岳飞、韩世忠前来增援。韩世忠曾到濠州，而岳飞也从池州北渡长江，只是未到达前线，战斗已经结束。没想到几个月后，这成了岳飞的一个罪状，那便是增援淮西不力。

八、第二次议和

完颜宗弼撕毁完颜昌与南宋的和议，发兵南攻，前后用时将近一年，

第五章 两次议和

虽然基本收复河南地区，但陕西地区并不顺利，不少州县还在南宋将士的控制之下。虽然完颜撒离喝还在陕西一带与宋军不时发生交战，但收获不大。金朝与南宋的这一轮较量，也能看出南宋的兵力明显增强，甚至已经略强于金朝，不仅有效抵御金朝兵马的南攻，其中岳飞的大军还主动北伐，一直挺进到东京开封附近。然而，即使在这样的形势下，宋高宗仍然没有放弃与金朝议和的主张，这不能不说宋高宗没有统一天下的雄才大略，甚至连收复北宋疆域的决心都没有。宋高宗当时最想保住的是他的皇位。

如果宋高宗消灭了金朝，他的皇位还有谁能够质疑和取代呢？唐朝"安史之乱"发生不久，唐玄宗只能当太上皇，因为他没有能力平定"安史之乱"，宋高宗同样没有必要担心宋徽宗、宋钦宗回来后，会威胁他的皇位。就算宋高宗有这方面的担心，也不是最主要的，他最担心的是将帅的权力太大，让他无法控制。

对武将权力的担忧，是宋朝皇帝的通病，宋高宗也不例外。在这些将帅当中，岳飞最让宋高宗担忧，因为岳飞成长太快，实力最强，一旦由岳飞主导收复了中原、消灭了金朝，宋高宗担心他无法控制岳飞。宋朝开国皇帝赵匡胤当年"陈桥兵变、黄袍加身"的事，宋高宗岂能不知？宋高宗觉得还是议和的策略好，而要想议和，岳飞便是一个障碍，因为岳飞对北伐最为积极，还反对议和。

濠州之战结束的次月，宋高宗便将张俊、韩世忠、岳飞三位大将召到临安，让张俊、韩世忠担任枢密使，岳飞担任枢密副使，将他们宣抚使的职务全部撤销，让他们在朝廷任职，实是收了他们的兵权。张俊这时又与秦桧走得很近，开始主张议和，还一起谋害岳飞。那么在这样的形势下，金朝掌管军事大权的都元帅完颜宗弼会如何行动呢？

史书记载，在濠州之战的次月，完颜宗弼向金熙宗上奏，请求再次南伐，金熙宗同意了完颜宗弼的奏请。然而，接着发生的事，打乱了完颜宗弼的计划。什么事呢？那就是在金熙宗同意完颜宗弼奏请的次月，完颜宗干病逝了。

前面讲过，金熙宗即位之初是完颜宗磐、完颜宗干、完颜宗翰三人一同辅政。完颜宗翰去世、完颜宗磐被杀后，便是完颜宗干一人辅政。完颜宗干的官职是太师、领三省事，爵位是梁宋国王，在大臣中无人能比。金熙宗对完颜宗干也极为尊敬，当了太师后，便让完颜宗干入朝不拜。由于完颜宗干脚有毛病，金熙宗特地下诏，让完颜宗干可以乘轿上殿，而且下诏不名。完颜宗干生病时，正与金熙宗在燕京视察，金熙宗马上决定返回上京。完颜宗干病重不能行走，金熙宗一边哭一边问及国家大事，十分悲痛。途中，金熙宗一直守护着完颜宗干，皇后还亲自给完颜宗干喂饭。金熙宗为了完颜宗干的病能早日康复，更是下诏大赦罪犯。数日后，完颜宗干去世了，金熙宗哭着宣布停朝七天。太史劝金熙宗，说那一天不宜哭泣，金熙宗不听，反而哭得更加伤心。金熙宗返回上京后，又到完颜宗干家中大哭一番。送葬之日，金熙宗又亲自到场。

完颜宗干算不上是权臣，但是有他在朝中辅政，完颜宗弼才能安心地在外用兵。这兄弟二人，一内一外，配合得很好。现在完颜宗干去世了，金熙宗少了一位辅政大臣，能否顺利地治理这个国家，还是一个未知数，而对完颜宗弼来说，他不能不担心朝中的大臣会反对他南下用兵。刚被杀掉的尚书左丞相完颜希尹，便是一个例子。另外，完颜宗弼此时更希望到朝中去辅政，就像他大哥完颜宗干那样，所以这必然会影响他下一步的南征计划。

在完颜宗干去世的次月，金熙宗便下诏，让完颜宗弼与宰执大臣一同入京议事。完颜宗弼便从他的祁州元帅府，赶往上京会宁府。完颜宗弼到了朝廷，很快便掌控了朝政大权，因为他是都元帅，实力最强。皇统元年（1141年）七月初十，金熙宗下诏，任命完颜宗弼为尚书左丞相，兼侍中、太保、都元帅，仍兼领行台。金熙宗同时把燕京路隶属于尚书省，西京路和山后各部族隶属于元帅府。不管是尚书省还是元帅府，都是完颜宗弼说了算，因为他是尚书左丞相，也是都元帅。如此一来，完颜宗弼无论是朝中官职，还是军中官职，都是最高的。完颜宗弼没有马上就留在朝中辅政，而是在被任命后的第三天返回军中。

再次回到军中的完颜宗弼已经不打算向南宋用兵了，他准备响应南宋多年议和的请求，与南宋议和。完颜宗弼让南宋的两位使者工部侍郎莫将与知阁门事韩恕回去，转达议和的想法。完颜宗弼还给宋高宗写了一封信，让使者带回去。岳飞孙子岳珂在《金佗稡编》中说，完颜宗弼还给秦桧写了一封信，要求杀了岳飞，然后才可以议和。岳珂的这个说法不足为信，大概是秦桧想帮助宋高宗铲除手握重兵的岳飞而放出的谎言。

莫将与韩恕到达泗州后，让泗州官员上奏宋高宗，说金朝打算议和了。九月十三日，宋高宗接到奏报。然而在此之前，秦桧已经指使亲信万俟卨等人上疏弹劾岳飞，指责岳飞增援淮西不力，以及巡视淮东时，说山阳不可防守而动摇民心，岳飞已经在八月初九被宋高宗罢了官。

宋高宗听说完颜宗弼要议和，也收到完颜宗弼的信，大有喜出望外之感。宋高宗马上又派左武大夫、忠州团练使刘光远为正使，拱卫大夫、忠州防御使曹勋为副使，一同前往完颜宗弼的元帅府。九月二十三日，刘光远、曹勋向宋高宗辞行，宋高宗让二人带着完颜宗弼的信出发。

完颜宗弼虽然开始议和，但并没有停止用兵，他放走莫将、韩恕后，便派兵南进，攻克了泗州，接着又占领了楚州。与此同时，已经升任右副元帅的完颜撒离喝在陕西战场再度用兵，派五万大军攻打秦州。完颜宗弼这是以战促和，不想让南宋看出他有求和的意思。其实完颜宗弼当时想尽快把议和这件事办成，然后便可以回朝接替大哥完颜宗干辅政了。宋高宗为表示议和诚意，已经下令让陕西战场上的右军都统制吴璘等将班师。而枢密使张俊当时正在镇江府，在得知金军接连占领泗州、楚州之后，只是派他的侄子、统制官张子盖率轻兵前往扬州、盱眙一带，侦察金军动向。张俊之所以不派大军北渡长江，就是怕妨碍与金朝的议和。

十月初四，南宋使者刘光远、曹勋到达完颜宗弼军中。二人在完颜宗弼军中待了六天。十月初十，完颜宗弼告诉二人，金朝已经同意议和，准备派一位官职高、有名望的使者前往南宋商谈议和之事，让二人先回去报告。刘光远、曹勋尚未回到临安，岳飞、岳云父子二人已经被押入大理寺监狱，缘由是枢密使张俊称岳飞的将领张宪谋反，有口供，牵连岳飞，已经升任尚书左仆射的秦桧派人正在审问。韩世忠因反对议和，也被朝廷罢了官职。

刘光远、曹勋回到南宋，奏呈了完颜宗弼的话。于是，宋高宗再派吏部侍郎魏良臣等人为使，前往完颜宗弼的军中。尽管两国正在为议和而紧锣密鼓地商议，金军又于当月攻占了淮河南岸的濠州。

魏良臣到了完颜宗弼处，与完颜宗弼谈了边界与岁贡问题，双方基本同意两国以淮河为界，南宋每年向金朝进贡白银二十五万银、绢帛二十五万匹。完颜宗弼还想要唐、邓二州，魏良臣不能决定。于是，完颜宗弼派行台户部侍郎萧毅与翰林待制、同知制诰邢具瞻，出使南宋，看看能不能谈成。十一月初七，完颜宗弼让萧毅、邢具瞻随魏良臣等人南返。

宋高宗听说金朝的使者要来了，立即下诏，任命魏良臣就地担任接伴使。宋高宗的举动，显然是对议和的重视，也是对金朝使者的尊重。在两国使者的接送、陪伴上，宋朝是有经验的，因为当年北宋与辽国"澶渊之盟"后，便有一套完整的礼仪。金朝可能还不太清楚这些，但宋高宗已经这样做了。所谓接伴使，就是当金朝使者前来时，南宋得有一位使者到边界迎接，一直把金朝的使者接到京城的馆驿。金朝使者在京城期间，南宋还得有一位馆伴使，一直陪伴金朝使者到离开京城。金朝使者北归时，南宋还得有一位送伴使，一直把他送到边界。

十一月十八日，萧毅、邢具瞻到达临安，入见宋高宗，谈到割让唐、邓二州一事，宋高宗马上就答应了。萧毅等人入住馆舍，宋高宗让莫将担任馆伴使。

这期间秦桧向宋高宗提议，议和文书应由各国自己写，不应只由金朝一方写，不然会吃亏。宋高宗说为了宋徽宗的灵柩以及母亲韦太后能够南归，他已经不顾这些了，即使称臣也可以。

十一月二十一日，宋高宗派御史中丞何铸与曹勋二人为报谢使，与萧毅等人一同北上。宋高宗让何铸一定要促成此次议和，因为他向北遥望父母，已经超过十五年，现在已经几乎无泪可挥，让何铸把他的心意转达金熙宗。说完，泪流不已。

十二月十一日，何铸等人到了金朝元帅府，完颜宗弼让他们继续前往上京会宁府。完颜宗弼同时还写信，催促南宋划割陕西的边界。宋高宗派莫将等人前往交割唐、邓二州，派郑刚中前往划割陕西地区，以原来伪齐国与吴玠所管辖的边界为准。宋高宗忙完这些事，便于当月最后一天，也就是除夕，赐死一直不肯认罪的岳飞。

皇统二年（1142年），南宋与金朝就议和之事，进一步派使往来商议，把陕西一带的边界也商定，那就是以大散关为界，还答应完颜宗弼的要求，把和尚原、方山原两地也割给金朝。金朝还派使到南宋，册封赵构为皇帝，南宋向金朝称臣，做金朝的附属国。金朝派少府少监高居安护送宋高宗的母亲韦太后南归，同时派金太宗的儿子完颜宗贤护送宋徽宗的灵柩南归，但宋钦宗仍然留在金朝，一直到十四年后去世。

宋、金第二次议和，被南宋称为"绍兴和议"，严格地讲，应当称"绍兴第二次和议"。此次议和之后，宋金两国结束长达十六年的战争，维持了将近二十年的和平。

完颜宗弼此时向金熙宗提出退休，金熙宗会同意吗？

九、出将入相

皇统二年（1142年）七月，完颜宗弼向金熙宗提出退休，金熙宗不同意，还下诏书进行安抚。金熙宗考虑到完颜宗弼的功劳巨大，不仅给完颜宗弼赐予金书铁券，赏赐人口、牛、马各一千，骆驼一百，羊一万，还从南宋每年进贡的钱物中，拨给白银、绢帛两千两匹。

掌管军政大权后，完颜宗弼的官职也发生过几次变化，但不管如何变，他始终是朝中、军中官职最高的人。皇统元年（1141年）七月，完颜宗弼担任太保、尚书左丞相，兼都元帅，兼领行台。皇统二年（1142年）三月，完颜宗弼升太傅，其他官职照旧。皇统七年（1147年）九月，完颜宗弼升太师、领三省事，都元帅、领行台尚书省事等官职如故。

完颜宗弼开始辅政时，金熙宗二十三岁，已经不再是小孩子。完颜宗弼虽然没有完全独揽朝政大权，但金熙宗遇事不可能不与完颜宗弼商议，不可能不听完颜宗弼的意见。金熙宗尊敬完颜宗弼，完颜宗弼对金熙宗也忠心耿耿。总之，君臣二人相处还算融洽。

从与南宋的和议完成，到皇统八年（1148年）十月完颜宗弼去世，前后有七年时间。在这七年中，完颜宗弼确实也遵守议和盟约，没有对南宋发动战争，宋、金两国都得到了发展。史书上称，金熙宗时期，出现了"年谷丰、盗贼息、百姓安"的局面。金熙宗在完颜宗弼的辅政下，继续进行汉化改革，比如在官制、律法方面。

在宋朝，宰相叫尚书左仆射、右仆射，在金朝，宰相叫尚书左丞相、右丞相。完颜宗弼曾担任尚书左丞相六年之久，在他之前，完颜希尹、完颜宗隽都担任过尚书左丞相，完颜希尹还两次担任尚书左丞相。尚书左丞相是宰相之首，几度易人，血雨腥风，那么尚书右丞相又是谁在担任呢？

尚书右丞相一直由汉族大臣韩企先担任。从金熙宗即位起，一直到皇统六年二月韩企先去世，长达十二年之久。韩企先博通经史，知前代故事，"或因或革，咸取折衷"。韩企先选官用人，专门培养奖励后进，使得金朝"一时台省多君子"。韩企先在推进汉化、制定典章制度方面，贡献很多，从而博得女真贵族的敬重与赞扬，世称"贤相"。在金朝衍庆二十一功臣中，只有两位汉人，排在第十八位的是刘彦宗，排在第二十位的便是韩企先。刘彦宗、韩企先都是辽国降臣，刘彦宗主要功绩是参与对北宋的用兵。刘彦宗在北宋灭亡的第二年便去世了，韩企先接替了他的职务，直到后来当了尚书右丞相。

金朝消灭辽国后，起用了不少辽国降臣，有契丹人，还有汉人。韩企先作为辽国降臣之一，在金朝得到重用。然而，完颜宗弼掌管朝政后，多用宋朝降臣，与韩企先为代表的势力分为两派。韩企先能够在这样的环境下，得以保全自己，已经相当不易。韩企先去世后，完颜宗弼便罢免了一批辽国降臣，起用了一批宋朝降臣，比如用蔡松年等人代替了田珏等较为守旧的官员，更有利于官制的改革。从这一点来看，完颜宗弼在大哥完颜宗干去世后，必定要入朝控制朝政，而且有些迫不及待，因为他担心朝廷中这批辽国降臣的权势过大，会对他有所影响。当然，完颜宗弼入朝也没有放弃元帅府的大权，他已经把内外大权全部抓在手中。

完颜宗弼辅政期间，除了官场上你争我斗的事，还有两件重要的事：第一件事，便是完颜宗弼开始监修国史，完成了《太祖实录》；第二件事便是讨伐北边的蒙古部叛乱。

《大金国志》记载，完颜昌被杀后，其子完颜胜花都带着完颜昌的一些部下，前往北方草原，与蒙古部勾结。蒙古部势力得到增强，便南侵金朝边界，一连攻下二十多个团寨，边防将领向朝廷告急。

蒙古部的这一次叛乱，已经是第二次。第一次是在七年多前，是太师完颜宗磐出马把蒙古部叛乱平定。这一次就没有这么顺利。皇统三年（1143年）四月，完颜宗弼派兵讨伐蒙古部。虽然完颜宗弼派出八万名训练有素的神臂弓箭手，然而一连三年，都不能平定。完颜宗弼不打算再用武力，准备与蒙古部议和。

皇统六年（1146年）八月，汴京行台尚书省事萧保寿奴奉命前往蒙古部议和，答应把西平河以北的二十七个团寨割给蒙古部，每年再赠送牛羊米豆，册封蒙古部首领为蒙古国王。次年三月，蒙古部首领熬罗自称祖元皇帝，改年号为天兴。金朝与蒙古部议和成功后，双方罢兵。金朝留下精锐兵马，防守要害地方，然后撤军回朝。

上面这段史料在《金史》《元史》这样的正史中没有记载，连研究蒙古历史的第一手资料《蒙古秘史》也没有记载。《金史》中提到完颜昌被杀时，两个儿子完颜斡带、完颜乌达补一同被杀，没有提到完颜昌还有儿子叫完颜胜花都。

金朝当时受到来自北方草原部落的侵扰，这个是有可能的，而且随着时间的推移，这种侵扰越来越频繁，也越来越严重。然而，金朝当时十分强盛，北方草原上的部落又不是一个，到底是哪一个敢于多次南下侵袭金朝边境、还让完颜宗弼派出的八万神臂弓箭手都平定不了呢？是蒙古部吗？

"蒙古"二字在今天可以有多个含义，可以是一个民族的名称，也可以是一个地方的名称。但在金熙宗时，蒙古只能是一个部落的名称，只有在六十年后，蒙古部的首领铁木真统一漠北之后，"蒙古"二字才开始逐渐代表漠北地区，直到漠南地区，甚至也把整个蒙古高原上的民族都称为蒙古族。后人在记述历史时，有可能把"蒙古"二字的含义用混。

在金朝初期，蒙古部是北方草原上诸部之一，当时还不算是最强盛的部族。当时在北方草原上实力比较强的是阻卜部，也就是塔塔尔部，此外还有克烈部、乃蛮部、蔑儿乞部、汪古部，等等。塔塔尔部后来便不断地南侵金朝，金朝多次派兵前往征讨，这个在正史上有明确的记载。塔塔尔部与蒙古部一直有仇，而且在塔塔尔部面前，蒙古部一直是受害者。

《蒙古秘史》记载，在成吉思汗(铁木真)之前，蒙古部的首领有合不勒、俺巴孩、忽图剌以及也速该。合不勒是成吉思汗的曾祖父，俺巴孩是合不勒的堂兄弟，忽图剌是合不勒的第四子，也速该是合不勒的次子八哩丹之子。

熬罗与金朝议和之时，也速该（1134—1170年）大约十四岁，应当还没有当部落的首领。这个时候，蒙古部的首领可能是合不勒，或者是俺巴孩，或者是忽图剌。《蒙古秘史》上说，俺巴孩在送女儿出嫁的途中，被塔塔尔人捉拿，然后送给金朝，金朝将俺巴孩钉死在木驴上。俺巴孩在被抓住时，让人给忽图剌以及自己的儿子带话，要求他们哪怕五个指头的指甲秃掉，十个指头磨掉，也要为他报仇。

俺巴孩死后，忽图剌便成了蒙古部的首领。忽图剌曾与塔塔尔人交战十三次，但没有能够报得俺巴孩的仇。忽图剌去世后，他的侄子也速该当了首领。也速该最后也死在塔塔尔人手里,他的儿子铁木真当时才九岁。也速该被害后,蒙古部的势力衰退,铁木真与母亲、兄弟陷入了困境。

《大金国志》中所说的熬罗是不是成吉思汗的曾祖父合不勒,限于史料,目前说不清楚。总之,在《蒙古秘史》中,没有记载合不勒称帝改元的事。有研究者认为,完颜宗弼派八万神臂弓箭手讨伐的不是蒙古部而是塔塔尔部,这个说法是可信的。

关于蒙古与金朝冲突的历史,在本书的后面,会重点讲述,我们还是再来看看完颜宗弼去世后,金朝又发生了哪些大事?金熙宗终于可以一个人掌管朝政了,偏偏又受限于一个女人,金熙宗真的非常郁闷。

第六章 三个志向

一、政 变

金熙宗之所以被立为谙班勃极烈直到当上皇帝，是因为完颜宗翰、完颜宗干、完颜宗磐等人势力平衡的结果。所以，金熙宗从当上皇帝开始，就不能完全掌控朝政，先后由完颜宗磐、完颜宗干、完颜宗弼辅政，由他们掌握着朝廷大权。然而，金熙宗不是任人摆布的傻子。金熙宗在汉族大臣的帮助下，读了很多的书，学了很多治国的理论。金熙宗汉化程度很高，当时被称为"汉儿"。金熙宗也很聪明，还创造了女真小字。这样的一个皇帝如果一直受制于人的话，心情可想而知，长时间下去，就一定会产生心理问题。当然，金熙宗刚继位时，年龄还不算大，由自己信得过的完颜宗干、完颜宗弼先后辅政，这对他影响不大，他对这二人也很尊敬，特别是完颜宗干还是他的养父。

完颜宗弼去世后，金熙宗已经三十岁了，虽然只是虚岁，但已经完全成年，在当时，这个年龄当皇帝是不算小的。金熙宗明白，当一位皇帝需要很好地驾驭大臣，才能掌管朝廷大权，但这时，他的个性又让他难以做到。金熙宗缺乏当皇帝这样至高无上官职的魅力，他连皇后都管不了，反过来，皇后却能控制着他。

金熙宗的皇后是裴满氏，也出自女真贵族。裴满氏在皇统二年（1142年）给金熙宗生了一个皇子，取名完颜济安。金熙宗二十四岁得子，非常高兴，在一个月后，便册封完颜济安为皇太子。岂料九个月后，不到一岁的小太子便因病去世了。裴满皇后怕影响她的地位，一直让金熙宗没有机会与其

第六章　三个志向

他妃子生儿子。尽管如此，金熙宗还是与一位宫女生了一个儿子，取名完颜道济，先养在宫外，后来才接到宫中。完颜道济入宫后，被封为魏王，其母被封为贤妃。完颜道济大概在两三岁时，被金熙宗亲手杀死，而且是愤怒地杀死，这是正史给我们留下的极为简略的信息。金熙宗一直盼望有一个儿子，他为什么要杀死自己的儿子呢？很可能就是裴满皇后从中挑拨的结果。

裴满皇后还干预朝政，朝中不少大臣成为她的党羽。金熙宗满心以为可以自己说了算，大干一番了，想不到还要看皇后的眼色行事，他能不愤懑吗？金熙宗如果是一位无能、无知的皇帝，就像西晋时的惠帝司马衷，倒也不至于会变得不正常。

金熙宗这个皇帝当得很痛苦。怎么办呢？于是酗酒便成了金熙宗常干的事。也许只有酒，才能让金熙宗忘却这些烦恼。然而，酒喝多了，金熙宗就会变疯，疯了就会杀人。

完颜宗弼去世后，朝廷中的重要官职由完颜宗贤、萧仲恭、完颜勖、完颜亮等人担任。完颜宗贤是太保、尚书左丞相，萧仲恭是尚书右丞相，完颜勖领行台尚书省事，完颜亮是平章政事。这几人都位列宰相，但却分为两派。

完颜宗贤官职最高，他忠于金熙宗，不向裴满皇后低头。完颜宗贤还劝金熙宗多纳一些嫔妃，以便有机会多生儿子。完颜宗贤这个主意，让裴满皇后十分不高兴。萧仲恭、完颜勖、完颜亮等人便依附裴满皇后，以对抗完颜宗贤。金熙宗虽是皇帝，应当拥有最高的权力，但他控制不了两派的斗争，任由他们的官职不断地此起彼伏。

皇统八年（1148年）十一月十七日，也就是完颜宗弼去世的次月，金熙宗任命尚书左丞相完颜宗贤为左副元帅，平章政事完颜亮为尚书左丞相兼侍中，参知政事完颜秉德为平章政事。完颜亮的官职一下子高于完颜宗贤。不到十天，完颜宗贤又恢复了太保、左丞相的官职，左副元帅仍旧。如此一来，完颜宗贤的官职又高于完颜亮，因为完颜亮只担任侍中。

十二月初，金熙宗任命右丞相萧仲恭为太傅、领三省事，完颜亮为尚书右丞相。如此一来，萧仲恭的官职又高于完颜宗贤，同时完颜亮的官职又有了提升。十多天后，左丞相完颜宗贤为太师、领三省事，兼都元帅。如此一来，完颜宗贤又成为朝中最高官职。

完颜宗贤这个官职只当了二十几天，便于皇统九年（1149年）正月十五日被罢免。完颜宗贤这一回还被调出朝廷，到南京开封府去当留守。完颜宗贤一走，朝廷中的大权便又被裴满皇后这一派人占据：领行台尚书省事完颜勖为太师、领三省事，完颜亮的兄长、同判大宗正事完颜充为尚书左丞相，右丞相完颜亮兼任都元帅。完颜充没多久便去世了，金熙宗又于正月二十三日任命完颜亮为尚书左丞相，判大宗正事完颜宗本为尚书右丞相，左副元帅完颜宗敏为都元帅，南京开封府留守完颜宗贤为左副元帅兼西京留守。这两次调整，完颜勖、完颜亮等人权力又上去了，而完颜宗贤不仅被外调，还又从开封调到大同府。

完颜亮的生日在正月，金熙宗派宦官大兴国给完颜亮送去生日赏赐。金熙宗听说裴满皇后也让人给完颜亮送去了生日礼物，十分生气。金熙宗不敢把这个气发在裴满皇后身上，而是打了大兴国一百杖，还让人去完颜亮那里，把他赏赐的东西要回来。完颜亮感到非常不安。

此事发生后的没几天，完颜宗贤又被调到朝中任职，恢复太保、领三省事。完颜宗贤大概还没有到达大同府，便又往上京会宁府赶来了。完颜宗贤此次的官职虽不及太师完颜勖，但已经高于完颜亮了。

一个多月后，完颜宗贤的官职与完颜亮又对调了一下，完颜亮为太保、领三省事，完颜宗贤为尚书左丞相。完颜亮掌握了大权，便不断把自己的人往尚书省调，金熙宗也没有办法。

五月初七日，因天气出现异常，金熙宗让翰林学士张钧为他写罪己诏。罪己诏说金熙宗因为自己的德行不好，冒犯了上天的戒律，还说金熙宗是昏庸的独夫，瞎眼的小子。金熙宗十分生气，让卫士打了张钧一百鞭子。金熙宗看到张钧没有死，又用剑划破张钧的嘴，把张钧剁成肉酱。

第六章 三个志向

金熙宗还不死心，要找出背后指使的人。尚书左丞相完颜宗贤告诉金熙宗，是太保、领三省事完颜亮干的。金熙宗于是在两天后，调完颜亮出京，给完颜亮的官职是领行台尚书省事。完颜亮离开朝廷后，金熙宗便于六月初九任命都元帅完颜宗敏为太保、领三省事兼左副元帅，左丞相完颜宗贤兼都元帅。

八月，平章政事完颜秉德、郎中三合等大臣商议，将辽阳、渤海的百姓迁徙到燕山府以南，金熙宗采纳了这一建议。金熙宗的侍从高寿星也在迁徙之列，但他不想离开上京会宁府。高寿星知道金熙宗听裴满皇后的，便去向裴满皇后诉苦，裴满皇后便让金熙宗留下高寿星。金熙宗不敢拒绝裴满皇后，竟然还把完颜秉德杖责一番，把三合给处死了。

九月，金熙宗又把完颜亮调回朝廷，担任平章政事。金熙宗还任命尚书右丞相完颜宗本为太保、领三省事，左副元帅完颜宗敏领行台尚书事，平章政事完颜秉德为尚书左丞相兼中书令。

完颜亮在外任职四个月，现在接到金熙宗调他回朝的诏令，不知是祸是福，十分恐慌。完颜亮只得硬着头皮先回到上京。此时的完颜亮已经下定决心谋反。完颜亮认为只有杀掉金熙宗，由自己来当皇帝，自己才能安全。

由于金熙宗喜怒无常，动辄杀人，朝中一些大臣也想废黜金熙宗，就连金熙宗的驸马、尚书左丞唐括辩也有这个想法。大理卿完颜乌带告诉完颜亮，唐括辩与完颜秉德因被金熙宗杖责而怨恨金熙宗，他们想另立新君。完颜亮于是与唐括辩等人一同谋划废黜金熙宗之事。完颜亮问唐括辩哪个可当新君？唐括辩推荐金熙宗的弟弟胙王完颜元。完颜亮又问其次还可立谁？唐括辩又推荐已故邓王完颜奭（音同世）的儿子完颜阿楞。完颜亮说完颜阿楞与皇室关系太远，不能立。唐括辩问完颜亮自己是不是想当皇帝？完颜亮当仁不让，说如果不得已，舍我其谁？

唐括辩推荐的完颜元、完颜阿楞等人便成了完颜亮的眼中钉，于是，完颜亮说他们谋反，借金熙宗之手把他们杀掉。金熙宗到现在才发现完颜亮对他如此地忠心，也更加信任完颜亮。完颜亮则开始寻找机会对金熙宗下手了。

金熙宗杀了弟弟完颜元，按女真的习俗，完颜元的妃子撒卯就要改嫁金熙宗，然而裴满皇后阻挠撒卯进宫。金熙宗处处让着裴满皇后，这回终于不再当个软弱无能的人了，多年的积怨让金熙宗干出令人想不到的事。十一月，金熙宗自己动手，把裴满皇后给杀了。一个男人面对个性强势的女人，可能会不断地忍让，但如果这个男人不是傻子的话，而这个女人又总是不依不饶的话，这个男人说不定哪天就会干出让人十分吃惊的事。

金熙宗杀了裴满皇后，便把撒卯召入宫中。不久，金熙宗又把德妃乌古论氏、夹谷氏、张氏等人杀掉。十二月，金熙宗又在寝殿杀了另一个妃子裴满氏。这个几个妃子大概都是反对金熙宗宠幸撒卯。

宫中侍从看到金熙宗如此随意杀人，都感到非常恐惧。完颜亮觉得，在朝中人人自危的时候发动政变，是个好时机。再说，裴满皇后死了，他也没有人可以依靠，再不动手的话，可能自己就再也没有机会了。

完颜亮已经得到唐括辩等人的帮助，还想得到徒单阿里出虎、仆散忽土、大兴国三人的协助。徒单阿里出虎、仆散忽土是护卫十人长，大兴国是近侍局直长，如果有他们作为内应，政变才能顺利成功。完颜亮把女儿许配给徒单阿里出虎的儿子，徒单阿里出虎也就成了完颜亮的亲家。仆散忽土在卑贱时曾得到完颜亮的父亲完颜宗干的照顾，是完颜宗干把他提拔到亲军中。仆散忽土曾对完颜亮说，除了身体，一切都是先太师完颜宗干所赐，如果完颜亮有什么事要他做，他宁愿一死也不推辞。完颜亮于是把废黜金熙宗的计划告诉仆散忽土，仆散忽土马上就答应了下来。而当完颜亮把这个计划告诉徒单阿里出虎时，徒单阿里出虎喜出望外地说，为什么不早点告诉我？还说当今皇上不能治理天下，亲家完颜亮才是众望所归，亲家完颜亮所谋划的正是他的夙愿。

完颜亮得到护卫的支持，就差金熙宗身边的亲信大兴国了。大兴国更是一个关键人物，因为每天晚上金熙宗就寝后，大兴国会把印符和钥匙带走，要想进入宫廷，得有大兴国的印符和钥匙。完颜亮与大兴国不是太熟，但以前大兴国曾把一个叫李老僧的人推荐给完颜亮,完颜亮任用李老僧为内史。完颜亮于是让李老僧把大兴国请来商议。

完颜亮对大兴国说金熙宗无故杀害胙王完颜元,又杀死裴满皇后,还说金熙宗把完颜元的财产赐给完颜阿楞,却又杀死完颜阿楞,而现在又把财产赐给完颜亮,完颜亮对此深感忧虑。大兴国也认为这个确实让人忧虑。完颜亮又说朝中大臣惊恐不安,难以自保,还说上一次他过生日,就因为裴满皇后赐给他礼物,以致大兴国被杖责,他也被皇上怀疑。完颜亮说他与大兴国恐怕都难逃一死,与其束手待毙,不如图谋大事。大兴国表示赞同,还说事不宜迟。二人于是约定在十二月初九晚上行动。因为这天晚上,唐括辩的夫人代国公主要在寺院中为其母亲裴满皇后做佛事,不在家中。

十二月初九晚上,徒单阿里出虎、仆散忽土在宫内值班,完颜亮与他的妹夫徒单贞以及完颜秉德、完颜乌带等人在唐括辩家中聚集。唐括辩准备了饭食,但大家心慌吃不下去,只有唐括辩神色自若,照吃不误。

二更时分,大兴国取来印符,带着唐括辩等人入宫,谎称金熙宗要召见唐括辩等人。守门的军士知道唐括辩是金熙宗的驸马,没起疑心,便放大兴国进宫。完颜亮等人怀藏短刀也跟着一起进去。到了寝殿门口,卫士发觉不对劲,正要发难,唐括辩等人亮出短刀将卫士劫持,卫士不敢再说话,任由他们进入寝殿。

金熙宗已经被脚步声惊醒,面对来势汹汹的这群人,金熙宗一边大声呵斥,一边去拿自己的佩刀。金熙宗平时一直把佩刀放在床上,但这一回他的佩刀已被大兴国事先放到了床下,金熙宗没找着。就在这时,徒单阿里出虎已经举刀刺向金熙宗,金熙宗被刺中。仆散忽土举刀再刺,金熙宗倒在了地上。完颜亮又上去刺了一刀。

二、向宗室开刀

完颜亮是完颜宗干的次子,而完颜宗干是金太祖的庶长子。完颜宗干没有机会当上皇帝，完颜亮却一直有当皇帝的雄心。完颜亮想当皇帝，只是一个志向，他还有另外两个志向，可谓"雄心壮志"。有一次，完颜亮与心腹、尚书省内史高怀贞说："吾志有三：国家大事皆自我出，一也；率师伐国，执其君长问罪于前，二也；得天下绝色而妻之，三也。"

第一个志向是当皇帝，第二个志向是统一天下，这两个志向让人不得不敬佩完颜亮。第三个志向或许是很多帝王都有的想法，但不能说出来，一旦说出来，他的品德便被大打折扣。当然，完颜亮是失败者，如果是一位成功者，这第三个志向也许不会被人非议。成吉思汗也曾说过这样霸气的话："男子最大之乐事，在于压服乱众，战胜敌人，夺取其所有的一切，骑其骏马，纳其美貌之妻妾。"这三十六个字，便被一些人追捧。

完颜亮发动政变，已经实现了他的第一个志向，然而，他并没有马上就去实现他的第二个志向，因为那要做很多的准备，甚至要很长的时间。完颜亮要巩固一下自己的皇位，因为他知道，他的皇位是通过不正当的手段得来的，反对他的人或者不服气的人一定很多，他要把这些人都杀掉。

完颜亮首先就要除掉的人是完颜宗敏与完颜宗贤。完颜亮一刻也不想等，他在杀掉金熙宗的时候，便要把这两个人干掉，以免他们有所防备，毕竟他们在朝中官职不低，势力也不小。完颜亮于是谎称金熙宗要册立皇后，以召诸王、大臣进宫为名，召完颜宗敏与完颜宗贤入宫。完颜宗敏是金太祖的儿子，也就是完颜亮的叔父，完颜亮还有点不忍心下手，完颜乌带说完颜宗敏是太祖的儿子，今天不杀，将来会有异谋。完颜亮于是命令仆散忽土杀掉完颜宗敏。完颜宗贤听说金熙宗要册立皇后，认为一定会册立胙王的妃子撒卯为皇后，他打算劝阻金熙宗。然而他一到宫中，便被拘捕。完颜宗贤以为是怕他反对册立撒卯才要拿下他，马上说他死不值得惋惜，只是从此没有人帮助皇上了。完颜宗贤在临死前还想着要帮助金熙宗，殊不知，金熙宗已经被杀害了。

完颜亮除掉了完颜宗敏与完颜宗贤，便正式宣布自己为皇帝了，还把金熙宗废黜为东昏王，改皇统九年为天德元年。完颜亮对这几个帮助他

第六章 三个志向

夺位的人首先加官,任命完颜秉德为尚书左丞相兼侍中,左副元帅唐括辩为尚书右丞相兼中书令,完颜乌带为平章政事,仆散忽土为左副点检,徒单阿里出虎为右副点检,徒单贞为左卫将军,大兴国为广宁尹。完颜亮还给完颜秉德、唐括辩、完颜乌带、仆散忽土、徒单阿里出虎、大兴国六人赐予盟誓券书,相当于发了免死牌。完颜亮也给太师、领三省事完颜勖等二十人加官晋爵。

帮助完颜亮政变的这几个人原本是安全的,毕竟给他们发了免死牌。然而,完颜亮第一个就对完颜秉德看不顺眼,因为在杀了金熙宗后,完颜秉德还没有拿定主意拥立完颜亮为皇帝。还是仆散忽土说了一句,当初就是商议拥立完颜亮为皇帝,现在还迟疑什么呢?众人于是拥立完颜亮为皇帝,一起向完颜亮下拜,高呼万岁。与完颜秉德不和的完颜乌带又不断地在完颜亮面前说完颜秉德的坏话,完颜亮于是采取了一些措施,于天德二年(1150年)正月任命完颜秉德为领行台尚书省事,把完颜秉德调出朝廷。

完颜秉德一走,左丞相的位置便空了出来。二月,完颜亮任命右丞相唐括辩为左丞相,而右丞相则由完颜乌带担任。不久,完颜亮又开始猜忌唐括辩。有一回,完颜亮指着金太祖的画像对唐括辩说,唐括辩的眼睛与金太祖很相像,唐括辩听后感到很高兴,完颜亮更加猜忌唐括辩。

当年正月,完颜亮便把自己的谋士萧裕调入朝中,担任秘书监。秘书监的官职虽然不算高,但却能够与完颜亮朝夕商议机密事务。完颜亮当然也会给萧裕提高官职,只不过要一步一步来。在完颜亮看来,那些帮助他杀掉金熙宗的人,并不值得信任,而萧裕才是他最为信任的人。

完颜亮为了巩固自己的皇位,便要大开杀戒了。什么样的人会危及完颜亮的皇位呢?在完颜亮看来,主要是他们完颜家族的人。完颜亮准备先向金太宗的子孙下手。在当时,金太宗一族的人官职最高的就是完颜宗本。完颜宗本在金熙宗时的官职是太保、领三省事,完颜亮夺位后,升完颜宗本为太傅、领三省事。完颜亮想杀完颜宗本等人,但一时找不到杀他们的罪名,于是与萧裕商议。萧裕是谋士,当然有办法。萧裕说尚书省令史萧玉与完颜宗本交情深厚，人人皆知，如果让萧玉揭发完颜宗本谋反，众人一定会相信，然后就可以按照户籍上的名单，把他们一起杀掉。

天德二年（1150年）四月，完颜亮以打球为名，召完颜宗本与金太宗另一子、判大宗正事完颜宗美前来。二人一到，便被完颜亮埋伏的刀斧手杀死。这时萧裕派人去召见萧玉。萧玉来了，萧裕跟他实话实说，说皇上想杀掉完颜宗本等人，今天已经把他们杀掉了，现在想要给他们加上一个谋反的罪名，要萧玉报告他们谋反的罪状。萧玉还没有说什么，萧裕已经把写好罪状的纸交给萧玉，让萧玉照上面写的说就行。

萧裕罗列的罪状不仅指出完颜宗本谋反，还牵涉众多人员，这当然是有意为之，以便把这些人统统干掉。这个罪状的内容大意为：完颜秉德前往行台赴任，向完颜宗本告别，二人约定谋反，还说要内外呼应；唐括辩说宦官张彦会看相，说完颜宗本有天子的福分，完颜宗本说他的兄长完颜宗懿在东京当留守，就是当天子也是兄长先来；完颜宗美说完颜宗本是金太宗的当家儿子，还是希望拥立完颜宗本为皇帝；北京留守完颜卞当时准备前往北京赴任，临行时也对完颜宗本说事不宜迟；完颜宗本于是决定近日举事。

萧玉看完后，便跟着萧裕去见完颜亮。萧玉按纸上所写的内容，向完颜亮揭发完颜宗本等人谋反的罪行。完颜亮听后，非常高兴，命人将此事诏告朝廷内外。完颜亮有了萧玉提供的罪状，便下令杀掉完颜宗本与唐括辩，又派人前往东京辽阳府杀掉留守完颜宗懿，到北京大定府杀掉留守完颜卞。完颜亮此次对金太宗子孙动手，共杀掉七十多人，金太宗一族被杀光了。

萧玉已经指出完颜秉德与完颜宗本约定谋反，但完颜亮还没有派人去杀完颜秉德。完颜乌带向完颜亮报告说，完颜秉德在完颜宗本家饮酒，有相面的人说完颜秉德的相貌与宋太祖赵匡胤很像，完颜秉德笑得前俯后仰，很是开心。完颜乌带还说完颜秉德与完颜宗本辞别时，说皇上完颜亮气数已尽，皇位将属于他人。完颜亮听了，马上派人到开封府，把完颜秉德诛杀。

第六章 三个志向

完颜秉德是完颜宗翰的孙子，由于他一人，牵连完颜宗翰子孙三十多人，这些人全部被杀，从此完颜宗翰的后人也一个不剩。

完颜亮还不死心，又把五十多个宗室人员杀掉了。

完颜亮杀掉完颜宗本等人之后，便升萧玉为礼部尚书，算是对萧玉的奖赏。完颜亮还提升萧裕为尚书左丞，虽然不是宰相，但已经是执政了，离宰相只有一步远了。为了奖赏完颜乌带的告发之功，完颜亮升完颜乌带为尚书左丞相兼侍中。尚书右丞相由刘彦宗的儿子刘筈（音同扩）担任。

完颜亮杀了不少宗室，也就是杀了不少姓完颜的人，但还有一位宗室老将在，这便是经略陕西多年的完颜撒离喝。完颜亮上台后，完颜撒离喝当右副元帅已经快有十年，在军中有一定的地位与资历，完颜亮十分忌惮。完颜亮决定给完颜撒离喝升官，同时把他调离陕西。完颜亮于是任命完颜撒离喝为行台尚书左丞相，兼左副元帅。行台尚书省在开封府，属于河南，这样一来，完颜撒离喝就得到河南任职。完颜亮同时又任命主管河南事务多年的左监军大㚟（音同昊）为右副元帅、行台尚书右丞相。大㚟姓大，与完颜亮的生母大氏一样，是渤海人，虽不是女真人，但得到完颜亮的信任与重用。

完颜撒离喝被完颜亮升职后，来到朝廷觐见完颜亮。完颜撒离喝到底是在陕西时间久了，对唐朝的事了解得多一些，竟然以李世民杀哥哥李建成的事来劝说完颜亮。完颜撒离喝说李世民杀了太子李建成后，当了皇帝，推行善政，得到后世的称赞。完颜撒离喝希望完颜亮像李世民那样。没想到完颜亮听了这个比喻，十分不高兴，完颜撒离喝也后悔自己失言。完颜撒离喝到了开封任职后，完颜亮让大㚟架空完颜撒离喝，让完颜撒离喝无权。

完颜撒离喝在开封，虽然是左副元帅、行台尚书左丞相，但这个官当得很难受，不过也只当了五个月，完颜亮便对他动手了。元帅府令史遥设迎合完颜亮，诬陷完颜撒离喝父子谋反。遥设模仿完颜撒离喝签字和印章，伪造一封用契丹小字书写的家信。信中有很多怨愤、谋反的话语，还牵连到平章政事完颜宗义。这封信在宫门外被发现，说是完颜撒离喝的儿子、御史大夫完颜宗安遗落的。完颜宗安被拘捕审问，坚决不承认，说如果真有此信，无论如何都不会遗落在朝门之外。任凭严刑拷打，完颜宗安就是不屈服。平章政事完颜宗义经不住毒打，便认了罪。完颜亮得到这个审讯结果，马上派人到开封府，杀死完颜撒离喝，同时处死完颜宗义、完颜宗安等人，还灭了他们全族。完颜撒离喝被杀，是完颜亮向宗室大开杀戒的余波。完颜撒离喝被杀后，金朝的老一辈将领全部没有了。从此，大金朝的朝堂之上，姓完颜的重要官员便很少了，而另外一些姓氏的官员便多了起来。

完颜亮杀了不少人，但有几个人一直没有杀，看来完颜亮还没有疯狂到什么人都杀的地步。第一个便是已经当太师、领三省事的完颜勖。完颜勖的官职已经最高，而且还是完颜昌的弟弟。完颜勖为保全自己，多次向完颜亮上表告老。完颜亮一开始不同意他退休，给他赏赐玉带，下诏书抚慰，遇到大事让宰相到完颜勖家中商议，让完颜勖上朝不须叩拜。完颜勖继续请求退休，并且自称病重，完颜亮有些不高兴，便准许他退休。七年后，完颜勖去世，五十九岁，也是善终了。完颜勖既是宗室大臣，也是一位历史学家，看来学历史还是有益的。还有一位是萧仲恭，在完颜亮政变前，已经当了太傅、领三省事，在完颜亮上台后的当月，虽然免去萧仲恭的官职，让完颜宗本当了太傅、领三省事，但完颜亮对萧仲恭还是继续任用，封萧仲恭为越国王，任命他为燕京留守。萧仲恭是辽国降臣中官职做到最高的人。萧仲恭在完颜亮上台后的第二年就生病去世了，也算是善终吧。

除了这几个人，完颜亮最信任的便是他的兄弟完颜充了。完颜亮让完颜充当都元帅，掌管军事大权。完颜亮一开始也信任完颜宗弼的儿子完颜亨，任命完颜亨为右卫将军，当他的左右手。然而，三个月后，完颜亮就把完颜亨调到真定府当知府，就因为完颜亨生性直率、有才干，而且勇猛无比，喜欢表现自己，按今天的话说，不低调。有一回完颜亮把一副良弓赏赐给完颜亨，完颜亨不要，说这个弓太弱，不适合他。在完颜亮上台的四年后，完颜亮还是把完颜亨杀掉了。

完颜亮屠杀宗室，巩固了帝位，便开始变革旧有的制度。

三、变革、迁都

完颜亮不仅要巩固自己的帝位，还要加强中央集权制度改革，加速推进封建化。天德二年（1150年）十二月，也就是杀掉行台尚书左丞相完颜撒离喝后的第二个月，完颜亮下诏，废除行台尚书省，同时将都元帅府改为枢密院。

金朝设置行台尚书省是从金太宗时期开始的，金熙宗沿袭这一制度，先后在燕京、汴京设立行台尚书省，主要负责原宋朝占领区的治理。行台尚书省离金朝都城会宁府比较远，有一定的独立性，朝廷不太好控制。完颜亮采取这一果断措施，便是为了统一政令，加强中央集权统治。

都元帅府一直是金朝军事的最高机构，也是金太宗时才开始设置。在与宋朝作战的过程中，都元帅先后由完颜杲、完颜宗翰、完颜宗弼担任，除了完颜杲，都元帅往往驻于京外要地，以实力干预朝政。从品阶来看，都元帅是从一品，仅次于正一品的尚书令，与尚书省左、右丞相品阶相同，而左、右副元帅是正二品，与尚书省的左、右丞品阶相同。完颜亮仿照宋朝制度，设立枢密院，由朝廷直接任命枢密使和枢密副使。完颜亮的这一做法，是把军事大权牢牢掌管在朝廷。

行台尚书省被废除后，行台尚书右丞相、右副元帅大㚖便担任尚书右丞相，原尚书右丞相刘筈在一个月前已被罢免。尚书左丞相一职在五个月前，已由平章政事温都思忠担任。都元帅府改为枢密院后，都元帅完颜充改任枢密使，还兼太尉、领三省事。元帅左监军完颜昂为枢密副使。

完颜亮废除行台、改都元帅府为枢密院，是一大进步，史家对此没有异议，尽管在当时也会有不少反对的声音。完颜亮的变革，实际上是金熙宗时期变革的延续，只不过到了完颜亮时得到了完成。金太祖时，采用勃极烈制度，奴隶制的印迹还很明显。金太宗时，在完颜亮父亲完颜宗干等人的推动下，金朝开始汉化，采用中原朝廷的一些制度。金熙宗时，完颜宗干、完颜宗弼继续推进汉化，加快奴隶制向封建制的转变。完颜亮时，废除行台也算是水到渠成。完颜亮本人汉化程度也很高，他虽然杀了金熙宗以及不少宗室，但他没有阻挡变革的车轮。

完颜亮接着要做的事，也得到后世史家正面的评价，这便是把都城由上京会宁府迁到燕京。会宁府就是今天的黑龙江省哈尔滨市阿城区，燕京就是今天的北京市。会宁府离燕京两千多里远，如果一直以会宁府作为金朝的都城，对于金朝的治理相当不便，尤其是不便于集权化治理。金太宗时，占领了河东、河北，当时为了便于对两河的治理，金太宗便在燕京设置行台尚书省。后来又占领河南、陕西等地，金朝先后扶立伪楚、伪齐来治理这些地方。金熙宗时，废除了伪齐，又设置了统一的行台尚书省来治理宋朝占领区。完颜昌把河南、陕西割给南宋后，行台便又北迁。完颜宗弼夺回河南、陕西重新与南宋议和后，行台便又设置在汴京开封府。完颜亮既然废除了行台尚书省，把全国的治理权收归中央，如果仍把会宁府作为都城便十分不合时宜。从会宁府到燕京尚且远达两千多里，而从燕京到汴京又远达一千多里。完颜亮迁都燕京，不只是考虑全国的治理，还考虑到将来攻打南宋以统一天下。完颜亮甚至认为，攻打南宋，只把都城迁到燕京还是不够的，将来还要迁到汴京。然而，迁都燕京，就已经得到众多女真族人的反对，更不用说迁到更远的汴京了，所以完颜亮要一步一步来。

完颜亮正式决定迁都燕京，是在天德三年（1151年）四月，也就是在他废除行台尚书省的四个月后。完颜亮知道迁都不是下一道诏书就能完成的，因为还有很多事要做。

燕京当时并不具备立即做都城的条件，必须对城池进行规划与建设，这需要一定的时间。燕京在金朝以前，也曾做过都城，只不过是一些比较小的国家，比如春秋战国时期的燕国、十六国时期的前燕以及五代十国时期的桀燕。燕国在这里建都时间虽然比较长，但燕国离金朝已经相当久远。

前燕在这里建都时间只有七年多，而桀燕更短，只有两年零三个月。辽国采用五京制，燕京称南京，只是一个陪都而已。辽国虽有五京，但辽国皇帝采用四时捺钵制度，朝廷是不固定的，而且四时捺钵的地点也不在京城。所以，燕京并没有真正建成一个像样的都城。

当完颜亮下诏以燕京为都城并开始做准备时，有人向完颜亮提供了燕京宫殿的规划图，并说已经考虑了阴阳、五行等理论。完颜亮还比较清醒，说国家的兴亡在于君主的道德，而不在于地点。完颜亮还说，如果是桀、纣居住，就是占卜一个好地方也没有用，而如果是尧、舜居住，根本就不用占卜。完颜亮把燕京的城池、宫殿建造事宜交给了尚书右丞张浩。张浩于是开始调集各路民工、工匠前往燕京。五个月后，考虑到燕京的工匠们辛苦，完颜亮给他们每个人赏赐一匹布帛。

会宁府虽然是在金太宗时才开始建造城池，也有了宫殿，但这里根本不能与内地繁华的城池相比。然而，女真人在此居住久了，都不愿意离开。完颜亮迁都并不能得到所有女真人甚至完颜族人的认可。完颜亮先定下迁都大计，然后开始修建都城，同时也让这些女真人有一个接受的过程。整整两年后，也就是天德五年（1153年）三月，各项准备工作基本到位，完颜亮正式迁都，并于当月到达燕京。完颜亮下一道诏书，宣布迁都完成，同时改年号为贞元元年，文武百官加官一级，将燕京改为大兴府，称中都。完颜亮保留五京，原中京大定府改为北京大定府，汴京开封府称为南京开封府，会宁府、辽阳府、大同府仍称上京、东京、西京。

完颜亮完成了迁都，活着的人跟着迁过来了，但完颜亮还不死心，他担心大家在中都住得不踏实，他还想让死了的人也迁过来。贞元三年（1155年）三月，完颜亮下诏，在中都郊外的大房山（今北京市房山区西）云峰寺修建皇陵，在山脚下兴建行宫。五月，完颜亮派判大宗正事完颜京前往会宁府，挖掘金太祖、金太宗的陵墓，把他们的棺木迁到中都来。其实大房山的皇陵才开始修建，尚未完成，完颜亮便派人去迁移棺木，大概是考虑到一来一去，路途遥远，需要一定的时日。

完颜亮对皇陵的修建非常重视，多次亲临现场察看。在派出大宗正前往会宁府的当月，完颜亮便前往大房山，察看皇陵修建情况。七月十六日，完颜亮再到大房山，对修建的进度感到不满，下令杖责吏部尚书耶律安礼等人。八月初七，完颜亮又到大房山，当天，就住在大房山。初九，皇陵终于破土动工，完颜亮赏赐每位工匠一匹绢帛。九月十五日，完颜亮又到大房山察看皇陵修建情况，第二天回宫。

就在九月，金太祖、金太宗的棺木就要到达中都，完颜亮亲自来到流沙河迎接。十月初五，棺木到达中都，暂时放置在大安殿，完颜亮特地将大安殿改名为丕承殿。由于即将重新安葬太祖、太宗的棺木，完颜亮下诏，所有官员身穿便服处理公务，一个月之内不得批复死刑案件。十月二十三日，大房山行宫落成，命名为磐宁宫。十一月初一，完颜亮护送太祖、太宗的棺木从丕承殿出发。数日后，完颜亮在大房山举行皇陵落成典礼。

完颜亮下一步便对官制进行了变革。正隆元年（1156年）正月，完颜亮将三省制改为一省制，也就是只保留了尚书省，撤销了中书省与门下省。尚书省下设院、台、府、司、寺、监、局、署、所等机构。尚书省最高官职为尚书令，其下仍设左、右丞相和左、右丞等官，不再设置平章政事官。尚书省成为皇帝直接控制的唯一最高权力机构，这有利于中央集权和政令的统一。五月，完颜亮颁布"正隆官制"，正式推行新的官制。完颜亮推行的"一省制"极具金朝特色，后继的君主一直沿用了这一制度。

正隆改制后，完颜亮任命已经担任太师、领三省事的温都思忠为尚书令。温都思忠之前官职最高，现在仍是最高。枢密使完颜充在三年前去世了，后由枢密副使完颜昂当枢密使。正隆官制后，完颜昂只当太保，枢密使由已经担任右丞相的仆散忽土担任。此时的左丞相是张浩。

完颜亮刚刚完成官制改革，便又开始"迁坟"。完颜亮此前已经将金太祖、金太宗的棺木迁葬到中都城外的大房山，现在还要迁谁的坟呢？完颜亮此次要迁的便是他们完颜家族的祖坟，是金太祖之前女真完颜部首领的坟。完颜亮此举，仍是要让那些对迁都不安心的人割断对祖祖辈辈所在故土的情思，让他们不再想着哪一天还要回会宁府，因为不仅太祖、太宗来了，更早以前的祖宗也来了。完颜亮此次要迁的一共有十位祖宗，分别是始祖完颜函普、德帝完颜乌鲁、安帝完颜跋海、献祖完颜绥可、昭祖完颜石鲁、景祖完颜乌古乃、世祖完颜劾里钵、肃宗完颜颇剌淑、穆宗完颜盈歌、康宗完颜乌雅束。

正隆元年七月，完颜亮命令已经担任闲职的完颜昂前往会宁府，把始祖以下十位祖宗的棺木迁到中都来。完颜亮在八月还亲自到大房山察看陵墓建设情况。十月十七日，完颜亮把这十位祖宗的棺木安葬在大房山祖陵。

完颜亮把金太祖之前的十位祖宗也迁到中都大房山，还是感到不放心，他觉得上京会宁府那里还有一些东西会让人怀念，那便是那里的宫殿以及城池。完颜亮决定要干就干得彻底一些。正隆二年（1157年）八月，完颜亮下诏，撤销上京留守司，只保留会宁府。两个月后，完颜亮又让会宁府的官员把那里的宫殿全部拆毁，那些大家族的房子也要拆除，把土地耕平，交给百姓种田。完颜亮这次做得确实彻底，所以今天在黑龙江省哈尔滨市阿城区已找不到当年宫殿甚至都城的影子了，只能看到考古专家设立的几块石碑。

完颜亮下一步便要为攻打南宋作准备。

四、完颜亮的后宫

完颜亮把上京的宫殿毁了之后，便开始考虑攻打南宋的事。此时，完颜亮当皇帝已经八年之久。吏部尚书李通等人就大谈江南物产丰富，美女众多。宦官梁珫说宋高宗的刘贵妃更是绝代佳人，越国的西施、蜀国的花蕊夫人都比不上。完颜亮让人准备好新的被子，等刘贵妃来了使用。

史书上如此记载，似乎让人感觉完颜亮攻打南宋，也是为了绝色美女。完颜亮喜爱美色，这个或许不假，但他有统一天下的雄心，这个也不假。到了金太祖完颜阿骨打的第三代子孙，尤其是天下承平日久，能够有这样的雄心也算是难得。女真民族本是剽悍的民族，有着尚武精神，在入主中原、特别是汉化之后，他们的尚武精神有所减弱，追求安逸、维持现状的人越来越占多数。正因为如此，完颜亮统一天下的雄心，便得不到更多人的赞同。

我们在讲述完颜亮实现他第二个志向之前，还是要讲一讲史书上关于完颜亮荒淫的记载，因为不少人已经把他的荒淫与他的第三个志向联系起来了。这些荒淫的记载有多少是真实的，有多少是后人丑化的，只能是仁者见仁、智者见智了。完颜亮在历史上是一位失败者，所谓成王败寇，他的话语权只有在位的那十二年。成功的帝王，不仅在位有话语权，死后还有话语权，至少有一段时间的话语权。话语权越长的帝王，历史的记载对他越有利。

史书记载，完颜亮首先就把被他杀掉的那些宗室人的妻子、儿媳纳入后宫。比如完颜宗本、完颜宗固的儿媳，完颜秉德的弟媳。完颜亮也没有把这些人全部"收继"了，大概也要挑选挑选。"收继"或许在女真人来说，并不算什么不正常的事，比如完颜亮的父亲完颜宗干便收继了弟弟完颜宗峻的妻子，甚至把堂兄完颜宗雄的妻子也收继了。

完颜亮还看上了帮他政变的完颜乌带的妻子唐括定哥。完颜亮在没当皇帝前，曾与唐括定哥私通。完颜亮当了皇帝后，便想直接把唐括定哥纳到宫里来。当然，完颜亮知道，完颜乌带活得好好的，他怎么能把人家的老婆纳到宫里呢？完颜亮于是让人给唐括定哥带话，让她把完颜乌带杀了。唐括定哥还有点清醒，说以前年轻，干了糊涂事，私通也就私通了，现在年纪大了，孩子也不小了，希望从此与陛下一刀两断。完颜亮恐吓唐括定哥，如果不从，就杀她全家。唐括定哥于是勒死了完颜乌带，被完颜亮纳入宫中，封为贵妃。后来完颜亮又移情别恋，冷落了唐括定哥，唐括定哥便与之前的家奴阁乞儿私通，完颜亮得知后，也勒死了唐括定哥。

完颜亮不久又看上了唐括定哥的妹妹唐括石哥。唐括石哥当时已经嫁给了宗室完颜文，完颜亮于是恐吓完颜文的母亲，让完颜文的母亲把唐括石哥赶出家门。完颜文的母亲便让完颜文休掉唐括石哥。完颜文没有办法，便与妻子唐括石哥痛哭诀别。完颜亮终于把唐括石哥纳入宫中，先封为修容，后又封为昭仪、柔妃、丽妃。

完颜亮杀了完颜宗敏之后，便把完颜宗敏的妃子阿懒纳到宫中，还册封阿懒为昭妃。完颜宗敏是金太祖的儿子，是完颜亮的亲叔叔。在完颜亮看来，他仍然是在执行"收继婚制"，但有大臣提出完颜宗敏是近亲长辈，不能这么做。完颜亮也没有坚持，便把阿懒放出宫去。看来完颜亮还没有荒唐透顶。

完颜亮上面干的事，在那个时代或许还不能算有失人伦，毕竟他收继的那些女人，与他没有什么血缘关系。但史书怎么能只记载这些事呢？否则怎么说完颜亮荒淫而不顾伦理呢？

史书上说，完颜亮把完颜宗本的女儿、完颜宗望的女儿、完颜宗磐的孙女、完颜宗弼的女儿、完颜宗隽的女儿也纳入宫中，还册封她们为贵妃、昭妃、淑妃。完颜亮甚至还把他姐姐的女儿蒲察叉察也设法弄到宫中。这些人，不是完颜亮的堂姐妹，便是堂侄女，甚至还是外甥女，完颜亮把她们纳入后宫，是有失人伦的。完颜重节是完颜宗磐的孙女，完颜亮不仅与完颜重节淫乱，还把完颜重节的母亲蒲察阿里虎也纳入宫中，这也是有失人伦的。

史书上甚至说，完颜亮当着宠臣张仲轲的面，与妃子们淫乱。

史书上的记载有些夸张，不能全信。试想，亲叔叔完颜宗敏的妃子都不能收继，堂姐妹、堂侄女这些人就能纳入后宫吗？这些记载难道不是矛盾吗？这显然是后来者对完颜亮的丑化。明朝冯梦龙在《醒世恒言》中写了一篇《金海陵纵欲亡身》，描写太过淫秽，不能出版，即使出版也得有删减。冯梦龙写的是小说，不是历史，更不能当真。

完颜亮接着做的一件事，不能不讲，那便是让人到济南府，通知济南府尹完颜雍，让他的妻子乌林答氏到中都来。史书上的记载就是如此简洁，不知道所为何事？于是有人认为，完颜亮是个好色之徒，他一定是看上了乌林答氏，想把乌林答氏纳入后宫。也人有分析是完颜亮怀疑这位堂兄弟完颜雍，听说完颜雍有一位贤内助，也就是乌林答氏，正因为这位贤内助，让完颜雍平安渡过了金熙宗时期，以及完颜亮上台后的这几年。完颜亮想找完颜雍的麻烦，就必须先把乌林答氏给支开。也有人认为这两个原因都有，唯独没有人说完颜亮这是想把乌林答氏弄了去做人质。

总之，乌林答氏不得不离开完颜雍，完颜雍也没有办法。乌林答氏说她不会连累完颜雍，她必须离开济南。然而，乌林答氏没有到达中都便自杀身亡了。自杀的地方叫良乡，离中都七十里。乌林答氏还给完颜雍留下一封书信，史书上没有记载，是明朝人的一本书中收录的，还给起了一个名字，叫《上雍王书》。今天，我们能够读到这封信，从信中能够看出乌林答氏深明大义的想法与做法，那便是只有在途中自杀才能让完颜雍安全，同时也成全了乌林答氏的忠贞。不过细读这封信，不敢相信是真的，因为乌林答氏在信中痛骂完颜亮无道，还要完颜雍卧薪尝胆，将来取代完颜亮。乌林答氏自杀了，如果这封信泄露了出去，那完颜雍必死无疑。乌林答氏不会愚蠢到她死后，这封信还能安全地送到完颜雍的手中。

史书上接下来的记载，便有猜测的成分，说乌林答氏死后，完颜亮怀疑是完颜雍教乌林答氏这样做的。如果是完颜雍教的，那完颜亮更应当怀疑完颜雍才是。然而，完颜亮接着便把完颜雍调到西京任留守，算是升了一级官职。如此来看，完颜亮好像又不怀疑完颜雍了。一年后，完颜亮又调完颜雍到东京担任留守，还由葛王晋升为赵王，更是不怀疑完颜雍了。史书上这时才说，因为完颜雍谨慎，才得以保全。其实，一个乌林答氏的死，足以让完颜亮不再信任完颜雍。完颜亮难道不担心完颜雍报复？按完颜亮的个性，他此时还能容得下完颜雍吗？诸多疑问，无从解答。

讲完了完颜亮荒淫之事，再来讲讲完颜亮备战南宋的事。

五、备战、再迁都

正隆三年（1158年）正月的一天，完颜亮与谏议大夫张仲轲谈论《汉书》。完颜亮说汉朝的疆域虽然大，方圆不过七八千里，而金朝幅员上万里。张仲轲说，金朝疆域虽然很大，但天下却有四位君主，南方有宋国，东方有高丽国，西方有夏国，如果能够把这三国统一了，才算是真正的大国。完颜亮准备先攻打南宋，便问张仲轲以什么罪名去攻打南宋。张仲轲说南宋购买战马，修造兵器，接受从山东叛逃而去的人，这便是罪名。完颜亮说此次出兵，既能一统天下，又能把那个刘贵妃弄到手，可谓一举两得。完颜亮又说消灭南宋，最多两三年时间，然后再平定高丽和西夏，统一天下之后，对有功之臣升官晋爵，对将士们论功行赏，他们一定会高兴得忘记辛劳。

张仲轲等人是赞同出兵江南的，但也有人反对。当年五月，出使南宋的魏子平等人回到金朝，完颜亮便问他苏州（今江苏省苏州市）与大名府（今河北省大名县）相比，哪里更好？魏子平说苏州无法与大名府相比。完颜亮感到不解。魏子平说，人们乐于追求的是宫室、车马、衣服、饮食，而南方江湖纵横，地势低洼，空气潮湿，那里的人把船只当作居室，用鱼虾当作酿酒的原料，夏天穿着葛布做的衣服，还是无法忍受闷热。完颜亮听了很不高兴。

完颜亮又召吏部尚书李通、翰林学士承旨翟永固、左宣徽使敬嗣晖、翰林直学士韩汝嘉四人前来商议，准备先修复南京开封府的宫殿，然后迁都开封，为举兵南攻做好准备。李通、敬嗣晖马上说这个想法相当正确，完颜亮听了很高兴。然而，翟永固、韩汝嘉说燕京才修建好，国库中的钱财不多了，民力也没有恢复，不能再修建南京的宫殿。二人还说南宋一直与金朝通好，每年的岁贡从未中断，突然举兵去征伐，师出无名。完颜亮听后，大怒，把他们赶了出去。第二天，完颜亮升李通为尚书右丞，敬嗣晖为参知政事。翟永固趁机告老退休，完颜亮也同意了。

当年十二月，完颜亮准备迁都开封，但因开封宫城失火，宫殿需要修建。完颜亮把这件事又交给张浩。张浩当时是左丞相，已经位居要职。完颜亮还让赞同迁都的参知政事敬嗣晖参与此项事务。张浩四年前，便负责修建了燕京的宫殿。然而张浩此次却要劝阻完颜亮,让他不要修建开封宫殿。张浩不敢直说,便委婉地说前几年营建中都,百姓很乐意前来服役,现在民力没有恢复,恐怕不能像以前修建中都那样顺利。完颜亮不听,让张浩赶紧去开封办理此事。

张浩辞行时,完颜亮又问他用兵江南的利弊得失,张浩仍然不敢正面回答,委婉地劝谏说,上天就要断绝赵氏的帝位了。完颜亮不解。张浩说赵构已经五十几岁了,一直没有生出儿子,他如果册立宗室中疏远的人为太子,一定会出现皇位争夺,大金根本不用动兵,便能征服南宋。完颜亮赏识张浩的话,但仍不想放弃武力。

张浩到了开封,开始修建宫殿。完颜亮又派宦官梁珫前来督察。梁珫提出了很多过分的要求,把宫殿建设的标准大幅提高,很多地方都拆了重建,白白花费了大量人力物力。张浩虽然是宰相之首,但管不了梁珫,因为完颜亮重用宦官,特别是梁珫。

迁都开封是南征的第一步,当然开封城还要修一修,这需要时间。完颜亮接着便为南征继续作准备。正隆四年(1159年)二月,完颜亮下诏在通州(今北京市通州区)修造战船,同时开始征兵。三月,派兵部尚书萧恭与西夏国划定边界线,同时派使到各路总管府,监督铸造兵器。四月,完颜亮下令增加山东路官员的俸禄,也增加士兵的军饷。八月,完颜亮下诏征集马匹,共征集了五十六万多匹。十月,完颜亮下令制造军用器械,由尚书右丞李通负责,又让户部尚书苏保衡监修战船。正隆五年(1160年)三月,海州(今江苏省连云港市)东海县境内有人造反,完颜亮派都水监徐文率领水军前去征讨,说是顺便训练一下水军。六月,徐文平定叛乱,完颜亮下诏赦免叛乱的百姓。八月,完颜亮令榷货务和印造钞引库等机构先迁往开封。

正隆六年(1161年)正月,完颜亮准备前往开封,让人告诉南宋前来祝贺新年的使者徐度,说他南下,会有少量兵马跟随,让南宋不要惊慌。二月,完颜亮从中都起程。三月,完颜亮到达河南府(今河南省洛阳市),

第六章 三个志向

下令各地猛安到山后放马，定好秋天南下作战。

四月，完颜亮下诏，命令百官到开封办公，各处机构只留一人。完颜亮派高景山、王会到南宋，祝贺宋高宗生日，同时斥责宋高宗的罪行，逼宋高宗割让淮河、汉水之间的土地。完颜亮这是在挑衅南宋，为战争找借口。完颜亮还让有关官员向南宋递交国书，责问南宋设立军营壁垒是何目的？

六月二十一日，完颜亮来到开封郊外，左丞相张浩带领百官前来迎接。第二天，完颜亮进入开封城。七月十六日，完颜亮任命张浩为太师、尚书令，司徒大兴尹萧玉为尚书左丞相，枢密副使纥石烈志宁为开封府尹。张浩当了最高的官职，但只是荣誉与待遇，实权交给了萧玉，大概是考虑到张浩对南征不怎么赞同。完颜亮与萧玉商议南征事宜，没想到萧玉也不赞同。萧玉说长江就是上天用来分隔金宋两国的，划船行舟也不是金朝的优势。萧玉还用当年苻坚率百万大军攻打东晋、兵败于淝水来劝谏完颜亮。完颜亮听了大怒，把萧玉轰了出去。完颜亮对群臣说，萧玉用苻坚来类比他，本想割了他的舌头，再千刀万剐，考虑到他有功，才极力容忍，饶他不死。都说完颜亮残暴，看来他的残暴还是有针对性的。

在对待第一谋士萧裕谋反一事上，完颜亮也较为冷静。萧玉与萧裕这两个名字的读音一模一样，如果不写出来的话，是讲不清楚的。完颜亮当了皇帝后，萧裕先当秘书监，再当尚书左丞、平章政事。完颜亮迁都燕京后，萧裕担任尚书右丞相兼中书令。完颜亮对萧裕如此器重，萧裕却担心完颜亮哪一天会杀了他，于是与原辽国降臣谋划，拥立天祚帝耶律延禧的孙子为帝。完颜亮得知此事，一点都不信，但萧裕承认了，还请求一死。完颜亮不想杀萧裕，让他去看守皇陵，萧裕坚决要死。完颜亮用刀划破自己的手臂，以此表明他没有怀疑萧裕。萧裕仍然请求一死，完颜亮最后只得按萧裕的请求，哭着将萧裕杀掉。

还有人要劝阻完颜亮南征，完颜亮就不会给他好下场。比如出使南宋的韩汝嘉一回来，便劝完颜亮罢兵，完颜亮责骂韩汝嘉为南宋当说客，马上下令把韩汝嘉杀了。

完颜亮还杀掉了让他不放心的皇太后与枢密使仆散忽土。

皇太后徒单氏是完颜亮父亲完颜宗干的正室，是完颜亮的嫡母。完颜亮当了皇帝后，便册封徒单氏为皇太后，而只册封生母大氏为皇太妃。史书上说完颜亮小的时候看到自己的生母小心侍奉徒单氏的场景，心里一直记恨着徒单氏。然而，完颜亮对徒单氏很恭敬、孝顺。如果完颜亮确实残暴的话，他完全可以册封生母为太后。完颜亮的生母大氏在几年前就去世了，一直没有当上太后，就因为徒单氏还活得好好的。徒单太后听说完颜亮想南征，也持反对态度，完颜亮便不高兴，每次去见了太后回来，总是发怒。然而就是这样，完颜亮也没有向徒单太后下手。现在完颜亮到了开封，南征准备得也差不多了，偏偏这时有人向他报告说北上平定契丹叛乱的枢密使仆散忽土经过中都，进宫去见了徒单太后。仆散忽土说他们世世代代住在会宁，后来迁到中都，现在又迁往开封，还要渡过淮河去攻打南宋，契丹又在后方闹事，这个如何是好？太后的婢女高福娘让人把这件事奏报给完颜亮。身处开封的完颜亮担心太后有异谋，于是派点检大怀忠等人回中都，把太后给杀掉了。

仆散忽土到了北方，契丹叛军首领撒八不敢迎战，准备向西投奔西辽国。仆散忽土没有追上撒八，被完颜亮召回。完颜亮此时已经不再信任这位帮他政变的仆散忽土了，便以讨伐撒八无功为由把他杀了，还灭了他的全族。完颜亮再派枢密副使白彦敬为北面行营都统、纥石烈志宁为副都统前往讨伐撒八。

没有人会反对南征了，完颜亮征集的大军也全部到位。完颜亮将大军编为三十二个军，每个军都取一个响亮的名字，比如神策、神威、神捷、神锐等。完颜亮亲自担任统帅，兵分四路，大举南征。

此时的完颜亮大概会想起他几年前写的一首诗：

> 万里车书一混同，江南岂有别疆封。
> 提兵百万西湖上，立马吴山第一峰。

完颜亮本人很有才气，在当时也是一位诗人，"一吟一咏，冠绝当时"。

由于后来者对完颜亮的丑化，还因人废文，他写的诗词留下来的寥寥无几。上面这首《题临安山水》，能够看出完颜亮统一江南的强烈愿望。

六、四路南征

正隆六年（1161年）九月，完颜亮大军开始南征。

这是完颜亮当上皇帝后的第十二个年头，严格地说，还差三个月就正好十二年。此时离完颜宗弼与南宋签订和议，已经过去了将近二十年。二十年时间，说长不长，说短不短，天下已经太平了二十年。

完颜亮的大军共分为三十二个军，每个军的长官不像今天称军长，而称总管。军以上设左、右领军大都督，左、右监军，以及左、右都监。太保、枢密使完颜昂为左领军大都督，尚书右丞李通为左领军副大都督，尚书左丞纥石烈良弼为右领军大都督，判大宗正事乌延蒲卢浑为右领军副大都督，御史大夫徒单贞为左监军，同判大宗正事徒单永年为右监军，左宣徽使许霖为左都监，河南尹蒲察斡论为右都监。完颜亮考虑到完颜昂是老将，让他担任左领军大都督，也是众位所归。然而，李通才是主持全局的人。

完颜亮统领的三十二个军为主力，也是东路大军，此外还有三路兵马。中路由太原府尹刘萼担任汉南道行营兵马都统制，济南府尹仆散忠义担任副都统制，从蔡州攻打荆襄。西路由河中府尹徒单合喜担任西蜀道行营兵马都统制，平阳府尹张中彦担任副都统制，从凤翔攻打大散关，待命入川。水路由工部尚书苏保衡担任浙东道水军都统制，益都府尹完颜郑家担任副都统制，从海路进攻宋高宗所在的临安。

大出军出发前，完颜亮在尚书省款待诸将，亲自授予攻宋方略。完颜亮说当年完颜宗弼连年征伐江南，时间拖得很长，也没有成功，他此次南征，长则一百天，短则十天半月，就能消灭南宋。

九月初，徒单合喜、张中彦统领的西路军首先发动攻势，从凤翔进抵大散关，深沟高垒，等待入川的命令。西路军完成预定计划后，也派小股兵马深入到黄牛堡，遭到南宋守军的阻击，便撤回大散关。黄牛堡守将李彦坚将敌情报给刚担任四川宣抚使的吴璘，吴璘立即派部将高嵩带领兵马增援黄牛堡，同时亲率大军进驻黄牛堡南面的青野原。金军坚守大散关，与宋军对垒，没有交战。九月中旬，吴璘派部将彭清率兵深入到宝鸡附近的渭河，夜袭金军的桥头寨，袭扰金军后方；再派将领刘海、王中正、贾士元率三千人，进攻秦州，以切断秦州与大散关之间的联系。九月下旬，刘海等人占领秦州。彭清攻克桥头寨后，又攻克了陇州以及方山原。金朝洮州、兰州守将相继投降。十月，吴璘又指挥宋军攻入陕西境内，占领许多州县。金朝西路军陷入被动挨打的困境，一直没有扭转。

刘萼、仆散忠义率领的中路军，于九月下旬从蔡州进攻光化军（今湖北省老河口市东北）。金军不敌宋军，离开光化。十月初，刘萼又派兵西攻，接连攻克信阳、罗山、光州等地。十月中旬，刘萼派三千名骑兵攻打樊城，受阻于护城河外。此时，南宋鄂州都统制吴拱已经带领兵马进驻襄阳，与樊城只隔一道汉水。宋军进击，金军撤退，于途中设下埋伏，击败宋军追兵。金军没有继续再攻襄阳，而是转移淮东，配合主力作战。

再看看海路进攻情况。十月初，苏保衡与完颜郑家率领数百艘战船，沿海路南进。完颜亮当时给海路的任务是在十月十八日赶到钱塘江，配合他的主力攻打临安。然而，苏保衡的船队刚到胶州湾口，便遇到风暴，无法前行，被迫停泊在密州胶西县（今山东省胶州市）境内的陈家岛。完颜郑家带领一部分战船停泊在湾口外的唐岛，与李宝的战船相距三十多里。二人准备等风暴过后再南下。十月下旬，南宋浙西马步军副总管李宝带领一百余艘战船，主动北上迎战金朝的海路大军，到达密州胶西县的石臼岛。李宝突袭了完颜郑家的船队。这一战，金军大败，完颜郑家也死于战火之中。在陈家岛的苏保衡见势不妙，带领战船退入胶州湾。

虽然西路军受阻于陕西，但牵制住兵力较强的川陕宋军。中路的作用是掩护东路主力，尽管不能占领襄阳，但损失不大。水军是四路军中最弱的一路，虽然到十月下旬还没有离开胶州湾，但它的失败对整个战局影响不大。两淮是金宋双方争夺的主战场,那么完颜亮的主力作战情况如何呢？

完颜亮于当年九月二十五日离开南京开封府,起程南征。徒单皇后与太子完颜光英以及尚书令张浩、左丞相萧玉、参知政事敬嗣晖等人留守南京开封府。完颜亮先派妹夫徒单贞率两万人马,攻打淮东境内的淮阴（今江苏省淮安市）,吸引南宋两淮的兵力。完颜亮率大军随后进入淮西,逼近淮河北岸的涡口（今安徽省怀远县南）。十月初,完颜亮大军在涡口架设浮桥,南渡淮河。渡过淮河后,完颜亮派主力继续向南,朝庐州（今安徽省合肥市）、和州（今安徽省和县）方向推进,再分出一支兵马,由将领萧琦率领,经滁州（今安徽省滁州市）方向,向东夺取扬州（今江苏省扬州市）,以接应徒单贞从淮阴南下。

为应对完颜亮大军南攻,南宋方面已经作了相应部署。权倾一时的宰相秦桧已在六年前病逝,南宋朝廷当时主政的是左仆射陈康伯。陈康伯与朝中大臣商议,起用老将刘锜负责江淮地区御敌的重任,任命刘锜为淮南、江南、浙西制置使,节制诸路军马。刘锜当年已经六十四岁,而且有病在身,接到诏令后,只得带病奔赴战场。

刘锜判断,完颜亮的主力将会从淮东境内南渡淮河,因为他得知徒单贞已经带领两万兵马攻打淮阴。刘锜于是派副将王权负责淮西防务,要求王权严密防范淮西境内的几处淮河渡口,一定要把金军阻截在淮河以北。刘锜自己亲率大军进驻楚州（今江苏省淮安市淮安区）,增调数十艘大船,防止金兵从清河口南渡淮河。刘锜不知道,他已经中了完颜亮声东击西之计。

王权胆小,迟迟不向淮西进兵。在刘锜的严令之下,王权才勉强到达庐州,根本没有及时到淮河一带设防。王权得知金军主力已经渡过淮河南进,连庐州也不敢再待了,马上弃城南逃,把淮西拱手让给完颜亮。失去了淮西,淮东也无法保全,刘锜的部署失败了。

完颜亮大军顺利南进,一路纪律严明,所到之处安抚百姓,让百姓各安其业。完颜亮的部将萧琦攻占滁州后,接着向东攻打真州（今江苏省仪征市），击败南宋将领、侍卫步军司右军统制邵宏渊。萧琦没有进入真州城，而是继续东进，直取扬州。南宋主将刘锜此时还在楚州，他的后方受到威胁，又接到朝廷让他退守江南的"金字牌"，于是从楚州往扬州撤退。金将徒单贞趁机南渡淮河，占领盱眙（今江苏省盱眙县），然后向扬州进发。刘锜面对徒单贞与萧琦两路金兵，自知难以抵敌，便继续向瓜州撤退，准备南渡长江。金兵占领扬州后，追击刘锜，刘锜已从瓜州渡江，到达镇江。

完颜亮的主力大军接连攻克庐州、和州，追击宋将王权直到长江岸边。王权带领兵马逃到江边，准备南渡长江，由于找到不船只，士兵竟然跳江逃命，大半淹死在江水中。十月下旬，完颜亮率大军进抵长江北岸的杨林渡（今安徽省和县东），准备渡江。

完颜亮怎么也没有想到，就在他大军进抵长江北岸时，他的后方出事了，出的还不是一般的事。就在这时，尚书令张浩派人从开封飞马来到完颜亮军中，向完颜亮奏报说，东京留守完颜雍在东京辽阳府称帝，改元大定，还颁发了大赦诏书。来人把张浩抄录的赦书拿给完颜亮看。完颜亮叹了一口气，说他本想在平定江南之后，取武王灭商"一戎衣天下大定"之义，改元大定，没想到被完颜雍这个家伙抢先用了这个年号。完颜亮还拿出将要颁发的改元诏书，以表明自己说的是真的。

完颜雍是完颜亮的堂兄弟，当年三十九岁，比完颜亮小一岁，是金太祖第三子完颜宗辅的儿子。完颜雍称帝时间是十月初七，当完颜亮听到这个消息时，军中也有不少人知道此事。完颜雍称帝大赦天下，并没有赦免完颜亮，因为他在称帝当天，便列数完颜亮的数十件罪状，主要有：杀害徒单皇太后，杀害太宗及宗翰、宗弼子孙，杀害宗本诸王，毁坏上京宫室等。

此时的完颜亮会如何应对呢？完颜亮已经采用声东击西的战术，把宋军主力吸引到淮东，他已经从淮西境内一路无阻南进，到达江边。在完颜亮看来，如果成功渡江，进而一举消灭南宋，他的大业就完成了。完颜亮此时不想放弃出兵一个多月来的战果，他想完成他统一天下的志向。所以当左司郎中完颜兀不喝向他报告完颜雍称帝的消息时，完颜亮就平静地说，他已经知道了，让完颜兀不喝不要对外声张。完颜亮打算在消灭南宋之后，再回军北上，一举平定完颜雍。

完颜亮采纳宦官梁汉臣的建议，准备从采石矶（今安徽省马鞍山市西南）渡江，于是带领兵马进驻和州境内的鸡笼山。一千三百多年前，西楚霸王项羽曾在和州境内的乌江自刎，后人在这里建了一座庙来纪念他。完颜亮带领一千多名骑兵来到项羽庙前拜谒。完颜亮感叹道，项羽这样的英雄人物，没有能得到天下，真是可惜！

七、从采石矶到瓜州渡

王权逃回江南时，宋高宗就感到十分害怕，担心完颜亮的大军势不可挡。宋高宗故伎重施，准备再到海上去逃难。左仆射陈康伯坚决劝止，宋高宗才勉强说准备迎战。由于主帅刘锜病重留在镇江，副帅王权被罢了官，于是任命李显忠为新的主帅，同时派中书舍人虞允文到前线犒师。

正隆六年（1161年）十一月上旬，虞允文到达离采石矶十多里远的地方。采石矶在今天的安徽省马鞍山市西南，位于长江南岸，不仅是一处战略要地，更是一处风景秀丽的地方，是5A级景区。虞允文当时在采石矶看到的是十人一堆、五人一伙散坐路旁的南宋士兵。这些士兵告诉虞允文，王权南撤时，放弃了战马，他们都是骑兵，现在没有战马，不懂得步战。面对此情此景，随行人员劝虞允文返回建康（今江苏省南京市），虞允文不肯。随行人员说这都是王权造成的，你虞允文前来只是慰劳军队，并不负责督战，没有必要替别人承担罪责。虞允文不听劝说，骑着马来到江边，遥望长江北岸的金军大营，一望无际，再转身看看王权留下的残兵，不过一万八千人和几百匹战马而已。金军就要渡江了，而新任主帅李显忠尚未到来，虞允文这位书生准备先把这个担子挑起来。

虞允文得知将士们已经做好逃跑的准备，于是把军中的统制官张振、王琪、时俊、戴皋、盛新等人召集起来，对他们说，你们如果逃跑又能逃到什么地方，现在有长江天险，地利在我方手中，与其逃跑不如拼死一战死里求生。众人说，不是他们不想作战，而是不知道谁来指挥？虞允文说朝廷已经派新的主帅李显忠前来指挥。众人都说李显忠确实是一位合适人选。

这时虞允文话锋一转，说李显忠确实是一位能战之将，但目前还没有赶到这里，我虞允文当身先士卒，与你们一起作战。虞允文还告诉众人，朝廷已经拨出九百万贯钱物用于犒赏有功之人，还可以提升官职，这些钱物及委任状就在他的手中。众人这才知道，虞允文手中不仅有钱，而且有权，于是都说愿意为虞允文拼死一战。虞允文于是和时俊等人商议，在长江岸边布下严整的步兵、骑兵战阵，再用小船和战船运载水军，布防在长江中流，阻击金军渡江。

长江北岸的完颜亮问左右之人，以前梁王完颜宗弼是怎么渡江的？有人告诉完颜亮，完颜宗弼当年是从马家渡渡江，南岸虽有守兵，但一看到金朝大军便逃跑了。完颜亮信心百倍地说，他此次渡江也会是这样。

十一月初七，完颜亮在江边祭天，保佑自己顺利渡江。祭天完毕，完颜亮召大都督完颜昂、副大都督乌延蒲卢浑前来，对他们说战船已经齐备，可以渡江了。乌延蒲卢浑认为宋朝战船大，而金朝战船小，不建议渡江作战。完颜亮听了非常生气，说你以前与完颜宗弼追赶赵构直到大海，坐的都是大船吗？完颜亮要求乌延蒲卢浑明天与完颜昂第一批渡江。完颜昂听说要他渡江，很是害怕，准备逃走。到了晚上，完颜亮也觉得自己的态度不太好，便让人对乌延蒲卢浑说，当时说的是气话，不会让他先渡江的。

十一月初八，完颜亮派武平、武捷两军先行渡江，自己登上高台，身穿金甲观战指挥。这时刮起了一阵大风，完颜亮手执小红旗，指挥战船渡江。金军的一些船只到了长江南岸边，岸边的宋军因为害怕而向后撤退。虞允文正在军中往来巡视，看到统制官时俊，拍着他的后背说，你的胆略传播四方，没想到现在像小女孩那样胆怯。时俊立即手挥双刀，带领士兵冲了上去。

第六章 三个志向

江风停了，宋军开始用战船冲撞金军的战船。由于金军的战船大多是当地百姓的房屋木板临时建造的，质量不过关，被宋军战船撞坏了很多。这时宋军又大声叫道：官军打胜了！士兵们于是英勇向前，冲击金军。一天下来，完颜亮大军始终不能渡江成功。

完颜亮渡江不成，便实施反间计。完颜亮以为南宋方面的指挥官还是那位胆小如鼠的王权，便给王权写了一封信，让人送了过来。完颜亮在信中说因为他所造的战船不适应此地作战，又由于王权的水军进退很有法度，他表示很为赞赏，希望王权能够率军来降，必将给予高官厚禄。完颜亮在信中还扬言，如果王权执迷不悟，他将向东前往瓜州渡江，到时候就不会轻饶王权了。

这封信被送到了虞允文的手中，新任命的都统制李显忠也从芜湖赶到。李显忠建议虞允文把南宋朝廷查办王权的事告诉完颜亮，让他失望。虞允文于是写了一封回信，派人送给完颜亮。虞允文在信中说，由于王权临阵脱逃，才让你完颜亮张狂得意来到此地，朝廷已经按重罪查处王权，现在在长江南岸指挥的是建康府都统制李显忠，你难道没听说过他的鼎鼎大名？虞允文还说，如果要到瓜州渡江，我们早就准备好了，不要用虚言来恐吓，准备在战场上决一雌雄吧。

完颜亮听说过李显忠的大名。李显忠早年与父亲在陕西延安府军中任职，由于陕西被金朝占领，李显忠被迫在金朝做官一段时间。李显忠一直想回到南宋，便先投奔西夏，向西夏借兵攻打陕西，占领不少地方。由于南宋与金朝第二次议和成功，陕西划归金朝，李显忠打下的地方还得交给金朝。李显忠最后回到南宋，他的名字"显忠"二字便是宋高宗所赐。完颜亮南征之际，李显忠回南宋已经二十年之久，在军中已经做到都统制的官职。

完颜亮看了虞允文的信，勃然大怒，下令杀掉梁汉臣以及两个负责造船的人，准备带领大军到扬州的瓜州渡口渡江。虞允文得知完颜亮向东而去，便准备到瓜州对岸的镇江防备完颜亮渡江。虞允文知道镇江那里兵力不足，便向李显忠借兵。李显忠是建康府都统制，不负责镇江的防务，但李显忠欣然同意给虞允文一万六千人以及一些战船。

十一月十五日，虞允文到达镇江，先去拜访招讨使刘锜，探问病情。刘锜感叹地说，我的病不值得探问，没想到朝廷养兵三十年，击退敌军的大功竟然出自一位书生之手，像我这样的人，真该惭愧而死。

十一月十六日，完颜亮到达扬州。完颜亮在扬州准备了几天，于十一月二十二日驻军瓜州镇。有人向完颜亮报告，说宋军在江中测试战船，他们的战船在江中奔驰，围着江中的金山绕了三圈，回转如飞。完颜亮笑笑说，这只不过是纸做的船而已。

有将领认为，南宋早有准备，不可轻敌，而且采石矶那里的江面比瓜州这里的江面狭窄得多，金军尚且失利。这位将领建议先驻军扬州，发展农业，训练军队，再找机会渡江作战。完颜亮哪里等得了？要知道完颜雍已经在后方称帝，完颜亮很想早点消灭南宋，然后北上消灭完颜雍。完颜亮拔出佩剑，要杀了这位提建议的将领。这位将领苦苦哀求，最后杖责五十。

完颜亮想继续渡江作战，军中不少将领与士兵已经不想再战。有一位骁将打算带人逃离，被完颜亮发现后，用乱刀砍死。完颜亮还下令说，士兵逃跑的，就杀他的队长，部将逃跑的，就杀他的主帅。大军一时处于恐慌之中。

十一月二十六日，完颜亮分出一支兵向东攻打泰州，同时决定第二天渡江，哪个延误期限，就杀掉哪个。不少将士还是想北逃，便去找浙西路都统耶律元宜。耶律元宜本是辽国人，降金后曾被赐姓完颜。完颜亮上台后，又把所有赐姓收回。耶律元宜在南征时担任三十二个军之一的神武军都总管，因作战有功，被完颜亮任命为浙西路都统。耶律元宜也不想渡江作战，便与猛安唐括乌野商议。唐括乌野认为向北逃亡仍有可能被擒获，不如杀了完颜亮。耶律元宜把在别的军中担任骁骑都指挥使的儿子耶律王祥叫来，与耶律王祥约定第二天早晨卫军交接班时，发动兵变。耶律元宜又欺骗他的士兵说，完颜亮已经下令，让他们丢下战马去渡江。这些人不明就里，问耶律元宜怎么办？耶律元宜说新天子已经在东京辽阳府登基，我们应当杀掉暴君，然后回到北方拥护新天子。众人都表示赞同。

十一月二十七日，黎明，耶律元宜、耶律王祥、唐括乌野与武胜军总管徒单守素，带领所部人马冲进完颜亮的御营。完颜亮听到营外混战声，以为是南宋的军队前来偷袭。这时一支箭射进了营帐，完颜亮取过一看，是自己的士兵射出的。近侍宦官大庆山要完颜亮出营避祸。完颜亮不肯，正准备去拿弓箭，又一支箭飞来，完颜亮中箭倒在。士兵们纷纷杀了进来，把完颜亮砍死。这时，骁骑指挥使大磐领兵来救完颜亮，耶律王祥出营告诉他已经来不及了，大磐也就作罢了。杀了完颜亮后，耶律元宜又杀死大庆山以及赞同南伐的李通、梁珫等人，徒单永年是李通的亲家，也被杀掉。耶律元宜于是代行左领军副大都督。

耶律元宜一不做二不休，派人前往南京开封府，杀掉太子完颜光英。耶律元宜接着便带领兵马北归，投奔已经称帝的完颜雍。完颜雍认为耶律元宜有功，升其官职为御史大夫。

左领军大都督完颜昂、右领军大都督纥石烈良弼、右领军副大都督乌延蒲卢浑三人都不赞同南征，得知完颜亮被杀，也一起带领大军北归，拥护新皇帝完颜雍。完颜亮的妹夫徒单贞也一起北归投奔完颜雍。

第七章 大定之治

一、金世宗即位

完颜亮对宗室不放心，所以杀了不少宗室的人，但是他的堂兄弟完颜雍一直得以保全，这与完颜雍小心谨慎、处事低调不无关系。其实，再圣明的帝王，也会担心他的位置会受到威胁，臣子们要想平安，就要善于保全自己，毕竟伴君如伴虎。虽然完颜亮派高存福担任东京副留守，监视着东京留守完颜雍，但完颜亮对完颜雍的怀疑程度肯定不高了，要不然，按完颜亮的个性，早就把他杀掉了。

完颜亮带领大军南征，高忠建、完颜福寿等人不愿跟随完颜亮南征，带着两万人马从南方前来投奔完颜雍。奉完颜亮之命前往北方讨伐契丹叛乱的完颜娄室之子完颜谋衍，也带着五千人马前来投奔。完颜雍的舅舅李石更是劝完颜雍趁机称帝。完颜雍于是杀掉高存福，于正隆六年（1161年）十月初七，在东京辽阳府（今辽宁省辽阳市）称帝即位，是为金世宗。

金世宗恢复了被完颜亮贬为东昏王的完颜亶（音同胆）的帝位，把完颜亶牌位立于太庙，庙号为闵宗，二十多年后，又改为熙宗。金世宗把完颜亮贬为海陵王，不入太庙，十九年后，又贬为庶人。史书上一直称完颜亮为海陵王，本书只称完颜亮，因为不管后人如何评价他，他确确实实当了十二年皇帝，没有庙号，就称其名，没有必要称海陵王。

金世宗即位的第二天，改元大定，照例大赦天下，但没有赦免正在南方作战的完颜亮，还列数完颜亮的数十件罪状。此时的完颜亮没有搞明白一个重要道理，这便是内忧往往比外患更重要，至少对帝王来说是这样。

完颜亮如果立即停止亲征,只留下部分兵马巩固淮河以南刚占领的土地,自己带领大部兵马北返讨伐金世宗,结果谁赢谁输,还真难说。

金世宗刚即位,有三件重要的事情摆在面前:第一件是政权如何顺利地过渡?第二件是北方契丹的叛乱一直没有平定,他不能不管。第三件是南方与南宋的战争还在进行中,需要他妥善处理。

金世宗首先关注的是第一件事。金世宗一称帝,便任命完颜谋衍为右副元帅,高忠建为元帅左监军,完颜福寿为元帅右监军。从金世宗的这个任命来看,他已经恢复了以前的都元帅府。十多天后,金世宗任命宗室老臣完颜晏为尚书左丞相,不久又让完颜晏兼都元帅。完颜晏是曾经担任过国论乙室勃极烈的完颜阿离合懑(音同闷)的儿子,与金太祖是同一辈分。完颜亮在位时,完颜晏也得到重用,先后担任上京留守、西京留守、临潢府尹。金世宗称帝之时,完颜晏已经六十岁,退休在家。

尚书左丞相原是完颜亮器重的萧玉。因萧玉帮助完颜亮干过不少坏事,金世宗不打算再重用他了。金世宗并没有杀掉萧玉,而是把他降为奉国上将军,让他回乡。多年以后,金世宗又起用萧玉,做到了太原府尹。

金世宗不仅重用拥护自己的人,还要用完颜亮的人。在金世宗这里,没有一朝天子一朝臣的说法。金世宗一称帝,便派人带着大赦诏书,到各地招抚,各地官员大都表示拥护金世宗。金世宗也给在南京开封府的太傅、尚书令张浩发去诏书,希望张浩也支持他。张浩接受了诏书。金世宗没有亏待张浩,不仅仍让张浩当尚书令,还升他为太师。

金世宗在处理第一件事的同时,也在关注第二件事,毕竟契丹人的叛乱,对他是一个直接的威胁。金世宗在称帝的十多天后,便派契丹人移剌札八为使,带着几个随从一起去招抚契丹叛军。金世宗大概认为,契丹人之所以造反,是因为反对完颜亮,而他金世宗也是反对完颜亮的,所以派一个同族人去劝降,不应当用武力去讨伐。

接着金世宗便解决在哪里定都的问题。

完颜亮当皇帝之前,金朝的都城是上京会宁府(今黑龙江省哈尔滨市阿城区）。完颜亮上台后，以中都（今北京市）为都城，还毁掉了上京会宁府的都城。后来为了南征，又迁到南京开封府，使得后方空虚，让金世宗有机会政变。金世宗称帝的地方在东京辽阳府，处于会宁府与中都之间，离会宁府与中都均有一千多里远。很多人怀念上京旧地，希望金世宗仍以上京会宁府为都城，把完颜亮的做法完全摒弃。金世宗的想法是，既不以上京会宁府为都，也不以南京开封府为都，而是以中都为都。金世宗虽然极力否定完颜亮，但没有完全否定完颜亮。

金世宗先下诏告诉各位大臣，以中都为都，以及迁往中都的时间。金世宗再给中都路转运使左渊下诏，要求不得增加宫殿仪仗以及各类陈设物品，不得征发一个百姓前来干活。金世宗确实是一位好皇帝，他担心大臣们会趁机把中都修一修，毕竟，中都当时已经不是都城，完颜亮已经把都城迁到南京开封府了。

金世宗前往中都，也是稳步地进行。在时间上，金世宗没有一称帝便离开东京辽阳府而前往中都。金世宗前往中都的时间在十一月二十一日，离他称帝已经过去一个半月。金世宗到达中都的时间是十二月十九日，也就是在路上就用了将近一个月时间。

在这段时间内，有两个重要人物前来投奔金世宗。

一个是完颜宗翰的弟弟完颜宗宪。完颜亮在位时，完颜宗宪曾担任中京留守、太原尹，直到震武、武定节度使。金世宗即位后，派人去召见完颜宗宪，完颜宗宪听说金世宗即位时，也主动前来投奔，与金世宗的使者在中都相遇。金世宗于是任命完颜宗宪为中都留守，让完颜宗宪先进中都，做些准备。

另一个是完颜银术可之子、完颜彀（音同够）英。完颜亮在位时，完颜彀英为中都留守，兼西北面都统，参与讨伐契丹叛乱，驻军归化州。金世宗刚即位时，派人带着诏书前往归化州，任命完颜彀英为左副元帅。完颜彀英犹豫不决，而士兵们都想投奔金世宗，完颜彀英于是接受诏书。当金世宗前往中都到达三河县时，完颜彀英前来朝见。

金世宗到达中都的第二天，拜谒了太祖庙。第三天，金世宗登临贞元殿，接受群臣朝贺。又过了三天，金世宗下诏，从东京辽阳府随从护驾到中都的士兵，都免除三年徭役。

到达中都的金世宗，已经知道完颜亮被部下杀害，南征的将士正在完颜昂、耶律元宜等人带领下北返。金世宗也得知，当大军北返时，南宋的兵马正在北上，一来收复失地，二来趁机多占一些土地，毕竟两国的和议已经被完颜亮破坏，南宋已经没有义务再遵守了。宋高宗还在当年十二月，北上来到镇江府，到达长江边，以显示与金朝作战的决心。金世宗当然不希望在他手中，把祖上夺得的土地丢掉，至少应当维持到第二次议和的局面。所以，金世宗不得不考虑如何处理南部事务的问题。十二月二十八日，金世宗把这件事交给了左副元帅完颜毅英。

就在这时，北方传来更坏的消息。

二、平定契丹叛乱

契丹人撒八领导的这支人马，在当时称叛军，在今天也称起义军，因为他们反对完颜亮征兵南攻。撒八被仆散忽土追击后，向西转移，想投奔西辽国，部将移剌窝斡不愿西行，便杀了撒八，自称都元帅。移剌窝斡带领众人东返，来到临潢府东南的新罗寨（今内蒙古巴林左旗东南波罗城）。

金世宗派出的招降使者移剌札八来到移剌窝斡那里，竟然与移剌窝斡合流，一起造反了。移剌窝斡率领部众进攻临潢府，打败金朝守兵。临潢府是辽国的上京城，移剌窝斡于是就在这里称帝，改年号为"天正"。移剌窝斡接着又派兵攻打泰州。时为大定元年（1161年）十二月。

金世宗得到消息，决定动用武力征讨移剌窝斡。金世宗驾驭部下的能力很强，这一点完颜亮不及他。完颜亮需要亲自带领大军到前线作战，而金世宗把作战的重任交给大将负责。比如，金世宗把南边的战事交给左副元帅完颜毅英，而把北边的战事交给右副元帅完颜谋衍。金世宗对他们不仅放心，也能够掌控自如。

大定二年（1162年）正月，金世宗派完颜谋衍与右监军完颜福寿、曷懒路总管徒单克宁、临海节度使纥石烈志宁，带领大军北上讨伐契丹义军。从金世宗任用纥石烈志宁，可以看出金世宗有着过人的气度，因为他不仅用拥护他的人，也用反对他的人。

当时，有两个人对金世宗夺位不满，还想带兵去攻打金世宗，金世宗不仅不恨他们，还想把他们收为己用。这两个人便是奉完颜亮之命，前往北方讨伐契丹叛乱的都统白彦敬与副都统纥石烈志宁。纥石烈志宁是完颜宗弼的女婿，不仅得到完颜宗弼的器重，也得到完颜亮的重用与信任（就从这一点来看，完颜亮把完颜宗弼女儿纳入后宫是不真实的）。面对金世宗的招降使者，忠于完颜亮的白彦敬与纥石烈志宁坚决不降，还把金世宗派来的使者给杀了，前后杀了九位。金世宗没办法，便派右副元帅完颜谋衍去讨伐白彦敬与纥石烈志宁，二人虽然想抵抗，但士兵们不愿作战，二人只得投降。二人入朝后，金世宗把他们责骂了一番，但也赞赏他们的忠诚，任命白彦敬为御史大夫，纥石烈志宁为临海节度使。

四月，完颜谋衍带领大军到达木虎崖，离移剌窝斡八十里。移剌窝斡当时不能攻克泰州，已经转而攻打济州，想切断金军的运粮通道。完颜谋衍将大军分为两翼，徒单克宁带领左翼军，纥石烈志宁带领右翼军，打算让大军放弃粮草和装备，只带几天的军粮，以精锐轻骑兵突袭移剌窝斡。这时一位从移剌窝斡军中投降而来的人提了一个建议，改变了完颜谋衍的计划。这个人说移剌窝斡的粮草、器械离木虎崖不远，建议去夺取移剌窝斡的粮草、器械，移剌窝斡一定会前来作战，这是攻其所必救，而那时移剌窝斡兵马疲劳，金军正好以逸待劳，能够取胜。完颜谋衍觉得这个建议很好，于是乘着夜色，带领人马出发。由于路上遇到大风，到了黎明时，才走了三十多里路。移剌窝斡也得知完颜谋衍要去夺他的粮草，便放弃攻打济州，回军救援。

四月初三，两军在一个叫长泊的地方遭遇。移剌窝斡摆开阵势，准备作战。完颜谋衍早已在左翼军旁边设下了一支伏兵，当移剌窝斡带着人马冲进左翼军与伏兵之间时，左翼军主将徒单克宁下令放箭，把移剌窝斡击退。两军接着相距五里远对峙，左翼军将领完颜襄率部与移剌窝斡交战，再次把移剌窝斡击退。完颜谋衍乘势带领大军冲杀，追击十多里路，杀死、俘虏不少契丹人马。

移剌窝斡继续向西逃走，纥石烈志宁带领右翼军紧追不舍，把大军甩在后面。数日后，纥石烈志宁与移剌窝斡发生激战，左臂中了一箭，仍然若无其事指挥作战。不多时，左翼军的轻骑兵赶了过来，投入战斗。移剌窝斡占据上风，于是借风纵火，形势对金军不利。虽然金军步兵也及时赶到，作战仍然不占优势。恰巧老天下起雨来，风也停了，金军开始进攻，移剌窝斡才带领人马撤退。徒单克宁带领左翼军追击了十五里，又交战一番，移剌窝斡不能取胜，便带着人马撤走了。

完颜谋衍讨伐契丹叛军一直没有进展，总是让移剌窝斡得以逃走。完颜谋衍的儿子完颜斜哥又残暴专横，军中士兵都很反感。移剌窝斡熟悉草原，带领人马能够找到水多草肥的地方，而完颜谋衍的兵马缺少水草，战马没有力气。移剌窝斡休整之后，又发动攻势，占领几个县城，逼近北京大定府。消息传到中都，金世宗十分忧虑。

有大臣对金世宗说，国家一直不能平定移剌窝斡，而南方的战斗还在继续，不宜南北同时用兵，建议给移剌窝斡割地，集中力量对付南宋。金世宗更加担忧。这时尚书右丞仆散忠义主动请缨，说主忧臣辱，愿意献出毕生力量，消灭契丹叛军。仆散忠义原本奉完颜亮之命南征，担任中路军副都统制，北归后，得到金世宗的重用，担任尚书右丞。

金世宗赞赏仆散忠义的英勇，便召回完颜谋衍与完颜福寿，严加斥责，罢免完颜谋衍的右副元帅职务，担任同判大宗正事，同时罢免完颜福寿的右监军职务。金世宗再任命仆散忠义为平章政事兼右副元帅，让仆散忠义接替完颜谋衍带领大军，继续征讨移剌窝斡。金世宗同时也任命纥石烈志宁为右监军，代替完颜福寿，再派左监军高忠建一同领兵出战。

六月十七日，仆散忠义与移剌窝斡在一个叫花道（今内蒙古赤峰市东南）的地方交战。仆散忠义命令完颜宗亨统领左翼军，完颜宗叙统领右翼军，与移剌窝斡对阵。移剌窝斡也兵分两路，一路攻打完颜宗亨的左翼军，一路攻打完颜宗叙的右翼军。完颜宗亨指挥不当，被契丹兵马打败。完颜宗叙带领右翼军前来救援，移剌窝斡不能取胜，便带着人马撤走了。

下一步怎么打？仆散忠义一时还没有想好对策。右监军纥石烈志宁俘虏了一名契丹斥候，也就是侦察兵，从这个人口中得知，移剌窝斡把人马分为两部，自己带领三万精锐，让他的母亲，也就是太后徐辇带领老弱士兵保护他的家人以及军需物资，分道向西撤退，约定在山后会合，目标是到奚族人聚居区，以图得到奚族人的帮助。纥石烈志宁建议去追击，不能让他们到达奚族人那里，仆散忠义认为正确。

仆散忠义与纥石烈志宁带领大军在陷泉（今河北省隆化县东北）追上了移剌窝斡。金军左翼占据南冈有利地势，移剌窝斡虽有三万精兵，但不敢进攻，便去进攻右翼军。右翼军奋力作战，移剌窝斡的兵马略有后撤。这时纥石烈志宁与将领夹谷清臣一同参与战斗，移剌窝斡大败，准备渡过陷泉河逃走。由于道路泥泞，移剌窝斡大军不能迅速渡河，再加上金军杀来，移剌窝斡士兵相互践踏而死的，不计其数。移剌窝斡的士兵抢着渡河，河水都被填平，不少人踏着同伴的尸体过了河。陷泉一战，移剌窝斡的士兵被俘虏或杀死的数以万计，连移剌窝斡的弟弟耶律袅都成了俘虏。

移剌窝斡带着残兵继续往奚族人那里逃跑，金军紧追，先后在七渡河、浑岭两次交战。移剌窝斡损失惨重，只带少部人马逃入奚族部落。纥石烈志宁擒获一位名叫稍合住的契丹将领，然后把他释放，答应给他封官，让他去奚族部落杀掉移剌窝斡。

纥石烈志宁率领兵马再去追击移剌窝斡母亲的人马。徐辇太后带领的是老弱兵马，不敌纥石烈志宁的兵马，结果是五万多人被俘，所有军需物资都被缴获。然而，徐辇太后还是带着少部人马逃走了。

陷泉一战，虽然让移剌窝斡逃跑了，但已经消灭了他的有生力量，可以说取得了重大战果。仆散忠义派人把这个好消息奏报给金世宗。金世宗下了一道诏书，除了移剌窝斡，其他人只要归降，无论是主动归降的，还是俘虏而来的，都可赦免罪责。金世宗还要求各路官员妥善安抚这些人，不得伤害他们。如果没有生活来源的，官府要负责安置。

奚族人与契丹人关系如同一家，移剌窝斡逃到奚族部落后，在奚族人的帮助下，又得到了发展，他的散兵一万多人也前来归附。八月，移剌窝斡带着他的兵马去进攻古北口，打败了这里的守兵。金世宗得到消息，又起用完颜谋衍，派完颜谋衍带领三千人马会合当地兵马，一同攻打移剌窝斡。

金世宗再派右都监完颜思敬带领人马，与大军一同征讨移剌窝斡。九月，完颜思敬进入奚族地区，与仆散忠义的大军会合。移剌窝斡的不少士兵向完颜思敬投降。移剌窝斡知道无力抵抗，便准备去投奔西夏国。九月初八，被纥石烈志宁释放的稍合住带着人马，把移剌窝斡捆绑，向完颜思敬投降。移剌窝斡的母亲、妻儿也全部被俘虏，契丹叛军至此全部平定。

十日后，移剌窝斡在街市被凌迟处死。金世宗担心契丹人还会作乱，毕竟他们大金朝是消灭辽国而起家的。金世宗于是把北方的契丹人迁到南方，与女真人、汉族人混居、融合，多年以后，这个民族便消失了。

再来看看与南宋的战事。

三、收复失地

完颜亮被杀后，完颜昂、耶律元宜带着南征的东路兵马北归，刘萼、仆散忠义带着中路兵马北归，南宋将士趁机渡江北进，收复失地。宋高宗本人还从都城临安府北上，一直到达长江南岸的镇江府督战。南宋将士不仅很快收复江北失地，还突破淮河，占领了淮河以北的蔡州（今河南省汝南县）、颍州（今安徽省阜阳市），向北到达汝州（今河南省汝州市）、淮宁府（今河南省周口市）、亳州（今安徽省亳州市），中部最北到达陕州（今河南省三门峡市），以及河南府所辖的寿安县（今河南省宜阳县），东部最北到达海州（今江苏省连云港市）。南宋将士此次北进，不仅占领原金朝中东部地区十个州，还一直深入到黄河一带。在西部，南宋将士也深入到陕西境内，占领多处城池，向东到达华州（今陕西省渭南市华州区）等地。

金世宗不甘心失去淮河以北以及陕西境内的土地，便派出左副元帅完颜毂英处理山东、河南、陕西边境事务。完颜毂英奉命赶往南京开封府，在这里指挥作战。金世宗还派左监军高忠建、礼部侍郎张景仁前往南宋，告知其即位之事，同时使用军事、外交两个手段。

金世宗虽然派高忠建、张景仁前往南宋，以图恢复以前两国和好的状态，但金世宗知道，那些失去的土地，还得靠完颜毂英指挥各将夺回才行，要不然即使与南宋议和，也可能得不到之前的疆域。所以，在使者与南宋君臣周旋的时候，金朝的将士们也在浴血奋战，以图把淮河以北、以及陕西境内的失地给收回来。

大定二年（1162年）正月十五，金朝将士首先向蔡州发起进攻。南宋侍卫马军司中军统制赵樽据守城池，名将吴玠之子、京西制置使吴拱派兵前来增援。金军与宋军在蔡州城展开巷战，金军不敌，退走。

金朝将士再攻蔡州西北的汝州，击败南宋守将鄂州统制官王宣，把汝州包围。王宣多次接到朝廷的班师诏，便带领兵马弃城突围，于二月中旬，向南撤退到唐州（今河南省唐河县）。此时，金朝嵩州刺史石抹术突剌带领兵马在寿安击败南宋守军，收复了寿安；金朝郑州防御使蒲察世杰收复了陕州。

金军集中兵力再攻蔡州。南宋守将赵樽的兵马加上吴拱派来的兵马，不过六千人，而金朝将领斐满有数万兵马。二月十四日，斐满派一半兵马攻城，一半兵马抢夺粮草。金军首先攻打南门，赵樽带领人马从西城赶来增援。金军虽然攻破了南门，但仍被赵樽顽强击退。南门这一战，金军死亡一千多人，宋军伤亡四千多人。

几天后，金军再攻蔡州西门，又一次被宋军击退。吴拱得知金朝重兵攻打蔡州，又派一万三千人马从南阳赶来，同时下令赵樽放弃蔡州南撤。吴拱派的援兵到达蔡州所辖的确山县（今河南省确山县）时，逗留不前。吴拱再派王宣从唐州前往增援，王宣到达离确山三十多里远的地方，安营扎寨。金将斐满得到消息，决定派出一支人马打援。二月二十八日，金、宋两军在确山激战。王宣派三千名骑兵，分三队前进，步兵随后进击，副将汲清带领两百名骑兵冲入金军阵中厮杀。金军不敌，向蔡州方向撤退，王宣不敢追击。

赵樽知道自己守不住城池，毕竟人马太少，便乘着夜色，带领军民撤出蔡州。赵樽经信阳，一直撤到德安（今湖北省安陆市），已经到达淮河以南。王宣也向南撤退到襄阳，回到了南宋原有的疆域之上。二月二十九日，金军收复蔡州。

就在金朝将士与南宋兵马争夺蔡州之际，金世宗重新任命了都元帅一职，对南部边境战事的指挥人员作了调整。当时，完颜昂与耶律元宜已经回到北方，金世宗对他们的投奔表示赞赏，任命耶律元宜为御史大夫，完颜昂为都元帅，仍兼太保。耶律元宜留在朝中任职，完颜昂在山东设置官署，负责南部边境战事。金世宗让完颜昂当都元帅，便让年龄已经比较大的原都元帅、左丞相完颜晏不再兼任都元帅，让他升为太尉，享受荣誉。

完颜昂坐镇山东后，与坐镇河南的左副元帅完颜毂英一东一西，指挥各将继续收复失地，接连收复了淮宁府、亳州与颍州。到当年三月下旬，在中东部地区，只有唐州、邓州、泗州与海州，还在南宋将士的占领之下。

在川陕地区，金世宗仍然任命徒单合喜为陕西统军使、元帅左都监，由徒单合喜带领将士们与南宋兵马争夺陕西。徒单合喜是完颜亮四路南征大军中的西路军主将，其本人本是河中府尹、陕西统军使，南征时担任西蜀道行营兵马都统制。金世宗即位后，派人给徒单合喜送去手诏，希望徒单合喜归顺他。徒单合喜接受了金世宗的诏令，首先就在华州击败南宋兵马，夺回华州。

当年二月，南宋将领惠逢占领了河州（今甘肃省临夏市），另一将领姚仲包围德顺州（今甘肃省静宁县），同时派统领段彦攻打原州（今甘肃省镇原县）。闰二月，徒单合喜调动兵马收复了河州，但原州又被段彦占领。姚仲攻打德顺州四十多天，没有攻克。南宋四川宣抚使吴璘亲自带领兵马，于三月中旬与姚仲一起攻占了德顺州。在陕西战场，由于吴璘出色地指挥，南宋将士一共收复了十三个州及三个军。徒单合喜指挥各将虽然也收复了一些州县，但仍有不少城池被吴璘大军占领。

完颜亮南征以及被杀，无论在道义上，还是在形势上，对南宋都极为有利。宋高宗也多次提出收复包括汴京（今河南省开封市）在内的黄河以南地区，得以祭扫祖宗陵寝。当初得知完颜亮被部下杀掉时，左仆射陈康伯就带领大臣向宋高宗祝贺，宋高宗说等回到汴京再祝贺。然而，随着金世宗很快稳定内政，同时也部署兵马与南宋将士作战时，宋高宗对武力收复旧有山河已经没有信心，他甚至下诏，让那些突破淮河的将士们班师。在宋高宗看来，这件事最终还是以议和收场。

然而南宋的大臣们并不主张屈己求和，宋高宗于是打算退位。

四、符离之战

大定二年（1162年）闰二月，金朝使者高忠建等人进入南宋境内，要求南宋接伴使洪迈行臣子之礼，还向洪迈索要战争期间被南宋收复的疆土，洪迈严厉地予以拒绝，并用对等的礼仪接待了高忠建等人。三月，高忠建等人到达临安，南宋宰相陈康伯又以对等的礼仪进行了接待。

宋高宗准备派洪迈出使金朝，对洪迈说，如果能得到黄河以南的土地，就是称臣也无所谓。洪迈当即表示，两国战事未了，和好之事不可能，极力要求宋高宗放弃称臣求和的想法。洪迈后来到了金朝的中都，坚决不向金朝行臣子之礼，被金朝关押。金世宗仁义，三天后还是把洪迈放了回来。

南宋不少大臣希望趁胜反击，这个呼声还很高。有人建议重用主战派大臣张浚。张浚已在一年前战争爆发时被重新起用,担任建康知府。宋高宗不能接受,而是任命主和派大臣杨沂中出任江淮荆襄路宣抚使,主管前方军务,另以虞允文为副使。宋高宗的做法,让朝臣大失所望。给事中金安节、起居舍人刘珙就坚决提议,应当重新选择大臣,宋高宗只好改任虞允文为川陕宣抚使,但两淮地区的军权仍交给杨沂中。有人干脆劝张浚辞职。张浚以大局为重,没有辞职,而是在建康积极备战。

时年五十六岁、在位已经三十五年的宋高宗感到主战的声浪太高,他难以坚持他的投降求和政策。然而主战又不符合他的意愿,于是想到了退位。宋高宗把这个想法说给了左仆射陈康伯,陈康伯建议先册立太子,然后再传位。宋高宗于是在五月二十八日,下诏册立赵玮为皇太子,改名为赵昚(音同慎)。

赵昚当年三十六岁,是宋太祖赵匡胤的七世孙。宋高宗没有儿子,在三十年前便把赵昚选在宫中培养。那时宋高宗才二十六岁,看来他已经意识到自己没有生育能力。值得一提的是,北宋一共有九位皇帝,第一位是赵匡胤,第二位是赵匡胤的弟弟赵光义,之后七位都是赵光义的子孙。南宋一共也有九位皇帝,第一位是赵光义的子孙赵构,第二位是赵匡胤的子孙赵昚,此后的七位皇帝,都是赵匡胤的子孙。

六月十一日,宋高宗下诏,将帝位禅让给皇太子赵昚,自己称太上皇。赵昚推让一番,然后登基即位,是为宋孝宗。宋孝宗与宋高宗不一样,他反对投降求和,即位后便开始为北伐做准备。然而,宋孝宗是一位以孝闻名的皇帝,他要与年龄并不算大的太上皇宋高宗处理好关系。所以,宋孝宗的北伐准备了整整一年时间。

不过,宋孝宗还算是一位有能力的皇帝,他至少没有成为宋高宗的傀儡。宋孝宗继位当月,首先就重用张浚,让张浚担任江淮宣抚使,节制大军。次月,宋孝宗下诏为岳飞平反,追认恢复了岳飞的官职和封爵,并录用岳飞的子孙。宋孝宗在太上皇宋高宗仍然在世之时,就能为岳飞平反,确实看出他北伐的决心,以及魄力。第二年,宋孝宗再任命张浚为枢密使,都督江淮东西路军马，在建康府设置官署。宋孝宗还起用一些主战官员，在朝廷中占有明显优势。

然而，积极帮助宋孝宗为岳飞平反的大臣史浩，在被宋孝宗任命为右仆射、兼枢密使后，却不主张北伐。史浩在朝廷中不断宣扬他的和战理论，认为战与和在金朝，金朝想和就和，想战就战。史浩还提出在瓜州、采石矶两处加强防御，以保长江。张浚入朝驳斥了史浩不守两淮而守长江的错误主张，认为这是在向金朝示弱。张浚认为就是筑城，也要筑在淮河沿线的泗州。在史浩的影响下，宋孝宗也做出了一些错误的决定。比如下诏让吴璘从陕西前线退兵，结果被金军追击，死伤惨重，三万将士只有七千人撤回，此前收复的州县，全部被金朝占领。

西部地区，已经回到两国第二次议和时的边界，而在其他地区，金朝还有五个州在南宋的占领之下。当金朝派人来到建康府，向张浚索要海、泗、唐、邓、商五州的土地和岁贡时，张浚严厉地回复说，领土的归属，如同战争的胜负，哪有永恒不变的呢？

宋孝宗支持张浚北伐，于是绕开宰相，直接给将帅们下达命令。右仆射史浩知道后，便向宋孝宗提出辞职，宋孝宗接受了史浩的辞职。张浚于是指挥集结于盱眙、濠州、庐州等地的宋军，率先向淮东境内的金军发动攻势，两国战争再次爆发。

从宋孝宗即位，到正式北伐，整整一年。在这一年当中，金世宗已经平定了北方的契丹叛乱，几位平叛功臣又有了新的任务。右副元帅仆散忠义回朝担任右丞相，完颜思敬接任右副元帅，出任北京大定府留守，镇守北方。由于左副元帅完颜彀英在南京开封府有不法行为，被调入朝廷担任平章政事，左监军纥石烈志宁接任左副元帅，负责南方边境事务。不久，都元帅完颜昂去世，金世宗任命仆散忠义为都元帅，统一负责南方战事。至此，负责北方战事的主将仆散忠义与纥石烈志宁又到了南方战场。

从金世宗的调整来看，他也是因材而用。当初金世宗刚即位时，只能先用完颜谋衍、完颜彀英这些人，毕竟金世宗当时手中并没有什么将领，也没有什么兵,这二人也是名将之后。但随着南方将领的回归以及其他将领的归附,金世宗便把那些确实有能力的人放到了重要位置上,比如仆散忠义、纥石烈志宁。

大定三年(1163年)五月中旬,南宋大军兵分两路,主管殿前司李显忠从濠州出兵,渡淮河北上,进攻宿州的灵璧县(今安徽省灵璧县),建康府都统制邵宏渊从泗州出发,进攻泗州所属的虹县(今安徽省泗县)。

李显忠到达灵璧县南边的陡沟,与金军右翼都统萧琦遭遇,发生交战。李显忠击败萧琦的"拐子马",萧琦退到灵璧城下,依城列阵再战。李显忠带领兵马,来到城下,直冲敌阵。萧琦不敌,带领兵马撤离灵璧,李显忠占领灵璧城。

邵宏渊攻打虹县,遭到金朝守军的抵抗,久攻不下。灵璧与虹县相邻,一西一东。李显忠得到消息,便带领兵马来到虹县,派灵璧的降兵招降虹县城内的金军。招降成功了,邵宏渊却认为李显忠抢了他的功劳,十分忌妒。李显忠发现邵宏渊的士兵抢夺金朝降将的佩刀,为严肃军纪,便将这名士兵斩首,邵宏渊更加生气,二将开始结怨。

李显忠、邵宏渊占领灵璧、虹县不久,金将萧琦向李显忠投降。李显忠、邵宏渊于是向西攻打宿州(今安徽省宿州市)。二将到达宿州城外,在护城河外与金军发生激战,取得胜利。李显忠接着开始攻城,邵宏渊虽不情愿,但只好跟着攻城。经过激烈的巷战,李显忠占领了宿州。宋孝宗听到战报,亲自书写嘉奖令。

金朝将领们开始组织大规模的反攻。当时,都元帅仆散忠义已经赶到南京开封府指挥金军作战,左副元帅纥石烈志宁已经进驻睢阳(今河南省商丘市),离宿州三百多里。纥石烈志宁得知宋军已经攻至宿州,便带领一万名精兵,从睢阳赶往宿州。五月下旬,纥石烈志宁在宿州城西布满旌旗,作为疑兵,又在城南部署三个猛安的兵马,自己亲率大军驻扎在城东南,防止宋军从这里向南撤退。

宿州城中的李显忠认为自己的兵多,没有把纥石烈志宁放在眼里,扬言用十人擒获一人。李显忠看到城西的旗帜，以为金军主力在城西，决定避实击虚，先消灭城东南的少数金军。李显忠哪里知道，他所认为的少数金军，正是纥石烈志宁率领的主力兵马。李显忠派出数万骑兵，排成阵势出战。纥石烈志宁派右翼都统夹谷清臣率部迎战。两军交战激烈，宋军阵脚大乱，不敌金军，最后退入城中。

第二天，两军再战。李显忠调整战术，让骑兵在前冲锋，步兵随后进击。纥石烈志宁仍然派夹谷清臣出战。夹谷清臣又一次击败宋军。这一次，宋军大败后，自相践踏，伤亡惨重，争相逃入城中，城门为之阻塞。士兵们于是爬城墙往城内逃，被金军射死很多。这一战，宋军骑兵死伤一万五千多人，步兵死伤三万多人。

纥石烈志宁乘势发起攻城，李显忠带领人马拼死抵抗，才把金军击退。邵宏渊不肯作战，还散布流言动摇军心，李显忠只得放弃宿州，开始撤军。纥石烈志宁率军一路追击，一直追到城北的符离（今安徽省宿州市符离镇），又杀死宋军四千多人，缴获铠甲三万副，兵器辎重不计其数。

李显忠兵败符离，张浚正在盱眙。李显忠前往盱眙，向张浚请罪，张浚向朝廷上奏，自己弹劾自己。张浚接着便北渡淮河前往泗州，抚慰宋军将士，同时作了部署，以防金军继续南进。然而，主和派趁机攻击张浚主战失误，宋孝宗对北伐也发生了动摇，于是起用主和派大臣汤思退为右丞相，兼枢密使，准备同金朝议和。张浚最后被降职，改任江淮东西路宣抚使，朝中一些主战大臣也辞官而去。李显忠被贬为果州团练副使，邵宏渊降低官阶，仍然担任原来职务建康府都统制。

起初金世宗派出使者前往南宋，也是希望两国能恢复以前的状态，只是南宋方面主战派抬头，没有响应金世宗的议和请求。南宋有大臣甚至说，以前议和，都是宋朝提出来的，现在由金朝提出来了，似乎为此感到荣幸。然而，经过符离之溃，一心北伐的宋孝宗也想回到谈判桌上来。

五、第三次议和

符离之战后，金朝左副元帅纥石烈志宁派人给南宋送去书信，提出停止用兵的四个条件：一是归还海、泗、唐、邓四州；二是按以前的数额交纳岁贡；三是南宋向金朝称臣；四是把从北方投奔到南宋的人，也就是所谓的"归正人"，归还金朝。纥石烈志宁还威胁南宋，如果不答应，等到农闲时，将再一次发兵。

大定三年（1163年）八月二十日，纥石烈志宁的这封书信送达南宋，宋孝宗召集大臣商议对策。右仆射汤思退等人急于求和，提出派使臣去答复金朝，宋孝宗也就答应了。八月二十八日，宋孝宗派淮西干办公事卢仲贤带着书信，前往北方回复纥石烈志宁。卢仲贤所带书信的内容有：四州之地，是完颜亮背弃盟约后，由宋朝得到的，至于岁贡原本不想计较多少，但在两淮地区受到摧残之后，恐怕不能按原来的数目缴纳。卢仲贤临行时，宋孝宗告诫他，不能答应割让四州之地，而汤思退竟然悄悄对卢仲贤说，可以答应。

卢仲贤在十月才到达宿州，见到了金朝的都元帅仆散忠义。仆散忠义先威胁、恐吓一番卢仲贤，然后也写了一封书信，提出四个条件，让卢仲贤带回南宋。卢仲贤竟然被吓得不敢提出南宋方面的要求，最后惊慌失措地把仆散忠义的书信带了回来。仆散忠义提出的四个条件与纥石烈志宁提出的四个条件，只有一个不同，这便是要求金、宋两国以叔侄相称。这一条表明金朝也做出了一点儿让步，不再要求南宋向金朝称臣，而只是要求宋孝宗向金世宗叫叔叔。

十一月初二，卢仲贤回到南宋，把仆散忠义的书信交给宋孝宗。在宋孝宗看来，金朝并没有让多少步，因为金朝并没有对宋孝宗十分在意的四州之地松口。宋孝宗只得再与群臣商议对策。

右丞相汤思退认为，可以把四州之地归还给金朝，但要求金朝把岁贡减少一半。汤思退还向宋孝宗奏请，派主和的王之望、龙大渊等人为使，以此为条件，再次前往金朝交涉。宋孝宗采纳了汤思退的建议，马上派王之望等人北上。

右正言陈良翰认为，卢仲贤出使，已经玷辱了使命，现在不应当这么快就派使回复，应当先派一位不重要的使臣前往应付一下，等朝廷商定之后再正式派使。陈良翰不同意归还四州之地，甚至要求金朝向南宋归还祖宗陵寝之地，也就是黄河以南的土地，然后才能答应给岁贡。

尚书左仆射陈康伯认为，两国交涉的四件事，争论最大的是三件事，而这三件事中，南宋要求停止称臣，金朝已经同意改为称叔；金朝要求岁贡数量不变，南宋也可以接受；唯一没有达成的是四州之地的归属问题。陈康伯建议召张浚入朝，听听他的意见。宋孝宗于是召张浚立即赶往朝廷。

张浚在进京途中，便听说朝廷已经派王之望等人出使金朝，立即上疏反对。张浚还认为金朝强大就来侵犯，弱小就来议和，所以现在不能答应议和。湖北、京西宣谕使虞允文等人也不赞同与金朝议和。

十二月初九，张浚到了临安，朝见宋孝宗，极力劝阻与金朝议和，提议让宋孝宗亲自北上，到建康府备战。宋孝宗于是下达亲笔诏书，让人快马送给正在北上的王之望等人，让他们在边界等待命令。宋孝宗重新派胡昉为使，前往金军大营，回复说四州之地不能割让，如果金朝坚持要得到四州之地，就追回使者王之望等人，停止议和。

宋孝宗罢免已经患病的陈康伯左仆射一职，由右仆射汤思退接任，而让张浚出任右仆射，二人都兼枢密使。宋孝宗此举，看似又一次重用张浚，但同时也更加重用主和派大臣汤思退，从一个侧面也看出宋孝宗当时所处的两难境地。

南宋使臣胡昉到了金朝都元帅仆散忠义那里，仆散忠义得知南宋改变了主意，认为南宋失信，便将胡昉扣留，同时向金世宗奏报。金世宗认为南宋失信，与使臣无关，要求立即把胡昉放回。

议和之事一直没有结果，时间一天一天过去了，转眼到了大定四年（1164年）正月。就在正月二十日，金朝都元帅仆散忠义又派人给南宋送来书信，催促南宋尽快答应他提出的条件。南宋主和、主战两派还在争论，一直未有定论。宋孝宗当时被张浚一劝，也想放弃议和，毕竟他原本不是主和派。然而，汤思退不断排挤张浚，让张浚的主战策略得不到实施。虽然张浚在当年三月视察了江淮一带的军队，宋孝宗也让王之望等人南返，但一个月后，宋孝宗又撤了张浚的官职，充分看出他也不能完全做主。六月，宋孝宗又下诏，让主战的虞允文放弃唐、邓二州，虞允文拒不执行。七月，宋孝宗将虞允文召回，任命户部尚书韩仲通为湖北、京西制置使。至此，南宋朝廷主和派完全掌握大局。

八月二十八日，张浚去世。第二天，汤思退便向宋孝宗奏请，派宗正少卿魏杞前往金朝议和。宋孝宗当面告诉魏杞，第一要端正名分，第二要金朝撤兵，第三要减少岁贡数量，第四不遣返归正人。魏杞提议，如果金朝贪得无厌，希望宋孝宗立即出兵。宋孝宗表示同意。

宋孝宗可能不知道，远在中都（今北京市）的金世宗已经等得不耐烦了。金世宗在当年八月初一，就曾给元帅府下诏书责问：你们先前奏请要收复旧有疆土，说要等到秋凉再进军，现在已经是秋凉，还要等到什么时候？的确，自从符离之战结束，特别是卢仲贤出使金军大营之后，已经过去了整整一年。

十月下旬，魏杞才到达盱眙，仆散忠义发现南宋没有答应他的条件，便于十月二十九日，与左副元帅纥石烈志宁商议出兵，目的是以战促和。二人计划各领一军，分两路南攻。纥石烈志宁在东，负责攻打楚州、扬州。仆散忠义在西，负责攻打濠州、滁州、和州。

纥石烈志宁率部从清河口进入淮河，谎称往泗州运粮。南宋楚州知州魏胜准备拦截，都统刘宝说两国正在议和，不要出兵。金军顺利渡过淮河，立即向楚州发起进攻。刘宝弃城逃走，魏胜带领兵马抵御，从早上一直战斗到下午，前后五个时辰，不分胜负。这时，金朝将领徒单克宁带领一支生力军赶到，魏胜用完了全部弓箭，最后战死。纥石烈志宁占领楚州后，于十一月初继续南攻，很快逼近了扬州。仆散忠义也接连攻克了濠州、滁州、和州。

金朝的行动，再一次向南宋显示，如果谈判桌上得不到，就从战场上得到。宋孝宗也无奈地下了一道诏书，阐明他与金朝议和这么长时间的原因。宋孝宗说金朝好战，而且固执，他已经答应金朝要求的岁贡数额，甚至四州之地，只是不想答应把投奔而来的"归正人"交还给金朝。宋孝宗认为这些人是北方的豪杰，倾慕南宋的仁政，不能让他们回到北方受到惩罚。然而，宋孝宗现在不得不再作让步。

十一月十五日，宋孝宗派国信所通事王抃出使金军大营，答应割让之前所谈的四州以及西部地区的商州与秦州，边界与第二次议和一样，答应归还被俘虏的金朝人，而从金朝叛逃而来的人不交还；答应两国结为叔侄关系，而不是君臣关系；提出银、绢数额每年各减少五万，也就是银二十万两、绢二十万匹。宋孝宗还特别提出不要再称"岁贡"，而称"岁币"，以此表明不是进贡。十二月，南宋使臣魏杞终于渡过淮河北上，前往金朝都城，去完成议和的最后手续。

大定五年（1165年）正月，魏杞到达金朝中都，见到金世宗。金世宗没有再斤斤计较，对南宋的要求全部接受，两国第三次议和正式完成。由于议和在上一年基本完成，而南宋当时的年号为隆兴，所以称"隆兴和议"，又由于从本年生效，而本年南宋改年号为乾道，所以又称"乾道之盟"。

史书上说，就在金、宋两国即将完成第三次议和的这一年，也就是大定四年，金朝实现了大丰收，判处死刑的人只有十七人。这一记载表明，金世宗当上皇帝才三年，国家就进入了一个比较好的发展状态。

金世宗是一位守成的皇帝，他没有雄心去统一天下，只想维持与南宋在第二次议和时的状态，然后致力于内政治理，让国家进入一个盛世，让百姓过上太平、富裕的生活。

然而，宋孝宗认为，他与金朝签订的和议是一个不平等的条约，他一直想改变与金朝不平等的关系，以洗刷耻辱。在积极备战了几年之后，宋孝宗开始策划北伐，想把北方的土地给夺回来。

六、小尧舜

宋孝宗先把主和派大臣汤思退贬降，再升主战派大臣虞允文为右仆射兼枢密使，并陆续起用一批主战派官员。宋孝宗积极准备了五年时间，才于乾道六年闰五月，派范成大为使来到金朝，索要黄河以南的土地，并要求改变不平等的关系。金世宗给予了拒绝，宋孝宗准备动用武力。乾道八年初，宋孝宗升虞允文为左丞相（宋孝宗当年把左、右仆射改为左、右丞相）兼枢密使，要与虞允文共雪靖康之耻。九月，宋孝宗把岳飞当年的官职少保、武安军节度使也授予了虞允文，让虞允文出任四川宣抚使（吴璘已在五年前病逝）。宋孝宗计划，虞允文从四川出兵攻打金朝，他从东部江淮派兵北进，两路约定在河南会师。曾在采石矶大败完颜亮大军的虞允文有着很高的威望，此时已经成为宋孝宗北伐的支柱。让宋孝宗没有想到的是，虞允文到了四川，尚未做好北伐的部署，便在一年后病逝。虞允文一死，宋孝宗依靠他北伐的计划便成为泡影，从此也就失去了北伐的信心。金、宋两国从此进入较长时间的和平发展期。

金世宗与宋孝宗不一样，他不想从南宋那里获得更大的利益，他想缓和两国的关系。大定五年（1165年）五月，金世宗主动撤销了山东路都统府，把兵马隶属到各路总管府。此后，金世宗又撤销了陕西都统府，以此向南宋表明没有用兵的意图。金世宗还告诫边防将领，不要滋事，不要和南宋方面发生争端。金世宗派往南宋的使臣，大都是文臣，以免武臣意气用事。

金世宗不想与南宋发生战争，正是为了推行与民休养生息的政策。大定二年（1162年），金世宗把来自中原参加南征的步兵遣返回乡，同时派官员到汉人起义密集的山东地区，招抚完颜亮在位时因繁重的兵役和劳役而铤而走险的农民，只要他们回乡，都一律赦免罪责。大定三年（1163年），对搬到中原居住的女真人，只要父兄子弟都在军中的，就让其中一人回乡农耕。大定六年（1166年），与南宋战争一结束，金世宗只留六万士兵戍边，其余士兵全部遣返乡里。

金世宗也做了不少缓和阶级矛盾的事。金朝消灭辽国后，把辽国的"投下户"和"二税户"变为奴隶，这与封建化的进程是相违背的。大定二年（1162年），金世宗就下诏，把六百多名"二税户"奴隶改为平民。第二年，金世宗又下诏，对中都等地因战乱和饥荒而典卖妻儿为奴的，由官府代为赎回。大定二十二年（1182年），金世宗再规定，按期限改为平民的奴隶，在期限内如果娶平民为妻，所生子女就是平民。

为了平均赋税和差役，金世宗先后实施了"通检"与"推排"制度。金朝初年，三年清查一次人口、土地，以确定赋税和差役的数目。由于贵族、官僚以及地主以各种方式隐瞒财产逃避税收，致使贫困的百姓负担加重。大定四年，金世宗下诏，通检天下的物力。然而，由于各路（金朝一级行政区划与宋朝一样称路，金世宗时全国有二十路）标准不一，百姓反受其害。第二年，金世宗统一各路的标准，轻重不均的现象有所改变。十年后，赋税、差役仍有不均，金世宗再下诏，让各路推排物力钱，手续比通检有所简化。随着猛安谋克户内部的阶级分化，地主和农牧民的赋税、差役也出现了严重不均。大定二十年（1180年），金世宗从中都入手，在猛安谋克户内也实行推排，两年后推广到全国，目标是查清各户的土地、牛具，分为上中下三等，确定赋税和差役。大定二十六年（1186年），金世宗还在全国实施过这种推排。推排制度，对平均全国赋税、差役，保证国家收入，缓和社会矛盾，起到了一定的作用。

金世宗也注重与周边国家发展榷场贸易。通过榷场贸易，不仅增进国与国之间的经济、文化交流，国家也能收到不少的财税。金朝与南宋在边境共开设了十多个榷场，比如东部的泗州、寿州、颖州，中部的蔡州、息州、唐州，以及西部的凤翔府、秦州、巩州、洮州等地。在密州的胶西县，金、宋两国还开设了海上贸易窗口。金朝与西夏国也开设了几个榷场，比如绥德州（今陕西省绥德县）、保安州（今陕西省志丹县）、兰州等地。金朝与北方的少数民族也开设榷场,比如庆州的朔平(今内蒙古巴林左旗西北)、净州的天山(今内蒙古四子王旗西北)以及东胜州(今内蒙古托克托县)等地。

在官员的任用上,金世宗不看资历,只看政绩。移剌道是都督府长史,是一位小官员,当金世宗得知他的政绩时,便准备重用。按移剌道的资历,当时只能升为翰林直学士,但金世宗认为这个官职不能让移剌道发挥用武之地,便直接任命他为中都路的转运使,后来又升到了宰相。什么样的政绩才是政绩?金世宗有他的标准。有一次金世宗去上京,看到有官员征集百姓大修桥梁、驰道,以博取他的欢心。只有同知北京留守刘焕只派少量民工把道路修复平整些,金世宗认为这样的官员才是好官,于是任命刘焕为辽东路转运使。金世宗在位期间,出现了一批政治上有作为而且又正直清廉的官员。

金世宗认为官员到了一定的年龄应当退休,因为人到晚年,精力就会显得不足,他规定朝中大臣到六十岁退休。作为皇帝,金世宗本人也许没有退休时间,但他也很清醒地认为年龄大了,会影响自己的决策。大定十七年(1177年)的一天,金世宗对宰相、执政们说他已经五十五岁,要是过了六十,就是想有所作为,也不能做什么了。就在当年,金世宗还对大臣们说他年纪老了,恐怕会因一时的喜怒而出现不当的决定,希望大臣们坚决地指出来。

金世宗注重科举选官。曾有人建议废除科举,金世宗不仅不同意,还规定选拔进士,如果确实有水平的,可以不限人数。金世宗要求状元、进士不仅要有才,更要人品好。金世宗规定,如果人品不好,即使考上状元也要除名。如何才能知道人品呢?金世宗要求到考中状元的乡里了解他的品行。金世宗也注重教育。大定六年(1166年),金世宗开始设置太学,学生最初只有一百六十人,后来发展到四百人。大定十六年(1176年),金世宗又下诏设置府学十七处,有学生上千人。

金世宗注重不良风气的治理。大定八年(1168年),金世宗制定了"品官犯赌博法"，对有品级的官员参与赌博进行了限制，如果是初犯且数额不满五十贯的，判处杖刑，可以用财物赎罪；再犯则不许赎罪。金世宗还十分重视惩治贪官，即使是皇亲国戚也不姑息。金世宗在位二十多年，一直没有册封皇后，始终把皇后之位留给已经自杀的乌林答氏，充分说明金世宗与乌林答氏的感情之深。然而，当乌林答氏的哥哥乌林答晖贪污五百贯时，金世宗毅然罢了他的官职。此外，太子的岳父徒单贞因贪污被治罪；荆王完颜文当大名府尹时，以权谋得良马、买百姓货物压价、贪污公款一万九千贯，被降职；就连金世宗的亲舅舅李石也因多领粮食而被降了职。

金世宗本人特别崇尚节俭。金世宗所用的物件，总是一用再用，旧了也不更换。金世宗在饮食方面，反对铺张，也不准各地向他进贡食品。有一次金世宗的女儿来看望金世宗，正逢金世宗在用膳。金世宗便让女儿与他一同用膳，竟然发现御厨为他准备的饭菜不够他与女儿两人吃的。

看一个皇帝是否有作为，从他所任用的重要官员，比如宰相，也能从一个侧面看出来。金世宗在位将近三十年，共任用过二十二位宰相，这里所说的宰相包括尚书令、尚书左右丞相以及平章政事。从这二十二位宰相来看，当中不少是杰出的名臣，为大定盛世做出了贡献，比如精通治国之道的纥石烈良弼，精通礼制的汉人宰相石琚，良将出身的仆散忠义与纥石烈志宁，文武兼备的徒单克宁等等。

金世宗在位二十九年，只有一个年号，就是"大定"。金世宗没有辜负这个年号，他在位的二十多年，确实把金朝治理成为一个安定、繁荣的盛世，史称"大定之治"。金世宗在位期间，群臣各守其职，上下安宁，百姓生活丰足，刑部每年判处死罪的，也就十几二十人。金世宗本人更是被后人称为"小尧舜"。

有人质疑大定之治，认为既然是治世，就应当没有农民或牧民起义。质疑者列举了在大定年间共有三次契丹牧民起义、九次汉人起义。这些起义是现在人的看法，在当时一律记载为"谋反"。其实这些起义，无论是规模还是影响，都不算大，在历史教科书上都不会列出来。作为少数民族皇帝，特别是在古代，他不可能把一个国家治理到其他民族不造反，反之亦然。在金世宗的朝堂之上，不仅有他们女真人，还有契丹人、汉人。总的来说，金世宗是一位有作为的皇帝。

然而，金世宗也有他的忧虑。

七、金世宗的忧虑

金世宗在位期间，虽然没有战争，但天下处于分裂状态，中原及北方是金朝，南方是南宋，西北是西夏。从国土疆域来看，金朝最大，南宋次之，西夏最小。金世宗忧虑的不是天下何时统一，他忧虑的是他们女真民族的存亡。按理说，当时的金朝处于非常强盛、富庶的时期，没有人会担心女真民族会灭亡。然而金世宗却有这样的担心，也算是居安思危吧。

金世宗担心的不是女真民族在战场上被消灭，而是会淹没在中原汉文化的汪洋大海之中。女真民族不断地汉化，逐渐忘记了自己的风俗、文化，甚至语言和文字，金世宗对此感到十分忧虑。

金朝刚建立时，女真作为一个民族，虽然已经有了自己的语言，但还没有自己的文字，女真人还保留着自己纯朴的风俗，相比中原汉人，有着尚武、剽悍的风格。金朝为了加强和巩固自己的统治，不得不放弃一些旧俗，学习辽朝与宋朝，建立一系列规章制度，统治者还带头汉化。在金熙宗时期，这种汉化的进程得到加快。完颜亮上台后，更是采用严厉的手段打击保守势力，更大力度地推进女真人的汉化。金世宗上台后，也不可避免地要继续推进汉化，然而金世宗对汉化感到害怕，他担心时间一长，女真人的传统、以及民族特性就消失了。

大定十三年（1173年）三月的一天，金世宗对宰相们说，上京会宁府（今黑龙江省哈尔滨市阿城区）是国家龙兴之地，自从完颜亮迁都到中都（今北京市），女真人渐渐忘记了旧有风俗。金世宗又说，如今宴会上的音乐，都是学汉人的，虽然是为了礼仪的需要，但不是他的本心。金世宗还说东宫的太子已经不知道女真风俗，只是因为他的原因，才保留了那么一点，恐怕将来就会失去。金世宗说他很想去一趟会宁府，让儿子们、孙子们看看他们女真的旧俗，也许能够学习模仿一些。

当年四月的一天，金世宗来到睿思殿，太子及宗室诸王都在。金世宗让宫廷乐师演唱女真的歌曲。金世宗一边听，一边对太子及诸王说他不忘先朝之事，所以常常听这些女真歌曲。金世宗还说太子以及诸王这些人小的时候就学习汉人的做法，不了解女真的风俗，不少人连女真的语言、文字都不会了。金世宗说这是忘本，要他们明白他的想法，一直到子孙后代，都要遵循他的教诲。

为了防止因汉化而被同化，金世宗采取了一些措施。就在当年五月，金世宗便下了一道诏书，禁止女真人把姓氏译为汉姓。大定二十七年（1187年）十二月，金世宗又下诏，再次禁止女真人改称汉姓，同时禁止女真人改穿汉人服装，违反者以犯罪论处。金世宗时隔十四年再下诏禁止改称汉姓，看来一开始没有能够禁止得了。

金世宗不准女真人用汉姓，并没有不准用汉名。女真人有汉名，首先就是从金朝的统治者开始的。比如金朝的开创者完颜阿骨打就有一个汉名，叫完颜旻，金太宗也有一个汉名，叫完颜晟，他们的名字还很有讲究，能看到是同一辈分。金太祖、金太宗的下一代汉名都是"宗"字辈，比如宗干、宗望、宗辅、宗弼、宗磐、宗本等。到了第三代便是金熙宗完颜亶以及没有庙号的完颜亮，还有金世宗完颜雍，这几个都是金太祖的孙子，是堂兄弟，汉名上也有相似之处。

所谓汉姓，就是对女真姓氏不进行音译，而是直接找一个汉人姓氏来代替。比如完颜氏改姓王，乌古论氏改姓商，纥石烈氏改姓高，徒单氏改姓杜，裴满氏改姓麻，乌林答氏改姓蔡，仆散氏改姓林。如果按上面的汉姓，再加上汉名，就一点看不出这是一个女真人了。比如金世宗就不叫完颜雍，而叫王雍；名将纥石烈志宁就叫高志宁，仆散忠义就叫林忠义。

在金朝之前七百年左右，北魏时期，有一位皇帝叫拓跋宏，史称孝文帝，他就强制进行汉化，带头把姓氏"拓跋"改为"元"，全名就称元宏。孝文帝还要求穿汉服、讲汉语。后来这个叫鲜卑的民族便完全融合到汉民族当中了。

金世宗当然不希望他的女真民族消融在汉民族当中。除了姓氏、服装，金世宗更注重对女真语言、文字的传承。大定四年（1164年），金世宗下诏，设女真学，选拔三千名猛安谋克子弟入学，专门学习由女真文译写的经典书籍。大定十一年（1171年），金世宗创设女真进士科举。两年后，又在京城开设女真国子学，各路开设女真府学，教授女真语言和文字。大定二十二年（1182年），颁行女真文译本的五经和诸子文章。四年后，金世宗规定，女真贵族如果不能阅读女真文书籍，就不得承袭猛安谋克。大定二十八年（1188年），金世宗又开设女真太学。金世宗也怕他身边的卫士们汉化，曾经下令，如果不会女真语言的，一定要强制学习，以后不得再讲汉语。

然而金世宗阻挡不了女真民族的汉化进程。一个民族的文化以及个性，是长期生活环境决定的。女真人如果没有入主中原，特别是那些猛安谋克没有与中原汉人混居，或许可能不会被汉化，至少没有那么快。另一个方面，女真人的文化当时远远落后于汉文化，当他们见到先进的汉文化时，可以说是出自内心地仰慕，不自觉地便模仿、学习起来。就拿金世宗册立的太子完颜允恭来说，他就是一位从小学习汉文化、成年后更是精通汉文化的人，有着很高的汉文化素养。完颜允恭喜爱汉文学，喜爱作诗，喜爱画画，人物画得很好，马画得更好。

对于有碍女真族发展的一些旧俗，金世宗也不可能保留，同样要加以禁绝。比如女真人在祭祀时会杀牲口，甚至会宰杀耕牛，这个习俗在早期以渔猎为主的时代，不算是什么问题。然而在中原，耕牛是极为重要的农耕工具，宰杀耕牛，就是破坏农业生产。大定九年（1169年）十月，金世宗就下诏，祭祀时要用鹿来代替牛，并把这个作为法令定了下来。又比如女真人喜爱饮酒，往往没有节制地狂饮，这也对生产、生活有一定的影响。

大定十四年（1174年）三月，金世宗又下诏，要求猛安谋克百姓，只有在节日或祭天时才能饮酒；从二月初一至八月末，不得饮酒，以免耽搁农业生产。金世宗还在诏书中强调，就是在农闲时，也不能痛饮，违反的要治罪。再比如，女真人在五服之内可以婚配，金世宗认为也不妥，便在大定十九年（1179年）十月下令禁止，如果违反，即使自首，也要定罪。

完颜亮为了断绝女真人怀旧的念想，拆毁了上京宫殿，撤销了上京称号。金世宗为保存女真文化，又恢复了上京称号，也修复了一些宫殿，他要经常回上京看看。金世宗觉得只有到了上京，才能感受到他们女真人的文化。大定二十四年（1189年）五月，金世宗回到上京，他计划在上京住上两到三年，好好体验一下女真人的生活。不知不觉中，金世宗在上京待了快一年。这期间，留守中都的太子完颜允恭不断送来奏请，请他回都。金世宗对跟随到上京的大臣们说，他非常喜欢上京的风物，一听到请他回都，就感到悲伤。金世宗说祖宗的旧地，确实不忍心离去。然而金世宗得提前回中都，毕竟这些奏请也不能不当回事。

大定二十五年（1185年）四月，金世宗在上京皇武殿宴请宗室。金世宗那天喝了不少酒。金世宗说他平时不喝酒，今天很想喝醉。席间，宗室的妇女们以及一些老臣开始起舞、进酒。让金世宗失望的是，没有一个人唱他们女真人的歌曲。金世宗站了起来，说我来为你们唱一首吧。金世宗于是让宗室子弟依次坐到殿上来，听金世宗唱歌。金世宗这首歌唱得很感人，又慷慨又悲壮。金世宗唱完，泣不成声，泪水直流。于是，在场的各位夫人会唱女真歌曲的都唱了起来。那天，金世宗真的喝醉了，还继续唱歌，直到一更时分。

当月，金世宗离开上京，一路打猎，返回中都。两个月后，正在途中的金世宗听到中都传来噩耗，四十岁的太子完颜允恭病逝了。时年六十三岁的金世宗在行宫为太子完颜允恭举行祭奠，哭了很久，很伤心。

第八章 盛极而衰

一、明昌之治

　　太子完颜允恭是金世宗与乌林答氏所生。乌林答氏在金世宗没当皇帝之前便自杀了，原因是不想接受当时的皇帝完颜亮征召入京。金世宗与乌林答氏的感情很好，所以金世宗即位后便追封乌林答氏为昭德皇后，而且在位二十九年，一直没有再册立皇后。金世宗与乌林答氏生了三个儿子，其中两个早就去世了，只有完颜允恭活到四十岁。完颜允恭虽然当了二十多年的太子，但直到病逝时，没有当过一天的皇帝。按照册立继承人的习惯，金世宗应当在另外几个儿子当中选一位当太子。金世宗与其他妃子虽然生了七个儿子，但都不是嫡子，金世宗不想让他们当太子。当然，金世宗考虑的还不只是这些。金世宗看中了孙子完颜麻达葛，因为这个孙子有吸引他的地方。

　　金世宗曾经说过，太子完颜允恭他们这代人小的时候接受的教育都以汉文化为主，对女真语言、文字方面的教学很少，不少人甚至不会讲女真语言，不会写女真文字。完颜允恭知道父皇的良苦用心，所以在对自己的儿子们教育时，就特别注意。完颜麻达葛是太子完颜允恭的次子，也是嫡长子。大定十八年（1178年），完颜麻达葛十一岁，被册封为金源郡王，从这时起，完颜允恭便开始找人给他上课。

　　完颜允恭给完颜麻达葛指定的老师名叫完颜匡，此人每天先给完颜麻达葛教学汉语，到申时，也就是下午三点之后，才教学女真语言以及女真小字。完颜允恭已经注重对完颜麻达葛进行双语教学，但还是有一些侧重，汉语教学明显占多数时间。当然，完颜允恭能够坚持给儿子进行双语教学，已经相当不错了，不少女真贵族子弟甚至都不学习女真语言与文字了。

完颜麻达葛对汉文化经典相当精通，也从心底里仰慕。时日一久，完颜麻达葛便对儒家思想十分崇拜。尽管如此，完颜麻达葛在那一代人中，是少有的能够懂得女真语言、文字的人。大定二十五年（1185年）六月，完颜允恭病逝。当年十二月，金世宗册封十八岁的完颜麻达葛为原王，任命他为判大兴府事。经过七年的双语学习，完颜麻达葛的汉语和女真语讲得都很不错。完颜麻达葛知道祖父爱听女真语，于是在入朝称谢时，便用女真语。金世宗听了之后，果然兴奋异常。金世宗一直担忧女真人被汉族同化，特别担心的是下一代以及更下一代。现在听到孙子完颜麻达葛能够讲一口流利的女真语，确实很感动。金世宗当时就对宰相们说，他曾经让宗室诸王学习女真语，但只有完颜麻达葛的女真语讲得很熟练，他很赞赏。在完颜麻达葛称谢之后，金世宗还语重心长地说，完颜麻达葛的年龄还不算大，又在服丧期间，本不该任命官职让他做事，但很想试试他的才能，希望他努力。

金世宗此时已经有意在培养完颜麻达葛，想把完颜麻达葛当做接班人。后人在分析金世宗选择孙子完颜麻达葛而没有选择其他儿子时，认为主要是完颜麻达葛会讲女真语，懂女真文字。这个当然是金世宗看重完颜麻达葛的一个方面，但不是全部。要知道，按照中原汉民族的制度，完颜允恭如果没有做过皇帝，他的兄弟们便有机会当太子。完颜允恭哪怕只当一天皇帝，他的儿子才有可能当继承人。金世宗有好几个儿子不选择，偏偏选择孙子完颜麻达葛，他难道不担心那几个儿子有想法吗？

金世宗有自己的考虑。早在完颜麻达葛出生时，金世宗就曾说，他的儿子虽然很多，但明德皇后生的儿子中，只有太子完颜允恭一个人在世。金世宗又说完颜允恭生了一个嫡子，出生的地方在麻达葛山，那里空气清新，他很喜欢这个地方，便为这个嫡孙取名为麻达葛。那时的完颜麻达葛还没有让金世宗看到才华，而金世宗对完颜麻达葛的喜欢，是因为嫡子生嫡孙，他们也是明德皇后的子孙。

大定二十六年（1186年）四月，金世宗下诏，给完颜麻达葛赐了一个汉名，叫璟，从此便称完颜璟。五月，金世宗任命完颜璟为尚书右丞相，参与朝政大事，还让他到宫中观看《舆地图》，了解天下的险要之处。十一月，金世宗下诏，册立完颜璟为皇太孙，正式确定完颜璟为皇位继承人。

从完颜允恭病逝，到其子完颜璟被册封为皇太孙，金世宗用了一年半时间。如果从金世宗有意培养完颜璟为接班人算起，前后不过一年时间。在今天看来，金世宗对完颜璟的提拔确实是太快了，显然册立完颜璟是在意料之外的，因为金世宗没有想过儿子完颜允恭会英年早逝。

史书记载，在册立完颜璟为皇太孙之后，金世宗说，完颜璟的年纪还小，但因为明德皇后的嫡孙只有完颜璟一个人了，所以要培养他，立他为皇太孙。金世宗同时也提醒完颜璟，这个位置是他决定的，能否保得住则在完颜璟自己，希望完颜璟不要让他失望。在金世宗看来，他虽然有好几个儿子，但只有与明德皇后乌林答氏生的嫡子才是最重要的。现在嫡子全部不在了，金世宗也不想让其他妃子生的儿子为太子，所以便选择了嫡孙，而嫡孙只有完颜璟一个人。

完颜璟年龄虽然不大，但也没有让金世宗失望，金世宗也就准备放心地交国了。大定二十八（1188年）十二月，金世宗生病了，便让完颜璟代理国政，可以直接任命五品以下的官员。又过了些日子，金世宗给完颜璟一枚"摄政之宝"大印，相当于把朝政大权完全交给了完颜璟。大定二十九年（1189年）正月，金世宗病逝，终年六十七岁，二十二岁的完颜璟在金世宗的灵柩前，登基即位，是为金章宗。

金章宗毕竟是以皇孙的名义即位的，他当然担心那些个伯伯、叔叔们不服。其实在太子完颜允恭病逝后，金世宗就已经担心庶长子完颜永中有想法，因为他最有资格当太子。金世宗为册立嫡长孙，便对完颜永中做了一些限制。金章宗即位后，为巩固自己的皇位，把企图谋反的叔叔完颜永蹈杀掉了，不久还把没有谋反迹象的伯伯完颜永中也给杀掉了。

金章宗继承了大定之治,他又是如何治理国家的呢?

当初,金世宗放心地把皇位交给了孙子金章宗,一定程度上也是看到金章宗女真文化学得好,能够把他们女真的文化传承下去。然而金世宗没有想到,金章宗却是金朝各位皇帝当中,汉化程度最深的一位。金章宗上台后,更是加快了汉化的进程,最终完成了女真族的汉化。

金章宗禁止称女真人为番人,其本人也如同汉家天子。金章宗喜爱书画,把宋徽宗的瘦金体学得很到位。金章宗还设立书画院,让汉人王庭筠为都监,为他鉴定王羲之、顾恺之的书画。金章宗也会写诗,比如这首《宫中绝句》:"五云金碧拱朝霞,楼阁峥嵘帝子家。三十六宫帘尽卷,东风无处不扬花。"就很有意境。

在加速汉化方面,金章宗还有几件重要的措施。

第一件便是尊孔。在继位的第二年,也就是明昌元年(1190年),金章宗就下诏,修缮曲阜的孔子庙学。此后,金章宗还下诏,要求全国州县修建孔庙,避孔子名讳。孔子在金朝所受到的尊崇与宋朝不相上下。

第二件便是完善科举制度。金章宗即位不久,先后增设了经童科以及制举宏词科。金朝的科举到了金章宗时,各科齐备。其中制举宏词科是金章宗为选拔人才而特别设立的科目。金世宗时,已经注重科举,到了金章宗,儒风盛行,学校兴盛,士人经由科举而位列宰相的不在少数。

第三件便是健全礼仪制度以及编修法典。金世宗时期,参考唐宋的做法,制定礼乐制度,而到金章宗明昌年间,编修完成《金纂修杂录》四百多卷。《金纂修杂录》是一本礼仪制度的汇编书籍。明昌六年(1195年),又编修完成《大金仪礼》,至此,各种礼仪制度完备。在法典方面,明昌年间,编纂完成《明昌律义》,而泰和元年(1201年)修成的《泰和律》是金朝最完备的法典。

金章宗还有一个举措,更是加速了女真人汉化甚至被同化的进程,那便是允许女真人与汉族人通婚。明昌二年(1191年),尚书省认为,迁居中原的那些猛安谋克屯田户,与当地汉族百姓如果能够互相通婚,实在是国家长久安宁之计，金章宗准奏。通过婚姻这个纽带，加速了女真民族与汉民族的融合。金世宗当年反对女真人与汉族人是一家的说法，而金章宗的做法，让女真人与汉族人融为一体，时间长了，自然就是一家了。

除了汉化，金章宗还是金朝封建化的最后完成者。金章宗彻底废除了奴隶制度。在金世宗时，只是局部解放奴隶。可以说，在金章宗之前，金朝是封建制与奴隶制并存的社会，奴隶制主要在女真人当中，而汉人、契丹人、渤海人基本处于原有封建制度。金章宗上台不久，就逐步把所有的奴隶改为平民，他可不像金世宗，一次只改良六百多人，金章宗最多一次改良一万多人。金章宗还制定《奴诱良人法》，以法律形式废除奴隶制度以及禁止把平民变为奴隶。

金章宗也限制猛安谋克女真户的特权。金章宗通过一系列的规定，在维护猛安谋克户权益的外表下，实际削弱或废除猛安谋克户的特权。比如镇边以后放免授官，军前怠慢罢去世袭，斗殴杀人遇赦可以免死但罢去世袭，等等。

金世宗时，为防止女真人被汉族同化，准许进入中原的猛安谋克户打猎。这些女真人打猎，不是找一个人少无田的地方去找野物，而是把一大块地方围起来，作为猎场，不仅占有田地，还影响农业生产。金章宗上台后的第四年，先下诏规定猛安谋克只能在冬天畋猎两次，每次不超过十天。金章宗的这一规定，改变了女真人圈占土地围猎的习惯。第五年，金章宗直接下令，把行宫禁地和围猎场所全部交给农民耕种。

金章宗在位将近二十年，一共有三个年号，分别是明昌（1190—1195年）、承安（1196—1200年）与泰和（1201—1208年）。明昌年间，天下太平，没有战事，社会生产加速发展，百姓富足，人口也不断增加。泰和七年（1207年），人口数量达到金朝历史上的最高峰，达到四千五百多万人，比金章宗即位前多出八百多万人。国家的税收也达到金朝历史上的最高峰。金世宗让金朝走向大治，而金章宗让金朝达到鼎盛。史书称赞金章宗在位二十年，"承世宗治平日久，宇内小康。"由于金章宗的很多举措都是在明昌年间完成，所以也把金章宗在位这段治世称为"明昌之治"。

金章宗虽然也创造了一个治世，但他的政风不及金世宗。

二、经童作相，监婢为妃

虽然金章宗也创造了一个治世，但不能与他的祖父金世宗开创的治世相比，尽管金章宗时期的富裕程度以及人口数量高于金世宗时期。金世宗勤政、节俭，金章宗虽然也努力治国，但注重享乐，特别是宠幸后妃，任用小人。这一点，金章宗有点像唐玄宗李隆基，前期励精图治，后期宠幸美色，国力开始衰落。也有人说金章宗像宋徽宗，甚至说他是宋徽宗转世。当然，金章宗还没有糊涂到宋徽宗的地步，只是有一些相像而已。比如，金章宗也爱好诗文、书画，特别是宋徽宗的瘦金体。野史说宋徽宗喜爱李师师，而正史上记载金章宗宠幸李师儿。

李师儿出身贫贱，因家人犯罪，而被送到宫籍监当奴婢，所以被称为"监婢"。李师儿虽然是奴婢，却有机会与其他宫女一样接受教育。宫中规定，老师教学时，必须隔着一层纱帘，不能看到这些宫女，毕竟这些宫女将来会是皇上的人。虽然老师和学生见不着面，但可以对话，不然就没法教了。老师张建发现这群宫女当中有一个人学得最好，声音也很清亮。有一天，金章宗来到这里，问张建哪个人聪明？张建说有个声音清亮的女子。金章宗非常高兴，便走向帘子后面去看看这个人是谁，原来就是李师儿。

金章宗马上就喜欢上李师儿。李师儿也有些才气，也知道如何能让金章宗动心。金章宗曾经给李师儿出了一个上联，让李师儿对下联。金章宗的这个上联是：二人土上坐。从字面上看，这个上联没什么诗意，有点俗，但其实是有奥妙的，这便是两个"人"字在"土"字上，便是一个"坐"字。李师儿对的下联是：孤月日边明。金章宗一听，不仅工整，而且有意境。李师儿把自己比着月亮，把金章宗比着太阳，月亮是孤独的，但有了太阳，就一片光明了。金章宗一听这个解读，更是高兴得不得了。

第八章　盛极而衰

明昌四年（1193年）三月，金章宗册封李师儿为昭容，第二年正月又册封为淑妃。金章宗这时已经不管李师儿父亲曾经是犯过罪的，竟然把李师儿已经去世的父亲追任为金紫光禄大夫、上柱国、陇西郡公。不仅如此，金章宗还给李师儿的祖父、曾祖父追任官职。

这些不在世的人追任官职，只是名誉上的，也没什么说法，反正不拿报酬。李师儿当然不会满足这些。金章宗于是又任命李师儿的哥哥李喜儿、弟弟李铁哥为官。李喜儿当宣徽使、安国军节度使，李铁哥当近侍局使、少府监。李喜儿做过强盗，金章宗也顾不得这些了。金章宗大概也知道李喜儿、李铁哥这两个名字太俗，于是又给他们赐名，分别叫李仁惠、李仁愿。

李氏兄弟的官职虽然不是朝廷中的宰相、执政，但作为皇帝身边的官员，与皇帝说得上话，所以朝廷中不少大臣就来巴结他们。朝廷外面的一些官员也竞相投向李师儿以及李氏兄弟。开封府的李炳、中山府的李著拿出家谱，说与李师儿他们李家是一个祖宗，最终也得到了高官。

有人想依附李师儿，李师儿也想找一个外援，毕竟他们李家没有根基，虽然得到皇帝宠幸，但朝廷中不少大臣并不心服口服。朝廷中有一个官员就与李师儿一拍即合，此人便是胥持国。

胥持国是经童出身，考中的是科举当中的经童科，没有中进士。经童科是金朝开设的，给十三岁以下的小孩子考的。如果按今天的比喻，大概也就是小学毕业。胥持国干过县丞，曾经处理过当地有人冒占官地的事，得到朝廷的注意。胥持国后来应招入宫，担任太子司仓，得以结识太子完颜允恭。完颜允恭去世后，胥持国又侍奉皇太孙，也就是后来的金章宗。金章宗即位后，胥持国先担任宫籍副监，后升为工部尚书。

朝廷中的不少大臣看不起胥持国，认为他只不过考中经童科而已。虽然金章宗后来也赐予胥持国进士及第，但毕竟不是凭本事考来的。要知道，金朝已经太平了许多年，所谓"升平出状元，乱世出英雄"，那个时候的官员都注重科举，特别是皇帝又重视儒学，没个进士身份，肯定不行。胥持国知道自己的学历不高，与那些大臣难以靠近，于是便去结交后宫的李师儿。李师儿同样也是出身不高，有一种"同是天涯沦落人"的感觉，便容易走到一起。

胥持国本来就结识金章宗，现在再有李师儿替他说好话，当个宰相或执政，是不成问题的。果然，明昌四年（1193年）三月，胥持国升任参知政事。明昌六年（1195年）四月，胥持国又升为尚书右丞。当时的人对宫中的李师儿以及朝中的胥持国极为反感，轻蔑地称为"经童作相，监婢为妃"。不是当时的人看不起他们二人，是他们二人确实没做什么好事，人们才嘲讽他们的出身。

胥持国通过巴结李师儿，得到皇帝的重用，李师儿通过胥持国干预朝政。不少官员看到胥持国有了权势，又来巴结胥持国，其中十个人最有代表性，被称为"胥门十哲"。这十个人是右司谏张复亨、右拾遗张嘉贞、同知安丰军节度使赵枢、同知定海军节度使张光庭、户部主事高元甫、刑部员外郎张严叟、尚书省令史傅汝梅、张翰、裴元、郭郛（音同浮）等。

胥持国有"胥门十哲"，平章政事完颜守贞有"冷岩十俊"。完颜守贞是完颜希尹的孙子，有才能，刚正不阿。正是因为金章宗任用了完颜守贞等人，才得以延续"大定之治"，开创"明昌之治"。完颜守贞选贤任能，在身边形成了不少鸿儒名士，这些人便被称为"冷岩十俊"。

胥持国与完颜守贞形成两派，两派自然要争斗。然而胥持国有李师儿，完颜守贞斗不过他。胥持国通过李师儿，去劝说金章宗，让金章宗把完颜守贞调离朝廷。金章宗知道完颜守贞与胥持国在朝堂之上经常意见不同，也知道完颜守贞是一位有才能又正直的大臣，但还是把完颜守贞调离了朝廷。在把完颜守贞调往东平府时，金章宗言不由衷地说他知道完颜守贞有政绩，但东平那里不好管，经常歉收，老百姓日子不好过，考虑再三还是派完颜守贞去，因为完颜守贞有能力。后来完颜守贞把东平治理得很好，金章宗也想把他调回朝廷，但怕李师儿、胥持国反对，又把完颜守贞调到西京大同府任留守。完颜守贞在西京两年，又把西京治理得很好，金章宗才把他调回朝廷。但从此，胥持国通过李师儿，不断排挤完颜守贞，金章

第八章　盛极而衰

宗最后又把完颜守贞调到济南府。完颜守贞到了济南，胥持国还在加害他，致使完颜守贞被降官一级，最后病死在济南府任上。

承安二年（1197年），御史台弹劾"胥门十哲"，牵连到胥持国。金章宗把这十个人都调到京城外任职，让胥持国致仕，也就是退休。然而不久，金章宗又起用胥持国为大名府知府，还没有到职，又改任胥持国为枢密副使，与枢密使完颜襄到北京大定府掌管兵马。胥持国后来就死在北京大定府的军中。

胥持国不在朝廷，李师儿仍然得到金章宗的宠幸，看来李师儿的魅力不小。金章宗在位将近二十年，与他祖父金世宗一样，没有正式册立皇后。然而，两个人的目的不一样。金世宗是怀念乌林答氏，不想把皇后之位封给别人。金章宗想把皇后之位封给李师儿，但遭到大臣们的反对。金朝的皇帝一向与女真的几个贵族通婚，这些贵族也是女真部族中的有名部落，比如徒单氏、唐括氏、蒲察氏、拏（音同拿）懒氏、仆散氏、纥石烈氏、乌林答氏、乌古论氏。李师儿是汉人，出身又卑贱，肯定不能当皇后。金章宗也没有强制册封，便封李师儿为元妃，其地位在所有妃子之上。在不册立皇后的情况下，元妃的权力相当于皇后。

李师儿当了元妃，地位更高，权力更大，朝廷内外的人都知道巴结她就能升官。金章宗就是知道了，也无动于衷。有一次，宫中戏子表演节目，一人问国家有什么祥瑞，戏子说你没有听说过凤凰吗？那人说听说过，只是不知详情。戏子便说，凤凰飞的方向有四个，每个方向的含义不一样。如果向上飞，则表明风调雨顺，如果向下飞则表明五谷丰登，如果向外飞，则表明四国来朝，如果向里飞，则表明加官晋爵。金章宗何等聪明，知道最后一句"向里飞"，暗指"向李妃"，也就是投向李妃，就能加官晋爵。金章宗听后，一点也不生气，一笑了之。

有一次金章宗与大臣一起学历史，讨论汉高祖刘邦与汉光武帝刘秀哪个伟大？不少大臣都认为刘邦伟大，毕竟他开创大汉几百年江山，金章宗也表示赞同。然而，宰相徒单镒却说刘秀伟大，因为刘秀勤于朝政，三十

· 267 ·

多年不近酒色,不像刘邦,当了皇帝就声色犬马,宠幸戚夫人,死后朝政大乱,诸吕专权。金章宗知道徒单镒这是借刘邦来劝谏他,心里很不高兴,但也没有表现出来,更没有因之而有所改变。

还有一次,监察御史姬端修给金章宗上表,提醒金章宗亲贤臣,远小人。金宗章看了奏表,感到不解,他的治下可是"明昌之治",满朝都是贤臣,哪有小人?金章宗于是把李元妃的哥哥李仁惠,也就是李喜儿叫来,让他去问问姬端修,到底哪个是小人?李仁惠是宣徽使,让他跑这趟腿,也是正常的。没想到姬端修严厉地告诉李仁惠,小人就是你们兄弟二人!李仁惠不敢隐瞒,如实报告金章宗,金章宗虽然责备了李仁惠,但没有惩罚李仁惠兄弟。

金章宗宠幸李元妃,任用小人,还不至于把金朝搞垮,毕竟金世宗留给他的是一个家大业大的金朝,而且太平富庶了三十年。还有,金章宗还没有十分昏庸,他用的重要官员,还是有才能而且正直的人,比如尚书令徒单克宁,以及曾担任左、右丞相的夹谷清臣、完颜襄、完颜宗浩等人。然而,金朝到了金章宗时,确实开始走下坡路,这与金章宗不无关系。

老天也不待见金章宗,黄河前后三次发生决口。金章宗在黄河治理方面,也动用了不少人力、物力,耗费金朝不少钱财。虽然也能控制住水患,但黄河改道后,留下了不少隐患。

金章宗的治世注定是在不平静中度过,因为北方又有战事了。

三、北方用兵

明昌五年(1194年)九月,金章宗决定在北方用兵。

金章宗当了将近六年的皇帝,为何要在北方用兵呢?难道他不知道太平对老百姓意味着什么吗?而太平的一个重要前提就是没有战争。这是因为金章宗对北方草原上游牧部落的侵扰实在忍无可忍了。

前面曾经讲过,在北方草原上有一个实力比较强的游牧部族叫阻卜,

第八章 盛极而衰

就是鞑靼，也称塔塔尔，只是《金史》的编写者是元朝人，他们不太愿意用"鞑靼"这个词。金朝消灭辽国后，原本臣服于辽国的这些草原各部，便臣服于金朝。尽管后来也曾南下骚扰金朝，但很快就被金朝搞定了。五十年过去了，阻卜又来南侵金朝边境了，还不止一次。阻卜部多次侵扰边境，激怒了崇尚文治的金章宗。金章宗让尚书省召集百官商议，到底如何对付阻卜？商议的结果是出兵讨伐。

金章宗于是下诏征集兵马，征集的范围是上京路等九路。此次征集的士兵人数是三万，集结的地点是临潢府（今内蒙古巴林左旗），各路士兵前往集结地的时间是第二年春天，大军出征的时间是第二年夏天。金章宗除了调集国内的兵马，还让草原上另一支部落前来会师，一同讨伐阻卜，这支部落是北阻卜。

明昌六年（1195年）五月，金章宗在临潢府设置行省，派尚书左丞相夹谷清臣前往担任行省长官，负责此次北征事宜。夹谷清臣是一位老将，当年已经六十三岁，当左丞相才一个月。夹谷清臣到了临潢府，便开始作部署。夹谷清臣任命宣徽使移剌敏为都统，左卫将军完颜充为左翼，招讨使完颜安国为右翼，两翼作为前军，一共八千名轻骑兵。夹谷清臣自己亲率一万名精兵，作为后军。

部署完毕，夹谷清臣便率大军北征。当年十月，大军到达合勒河（今哈拉哈河）。移剌敏带领的前军继续北进，在栲栳泊（今内蒙古自治区呼伦湖）与阻卜军发生交战，一连攻下十四个营寨。移剌敏得胜后，回师迎接夹谷清臣带领的后军。北阻卜首领斜出带领所部人马北归，夹谷清臣得知斜出北归时，把此次作战所得的羊马等物资带走了，很是生气。夹谷清臣派人追上斜出，要他拿钱财来抵。斜出很生气，马上带领所部人马背叛，还侵扰边境、掠夺财物。

金章宗听说夹谷清臣因为贪图小利而致使北阻卜背叛，非常生气。十一月初七，金章宗下诏，免去夹谷清臣的官职，让右丞相完颜襄代替他，负责北方战事。完颜襄当年五十六岁，是金朝末年一位文武双全的宗室大臣，从汉名"襄"字来看，与金章宗的祖父完颜雍是一个辈分。

完颜襄到达临潢府后，开始组织大军继续与阻卜部作战。当年十二月，完颜襄带领大军到达大盐泊（今内蒙古东乌旗额吉淖尔镇），在这里与阻卜兵马激战，取得胜利，杀死很多阻卜士兵。

半年后，金章宗下诏给完颜襄，让他再次出击。承安元年（1196年）七月，完颜襄兵分东、西两路，继续北攻。东路军到达龙驹河（今克鲁伦河），被阻卜大军包围，突围了三天，没有成功。完颜襄得到消息，率领西路军乘着夜色，快速前往救援。到达龙驹河后，正是黎明时分，完颜襄一刻也不停息，立即向阻卜大军发起突袭。东路军也从包围圈中反击，杀将出来，阻卜军大败，向北边的斡里札河（今蒙古国东方省乌勒吉河）逃去。完颜襄派西北路招讨使完颜安国率部追击。

阻卜部向北逃窜的消息被草原上另一个部族的首领得知，他决定帮助金朝攻打阻卜部。这个部族叫蒙古乞颜部，首领名叫铁木真，当年已经三十五岁。我们先简要介绍一下铁木真。

草原上有多个部族，蒙古部只是其中一个，而且蒙古还分乞颜、泰赤乌等部，严格地说，乞颜、泰赤乌是蒙古部的不同氏族。蒙古乞颜部与阻卜部，也就是塔塔尔部，一直有仇。铁木真的父亲、蒙古乞颜部的首领也速该就是被阻卜部毒死的，当时铁木真才九岁。也速该被害后，蒙古乞颜部也就衰落了，不少人投奔了蒙古泰赤乌部，铁木真一家陷入了困境。铁木真长大后，泰赤乌部又想杀掉铁木真，铁木真逃到他父亲的结义兄弟脱斡邻勒那里，认脱斡邻勒为义父。脱斡邻勒是草原上另一个部落克烈部的首领，他收留了铁木真。铁木真的势力后来又壮大起来，在大定二十九年（1189年），被部众推举为蒙古乞颜部首领，这一年铁木真二十八岁，也是金章宗继位的第一年。

当铁木真得知阻卜部被金朝打得向北逃窜时，他想出兵报仇。铁木真担心自己的实力不够，毕竟阻卜部在当时是草原上最强大的部族。铁木真请他的义父脱斡邻勒带领克烈部一同来战。脱斡邻勒同意出兵与铁木真一同攻打阻卜部。阻卜部本来就被金朝重创，现在又遭到脱斡邻勒与铁木真两部的打击，损失很大，首领被杀，几乎灭族。金朝主帅完颜襄论功行赏，封脱斡邻勒为王，任命铁木真为"札兀惕忽里"。脱斡邻勒原来是克烈部的汗，从此就称王汗，至于铁木真的这个官名的大致含义，有人译成百夫长，有人译成招讨使、节度使，没有定论。

完颜襄重创阻卜后，还在九峰山刻石记功，这个石碑叫《九峰石壁纪功碑》。公元1986年，蒙古国的考古学者发现了这个石碑，地点在蒙古国肯特省境内的九峰山。这个石碑两面分别是女真文字与汉文字，有着很高的考古价值。

当年九月，完颜襄得胜回朝，因功被金章宗升为左丞相，封常山郡王。完颜安国升为左翼都统。金章宗在庆和殿设宴，亲自为完颜襄敬酒，还解下佩刀，赏赐给完颜襄。

金章宗让完颜襄到北京大定府（今内蒙古宁城县西）建立行省，继续处理北部事务。完颜襄刚到北京大定府，就传来契丹人造反的消息：契丹人德寿占据上京路境内的信州，改年号为"身圣"，部众号称十万人。大定府一带十分惊慌，而完颜襄行色悠闲，如同平日，人心才安定下来。完颜襄调兵前往征讨，很快就将德寿俘虏，平定了契丹叛军。

承安三年（1198年）二月，北阻卜首领斜出到抚州（今河北省张北县）向金朝投降。抚州官员把此事奏报给金章宗，金章宗派使臣去征求完颜襄的看法。完颜襄认为接受投降对国家有利。金章宗希望完颜襄讨伐到底，还给完颜襄送去宝剑。完颜襄于是寻找机会继续出击。

除了阻卜，北部草原上还有一个叫广吉剌的部落也多次南下攻掠金朝边境。驻军泰州（今吉林省白城市）的同判大睦亲府事完颜宗浩请求率部征讨。完颜襄认为广吉剌部与阻卜部不和，如果留着广吉剌部，可以让阻卜部有东顾之忧。完颜宗浩认为堂堂大金朝，难道还要靠广吉剌这个小部族来保护自己吗？完颜宗浩于是向金章宗上奏，提出先破广吉剌，再提兵北上消灭阻卜。完颜宗浩上了两次奏章，才得到同意。金章宗当时还有些担忧，虽然同意完颜宗浩的奏请，但还是在回复中强调：要更加谨慎，不要做将来后悔的事。完颜宗浩最终击败了广吉剌部，广吉剌部投降，完颜宗浩得到广吉剌部一万四千名骑兵。完颜宗浩后来又北进，击败了山只昆、婆速火等部落。

广吉剌部也称弘吉剌部，与山只昆、婆速火等部都是蒙古部族的不同分支。完颜宗浩重创这些部落，为铁木真统一蒙古部提供了条件，而金朝削弱了阻卜部，为铁木真统一草原各部族，创造了机会。草原上一个强大的部族阻卜被削弱了，另一个强大的部族——蒙古即将出现，因为铁木真以击败阻卜为契机，开始了他的草原统一之战。

完颜襄为防范草原部族南侵，他向金章宗提了一个建议。

四、金长城

承安三年（1198年）三月，完颜襄向金章宗上奏，提议派步兵在北方挖沟筑墙，修筑一条界壕，以阻挡北方草原上的游牧部族南侵。朝廷不少官员认为修筑界壕没什么用处，还要花费一百万贯钱财。金章宗再问完颜襄，完颜襄认为，修筑界壕虽然会花费一百万贯钱财，但这是大功一件，不仅边防坚固，而且可以裁减守边士兵，半年就能节省三百万贯。完颜襄还说，由于士兵减少，老百姓运输军需物资的负担自然也就减少，这是长久的好处。金章宗于是批准，下诏让完颜襄负责此项工程。

完颜襄于是派步兵参与此项工程，还招募百姓一同参加，前后用时五十天。后来，在完颜襄的奏请下，西北、西南各路也修筑这样的防御工事。界壕修成后，完颜襄回到临潢府，下令裁军四万人，马匹也减少了三万匹。

完颜襄修筑的界壕，早在金世宗后期，也曾在北方修过，只是当时的质量参差不齐，很容易被大风沙甚至大雪掩没，不能起到阻挡的作用。完颜襄督修的这条界壕，就有了很大的改进。虽然金朝没有把这条界壕称为长城，但后人很容易由界壕联想到以前秦朝修建的长城，便把这条界壕称为"金长城"。

界壕的修筑难度，虽然没有长城那样大，但确实也是一件很浩大的工程。这条界壕，东起今天的内蒙古呼伦贝尔市莫力达瓦旗，经科尔沁右翼中旗东北、巴林左旗北、克什克腾旗，西南到四子王旗、呼和浩特西北，全长三千多里。从位置上看，这条金长城，全部位于今天的内蒙古境内，与以前的秦长城相比，已经北移很多。金长城主要防范的是漠北草原上的部族，而秦长城防范的是整个漠南漠北草原上的部族。

金长城绝不是一条深沟加上两侧的夯土那么简单，它由壕堑、界堤、壕堡、边堡等设施组城。据后人考察研究，壕堑宽八到十米，深四到五米。界堤分为主堤和副堤，主堤高六到八米，宽八到十米。筑堤所用的材料，主要来自于挖掘壕沟所得的泥土，如果遇到山地，就用石料垒成。主堤上还有小城门，城门外修建瓮城，增加了防御能力。从壕堑底部到主堤顶部，高达十多米，形成一道防御墙，所以称它为长城，也是比较贴切的。为增强主堤的防御能力，还在主堤前修筑副堤和副壕。

壕堡建于主堤内侧，有房舍和营库，可以驻屯少量守军以及储备兵器。壕堡与主堤之间，有门和梯道连接。每座壕堡之间的距离有远有近，长的十多里，近的只有几里，多选在有利于观察敌情和地形优越之处。

边堡是有一定规模和设施的边防小城，建于壕堑、界堤和界壕后面的险要之处。边堡内军事设施齐备，外有护城河，是一个可以独立作战的城堡。边堡与壕堑、界堤、壕堡结为一体时，可攻可守。早在金世宗时，东部泰州境内就修建十九座边堡，在临潢府境内有二十四座。到了金章宗时，边堡的数量又增加了许多。

当年十一月，金章宗召完颜襄回中都（今北京市），途中还派大臣迎接、慰劳。完颜襄到了中都后，进宫向金章宗陈述边境的防守事宜，所提十项建议，都被金章宗采纳。十一月初十，金章宗再次任命完颜襄为左丞相。金章宗认为完颜襄修筑界壕，功劳很大，本想封他为三公，但认为三公不是用来奖赏有功之臣的，所以还是任命他为左丞相。

金朝修建的"长城"能够防范北方游牧部族的南侵吗？

确实，在金朝修建了界壕之后，草原上的各部族真的没有南侵。是被金朝的"长城"挡住了吗？不是，是他们内部发生了统一战争。这场统一战争是蒙古乞颜部首领铁木真发动的。铁木真不仅统一了蒙古部的各氏族，还向草原上的其他部族发起征服战。这些部族不仅有阻卜部，还有蔑儿乞部、乃蛮部，甚至还有帮助过他的克烈部。阻卜部本是草原上最强大的部族，在被金朝多次重创后，又被铁木真与克烈部击败，首领被杀，从此没落。铁木真出兵帮助金朝攻打阻卜，本是为了复仇，但当阻卜部没落、蒙古部壮大后，铁木真的野心就更大了。铁木真在泰和六年（1206年），基本完成了漠北草原上各部的统一，建立大蒙古国，被草原各部称为"成吉思汗"。两年后，成吉思汗彻底完成漠北草原的统一战争。

铁木真虽然出身蒙古部贵族，与金太祖完颜阿骨打出身女真贵族一样，但铁木真没有完颜阿骨打幸运。完颜阿骨打当上女真部族首领时，他的父兄已经基本统一了女真各部，所以完颜阿骨打可以很快着手准备反辽的战斗。铁木真不一样，他的父辈虽然当过蒙古部的首领，但他在九岁时，便失去了父亲，部族也随之而散。铁木真的崛起，是一个传奇。

金章宗怎么也没有想到，他的长城要面对的已经不是阻卜或其他部族，而是一个统一的草原部族，以后统称为蒙古族。成吉思汗实现这一目标，用了十多年时间。金章宗对成吉思汗统一漠北草原，没有引起足够的重视，为子孙后代留下了巨大的隐患。

对草原上的部族来说，长城是没有什么用处的，在金朝以前，就有草原民族南下突破长城的先例，比如匈奴、鲜卑、契丹等。其实，草原上有多个部族，对金朝才是安全的，如果草原上出现一个统一的部族，对金朝必然是一个威胁。当阻卜强大时，金朝讨伐、削弱它，是正确的做法，但蒙古走向强大时，金朝却无动于衷，这是没有远见的。当年女真部实现统一时，对辽国便是一个威胁，熟知历史的金章宗不应当不知道。

金章宗之所没有采取措施阻止铁木真统一草原，一是因为他有"长城"，二是因为铁木真向他称臣，也没有侵扰金朝。一时不侵扰，并不表示永远不侵扰，就是签了和议也没有用，金朝与南宋的例子就是活生生的。以前是金朝撕毁和议，攻打南宋，现在竟然出现南宋撕毁和议，北伐金朝的情况。

让金章宗万万没有想到的是，南宋出现了北伐派。

五、抵御韩侂胄北伐

金朝与南宋第三次议和之后，一直严格遵守和议内容，无论是金世宗，还是金章宗，都一再要求边境将领，以大局为重，与南宋和平共处。每次有使者前往南宋，金章宗都会叮嘱他们，要小心谨慎，不要以势压人，不得伤害两国关系。然而，四十年过去了，南宋方面有了改变。

宋高宗于大定二十七年（1187年）十月去世，终年八十一岁，属于高寿的皇帝。宋孝宗虽然不再受到宋高宗的制约，但已经六十一岁，也没有什么锐气了。大定二十九年（1189年）正月，金世宗去世，金章宗即位，宋孝宗不愿意称二十一岁的金章宗为叔，便在次月把皇位禅让给皇子赵惇。宋光宗赵惇是庸碌之辈，在位五年毫无建树，还受制于李皇后，对太上皇宋孝宗很不孝顺。明昌五年（1194年）六月，宋孝宗病逝。七月，宋光宗被逼禅位给太子赵扩。

由于韩侂胄、赵汝愚等大臣的拥戴，宋宁宗赵扩才得以上台，所以宋宁宗重用韩侂胄、赵汝愚等人。韩侂胄是北宋宰相、名将韩琦的曾孙，也是宋宁宗的皇后韩氏的叔祖。由于韩侂胄的排挤，宋宁宗罢免赵汝愚，韩侂胄独揽大权。

泰和三年（1203年）十二月，出使金朝的邓友龙回到南宋，告诉韩侂胄，金朝正被蒙古人困扰，连年饥荒，民不聊生，如果宋军北伐，如同摧枯拉朽。从这时起，南宋朝野便刮起了北伐风。

其实邓友龙带回来的消息不太准确。当时的金朝已经平定了漠北最强的部族阻卜，战争已经停了几年了。蒙古部虽然正在崛起，但臣服金朝，还没有与金朝发生冲突，因为蒙古部当时的任务还是统一漠北。邓友龙带回消息之际，蒙古部正与克烈部在交战。

那些支持北伐的官员纷纷劝说韩侂胄，希望韩侂胄抓住这一有利时机。浙东安抚使辛弃疾就来到朝廷，不仅向韩侂胄提议要北伐，还面见宋宁宗，分析天下大势，认定金朝就要灭亡了。辛弃疾的劝说，让韩侂胄北伐的意志更加坚定。一生盼望国家能够收复中原的诗人陆游，被罢官十三年，此时刚被宋宁宗起用，负责编修国史。在陆游看来，中原百姓一直生活在水深火热之中，所以他就有"遗民泪尽胡尘里，南望王师又一年"的感叹。时年七十九岁的陆游也极力建议韩侂胄北伐。

韩侂胄听说金朝与北方游牧部族发生战争，也赞同趁机北伐，收复中原。宋宁宗也是一位有血性的皇帝，对南宋所受的屈辱很是不满，支持韩侂胄对金朝采取强硬的政策。

韩侂胄于是开始作北伐的准备。在韩侂胄的建议下，宋宁宗于泰和四年（1204年）追封岳飞为鄂王，削夺秦桧的申王爵位，将秦桧的谥号"忠献"改为"谬丑"，以此来鼓舞士气，打击主和派。尽管韩侂胄在政治、军事、物质上作了不少准备，但监察御史娄机告诉韩侂胄，南宋没有大将，北伐难以成功。韩侂胄于是把名将吴璘的孙子吴曦派往四川，担任宣抚副使，负责西路北伐事宜，对吴曦寄予了厚望。

泰和五年（1205年），韩侂胄准备得差不多了，便派小股军队进入金朝境内，有意挑起事端，为发动战争寻找借口。金朝边境不断有宋军袭扰的奏报送呈金章宗。金章宗一开始不相信南宋会主动来挑衅，所以还责怪边境官员提供假情报。后来，抓获南宋的探子，才真的相信韩侂胄已经在多地驻军，西部已有南宋士兵进入秦州境内。金章宗不想把事态弄大，让枢密院给南宋发公文，要求依照两国和议，撤走越境的军队。

当年五月，金章宗召集大臣商议，如何应对南宋即将出兵北伐一事。商议结果，金章宗派平章政事仆散揆出任河南宣抚使，前往南京开封府，整顿军队，防备南宋大军。仆散揆是仆散忠义之子，娶金世宗女儿韩国公主为妻。仆散揆曾在北方担任招讨使,防范漠北各部族,有指挥作战的经验。

仆散揆到了河南,得到南宋方面的回复,说已经将制造事端的将领免职,并把士兵撤回了。仆散揆向金章宗奏报此事,金章宗认为南宋不会北伐,于是下诏撤销河南宣抚司,让仆散揆返回中都(今北京市)。

金章宗没有想到,韩侂胄与宋宁宗已经认为北伐时机成熟,命令大军准备行动。韩侂胄此时也出任平章军国事一职,地位高于丞相,已经独揽军政大权。韩侂胄任命四川宣抚副使吴曦兼陕西、河东路招抚使,负责西部战事;赵淳担任京西北路招抚使,皇甫斌担任副使,攻打唐州、邓州;殿前副都指挥使郭倪兼山东、京洛招抚使,渡淮北上收复山东。宋宁宗还从朝廷封桩库中拿出一万两黄金,用于战功赏赐。

泰和六年(1206年)四月,南宋不宣而战,出兵占领了中部蔡州的新息县、褒信县,颍州的颍上县,以及东部泗州的州城与虹县。五月,韩侂胄请宋宁宗正式下诏讨伐金朝。当年是南宋开禧二年,所以把韩侂胄主持的这次南宋北伐称为"开禧北伐"。

金章宗得知南宋正式开战,立即任命平章政事仆散揆兼左副元帅,让他赶赴南京开封府,指挥金朝大军对宋作战。金章宗还给四川宣抚副使吴曦下诏书,以封蜀王为承诺,劝吴曦向金朝投降。从五月至九月,金军与宋军展开激战,金军获胜居多。比如安国节度使纳兰邦烈击败围攻宿州的郭倬、李汝翼;唐州刺史吾古孙兀屯击败攻打唐州的皇甫斌;寿州刺史徒单羲击败攻打寿州的南宋建康府都统制李爽;将领完颜下僧击败攻打东海县的商荣;邳州刺史完颜从正击败率水军来攻的统制官戚春;元帅右都监蒲察贞击败攻打方山原的四川宣抚使程松的兵马,蒲察贞不久还夺回了和尚原。

南宋兵马全线败退之后,韩侂胄先后罢免了两淮宣抚使邓友龙和领兵作战的皇甫斌、李爽、李汝翼等人,处死了郭倬,任命丘崈(音同崇)为两淮宣抚使,负责指挥两淮军务。丘崈认为泗州孤城难守,于是放弃泗州,还军盱眙。宋军此后形成了东、西两部兵马,西部四川的宋军虽然受挫,但损失不大，东部两淮的宋军损失较大，退缩到淮南东部，随时准备撤回长江以南。宋军已经由进攻转入防御。

十月初，金军主帅仆散揆指挥大军乘胜对宋军展开攻势。在金章宗亲自指导下，仆散揆不再采用以往常用的东、中、西三路的战术，而是兵分九路。仆散揆亲率三万兵马从颍州、寿州出击；河南路统军使纥石烈子仁率三万兵马从涡口出击；右副元帅完颜匡率两万五千兵马从唐州、邓州出击；左监军纥石烈胡沙虎率两万兵马从清河口出击；右监军完颜充率一万兵马从陈仓出击；右都监蒲察贞率一万兵马从秦州出击；蜀汉路安抚使完颜纲率一万兵马从洮州出击；临洮路兵马都总管石抹仲温率五千兵马从盐川出击；陇州防御使完颜璘率五千兵马从来远出击。金朝南征大军总计十四万五千人。

十月下旬至十二月，金军九路南征，只用一个多月时间，就取得全线胜利。在西部，完颜纲攻下祐川、荔川、闾川、宕昌等地；蒲察贞攻取天水、西和州（今甘肃省西和县西）。在中部，完颜匡一路攻下枣阳军、光化军、随州，进而包围德安府，分兵攻占安陆、应城、云梦、孝感、汉川、荆山等县。在东部，纥石烈胡沙虎从清河口渡过淮河，包围楚州；纥石烈子仁攻下定远、滁州、来安、全椒等地。主帅仆散揆假装在下蔡（今安徽省凤台县）渡淮，把宋军吸引到下蔡淮河对岸，然后派兵突然从八叠滩渡淮，宋军惊慌逃走。仆散揆派兵追击，占领颍口，接着又攻下安丰军、霍邱县，进而包围和州（今安徽省和县），逼近长江北岸，江南震动。

在此关键时刻，南宋四川宣抚副使吴曦接受金章宗的条件，背叛南宋，投降金朝。吴曦是名将之后，其祖父吴璘与哥哥吴玠在川陕战场上战功赫赫，守住了南宋的西南大门。吴曦投降金朝，确实让南宋人民难以接受。当然，导致吴曦投降金朝，南宋方面多少也要负一些责任，比如担心吴家在蜀地势力太大，有意把吴曦调离蜀地。要不是韩侂胄想北伐，吴曦恐怕没有机会回到四川。在吴曦看来，只有四川才是他想待的地方，而金朝能够让他在四川当蜀王，他当然愿意。

吴曦倒戈后，四川宣抚使程松从兴元逃走，不敢再留在四川。由于吴曦的叛变，南宋西部防线崩溃。泰和七年（1207年）正月，吴曦派人带领金军进入凤州，同时把凤州、阶州、成州、西和州献给金朝。

吴曦叛变，主持此次北伐大计的韩侂胄感到十分突然。韩侂胄还想争取吴曦，准备也封吴曦为王。韩侂胄还拿出自己家里的二十万贯钱财作为军需。四川的军民对吴曦的叛变也十分愤慨。二月二十九日，七十四位义士冲进吴曦的蜀王王宫，把称王才四十一天的吴曦杀死。吴曦被杀后，四川的将士乘势向金军发动进攻，收复了西和州、成州、凤州、大散关等地。

然而，接替吴曦出任四川宣抚副使的安丙，只想防守原有疆域，不想与金朝作战，还杀了主张抗金的将领，对西线战局造成重大影响。此时，主持东部防务的丘崈也无心与金军交战，已经与金军通使议和。丘崈在给朝廷的奏表中，还建议朝廷不要再让韩侂胄签署国书，因为金朝认为韩侂胄是挑起此次战事的首谋。韩侂胄十分憎恨丘崈，下令罢免丘崈，任命知枢密院事张岩负责江淮军事。

金军主帅仆散揆一边派人与南宋和谈，一边派纥石烈子仁向真州（今江苏省仪征市）发动进攻。宋军不敌，两万多人被杀，真州失陷，东部宋军退守长江以南。韩侂胄此时也想议和，但金朝的议和条件比较苛刻，韩侂胄能接受吗？

六、第四次议和

当金朝大军攻到长江北岸之后，金章宗给左副元帅仆散揆提出两个方案，一个是南渡长江，继续作战，达到与南宋以长江为界的目的。二个是不再南攻，维持以前的边界，以军事行动逼迫宋朝议和。仆散揆选择了第二个方案，带领所部兵马北返下蔡（今安徽省凤县台），退回淮河以北。

泰和七年（1207年）二月，仆散揆患病，金章宗任命左丞相完颜宗浩兼都元帅，前往南京开封府，代替仆散揆主持前线军务。当月，仆散揆在下蔡病逝。三月，金章宗又任命右副元帅完颜匡为左副元帅。四月，金章宗再任命纥石烈子仁为右副元帅。

韩侂胄所派的议和使者方信孺就是在四月起程北上的。方信孺到了濠州（今安徽省凤阳县），见到了纥石烈子仁。纥石烈子仁把他关进监狱，强迫他答应金朝的五项议和条件。方信孺当时能够答应的就是归还战俘、赔偿钱财，至于交出这次北伐的首谋，方信孺认为自古没有这样的事，而让南宋向金朝称臣、割地，方信孺认为他无权答应。无论纥石烈子仁怎么威胁，方信孺都毫无畏惧。纥石烈子仁最后把方信孺送到开封府，交给都元帅完颜宗浩。

方信孺到了开封，完颜宗浩在军帐中接见他。军帐内外布置士兵，想以气势威吓方信孺。一见面，完颜宗浩就说，如果不答应五项条件，大军就继续南下。方信孺坚持己见，不为所动。完颜宗浩责问，南宋先发兵来攻，现在又来求和，这是什么意思？方信孺说以前出兵是为国家社稷报仇，现在求和是为了百姓生灵。完颜宗浩没话可说，便让方信孺回国，撂下一句话，是战是和，等方信孺再来时决定。

方信孺回到南宋，南宋朝廷立即商议如何答复金朝。最终商议的结果是，可以归还战俘，惩罚首谋，岁币每年增加五万，而称臣、割地，不答应。

方信孺再次前往开封，见到完颜宗浩。完颜宗浩还是坚持之前的条件，不松口。方信孺也据理力争，说五个条件，已经答应了三个，如果还谈不妥，就较量一下兵力吧。完颜宗浩也作了让步，说割地先不谈，称臣也可以不强求，可以把原来称叔改为称伯，另外，再增加犒赏军队的费用。方信孺只能再回南宋请示。

南宋同意给金朝一百万贯费用，用于犒赏军队，其他没有答应，又派方信孺前往开封。完颜宗浩对南宋的答复不满意，说只给犒赏费用是不行的。方信孺也很坚决，说他做好死在这里的准备，不能再作改变。完颜宗浩打发方信孺回国，让他带信回去，要求把提议北伐的首谋杀掉，把他的首级送到金朝来，岁币增加五万两匹，犒赏军队的费用改为一千万两白银。

八月，第三次出使金朝的方信孺回到南宋，向韩侂胄报告。当韩侂胄听说要他的人头时，大怒异常。韩侂胄没有把火气发在金朝人身上，而是发在了三次出使金军大营的方信孺身上。可怜方信孺，尽心尽力为南宋利益而与金朝主帅冒死争辩，最终却被韩侂胄免了官职。

九月初一，完颜宗浩在军中去世。史书认为，金朝主帅仆散揆、完颜宗浩先后在军中去世，这是兵家的大忌，但南宋并没有抓住这个机会，进一步收复北方故土，只满足于议和。九月十一日，金章宗任命左副元帅完颜匡为平章政事，兼左副元帅，代替完颜宗浩，在开封统领军队。

韩侂胄虽然想议和，但当听说金朝一定要得到他的首级才能议和时，是既惭愧又愤怒。韩侂胄此时不想再议和了，想跟金朝再战，于是任命殿前都指挥使赵淳为江淮制置使，替换张岩。韩侂胄还任命主战的辛弃疾为枢密都承旨，让他尽快到临安赴任。六十八岁的辛弃疾已经重病在床，只得上表推辞，没几天就病逝了。

韩侂胄想为保住自己的首级而战，但朝廷中的主和派却不答应了，他们开始围攻韩侂胄。南宋朝廷中的主和派，以礼部侍郎史弥远为首。在韩侂胄北伐出现败局之时，史弥远等人就开始制造舆论，说北伐是错误的举动。史弥远等人还悄悄谋划，准备把韩侂胄给杀掉，以满足金朝的议和条件。

韩侂胄已经掌管南宋朝廷大权，又有皇上宋宁宗的支持，史弥远如何才能杀掉韩侂胄呢？史弥远也找到了帮手，那便是后宫中的皇后。前面讲过，韩侂胄是宋宁宗的皇后韩氏的叔祖，然而韩皇后在七年前就去世了，当前的皇后是杨皇后。杨皇后对韩侂胄没有好感，因为韩侂胄当初曾反对册封她为皇后。

杨皇后先让皇子、荣王赵曮（音同掩）给宋宁宗上疏，说如果韩侂胄再挑起军事冲突，对国家社稷一定不利，宋宁宗没有答复。杨皇后亲自劝说宋宁宗采纳荣王的建议，宋宁宗还是不答应。杨皇后再让他的哥哥杨次山与朝廷中意见相同的大臣一起劝说宋宁宗，宋宁宗这才同意不再开战。

杨皇后没有就此罢休，她让杨次山告诉史弥远，说得到皇上密旨，可以除掉韩侂胄。史弥远正想干掉韩侂胄，只是怕皇上不答应，这时也就不管这个密旨是真是假了。史弥远与朝中其他大臣一起策划，最后让主管殿前公事的夏震带兵，寻找机会向韩侂胄下手。

十一月初四早上，韩侂胄上朝，刚到太庙前，被人叫住，一群人胁迫他到了玉津园，就在玉津园杀了韩侂胄。史弥远等人立即奏报宋宁宗，说韩侂胄已经被杀。宋宁宗不相信，后来确信韩侂胄已经死了，也就接受了这个事实，还下诏宣告韩侂胄所犯的罪恶。韩侂胄被杀了，他所做的一切都要被否定，连秦桧又被恢复了申王爵位以及"忠献"谥号。

南宋派王楠为使，继续前往金朝议和。王楠到了开封府，见到金朝的左副元帅完颜匡，提出两国以伯侄相称，将岁币增加到三十万，此外还有一笔三百万贯犒赏军队的费用，至于韩侂胄等人的首级，等议和决定之后，一定送来。完颜匡把此事奏报给金章宗，金章宗回复要得到韩侂胄以及他的亲信苏师旦的首级，才能归还被金朝占领的土地，还要把犒赏军队的费用由三百万贯钱币改为三百万两白银。王楠说要回国请示。

泰和八年（公元1208年）三月，南宋朝廷商议到底要不要把韩侂胄首级送给金朝的问题。有人认为这件事，让南宋失去体面。也有人说议和是大事，一个死人的首级，有什么可惜的？结果是打开韩侂胄的棺材，砍下首级，同时也将韩侂胄的亲信苏师旦押赴街市问斩。南宋先将二人首级在两淮地区示众，然后再由王楠送到金朝。

五月，王楠把韩侂胄与苏师旦的首级送到金朝。初九，金章宗驾临应天门，搞了一个仪式来接受这两颗人头，各级官员上表向金章宗祝贺。金章宗还让人在大街上悬挂韩侂胄与苏师旦二人画像，给百姓观看。做完这一切，金章宗命令完颜匡撤兵，改元帅府为枢密院，派使者前往大散关、濠州等地，交割土地。

金章宗与南宋的这一次议和，是金朝与南宋的第四次议和。由于南宋在当年改年号为嘉定，所以在南宋，这次议和也称"嘉定和议"。"嘉定和议"仍然是一次不平等的议和，虽然南宋不要向金朝称臣，但南宋的皇帝要向金朝的皇帝称伯伯,另外还把岁币由原来的四十万两匹增加到六十万两匹,也就是三十万两白银,三十万匹绢帛,还要增加一笔三百万两白银的犒赏军队的费用,两国的边界维持前两次议和的边界,也就是东部以淮河为界,西部以大散关为界。

就在金章宗与南宋议和快要完成之时,漠北草原上的大蒙古国不仅完全统一漠北草原各部,还两次攻打西夏国,似有消灭西夏的野心。金章宗也得知北方的情况,但他不担心成吉思汗的大蒙古国会向他的金朝发起战争,他的理由是成吉思汗仍然向金朝进贡、称臣。然而,金章宗十分担心南宋会再一次违背和议,向金朝出兵。右司郎中王维翰告诉他,南宋已经衰退,没有能力再攻打金朝,尤其是惩罚了韩侂胄、苏师旦等人,不会再有人敢提出北伐了。王维翰同时提醒金章宗,北方应当多加费心了。半年后,金章宗也要求北方的临潢府路、泰州路等地,整顿边防。

然而,就在这时,四十一岁的金章宗患起病来,而且越来越重。

第九章　蒙金开战

一、皇叔继位

金章宗曾经生了五个儿子，名字分别是完颜洪裕、完颜洪靖、完颜洪熙、完颜洪衍与完颜洪辉。看到这些名字，熟知金庸武侠小说《射雕英雄传》的读者，一定会问，是不是还有一个儿子叫完颜洪烈？没有，这是金庸虚构出来的人物。不过，《射雕英雄传》所讲的历史背景确实就是金章宗时期。金章宗这五个儿子，最大的两三岁，最小的几个月，就夭折了。

泰和二年（1202年）八月，金章宗最宠幸的李元妃为他生了一个儿子，取名为完颜忒邻，没有再用"洪"字作为辈分，大概是希望有所区别。金章宗担心这个儿子也活不长，在满月之时，便封他为葛王，说金世宗早期就被封为葛王，而金世宗活到六十七岁，寿命是比较长的。当年十二月，金章宗提前为完颜忒邻过周岁，大做法事，为完颜忒邻祈福。让金章宗十分痛心的是，五个月后，完颜忒邻还是去世了，连一周岁都没有。

泰和八年（1208年）十一月，金章宗患了重病。让金章宗痛心的是，他一个儿子都没有。还让金章宗感到遗憾的是，他有两个嫔妃贾氏、范氏当时已经怀孕，但是他担心等不到她们生产。金章宗此时不得不考虑找一位继承人。然而，金章宗还想把大位留给自己的子孙，他想了一个自认为巧妙的办法。

金章宗想找一个人临时当一段时间皇帝，等他的两个妃子生出儿子后，再把皇位还回来。金章宗当然担心这个人一旦当了皇帝，便不会再把皇位还回来，于是他想找一个懦弱、无能的人来当这个皇帝。金章宗已经不顾

第九章　蒙金开战

国家、百姓的利益，他考虑的只是他家的皇位不能外传。

谁是合适人选呢？金章宗选来选去，发现叔叔完颜永济可以。完颜永济原名完颜允济，由于金章宗的父亲完颜允恭当了太子，其他兄弟便将"允"字改为"永"字，以示避讳。虽然在金章宗的眼里，完颜永济是一位懦弱、无能而且又与世无争的人，但金章宗忽视了一个问题，那就是他曾经杀掉了完颜永济的同母兄弟完颜永蹈。可能完颜永济给金章宗的印象实在是太过平庸了，所以金章宗才放心地把皇位交给他。

完颜永济当时是卫王，担任武定军节度使，在外任职。金章宗在完颜永济进京朝见时，把这个计划告诉他。金章宗所提的要求就是，如果那两个妃子生的孩子当中有一个是儿子，就把皇位传给他，如果两个全是儿子，就传给当中有才能的一个。如果生的全是女孩会怎样，金章宗没有说，因为他不希望出现这样的情况。完颜永济听了金章宗的话，不敢答应，还要告辞回武定军。金章宗强撑病体，留他打球，还说皇叔这么急着要走，是不想当皇帝吗？完颜永济看到金章宗是真心真意的，便没有马上离开京城。

十一月十九日，金章宗的病更重了，李元妃召平章政事完颜匡入宫商议。完颜匡也赞同金章宗的提议，让完颜永济当继承人。第二天，金章宗病逝，留下遗诏，让皇叔完颜永济继承皇位。于是，完颜永济接受诏书，当了皇帝。

完颜永济确实不是一个有才能的人，甚至在金章宗看来就是一个无能的人，但金章宗怎么也没有想到，才能再低的人，也不妨碍他对皇位的贪念。完颜永济不只是想自己把这个皇帝一直当下去，还想让自己的子孙继续当下去。基于这个考虑，完颜永济当然不希望金章宗的愿望能够实现。完颜永济还没有傻到企盼贾氏、范氏不生儿子只生女儿的地步，完颜永济得主动采取行动。

完颜永济让平章政事仆散端、尚书左丞孙即康二人"护视"贾氏与范氏。完颜永济之所以让仆散端与孙即康去给这两位孕妇"保胎"，是有其目的的。这二人也是心知肚明，哪里是让他们去为二人"保胎"，分明是"打胎"

这两个人便动了一些手脚，让贾氏、范氏不能如期生产。

大安元年（1209年）二月，仆散端与孙即康给皇上完颜永济上奏，说贾氏应当在十一月生产，现在已经过了三个月，说明贾氏根本没有怀孕；而范氏确实怀孕，应当在正月生产，不过经太医诊断，胎儿已经消失。仆散端与孙即康二人还说范氏愿意出家为尼。

仆散端与孙即康给完颜永济带来的信息量还是不小的，不只是贾氏、范氏不能生产这么简单。贾氏是欺骗，属于有罪之人，而范氏是真怀孕，只是不正常而已。再说范氏愿意出家，态度很好，显然是要保住她的性命。完颜永济先迫不及待地把贾氏、范氏不能如期生产的事，诏告朝廷内外。完颜永济不久便册封自己的六个儿子为王，为在他们当中册立一个太子做准备。这件事办好了，当然是大功一件，仆散端在次月便被完颜永济升为右丞相。而不久，孙即康便升为平章政事，还封为崇国公。

还有一个人也想从中得到利益，此人便是平章政事完颜匡。完颜匡有拥立完颜永济为皇上的功劳，按说他已经得到完颜永济的信任，但完颜匡想独占这份拥立之功。与完颜匡一起拥立完颜永济当皇帝的还有金章宗最宠幸的妃子李元妃，完颜匡想把李元妃除掉。如何除掉李元妃？完颜匡与仆散端他们已经有了默契，那便是从贾氏身上做文章。仆散端他们已经说贾氏是假装怀孕，而完颜匡则说是李元妃指使贾氏假装怀孕的，等到了生产的时候，拿别人家的孩子来冒充。

完颜匡说李元妃有罪，完颜永济能不开心吗？完颜永济倒不是正直到要把李元妃这个干政的女人铲除，而是他不希望有一个对他指手画脚的"太后"。完颜永济得到完颜匡的奏报，也派人去审问一下，结果当然是"属实"，所以完颜永济马上下了一份诏书，指出李元妃以及她兄弟李喜儿、李铁哥的罪行，然后赐李元妃、贾氏自尽，把李喜儿、李铁哥发配到远方。四年后，下一位皇帝金宣宗便为李元妃、贾氏平反，这也说明这是一起诬陷案。

完颜匡曾经教授金章宗读书，得到金章宗的信任与重用，但在关键时刻，为了利益，也不得不把金章宗交代的话抛弃。完颜匡现在又得到完颜永济的信任，完颜永济马上升完颜匡为尚书令，还晋封申王，已是朝廷之中最高的官职。史书上说，完颜匡常干不法之事，但金章宗以及完颜永济两位皇帝都对完颜匡很好，这不能不说完颜匡在某些方面有着过人之处。然而老天并不给完颜匡面子，他只当了半年多的尚书令，便去世了，只有五十八岁。

完颜永济已经完全控制了朝政，终于可以放心地册封自己的儿子完颜从恪为太子了，而仆散端也升任为左丞相，成为朝廷中最重要的大臣。

就在完颜永济把皇位的继承权转到自己家的时候，北方一个令他头痛的消息传来了，这便是大蒙古国的君主成吉思汗不再向金朝称臣纳贡了。

二、野狐岭之战

成吉思汗向金朝进贡时，不能到京城，只能到边境，由金朝派人去接受贡物。金朝之所以这样做，是怕成吉思汗看到中原的繁华而有非分之想。完颜永济当卫王时，曾经到边境接受过成吉思汗进贡，所以成吉思汗了解完颜永济。在成吉思汗这位草原英雄的印象中，完颜永济是一位平庸、懦弱的人。完颜永济当了皇帝后，便由别人去边境接受成吉思汗进贡。成吉思汗听说金章宗去世了，便问金朝的使者，哪个继位当皇帝了？使者告诉成吉思汗，是卫王完颜永济。成吉思汗马上就很轻蔑地说，我以为中原的皇帝，只有天上的人才能做得，像完颜永济这种软弱、平庸的人也能当皇帝吗？成吉思汗说完也不下拜，骑上马就走了。

成吉思汗的做法，就是与金朝断绝关系了。使者回到中都（今北京市），把这件事奏报给完颜永济。完颜永济也很生气，说下一次成吉思汗再进贡时，就在进贡的地方把他杀掉。成吉思汗不傻，他已经得罪了完颜永济，还会给金朝再一次进贡吗？当然不会。完颜永济似乎也不傻，他也要求加强北部的戒备，以防成吉思汗前来侵犯。

成吉思汗当时还没有正式向金朝发起进攻，因为他还在攻打西夏国。

早在金章宗时期，成吉思汗就开始攻打西夏。成吉思汗虽然没有直接攻打金朝，但攻打向金朝称臣纳贡的西夏，也是为了削弱金朝。遗憾的是，金章宗没有出兵帮助西夏，也没有因此而指责成吉思汗，而是任由成吉思汗攻打西夏两次。大安元年（1209年）三月，成吉思汗第三次攻打西夏，完颜永济也没有出兵帮助西夏，尽管西夏国曾经向金朝求助。这一次，西夏国向成吉思汗纳女求和，称臣纳贡。西夏国从此不再向金朝称臣纳贡，还帮助大蒙古国不断地攻打金朝。八十多年没有交战的夏、金两国，从此兵戎相见，金朝又多了一个敌人。

西夏国被成吉思汗打得向大蒙古国称臣纳贡，完颜永济当然担心成吉思汗有一天会攻打金朝。尽管如此，完颜永济并不希望有人议论说大蒙古国会南下入侵，他甚至还把向他提供这个信息的边防将领给囚禁起来。

完颜永济在"防民之口"，但还没有愚蠢到无知的地步，他让北部边境将领巩固边防，再修一条"长城"。这条长城被称为乌沙堡长城，也称大安长城，因为是在大安年间修建的。大安长城东起今天的河北省丰宁县，经过内蒙古多伦县、正蓝旗、太仆寺旗、河北省康保县、内蒙古化德县，直到内蒙古商都县与明昌长城相连。严格地说，乌沙堡长城也是在金世宗时期修建的界壕上修缮的。至此，金朝已经有了两道长城，第一道是金章宗时期修建的长城，也称明昌长安，因为是明昌年间开始修建的，第二道便是大安长城。明昌长城有三千多里长，而大安长城只有五百多里长。明昌长城在北，大安长城在南。两个长城，合称"金长城"。

金章宗修明昌长城时，主要是想防范以阻卜部为主的草原部落，当然还有广吉剌等部。完颜永济修大安长城时，草原上只有一个统一的部族，那便是蒙古族，所以大安长城要防范的是成吉思汗的大军。虽然北边已经有一条明昌长城，还有汪古部帮助金朝防守着，但完颜永济还是修建了大安长城，因为北边的明昌长城已经没有用处。汪古部作为草原部落，已经归顺了强大的大蒙古国，还让蒙古人在明昌长城一带自由牧马。当成吉思汗大军南下时，汪古部更是给大军担任向导。

第九章　蒙金开战

那么大安长城能否阻挡成吉思汗的铁骑呢？

大安三年（1211年）二月，成汗思汗在怯绿连河（今克鲁伦河）誓师。成吉思汗此次南下攻打金朝，找的借口是为俺巴孩汗报仇。作为大军统帅，找一个攻打别国的借口，当然是一件重要的事，这样能够鼓动将士们奋勇作战。其实，借口只是一个说法，最主要的原因是，成吉思汗已经统一了蒙古，再加上金朝出现了平庸的皇帝，他必须南下，哪怕是金朝没有杀过俺巴孩汗。成吉思汗曾经攻打过克烈部、乃蛮部以及西夏、西辽，以及后来的金朝，之后他的儿子还攻打南宋，难道这些国家都与大蒙古国有仇？国与国之间，只有利益的争夺，报仇不是主要原因。

成吉思汗将大军分为东、西两路。东路由成吉思汗与四子拖雷率领，目标是金朝的中都。西路由成吉思汗的长子术赤、次子察合台、三子窝阔台率领，目标是金朝的西京大同府。

消息传到金朝，完颜永济第一反应就是派人去见成吉思汗，提出议和。成吉思汗此时怎会与金朝议和？马上就拒绝了来使。完颜永济不敢怠慢，赶紧调兵应对，任命平章政事独吉思忠、参知政事完颜承裕在抚州（今河北省张北县）行尚书省事，西京留守纥石烈胡沙虎行枢密院事。完颜永济的部署也分为东西两部分，东边是独吉思忠与完颜承裕负责，西边是胡沙虎负责。独吉思忠与完颜承裕的兵马是主力，主要分布在桓州（今内蒙古正蓝旗北）、昌州（今内蒙古太仆寺旗）及抚州一线，正是大安长城一线。独吉思忠发现这条长城还有欠缺之处，于是组织七十五万兵民重新加固、修缮。

七月，成吉思汗率领的东路军进入金朝境内，先锋哲别率军突袭了乌沙堡的守军，攻破了堡垒，取得了胜利。哲别又乘胜攻占了大安长城的另一个据点乌月营。大安长城没有能够挡住哲别，更没有挡住成吉思汗的大军。

完颜永济听说大安长城被蒙古军突破，也很生气，马上下令解除主将独吉思忠的兵权，由副将完颜承裕接替。完颜承裕认为大安长城既然已经被突破，便不打算再坚守，于是率部从抚州退往宣平（今河北省张家口市西南），用三十万大军扼守野狐岭（今河北省张家口市万全区），企图借助有利地势，阻止蒙古大军南进。

成吉思汗突破大安长城，很快占领昌州、桓州、抚州等地，接着继续向南推进，逼近野狐岭。成吉思汗原本只有十万大军，由于分了一部给西路军，所以他率领的东路军就不足十万人。完颜承裕的大军数量远远超过成吉思汗，但金军将士败于乌沙堡之后，已经失去了斗志。完颜承裕虽然将大军部署在野狐岭，但其本人也没有信心，不断打听前往宣德（今河北省张家口市宣化区）的小路怎么走，目的便是找一条逃跑的路线。士兵们不想打，主将想着逃跑，人再多，地势再有利，这个仗也打不赢。

八月，成吉思汗开始攻打野狐岭。蒙古将领木华黎率领人马从獾儿嘴通道攻了进去，奋力作战，金军大败，死者漫山遍野。完颜承裕无心再战，带领人马向南边的宣德撤退。成吉思汗命令大军紧追不舍。完颜承裕刚到浍河堡（今河北省怀安县东），成吉思汗的大军就接踵而至。完颜承裕无法再逃，只得指挥大军迎战。这一战更激烈，前后整整三天，结果是金军主力全部被消灭，只有主将完颜承裕等少数人逃到了宣德。

严格地说，野狐岭之战有两个战场，北边是野狐岭，南边是浍河堡，但仍可以归纳为一次战役，所以统称为野狐岭之战。史书记载，这一战，金朝的精锐全军覆没。虽然蒙金战争前后长达二十三年，但史书仍认为野狐岭之战是一场决定性的战役，表明金朝必将被大蒙古国消灭。野狐岭之战也是历史上一次以少胜多的典型战例，很值得军事爱好者研究。

成吉思汗的东路大军继续向南推进，接连攻克德兴府（今河北省涿鹿县西），进入缙山（今北京市延庆区），离居庸关只有几十里。居庸关守将完颜福寿弃关逃跑，蒙古将领哲别顺利入关，逼近中都城外。

三、一攻中都

大安三年（1211年）九月，成吉思汗的东路军先锋兵马在将领哲别的带领下，突破居庸关，向中都城（今北京市）攻去。成吉思汗没有率大队人马继续跟进，而是驻扎在金朝北部边境。成吉思汗此次只是想让哲别对中都城作一次试探性的进攻，以了解金朝的虚实。成吉思汗虽然在野狐岭取得大胜，但没有被胜利冲昏头脑，他知道中都城一定不好攻，更不可能仅凭一次作战就能消灭金朝，毕竟金朝在当时是最大最强的国家。

居庸关在中都城北一百里之外，离中都城非常近。中都城内的百姓听说居庸关失守，蒙古军正向中都城杀来，非常惊慌。完颜永济下令戒严，不准男子出城，因为他要在中都城内征兵，而男子就是兵源。

朝堂之上，完颜永济与群臣商议对策，有人建议放弃中都，也有人建议坚守。基于种种考虑，完颜永济最后采纳了坚守的策略。中都城当时确实有坚守的条件，中都城由内城与外城组成，外城之间有楼橹城濠，外城与内城之间也有通道相连。蒙古兵马要想攻破中都，必须先破外城，再破内城。当时，在中都城内也有不少兵马，而且已经有几路兵马从外地赶来勤王，比如上京留守徒单镒就派同知乌古孙兀屯带领二万人马前来保卫中都，又如泰州刺史术虎高琪带领三千名由契丹人组成的乣（音同九）军前来。完颜永济对徒单镒派这么多兵马前来，非常赞赏，特地任命徒单镒为右丞相，同时也激励更多将领前来勤王。

勤王军正在赶来的途中，负责中都守卫的将领完颜天骥于当年十月组织人马，向已到城外的蒙古兵马发起袭击。蒙古兵遭到失败，三千多人阵亡。蒙古兵将领哲别不甘心，又从南顺门发起进攻。完颜天骥干脆放蒙古兵马入城。哲别没有想到，他中了完颜天骥的计了。

完颜天骥先在南柳街设下拒马子，再故意引诱蒙古骑兵入城，随后与蒙古骑兵展开巷战。蒙古骑兵被拒马子绊倒，金兵又放火点燃街道两旁百姓的房屋，房屋倒塌，街道变窄，蒙古骑兵难以发挥作战能力，只好退到南顺门外。哲别等民房烧尽、大火熄灭后，再次发动攻势。完颜天骥带领人马拼死作战，最终不敌而战死，中都外城被蒙古军占领。

将领完颜律明带领兵马退守内城，完颜永济亲自来到军中，表示慰劳。蒙古军又攻内城，金军从城中发射炮弹攻击，蒙古军攻势受阻。完颜永济又一次派使到哲别军中请求议和，无非就是想给点好处，让他们退兵。哲别不接受，继续猛攻内城。由于金军拼死坚守，哲别始终不能攻入内城，决定撤军。

十一月，哲别从中都北撤，到北方与成吉思汗大军会合。

由术赤、察合台、窝阔台三兄弟率领的西路军抵达金朝的第一道长城，也就是明昌长城时，汪古部首领直接把他们放入，还引导他们向西南方向的西京大同府攻去。负责西京大同府防务的主将胡沙虎不敢抵御，马上带着七千人马离开西京大同府，逃回了中都。西路军攻占西京大同府后，没有派兵镇守，也率部北返，与成吉思汗大军会师，等待成吉思汗部署新的进攻。

成吉思汗在对中都作试探性进攻之后，便调整了战略。

成吉思汗先派哲别带领一支人马，去攻打辽东，想把金朝的发家之地上京与中都给切断。其实早在蒙古大军攻打中都之前，远在上京的留守徒单镒就曾给完颜永济上奏，建议派大臣到东京辽阳府驻守，以备不测。完颜永济才能低下，没有远见，认为无缘无故派大臣去，会动摇人心。当年十二月，哲别到达东京辽阳府，攻了一番，没有攻克。部将对哲别提出可以智取辽阳城，哲别于是假装撤军。金朝守军以为蒙古军真的退走，便放松警惕。突然，哲别又率部杀了回来，东京城被攻破。不过，哲别没有想占领东京城，而是抢掠一番后北撤。当完颜永济得知东京辽阳府被蒙古军攻克时，对身边大臣说，没脸见徒单镒了。蒙古人虽然撤退了，但不久契丹人耶律留哥占据辽东背叛金朝，自称元帅。完颜永济派完颜承裕率大军讨伐耶律留哥。耶律留哥向成吉思汗求救，成吉思汗派兵增援，大败完颜承裕。耶律留哥于是自称辽王，改元元统。

成吉思汗派出了哲别攻打辽东，自己则率领兵马于崇庆元年（1212年）秋天去攻打西京大同府。由于胡沙虎离开了西京大同府，完颜永济后来任命西京路按察使抹捻尽忠为左副元帅兼西京留守，主持西京事务。成吉思汗的骑兵虽然厉害，也只擅长野战，不擅长攻城，毕竟这支大军一直以来都在草原作战。这一次，成吉思汗没有攻克西京，还身中流箭，最后只好撤退。

至宁元年（1213年），成吉思汗再次出兵，目标是中都城。然而，成吉思汗的大军尚未到达中都时，金朝的一支兵马反而率先杀进了中都，一场政变发生了。

四、胡沙虎政变

西京留守、行枢密院事胡沙虎从西京大同府临阵脱逃，一路上还抢劫府库、杀害县令。胡沙虎逃回中都后，完颜永济不仅不追究他的罪责，还任命他担任尚书左丞、右副元帅。

完颜永济在历史上的评价不高，死后连庙号都没有，就像完颜亮一样。史书上对完颜永济唯一正面的评价就是他生活节俭。此外还有一点，不算是评价，那就是完颜永济的胡须比较漂亮，在古代，应当是个美男子。至于负面的评价，主要有两点，一个是平庸，一个是懦弱。平庸就是才能不高，这一点不容置疑。而说完颜永济懦弱，似乎不太确切。

一般认为，胡沙虎从西京大同府逃回来，是有罪之人，应当处罚，完颜永济之所以没有处罚胡沙虎，就是因为他懦弱。从后面的史料来看，完颜永济好像并不畏惧胡沙虎。完颜永济任用的左、右丞相分别是仆散端与徒单镒，这些人还算是有能力的，胡沙虎也没有完全把持军政大权。我们难以知道，完颜永济没有处罚胡沙虎的真正原因，或许完颜永济认为胡沙虎回京就是为了勤王。试想一下，从西京大同府到中都，七八百里路途，一个只为逃命的人，不需要逃这么远吧。

对于在野狐岭战败的独吉思忠与完颜承裕，完颜永济就没有放过他们。独吉思忠被吏部除名，也就是被免职了，而完颜承裕降级出任咸平路兵马总管。尽管当时有人认为这个处罚太轻，但对完颜永济来说，已经是比较重的处罚了，再重就是斩首了。

胡沙虎到了中都，蒙古军第一次攻打中都失败，已经撤退。胡沙虎提出给他两万人马，让他到北边的宣德（今河北省张家口市宣化区）驻防。胡沙虎能提出这个想法，说明他还是想为皇上分忧的，至少宣德这个地方不是什么人都愿意去的，因为太靠近北方，野狐岭之战刚在那里发生过。完颜永济给不了胡沙虎两万人，只给他三千人，让他到妫州（今河北省怀来县）驻防。虽然妫州在宣德南边一点，但仍然是前线阵地。胡沙虎对兵马数量不满意，但也没有办法，只能带着怨气前往。从这一件事上，我们也看不出完颜永济在胡沙虎面前有懦弱的表现。

两个月后，也就是崇庆元年（1212年）正月，胡沙虎给尚书省送来公文，认为他带领三千人驻防在妫州，根本抵挡不了蒙古军，他自己的性命不足惜，但为三千将士的性命感到担忧，同时也担心中都城的安全。胡沙虎提出向南撤退到南口或新庄驻屯。尚书省把这个公文转给完颜永济，完颜永济看后非常反感，下令对胡沙虎进行调查，调查他曾经犯过的罪状。最后，完颜永济下诏，列数胡沙虎十五条罪状，把胡沙虎免职，让胡沙虎返回自己的老家。从这一件事上，更看不出完颜永济是一个懦弱的人。

此后，完颜永济又打算起用胡沙虎，让胡沙虎到中都参与军事。左谏议大夫张行信认为胡沙虎专权、蛮横、徇私，轻视朝中官员，虽然得到皇上近臣的称赞，那也是因为他善于结交这些人。张行信又把胡沙虎所犯的罪过说了一遍，让完颜永济不要起用胡沙虎。右丞相徒单镒、参知政事梁镗等人也说胡沙虎不能起用，完颜永济只好作罢。

胡沙虎不是好人，这个不假，但完颜永济不是因为懦弱而要起用他。完颜永济身边的近臣都说胡沙虎是一个好官，完颜永济只是不分是非、不分忠奸而已。不久，完颜永济又一次提出要起用胡沙虎，让胡沙虎到军中

第九章 蒙金开战

做事，结果又被张行信劝阻。

胡沙虎在金章宗时期，曾参与对南宋作战，抵御韩侂胄发动的北伐，也立了一些战功。完颜永济面对蒙古大军的威胁，多次想起用胡沙虎，或许也是考虑到胡沙虎是一位老臣，也是一位老将。

至宁元年（1213年）五月，胡沙虎被削职为民快一年半了。完颜永济又想到了胡沙虎，这一次一定要起用胡沙虎。大臣们照样反对，但完颜永济还是任命胡沙虎为右副元帅，派胡沙虎带领武卫军五千人，驻扎在中都城北的通玄门外。不管完颜永济做得正确与否，他能按自己的意愿做事，说明他还是有自己的主见，只不过由于他的才能，他的主见大多是错的。

这年秋天，成吉思汗又一次率兵南下。七月，成吉思汗大军接连攻克宣德、德兴（今河北省涿鹿县），继续向中都方向推进。金朝尚书左丞完颜纲当时在缙山（今北京市延庆区）行省，与将领术虎高琪带领兵马驻守缙山。右丞相徒单镒曾经提醒完颜纲多派一些兵马，让术虎高琪指挥作战，完颜纲本人没有必要亲自前往，完颜纲没有接受。从徒单镒的反复提醒来看，要想抵御蒙古大军，兵马少了不行，这与胡沙虎只带几千人不敢镇守北方的想法差不多。结果怎样呢？那就是蒙古大军一路杀到了缙山，大胜完颜纲、术虎高琪，金兵伤亡惨重，死尸长达四十余里。四十余里有些夸张，毕竟完颜纲、术虎高琪没有那么多兵，但战死的人也不会少。

蒙古大军乘胜推进到北口，到达居庸关外。这一次，居庸关一线防守很严，布满铁蒺藜，让蒙古骑兵难以靠近。居庸关一时攻不下来，成吉思汗决定采取迂回包抄的战术，留一部人马继续攻打居庸关，自己率主力兵马，在金朝降将带领下，从小道向南，攻打紫荆口（今河北省易县西）。紫荆口的金军没有想到蒙古大军突然来到，当时正在睡觉。成吉思汗攻破紫荆口之后，又攻下附近的涿州与易州。

成吉思汗派哲别带领人马北上，到达居庸关南侧，与北侧的蒙古军夹攻居庸关。金朝居庸关守将讹鲁不儿发现自己腹背受敌，无心再战，竟向蒙古军投降。哲别与居庸关北侧的蒙古兵马会合后，继续南下，向中都挺进。

蒙古大军过了居庸关，中都城便面临危险。此时，驻守在中都城北的胡沙虎并没有把此事放在心上，大概是觉得蒙古大军还没有到达中都，毕竟居庸关离中都城还有一百里。胡沙虎在这样的情况下，仍然悠然地去郊外打猎。皇上完颜永济已经很着急了，赶紧派使者去责问胡沙虎，让胡沙虎组织人马迎战。

胡沙虎当时正在给他养的一只鹞子喂食，听到皇上催他出战，立即火冒三丈，把这只鹞子摔死在地上。胡沙虎这个异常的举动表明他要谋反了。胡沙虎于是与他的同党完颜丑奴、蒲察六斤、乌古论夺剌等人谋划夺取中都，杀了完颜永济，由自己当皇上。

大兴府尹徒单南平的亲家福海也带着一支人马驻扎在城北，胡沙虎先把福海骗出来杀掉，兼并了他的人马。胡沙虎再于八月二十四日，从通玄门进入中都城。胡沙虎担心城中兵马会来抵御，于是先派一名骑兵，纵马来到东华门，大声呼叫，说蒙古人杀到北关了，已经交战了。过了一会儿，胡沙虎又派一名骑兵，也喊出同样的话。胡沙虎这一招果然有效，城中兵马真的没有出来阻挡他们。胡沙虎于是再派人去把徒单南平及其子徒单没烈叫出来，趁他们不备，把他们杀掉。

完颜永济已经得知胡沙虎叛变，马上下诏，招募能够杀掉胡沙虎的人。诏书声称，如果能杀掉胡沙虎，即使是平民，也能直接担任大兴府尹，世袭千户。完颜永济派他的儿子蒋王完颜琚拿着诏书来到东华门，从城头将诏书扔到门外。然而，士兵们没有人敢响应。

胡沙虎准备放火烧城门，护卫斜烈等人，砸开门锁，打开城门，把胡沙虎放了进来。胡沙虎带着人马进了宫城，来到大安殿，找到了完颜永济。胡沙虎逼迫完颜永济回到他以前的卫王府邸，把完颜永济控制起来。胡沙虎控制了中都，也控制了宫廷，自称监国都元帅，住在大兴府。大兴府就是中都所在的府，就像上京所在的会宁府，东京所在的辽阳府，西京所在的大同府，北京所在的大定府，以及南京所在的开封府。

第十章　南迁伐宋

一、傀儡皇帝

至宁元年（1213年）八月，胡沙虎发动政变，把皇上完颜永济废黜为卫王，再为他的几十名同党加官晋爵，还把弹劾过他的张行信等人扣押起来，等候处理。胡沙虎想自己当皇帝，被礼部令史张好礼劝阻，张好礼的理由就是异姓人不能当皇帝。胡沙虎虽是女真族，但他姓纥石烈氏，不是完颜氏。纥石烈氏有几个不同部落，胡沙虎是"破辽鬼"纥石烈阿疏的后代。

胡沙虎当不了皇帝，那么由谁来当皇帝呢？右丞相徒单镒有威望，胡沙虎想听听徒单镒的意见。徒单镒因脚受伤，在家养伤，几日没有上朝，胡沙虎便主动登门拜访。徒单镒给胡沙虎推荐了一个人，这便是金章宗的哥哥、升王完颜珣。完颜珣虽然是长子，但是庶子，所以当初没有机会当皇帝。完颜珣当年已经五十一岁，在外任职，担任彰德府（今河南省安阳市）判府事。判府事与知府事干的活是一样的，都是府的最高长官，只是级别高一些。徒单镒推荐完颜珣的理由是，完颜珣是金章宗的兄长，如果拥立他当皇帝，将是万世的功业。

胡沙虎接受徒单镒的建议，决定拥立完颜珣当皇帝。由于完颜珣不在京城，胡沙虎还要派人去彰德府迎接，一去一来要一些时日，于是就让完颜珣在京的儿子完颜守忠监国，临时管理一下。

胡沙虎拥立了新的皇帝，便不想再留下老皇帝完颜永济，于是派宦官李思忠到卫王府，把完颜永济杀掉了。尚书左丞完颜纲带兵在外，胡沙虎担心他不服，便设法将完颜纲召回中都，指责他兵败缙山（今北京市延庆区），然后也把他杀掉了。

九月初七，完颜珣来到中都，登基即位，史称金宣宗。

胡沙虎发动政变，杀了皇上完颜永济，这是大逆不道，罪该斩首。然而，金宣宗怎么能做到呢？金宣宗还要感谢胡沙虎，要不是胡沙虎，他怎么能当上皇帝呢？这简直就是天上掉下了一块馅饼。金宣宗于是给胡沙虎加官晋爵，让胡沙虎当太师、尚书令、都元帅，还封胡沙虎为泽王。胡沙虎已经成为朝政、军事方面的最高官员，在金朝历史上，只有完颜宗弼同时当过这么高的官职。右丞相徒单镒也有拥立之功，被金宣宗升为左丞相。

金宣宗虽然当了皇帝，但自己不能做主，因为有胡沙虎在。金宣宗上朝议事，胡沙虎作为最高官员，自然站立在最前列。金宣宗不好意思让胡沙虎站着，竟然让胡沙虎坐下议事。胡沙虎也不推辞，便坐了下来。

如何给先帝完颜永济定位？也就是给一个评价，比如定个什么样的庙号或谥号。金宣宗召集大臣们商议，胡沙虎提出把完颜永济废黜为庶人，但也有不少大臣反对，建议只降为王。胡沙虎坚持自己的意见，与反对的大臣们争论。金宣宗取了一个折中的做法，既没有听胡沙虎的，也没听其他大臣的，最后把完颜永济降为东海郡侯。三年后，胡沙虎已经不在了，金宣宗才又把完颜永济追封为卫王，确定一个谥号为"绍"，所以史称"卫绍王"，没有庙号。

在给完颜永济定位的问题上，大臣们与胡沙虎持不同意见，这让胡沙虎感到不高兴，胡沙虎得把大权抓起来。胡沙虎当了尚书令，就是一人之下、万人之上的官职，他希望官员们有事先向他汇报，而不能越过他直接向金宣宗奏报。当年十月，成吉思汗派五千名骑兵开往中都，金朝的宰相、执政们直接把这一消息奏报给金宣宗。金宣宗不知怎么办，派人去问胡沙虎，胡沙虎说已经有了对策，同时去责问宰相、执政们，说我是尚书令，有事为何不与我商量而直接上奏呢？宰相、执政们只好向他道歉。

在金朝，宰相是指尚书左丞相、右丞相、平章政事，执政是指尚书左丞、右丞、参知政事，他们的官职当然低于尚书省的最高长官尚书令。尚书省

第十章 南迁伐宋

是掌管政务的官员，他们怕胡沙虎，而皇帝身边的近侍局官员不怕胡沙虎。近侍局官员庆山奴等人就向金宣宗提议，把胡沙虎杀掉，但金宣宗不敢答应。

胡沙虎掌管金朝军政大权，面对蒙古大军又一次南下攻打金朝，他是如何部署应对的呢？胡沙虎把边防一带的兵马调入中都，加强中都的防备。从镇州（缙山县升为镇州，即今北京市延庆区）调回中都的术虎高琪还被任命为元帅右监军，负责防守中都城南部地区。

蒙古一支先头兵马已经到来，胡沙虎命令术虎高琪迎战。没想到术虎高琪一战即败，胡沙虎非常生气，想把术虎高琪斩首。金宣宗说给术虎高琪一次将功赎罪的机会。胡沙虎又给术虎高琪派兵增援，同时警告术虎高琪，胜了就赎罪，败了一定斩首！

十月十五日，术虎高琪再次带领兵马出战。岂料老天也不帮忙，一整天都狂风大作，飞沙走石，天昏地暗，士兵们眼睛都睁不开。术虎高琪的兵马溃不成军，又一次惨遭失败。

术虎高琪担心胡沙虎这一次真的会杀了他，便想先下手为强，准备把胡沙虎给干掉。术虎高琪于是带领由契丹人组成的乣（音同九）军进入中都，包围了胡沙虎的家。胡沙虎没有想到术虎高琪会来杀他，毫无防备，最后被士兵们杀死。

术虎高琪知道自己杀了胡沙虎，也是有罪之人，于是拿着胡沙虎的人头，来到皇宫向金宣宗请罪。金宣宗哪里敢说术虎高琪有罪？立即赦免了术虎高琪，还说曾经下达过密旨，就是要杀掉胡沙虎的，以此来为术虎高琪开脱罪责。

支持胡沙虎的人与术虎高琪派来的乣军在中都城内交战起来，不少乣军士兵阵亡，当然胡沙虎的人也损失不小。金宣宗派近侍局的人出来安抚，众人听说胡沙虎已经被杀，混乱也就平息了。

十月十八日，金宣宗下诏，宣布胡沙虎的罪恶，把胡沙虎的官职、爵位全部削去。由于近侍局官员庆山奴等人曾建议除掉胡沙虎，这一次也被金宣宗奖赏，从此也开始参与朝廷政事。至于杀掉胡沙虎的"大功臣"术虎高琪，金宣宗更是不敢亏待，立即提升术虎高琪为左副元帅。两个月后，金宣宗又任命术虎高琪为平章政事，术虎高琪一跃也成为朝廷中的宰相。

术虎高琪虽然在军政方面担任的官职不是最高的，但无能、懦弱的金宣宗从此已经由胡沙虎的傀儡，转而成为术虎高琪的傀儡，而且这个傀儡一当就是好多年。那么金宣宗在术虎高琪的"辅佐"下，将如何应对蒙古大军又一次攻打中都城呢？

二、二攻中都

成吉思汗第一次南下攻打金朝，是在大安三年（1211年）秋天。这一次，成吉思汗兵分东、西两路。东路在野狐岭大败金军，先头部队还攻到了中都。第一次攻打中都，无功而返。西路攻克了西京大同府，但克而不守。当年年底，成吉思汗还派哲别率一部人马去攻打辽东，也是克而不守。

成吉思汗第二次南下攻打金朝，是在崇庆元年（1212年）秋天。这一次，成吉思汗亲自带兵攻打西京大同府，结果身中流箭而北返。

成吉思汗第三次南下攻打金朝，是在至宁元年（1213年）秋天。这一次，成吉思汗走的仍是第一次东路军的路线，目标还是中都城。由于金朝居庸关防守严密，成吉思汗留一部人马，由怯台等人带领，继续攻打居庸关，自己带领一部人马从紫荆口入关，还攻克了中都西南方向的涿州、易州，然后派哲别带领一支人马北上，与居庸关外侧的怯台兵马合攻居庸关，居庸关被攻克。至此，中都城受到了来自北面与西南面两个方向的威胁。这时，中都城内发生了政变，权臣胡沙虎杀了皇帝完颜永济，拥立金宣宗继位。

十月，成吉思汗挑选五千名精锐骑兵，由怯台等人率领，攻打中都，这已是蒙古大军第二次攻打中都。当蒙古游骑兵到达中都城附近时，中都城又发生了兵变，术虎高琪杀了胡沙虎，成为掌控军政大权的又一个胡沙虎。

第十章　南迁伐宋

蒙古军虽然能击败金朝派出的兵马，比如术虎高琪就两次出战遭败，但蒙古军面对城坚墙高的中都城，仍然不敢贸然强攻。成吉思汗让怯台等人围攻中都城，将其余兵马分为三路南下，在金朝境内四处攻掠。

面对蒙古的围城，金朝君臣有什么对策呢？金宣宗首先想到的是议和。当时不只是金宣宗想议和，不少将领们也想议和。这些将领甚至怕破坏议和而不敢出战。左谏议大夫张行信认为议和与作战是两件事，使者负责议和，将领只管作战，不能因为议和而误了作战。然而张行信的观点，不被金宣宗等人接受。

有人又出了一个主意，这便是在东华门设立一个招贤所，看看民间有没有能够想出好对策的贤人。如果有好办法，不管是什么资历，都可以任命官职。八十七年前，金国大军第二次南下攻打北宋都城开封时，宋钦宗也曾相信一个叫郭京的人，能够用神法退兵。其实，郭京不过是一个江湖骗子而已。现在金宣宗设立了招贤所，不少人来到这里，兜售他们的狂言，以骗取官职。有一个村民叫王守信，大概就是郭京投的胎，他来到招贤所，连诸葛亮都不放在眼里，说诸葛亮就是一位不懂兵法的人。侍御史完颜寓相信王守信，把王守信推荐给朝廷。朝廷马上任命王守信为行军都统，把与蒙古大军作战的重任交给了王守信。

王守信开始招募士兵，大都是一些无赖。王守信也教他们进、退、跳、掷，练习作战技能。王守信还把他的阵法称为"古今相对"。等到出城作战了，王守信竟然让人抓获一些百姓来，说是俘虏来的蒙古士兵。朝廷中还是有人清醒的，比如张行信。张行信向金宣宗奏报说，王守信这些人就是无知小人，根本不能相信。金宣宗看到王守信确实不能退兵，便把他们的官职全部罢免了。

御史李英给术虎高琪提了一个建议，认为居庸关十分重要，就像秦国有函谷关，蜀国有剑门关，建议派官员到居庸关，组织人马防守居庸关。术虎高琪也觉得应当把居庸关再防守起来，这样能有效阻挡蒙古大军继续向中都城增援。术虎高琪把这个重任就交给了李英，向金宣宗建议由李英担任工部员外郎以及宣差都提控，组织人马，负责居庸关的防守。

中都城外的蒙古军数量不算多，防守并不严密。贞祐二年（1214年）正月，李英招募李雄、郭仲元等四百九十名壮士，乘着夜色，从中都城出来。李英等人出城后，用时十日，招募一万多人参军。然而，李英的这支兵马与蒙古军交战时，是屡战屡败，李英等人最后只能再次返回中都城。

三月，南下攻掠的左、中、右三路蒙古大军一齐会合于中都城外。这一次南下作战，左路军由哈撒儿等人率领，攻掠蓟州、平州、滦州等地；右路军由术赤、察合台、窝阔台三兄弟率领，沿太行山东麓南下，连破多州，直抵黄河北岸，再沿太行山西麓北行，一直到达代州；中路军由成吉思汗与四子拖雷率领，从易州南下，攻打河北、山东各州府。经过这一轮攻掠，在黄河以北的金朝领土上，只有包括中都在内的十余座城池没有被攻破。当然，蒙古大军只是抢掠，攻破城池并不留兵驻守，但金朝的大片国土，已经被蒙古铁骑踏破，百姓生活在恐惧之中，金朝也岌岌可危。

面对中都城，蒙古众将请求攻城，以图一战而消灭金朝。成吉思汗很清醒，知道自己的骑兵虽然来去如风，但攻破中都城的时机还不成熟。成吉思汗想结束这一次南下作战，接受金朝的议和请求。于是，成吉思汗主动派扎八儿进城，告诉金宣宗，山东、河北都被蒙古大军占领了，金朝只有一个中都而已。扎八儿还带来了成吉思汗的话，说上天要让金朝衰退，他不能再逼迫金朝，要不然上天就会怪罪他，他现在要撤走军队，希望金宣宗拿出一些钱财来犒劳一下蒙古大军，以消除蒙古将士们的怒气。

令人想不到的是，术虎高琪向金宣宗建议出城一战。术虎高琪认为蒙古兵马已经疲倦、生病，此时出战，是个好时机。都元帅完颜承晖不赞同，他的理由是，金朝的兵马虽在中都城内，但这些士兵们的家人却在中都城外的各地，而那些地方多被蒙古兵马攻破，这些人的忠心程度还不清楚。完颜承晖担心出战是一次冒险的行动，不如派使者出城议和，等蒙古大军撤退了，再想下一步对策。左丞相徒单镒也认为议和比较合适，还建议与蒙古人和亲，也就是送一位公主给成吉思汗当老婆。

金宣宗采纳了议和的方案，册封完颜永济的女儿为岐国公主，把岐国公主嫁给成吉思汗。岐国公主在大蒙古国的地位比较高贵，被蒙古人称为公主皇后。金宣宗还给成吉思汗送上金银布帛、五百名童男童女，以及三千匹战马，作为礼物。成吉思汗接受了这些议和条件，下令解围中都城，大军北撤。金宣宗还派都元帅完颜承晖把成吉思汗一直送出了居庸关。

蒙古大军离开了中都城，中都城暂时安全了，然而金宣宗却不敢再留在中都了。金宣宗想迁都，以避开中都这个危险的地方。中都在北方，离大蒙古国很近，那么金朝还有哪一处地方在当时是安全的呢？

三、迁都南京

仆散端在完颜永济当皇帝期间，官至尚书左丞相。金宣宗上台后，把仆散端调到了南京开封府，也就是汴京，担任留守。左丞相一职后来便由右丞相徒单镒升任。右丞相一职后来又由都元帅完颜承晖兼任。

蒙古大军三次南下作战，特别是第三次南下作战，横扫河北、山东等地，只有河南一带还比较安全，毕竟有一条黄河挡住了蒙古铁骑。仆散端所在的南京开封府就在黄河南岸，他向金宣宗提出迁都南京开封府的建议。金宣宗准备接受这个提议。赞同迁都的大臣有元帅左都监完颜弼、参知政事耿端义、枢密使乌陵用章、中书舍人孙大鼎等人。

说到金朝历史上的迁都，第一次便是完颜亮把都城从东北老家上京会宁府（今黑龙江省哈尔滨市阿城区）迁到中都大兴府（今北京市）。这一次迁都，被认为是一件功在千秋的事。完颜亮后来又把都城从中都迁往南京开封府，目的是为了便于对南宋作战，以一举消灭南宋，统一天下。结果，完颜亮兵败身亡，留下了千古骂名。金世宗开始，仍然以中都为都，一直到金宣宗。金宣宗南迁，并不是为了便于国家的统治，也不是为了像完颜亮那样实现南北的统一，而是为了逃避蒙古大军的攻打。说白了，金宣宗迁都，就是为了逃跑。

左丞相徒单镒不赞同迁都，他认为，金宣宗的车驾一旦南移，北方的各路就不可能再守得住；现在已经与蒙古人讲和，可以利用这个时机征集兵马和粮草，坚守中都，这是上策。徒单镒还认为，南京开封府无险可守，四面受敌，辽东是金朝的根本，依山傍海，有险要的地势，只需要防守一面，辽东可以作为以后的退路，这是中策。徒单镒的观点简而言之，就是坚守中都是上策，退守辽东是中策，而到南京开封府是下策。徒单镒的分析是有道理的，金朝一旦失掉了以中都为代表的北方，南方是很难守得住的，长城挡不住蒙古铁骑，黄河也一样挡不住。再者，金朝女真人的龙兴之地在上京，一旦放弃中都，连自己的东北老家都将回不去。如果坚守辽东，说不定还能守住上京的老家。

提举军器使完颜宗鲁也不赞同迁都，认为有中都才能有河北、河南，没有中都，河北就不保，河南也不能独存。霍王完颜从彝也反对迁都，他认为祖宗的陵墓以及国家的宗庙都在中都，中都不能放弃。徒单镒是左丞相，他的话有一定的影响，然而，就在几天后，徒单镒就病逝了，反对南迁的重要官员少了一个。没几天，完颜从彝也忧愤成疾而死，反对南迁的人又少了一个。

金宣宗决定迁都南京开封府，并于当年五月下诏宣布此事。太学生赵昉等四百人上书，指出迁都南京的弊端，但金宣宗没有接受。史书上没有载明术虎高琪的意见，毕竟这是一位举足轻重的人，他的决定影响着金宣宗。我们根据金宣宗决然南迁的做法，可以推测，术虎高琪是赞同南迁的。术虎高琪也是随同金宣宗一同迁往南京的大臣之一。

金宣宗留下太子完颜守忠，让右丞相、都元帅完颜承晖与尚书左丞抹捻尽忠辅佐太子留守中都。抹捻尽忠长期在军中任职，曾经担任过左副元帅，此次金宣宗南迁，让术虎高琪不再兼任左副元帅，而让抹捻尽忠再一次担任左副元帅。

五月中旬，金宣宗开始南迁。金宣宗到达中都城南不远处的良乡时，负责护送金宣宗南迁的乣军发生哗变，掉头北上去攻打中都。中都城内的

第十章 南迁伐宋

完颜承晖听说纥军来攻中都,马上派出兵马,到城南边的卢沟阻击。

卢沟在今天称永定河,上面有桥称卢沟桥。卢沟桥是金章宗即位后修建的,始建于大定二十九年六月,建成于明昌三年三月,用时将近三年。"卢沟晓月"在金章宗明昌年间是"燕山八景"之一。"燕山八景"后来也称"燕京八景"。

当纥军与完颜承晖的兵马在卢沟交战时,卢沟桥已经建成二十二年。纥军击败了完颜承晖派来的兵马,继续向中都攻去。纥军首领还派人前往大蒙古国,向成吉思汗表示归顺,同时请成吉思汗派兵增援。成吉思汗听说金宣宗离开中都,不仅派兵帮助这些纥军,还打算趁机把中都城给攻取了。

金宣宗听说纥军去攻打中都,也听说纥军已经向大蒙古国投降,感到十分担忧。要知道,这支纥军主要是由契丹人组成,虽然不是蒙古人,但一直对金朝灭亡了他们的国家有仇恨,所以很想联合蒙古人复仇。金朝建立后,利用北方部族组成纥军,原本是一个好的办法,但当金朝到了没落之时,这些纥军就不一定能靠得住。术虎高琪就一直带领着一支纥军,上次杀胡沙虎时,用的便是纥军。金宣宗的确开始担心纥军的忠诚度,却一不小心又激怒了纥军,才有了这次纥军的叛乱。金宣宗知道纥军叛乱意味着什么,他很担心中都城的安危,他更担心城中太子的安危。金宣宗既然想放弃中都,当初就不想把太子留在中都,只是看到不少人反对南迁,所以才这么做,以示自己没有放弃中都。现在纥军叛乱,金宣宗已经顾不得那么多了,马上派人去中都城,让太子也一同南下。

应奉翰林文字完颜素兰认为不能让太子离开中都。术虎高琪终于表态了,认为皇上在哪里,太子就应当在哪里。术虎高琪还说了一句心里话,说你完颜素兰能否保证中都一定守得住?完颜素兰认为完全守住不敢肯定,但有太子在,就说明国家重视中都,各位将士也才能严加防守,中都才有守住的可能。完颜素兰还拿唐朝"安史之乱"的事来比喻,说唐玄宗李隆基到了蜀地,而太子就留在灵武,没有一起去蜀地。金宣宗最后听术虎高琪的，没有听完颜素兰的，还是让太子离开了中都。中都只有完颜承晖与抹捻尽忠两位重要官员，由这二人带领兵民继续坚守。

当年七月，金宣宗到了南京开封府。八月，太子完颜守忠也到了南京开封府。让金宣宗感到十分苦恼的是，半年后，太子完颜守忠就因生病在南京开封府去世。金宣宗要是知道太子这么快就会去世的话，还不如让他留在中都，就是死了，也比逃走的好。

金宣宗走了，中都城会怎样呢？

四、中都陷落

金朝的纥军反叛，攻打中都，还向大蒙古国归降，并请成吉思汗派兵来增援。成吉思汗派三合拔都与石抹明安率兵南下，与纥军一起攻打中都。三合拔都是蒙古将领，而石抹明安是金朝将领，作为契丹人，之前已经投降蒙古。成吉思汗派出石抹明安这位契丹人去联合纥军攻打中都，显然也是有所考虑的，因为纥军主要就是契丹人组成。值得一提的是，这已是大蒙古国第三次派兵攻打中都了。

石抹明安与三合拔都带领人马，从长城古北口攻入，一路攻克景州（今河北省遵化市）、蓟州（今天津市蓟州区）、檀州（今北京市密云区）与顺州（今北京市顺义区）。有将领提出屠杀这些地方的金朝守军，石抹明安没有同意，认为只有让这些守军活着，才能让更多地方的守军向大蒙古国投降。

贞祐三年（1215年）正月，石抹明安带领人马到达通州（今北京市通州区）。负责通州城防守的是金朝的右副元帅蒲察七斤。通州城离中都城只有几十里远，可见通州城的防守至为重要，所以才由这么重要的人来防守。金朝当时在军事方面的将领，最高的就是都元帅完颜承晖，再就是左副元帅抹捻尽忠，二人当时都在中都城中，负责防守中都。抹捻尽忠当时还由尚书左丞升为平章政事。石抹明安本以为到了通州，将有一场激烈的战斗，没想到蒲察七斤主动向石抹明安投降，丝毫不加抵抗。石抹明安也没有亏待蒲察七斤，还让蒲察七斤当元帅，隶属在自己的麾下。蒲察七斤从此不再是金朝的元帅，而是大蒙古国的元帅。

石抹明安占领通州后，很快到达中都，驻军中都城南的行宫建春宫。中都城面临危险，城内的都元帅完颜承晖已经派人出城，前往南京开封府，向金宣宗告急。完颜承晖告诉金宣宗，蒲察七斤已经投降，城中的将士没有必胜的信心，他虽然愿意以死坚守，但不能保证坚持太久。完颜承晖还说，一旦失去中都，辽东、河朔一带都不再是大金国土，希望各路援军快速前来援救，或许还有希望。

金宣宗虽然离开中都，但并没有不管中都，他赶紧调兵增援中都。这些增援的兵马有，元帅左监军完颜永锡带领的真定府、中山府、保州、涿州等地州兵，元帅左都监乌古论庆寿带领的大名府兵，共有三万九千人。御史中丞李英负责督运粮草，一同援救中都。

三月，完颜永锡带领的兵马在涿州遇到蒙古军，刚交战就败退。李英在清州、沧州两地集结了几万名义士，护送粮草向中都进发，在霸州（今河北省霸州市），与蒙古军遭遇。李英的运粮兵敌不过蒙古军，士兵全部战死，所运粮草也全部被蒙古军抢走。乌古论庆寿的士兵听说完颜永锡、李英他们战败，竟然溃不成军，一路向南逃跑。从此，中都城成为一座孤城，金宣宗也没有再派援兵前来。

四月，石抹明安达到中都城南，夺取了富昌、丰宜两个关隘，中都城危在旦夕。城内的完颜承晖与抹捻尽忠商议，希望以死来保卫国家。抹捻尽忠虽然取汉名为"尽忠"，但他不想尽忠，也就是不想死。完颜承晖很愤怒，立刻起身回到家中。完颜承晖虽是都元帅，但兵权却在抹捻尽忠手中，完颜承晖也没有办法。

五月初二，完颜承晖写了一份遗表，交给尚书省令史师安石。在这份遗表中，完颜承晖论及国家大事，指出了术虎高琪的罪状，还对没有保住中都城而表示谢罪。写完这份奏表，完颜承晖喝下一杯毒酒，自杀身亡。

抹捻尽忠不想死，也不想坚守，他打算离开中都，向南逃跑。在中都宫中的嫔妃们听说抹捻尽忠要离开中都，也都做好准备，来到北边的通玄门，打算跟随抹捻尽忠一起南迁。抹捻尽忠没有打算带着这些嫔妃们逃走，因为这太麻烦了，会影响他逃离。抹捻尽忠于是欺骗这些嫔妃，说他要带着人马先走，因为要在前面开路。于是，抹捻尽忠带着自己心爱的小妾以及亲近的人首先出城。

抹捻尽忠离开了中都，城内也就没有什么守兵了，蒙古将领石抹明安很快就来到了中都城外。中都城中的官员、父老出城迎接石抹明安。石抹明安对众人说，坚守城池不投降，所以遭受这么大的劫难，但这不是众人的错，而是守城人的错。石抹明安让百姓们仍旧安居乐业。

成吉思汗当时正在桓州（今内蒙古正蓝旗北）避暑，听说中都已经被占领，派出使者来到中都城，向石抹明安表示慰问。成吉思汗命人把中都城中的财物运到北方，那些没有逃走的嫔妃全部落入蒙古人的手中。石抹明安因功被成吉思汗任命为太傅，封邵国公，兼任蒙古、汉军兵马都元帅。

师安石把完颜承晖的遗表送到汴京，交给金宣宗。金宣宗下诏，追赠完颜承晖为尚书令、广平郡王，谥号为忠肃。抹捻尽忠逃到中山府，庆幸地说，如果带着那些嫔妃，如何能够逃得出来？抹捻尽忠到了南京开封府，金宣宗没有怪罪他，还让他担任平章政事、左副元帅。

术虎高琪也是平章政事，但已经不是左副元帅。此时没有都元帅和右副元帅，抹捻尽忠便是军中最高官员，他与术虎高琪很快就产生矛盾，因为二人都想要权。抹捻尽忠知道近侍局是术虎高琪的内应，建议金宣宗把近侍局的官员更换掉，以削弱术虎高琪。抹捻尽忠推荐已经担任监察御史的完颜素兰为近侍局长官，因为抹捻尽忠知道完颜素兰经常在金宣宗面前指出术虎高琪的罪责。金宣宗没有采纳抹捻尽忠的提议，找的理由是近侍局官员按旧例应当从近侍局产生，就是新增官员，也要从宫中选拔，完颜素兰不合适。

术虎高琪与近侍局的官员得知抹捻尽忠的提议，便开始对抹捻尽忠下手。不久，就有人向金宣宗报告，说抹捻尽忠谋反。金宣宗也不加分辨，马上下旨将抹捻尽忠逮捕。经审讯，抹捻尽忠真的谋反，金宣宗于是再下旨将抹捻尽忠杀掉。抹捻尽忠放弃中都，并没有获罪，反而因与近侍局以及术虎高琪对抗，而招来杀身之祸。从此，术虎高琪以及近侍局越发专横。由于右丞相完颜承晖死在中都，术虎高琪不久便接任右丞相，权力也就更大了。

大蒙古国得到了金朝的都城中都后，还在不断地派兵攻城略地，金朝北方不少疆土纳入大蒙古国的疆域。此外，在河北、山东等地，还出现不少起义军，称红袄军，他们占领了不少城池。金朝的国土变得越来越小了，面对越来越严峻的形势，术虎高琪给金宣宗出了一个"妙招"。

五、攻打南宋

在中都陷落前后，金朝的北京大定府（今内蒙古宁城县）以及辽东地区也都失去了，成为大蒙古国的疆域。北京大定府是蒙古大将木华黎攻克的，时间是贞祐三年（1215年）二月。辽东的情况比较特别，要从一个叫耶律留哥的人说起。

耶律留哥是契丹人，在金朝担任北边千户。崇庆元年（1212年），耶律留哥在隆安（今吉林省农安县）、韩州（今吉林省梨树县北）一带，召集人马，背叛金朝，被推举为都元帅，威震辽东。当年十二月，卫绍王完颜永济派完颜承裕带领大军讨伐耶律留哥。耶律留哥向成吉思汗求救，成吉思汗派兵增援，大败完颜承裕。崇庆二年（1213年）三月，耶律留哥自称辽王，改元元统。历史上把耶律留哥建立的这个政权称为"东辽"。

金宣宗即位后，派使招降耶律留哥，耶律留哥没有接受。贞祐二年（1214年）十二月，金宣宗又派辽东宣抚使蒲鲜万奴讨伐耶律留哥。两军在归仁县（今辽宁省昌图县）交战，蒲鲜万奴大败。耶律留哥占领辽东各州，以咸平（今辽宁省开原市）为都，称中京。一年后，耶律留哥亲自到大蒙古国觐见成吉思汗，成吉思汗对他的忠心表示赞赏，仍然让他当辽王。

蒲鲜万奴是女真人，不是契丹人，他也想造反。讨伐耶律留哥失败后，蒲鲜万奴带领残兵前往东京辽阳府（今辽宁省辽阳市），于贞祐三年（1215年）十月，自称天王，国号为大真。由于蒲鲜万奴后来又改国号为东夏，所以在历史上称"东夏国"。一年后，蒲鲜万奴归降大蒙古国，让其子帖哥在大蒙古国朝廷侍奉成吉思汗，形同人质。

大蒙古国在中都、北京大定府以及辽东用兵之际，也不断发兵南攻。三合拔都还带领兵马从西夏国借道，于贞祐四年（1216年）秋天，进入陕西地区，再从潼关向东，进入河南，到达南京开封府。三合拔都没有恋战，很快就从南京开封府退兵。

至此，由成吉思汗主持的第一阶段蒙金战争结束。此后，成吉思汗带领大军西征，攻打金朝的事，便由木华黎父子先后负责。在蒙金战争的第一阶段，虽然蒙古以攻掠为主，但还是得到了金朝不少疆土，特别是都城中都，还有辽东地区。失去了辽东，也就意味着失去了东北老家上京。

在大蒙古国攻打金朝的时候，西夏国也不断向金朝边境发起进攻。西夏国原本向金朝称臣，但因成吉思汗在发起蒙金战争之前已经把西夏国打得称臣，故而西夏国从此帮助大蒙古国向金朝开战。从大安二年（1210年）到贞祐三年（1215年），西夏国采用游击战术，不断袭击金朝的陕西北部地区，金朝一直被动应付。金宣宗在贞祐三年召集大臣们商议，最后决定主动向西夏国发起还击。此后整整十年，金朝与西夏战争不断，虽然互有胜负，但两国都有不小的损失，给大蒙古国消灭它们创造了机会。

此外，在山东、河北境内，还有不少地方被红袄军占领。红袄军不是统一的武装，而是多支独立作战且时有配合的农民起义军。这些起义军，都以身穿红袄为标志，故而被统一称为"红袄军"。红袄军最早一支的首领是益都县（今山东省青州市）的杨安儿，之后有潍州（今山东省潍坊市）的李全、泰安的刘二祖、密州（今山东省诸城市）的方郭三、真定（今河北省正定县）的周元儿、胶西县（今山东省胶州市）的李旺，以及兖州的郝定等。杨安儿死后，妹妹杨妙真带领所部人马与李全会合，杨妙真还与李全结为夫妇。杨妙真是一位女英雄，所创梨花枪，号称天下无敌。面对各地义军，金朝又调集兵马进行镇压，动用不少人力物力。

金朝同时与大蒙古国、西夏国以及红袄起义军作战，国土是千疮百孔。南边的南宋看到金朝面临如此困境，也趁机"落井下石"，停止给金朝支付岁币。到贞祐二年（1214年），南宋已经两年不给金朝缴纳岁币了，金宣宗在当年三月、八月两次派使到南宋，催促缴纳岁币。是否要继续缴纳岁币，南宋方面出现两种不同意见。有人认为南宋应当停止缴纳岁币，趁这个机会自强自立，摆脱屈辱的地位。也有人认为，南宋应当给金朝缴纳岁币，帮助金朝抵御大蒙古国，让金朝担当南宋的屏障。持这个观点的人认为，大蒙古国在消灭金朝之后，对南宋就是一个威胁，留着金朝，南宋也会安全。宋宁宗采纳了停止缴纳岁币的建议。在拒付岁币一事上，宋宁宗显然是没有长远的眼光，把国家利益当作个人恩怨。古人曾说"君子报仇，十年不晚"。如果真的想报仇，也要到有十分把握的时候。

此时的金朝该怎么办？金宣宗没有力挽狂澜的大智慧，刚升任右丞相的术虎高琪倒是给他出了一个"妙计"。术虎高琪建议，向南宋开战，把北边失去的土地，从南边给抢回来，借口就是南宋不肯按和约缴纳岁币。

金朝的朝廷中不少大臣相信一个观点，这个观点是直学士孙大鼎提出来的，那就是金朝打不过蒙古国，但打南宋是绰绰有余。孙大鼎的观点虽然有一些道理，毕竟以前与南宋多次作战，都是金朝获胜。然而，孙大鼎没有想到，金朝可以战胜南宋，但不能消灭南宋。还有，金朝当时正面临多方作战，再向南宋开战，能否像以前一样获胜，就很难说了。

金宣宗一开始并不同意，说只想守住祖宗的江山就可以了。然而，术虎高琪极力劝说金宣宗，金宣宗也就接受了。从术虎高琪的做法来看，他已经不想收复黄河以北的国土，只想凭借黄河与大蒙古国对抗，能保住黄河以南就好，所以他把各地兵力向河南调集。如果放弃黄河以北，那金朝的国土也只有黄河到淮河之间的这一小块地方，确实是小了点。术虎高琪大概认为，如果把国土向南拓展到长江或是更南边一些，金朝也就不会亏了。这真是蒙古欺负金朝，金朝便来欺负南宋。其实金朝当时已经自身难保，哪有能力再去欺负别人？倒是南宋当时正想趁机欺负一下金朝，因为南宋已经两年不给金朝缴纳岁币了。

兴定元年（1217年）四月，金宣宗以南宋没有缴纳岁币为借口，向南宋开战。签枢密院事完颜赛不、元帅左都监乌古论庆寿负责从东面渡淮南攻，元帅右都监完颜阿邻等人带领秦州、巩州和凤翔的兵马，在西面发动攻势。从此，宋、金断交，进入战争状态，金朝又多了一个敌人。后人有一句话，那就是"天欲令其灭亡，必先让其疯狂"，看来金朝自己也想加速自己的灭亡了。

完颜赛不在信阳击败宋军，歼敌八千，又与宋军战于陇山、七里山等地，六战六捷。完颜赛不接着渡过淮河，攻克罗山、光山、定城等地，破光州两处关口，歼敌一万多人。完颜赛不初战告捷。

五月，乌古论庆寿先在泥河湾石壕村击败宋军，又在樊城击败宋军，最后包围枣阳，被宋军击败。由于乌古论庆寿奏报战功不实，被金宣宗召回汴京，交有司审讯。一年后，完颜赛不再攻枣阳，虽然两次击败宋军，但仍不能攻克枣阳。

西部战场的完颜阿邻从秦州出发，攻打宋军驻守的皂角堡。皂角堡在秦州城南的山顶之上，共有三道城墙。完颜阿邻断了皂角堡的水源，接连攻克两道城墙。十二月，凤翔府副都统完颜赟率领一万多名步骑兵，从凤翔出发，一路攻打湫池堡、白环堡、黄牛堡，最后夺取大散关。兴定二年（1218年）三月，宋军在西部战场发起反攻，在皂角堡击败完颜阿邻，完颜阿邻战死。当月，利州统制王逸率领十万人马收复大散关等地，杀死完颜赟。

兴定三年（1219年）二月，代理右都监完颜讹可再攻枣阳，前后围攻八十多天，最后宋军里外夹击，完颜讹可大败北逃。闰三月，元帅左都监纥石烈牙吾塔在濠州、滁州、光州等地击败宋军。左副元帅仆散安贞在安丰击败七千名宋军，追击宋军到淝水，先锋抵达长江北岸，最后在宋军的攻击下，撤军北还。至此，金朝攻打南宋告一段落，双方互有胜负，金朝未能达到拓展疆土的目的。

右丞相术虎高琪还会给金宣宗提供什么策略呢？术虎高琪此时干了一件让金宣宗十分动怒的事，金宣宗已经不想再当术虎高琪的傀儡了，准备把术虎高琪除掉。然而，术虎高琪是右丞相，又把持朝政六年多，势力巨大，能除得掉吗？

六、铲除术虎高琪

贞祐元年（1213年）十月，术虎高琪杀死权臣胡沙虎，金宣宗不敢处罚术虎高琪，还将术虎高琪由元帅右监军升为左副元帅。十二月，金宣宗又任命术虎高琪为平章政事。术虎高琪不仅掌握兵权，还当了宰相。

贞祐二年（1214年）四月，左丞相徒单镒去世，完颜承晖当右丞相，兼都元帅。五月，术虎高琪随同金宣宗从中都南迁，完颜承晖留在中都坚守，所以在南京开封府的朝廷中，术虎高琪作为平章政事，他的官职最高。十一月，先后担任南京留守、开封府知府、御史大夫的仆散端出任左丞相，官职高于术虎高琪。

贞祐三年（1215年）五月，都元帅完颜承晖自杀，左副元帅、平章政事抹捻尽忠逃回南京开封府，中都城陷落。九月，术虎高琪与近侍局联手，除掉了与自己争权的抹捻尽忠，接着便开始与左丞相仆散端争权。十月，仆散端兼任都元帅，到陕西行尚书省事。仆散端虽然是军政方面的最高官职，但离开朝廷，到陕西办公，朝廷中做主的仍是术虎高琪，影响金宣宗决策的也是术虎高琪。仆散端一直在陕西任上，直到一年多后病逝。史书说，当时也有不少针对仆散端的谗言，但由于仆散端处置得当，没有受到影响。这些谗言很大的可能就是来自术虎高琪一伙。

贞祐四年（1216年）十二月，术虎高琪担任右丞相，仍是朝廷中的官职最高的官员。次月，术虎高琪就向金宣宗提议，向南宋开战，从此金、宋断交，处于战争状态。史书认为，术虎高琪力主金宣宗向南宋开战，一个重要原因就是想取得兵权，因为他已经很久不兼军中官职了。

多年以来，术虎高琪虽然没有像胡沙虎那样，担任尚书令、都元帅这样的最高军政职务，但他善于运用权术，已经是事实上的掌权者。完颜承晖并不擅长军事，当了都元帅却要在中都坚守，直到为国尽忠；抹捻尽忠到了南京开封府，与术虎高琪不和，不久便以谋反罪被处死；仆散端当了左丞相、兼都元帅，却又被派到陕西主持行省，生病了还不让回朝，直到去世。这些不能不说与术虎高琪在背后操纵有关。

术虎高琪排除异己的手段很高明。史书上说，术虎高琪对那些与自己唱反调的人，就把他们推荐给金宣宗，对金宣宗说此人有才干。金宣宗一听说有才，就赶紧用。用到哪里呢？术虎高琪就说河北那里正缺人呢。金宣宗二话不说，把人就调往河北。其实河北早已战火纷飞，也是被朝廷抛弃的地方，到了那里基本就活不了了。如果不死，术虎高琪就暗地里派人去把他弄死。

术虎高琪的才能是平庸的，与金宣宗这样的糊涂皇帝把金朝一步一步拖向灭亡。迁都南京开封府，虽然不是术虎高琪提出来的，但他不仅没有反对，还积极响应这件事。退守黄河以南，也是术虎高琪的主张，因为他到南京开封府后，便把全国各地精锐兵马往河南调，基本上就放弃黄河以北了。术虎高琪甚至只想固守汴京城，多次向金宣宗提出加修汴京的城防。术虎高琪甚至赞同找一座山，修筑一个山寨来让金宣宗躲避蒙古军的攻打。御史中丞完颜伯嘉极力反对，说山寨怎么能保证国君的安全？陈后主躲到井里也没有什么用。完颜伯嘉还反问说，山寨能够称为国家吗？术虎高琪听了此言，十分动怒，用老办法，把完颜伯嘉调到河中府去任职。攻打南宋就是术虎高琪给金宣宗出的主意，这个做法，让金朝又多了一个敌人。从此，金朝同时与大蒙古国、西夏国、南宋三个国家作战，还要忙着镇压国内的红袄起义军。

金宣宗一直受制于术虎高琪，心里也不好受，但他没有魄力去对付术

第十章　南迁伐宋

虎高琪，对术虎高琪是一忍再忍。虽然金宣宗不是一个雄才大略的皇帝，但他也不甘心一直当一个傀儡。一些正直的大臣，比如监察御史完颜素兰就曾向金宣宗提出，说术虎高琪专权，为害国家，请金宣宗把他铲除。金宣宗也意识到术虎高琪不是什么好人，但懦弱的个性，让他听之任之，一直没有动手。

再懦弱、再老实的人，也有发怒的时候，这些人一旦怒起来，火气还不会小。术虎高琪以为金宣宗一直好欺负，不断做一些让金宣宗不高兴的事，终于触犯了金宣宗的底线。金宣宗忍无可忍了。

事件的起因还不是金宣宗要除掉术虎高琪，而是金宣宗的儿子完颜守纯想揭发术虎高琪的罪行，把术虎高琪除掉。完颜守纯是英王，担任平章政事，不像他父亲金宣宗那样，愿意容忍术虎高琪把持朝政。完颜守纯与右司员外郎王阿里、知案蒲鲜石鲁剌、令史蒲察胡鲁等人秘密商议，准备干掉术虎高琪。蒲鲜石鲁剌、蒲察胡鲁二人不分敌友，把这事又与尚书省都事仆散奴失商议。仆散奴失不悄悄把他们的这个计划告诉了术虎高琪。

术虎高琪没把金宣宗放在眼里，也没有把完颜守纯放在眼里。术虎高琪想教训一下完颜守纯，让他不要有这个非分之想，于是派自己的家奴赛不杀死了完颜守纯的王妃。王妃被杀自然要查出凶手，术虎高琪说查过了，就是赛不，把赛不送到开封府，准备杀掉他灭口。开封府的官员害怕术虎高琪，尽管知道真相，还是杀掉了赛不，不敢指出术虎高琪是主谋。

其实这个事不难调查，赛不是术虎高琪的家奴，不是术虎高琪指使，又能是谁？再说完颜守纯在朝中一直与术虎高琪敌对，完颜守纯本人岂能不知？金宣宗也很快得知这事就是术虎高琪所为，决定不再姑息这个大奸臣了。金宣宗对这事为什么这么上心呢？金宣宗原本册立的太子完颜守忠在四年前去世了。金宣宗又册立完颜守忠的儿子完颜铿为皇太孙，没想到只有三岁的完颜铿竟然在三年前也去世了。当时活着的儿子只有英王完颜守纯与再次册立的太子完颜守绪了。金宣宗不希望自己的儿子有什么闪失，特别是国家当前正面临生死存亡。

兴定三年（1219年）十二月，金宣宗痛下决心，下诏列数术虎高琪的罪责，将他处死。术虎高琪被铲除后，金宣宗常常说，术虎高琪毁坏天下，他终生为此感到遗憾。其实，术虎高琪固然可恶，金宣宗本人也是一个昏庸的皇帝而已，金朝灭亡的罪责，他要承担很大的责任。

那么术虎高琪被杀后，金宣宗又如何治理这个破败的国家呢？

七、九公封建

就在金宣宗派兵攻打南宋不久，大蒙古国成吉思汗任命木华黎为太师，晋封国王，把继续攻打金朝的战事交给木华黎负责，成吉思汗本人则带领主力兵马西征花剌子模。木华黎主持的便是蒙金战争的第二阶段。这一阶段，成吉思汗给木华黎十万人马，由蒙古各部以及汪古部、投降蒙古的乣军、汉军组成。十万人当中，战斗力特别强的蒙古士兵只有四分之一。成吉思汗把更多的蒙古士兵带去西征，甚至他的四个儿子术赤、察合台、窝阔台与拖雷。

术虎高琪在没有被铲除之前，金朝对黄河以北地区采取的是被动防御。所谓被动防御，就是没有组织兵马对蒙古国的进攻采取主动迎战，而是由各地官员自行凭借城池防守。蒙古军一般是秋来春去，攻克的城池，不少又被金朝守将收复。我们先看看这段时间的攻防情况。

兴定元年（1217年）八月到十二月，木华黎在河北境内攻克了遂州、蠡州、中山府、磁州等地，又在山东境内攻克了淄州、滨州、棣州、博州、沂州、益都府、密州等地。

兴定二年（1218年）八月开始，木华黎率领几万步骑兵，主攻河东。从八月到十一月，蒙古大军先后攻克了代州、隰州、太原府、汾州、绛州、潞州、平阳府等地。攻打太原府时，金朝镇守太原府的左监军乌古论德升拼死抵御，打退蒙古军三次登城。太原城被攻破后，乌古论德升自缢而死。攻打潞州时，金朝镇守潞州的右监军纳合蒲剌都战死。第二年，太原府等

第十章 南迁伐宋

地又被金朝将领收复。

兴定三年（1219年）五月，木华黎派收降的金朝将领张柔在河北境内展开攻势。张柔攻克雄州、易州、保州和安州。不久，深州、冀州以北，镇州、定州以东三十多城，都归张柔控制。这年秋天，木华黎仍在河东境内攻城略地，先后占领了岢岚州、吉州、隰州、绛州、晋安府等地。蒙古军在攻打金朝时，有一个不成文的规矩，那就是如果哪个城池坚守不降，城破之后，就屠城。后来经一些有见识的人劝说，木华黎也有所收敛，比如攻破蠡州时，木华黎想屠城，就被成功劝阻。然而，在绛州，木华黎又干了一次屠城的事。

在木华黎对金朝展开三轮攻势之际，金朝也正与南宋作战，以图把从北边失去的土地，从南宋给补回来。结果是，金朝并未从南宋那里得到多少好处。术虎高琪被杀后，金宣宗并没有停止与南宋的战争，但也在考虑北方国土的问题。早在太原府失守后，金宣宗就曾召集群臣商议对策。不少官员认为，以太原为代表的河东地区很重要，没有河东就没有中原。宣徽使移剌光祖还提了一个建议，那就是在当地招募一些有威望的人，给他们任命官职，鼓励他们去收复失地。如果收复一个地方，就任命他当这个地方的总管；能守住一个州的，就任命他当这个州的长官。移剌光祖的建议虽然得到认可，但没有得到有力地推行，毕竟不重视北方国土的术虎高琪还在。一年后，术虎高琪已经被杀，移剌光祖的建议又被提了出来。这一次，移剌光祖的建议更加具体，在原来的思路上又有了更大的变化。这个建议后来被称为"九公封建"。

"封建"二字的最初含义是封土建国，是一种分封制度。在秦朝以前的周朝，就采用这种制度，分封了若干个诸侯国，比如齐国、鲁国、秦国、晋国等，爵位分为公、侯、伯、子、男五等。秦始皇统一六国后，采用郡县制，不采用分封制。封建二字后来又有了新的含义，比如封建社会、封建思想，这里的封建与最初的分封含义是截然不同的。有意思的是，在秦朝以前，是分封制度，却被称为奴隶社会，而秦朝以后不采用分封制度，却被称为封建社会。

所谓"九公封建",是指金宣宗当时共分封了九位公爵。金宣宗一开始还犹豫不决。御史中丞完颜伯嘉说宋朝把一个虚名给红袄军的首领李全,李全所占领的山东很多地方便属于南宋,希望金宣宗把河北、山东、河东地区那些已经割据的武装力量封为公爵,就把他们所控制的地方名正言顺地分封给他们,让他们成为金朝的屏障,依靠他们守卫北方的疆域,公爵的名称有什么值得可惜的呢?金宣宗仍然有疑虑,认为一旦国家击败了蒙古,平定了战乱,这些公爵就会成为麻烦。金宣宗的想法也有道理,如果有那么一天,这些地方便成了国中之国,金朝可能就要考虑削藩了。然而,金朝会有那么一天吗?金宣宗想得有些太天真了。完颜伯嘉认为,国家如果平定,就像唐朝那样,把这些人封为节度使,成为藩镇。金宣宗最后也就同意了。

兴定四年(1220年)二月,金宣宗下诏分封九位公爵。在河北境内有沧州经略使王福为沧海公,河间招抚使移剌众家奴为河间公,真定经略使武仙为恒山公,中都东路经略使张甫为高阳公,中都西路经略使靖安民为易水公;在河东境内有辽州刺史行元帅府事郭文振为晋阳公,平阳招抚使胡天作为平阳公,昭义节度使完颜开(张开)为上党公;在山东境内有山东安抚副使燕宁为东莒公。金宣宗不仅将九块地方封给九位公爵,还让他们兼任宣抚使,总管本路兵马,任命官员、征收赋税、施行赏罚,可以自行决定,不必上奏;除了已经分封的土地,所收复的附近州县,也归他们管辖。九公主要在河北、河东境内,在山东境内只有一位,因为山东境内的红袄军也占据不少地方。

金宣宗搞"九公封建",虽然不是什么妙策,甚至被一些人说成是给这九个人的一个"顺水人情",但也是没有办法的办法。金宣宗希望这九个人扛着金朝的大旗,在河北、河东、山东境内与大蒙古国的军队作战。那么这九个人有没有起到什么作用呢?

有人很快就向敌人投降。当年八月,已经投降南宋的红袄军将领张林攻打沧州,沧海公王福献出城池投降。王福是九公封建半年之后,第一个战败投降的人。

有人投降蒙古，后又回归金朝。当年八月，蒙古大将木华黎带领兵马到达保州的满城（今河北省保定市满城区），与恒山公武仙交战，武仙兵败，献出城池投降。五年后武仙又回归金朝，为金朝战斗九年，直到被杀。虽然武仙回归金朝，也为金朝又战斗多年，但早已不在当初分封的地盘上。

有人为金朝作战，效忠而死。当年十一月，易水公靖安民的山寨被蒙古军包围，士兵惊慌混乱想投降，靖安民忠于金朝，不肯投降，最后被自己人杀害。兴定五年（1221年）四月，东莒公燕宁和蒙古军交战，阵亡。

有人投降蒙古，又想回归金朝，没有成功反被杀害。元光元年（1222年）十二月，平阳公胡天作被蒙古军俘虏，向蒙古国投降，接受蒙古国任命的官职。金宣宗派完颜开、郭文振去招降胡天作。胡天作想回归金朝，事情泄露，被木华黎下令处死。

也有人为金朝收复失地。元光元年（1222年）七月，上党公完颜开收复泽州。八月，河间公移剌众家奴、高阳公张甫收复河间府。

总的来看，九公封建所起的作用并不明显。

这段时间，蒙古大将木华黎在指挥蒙古兵马与金朝各地守将作战的同时，还亲自率兵出战。木华黎在燕云设置行省，仍是秋来春回，除了在山东境内作战，还两次到陕西境内作战。

兴定四年（1220年）十一月，木华黎率轻骑兵进入济南，济南府的严实向木华黎投降。木华黎与严实率军前往东平府，将东平府包围。十二月，木华黎返回北方，让严实继续围攻东平府。五个月后，严实攻占东平府。

兴定五年（1221年）十月，木华黎从西夏国边境经过，攻入金朝的陕西北部地区。十一月，木华黎留兵围攻延安，自己领兵攻克了鄜、坊等州，然后北返。

元光元年（1222年）七月，木华黎从西京大同府出发，准备再到陕西境内作战。十一月，木华黎西渡黄河，攻克同州，直奔长安。由于金朝守兵众多，顽强防守，木华黎未能攻克长安城。十二月，木华黎向西攻打凤翔。

元光二年（1223年）正月，木华黎大军围攻凤翔，不能取胜。五十四岁的木华黎面对凤翔城发表感慨，说他奉成吉思汗的命令出征，前后数年间夺取了辽西、辽东、山东、河北，不久前还攻打了东平、延安等地。现在围攻凤翔，一直不能取胜，难道是老天要结束他的寿命了吗？木华黎决定不再攻打，解围东返。三月，木华黎到达河东境内的闻喜县（今山西省闻喜县），病情严重，去世。木华黎是大蒙古国四杰之一，在大蒙古国四杰当中，功业最大。

　　成吉思汗在西征，木华黎又病逝，形势对金朝稍加有利，河东境内不少城池被金朝相继收复。然而，就在这时，六十一岁的金宣宗也生了重病，眼看着就要死了。虽然在八年前就已经册立了三儿子完颜守绪为太子，但二儿子、英王完颜守纯也想当皇帝。

第十一章　金朝灭亡

一、新的气象

金宣宗的嫡长子完颜守忠、嫡长孙完颜铿去世后，在世的只有两个儿子，就是次子完颜守纯与三子完颜守绪。完颜守纯与完颜守绪都是庶子，按理应当由完颜守纯当太子，然而金宣宗却册立完颜守绪当太子。这是怎么回事呢？原来，完颜守绪的母亲王元妃是王皇后的姐姐，而王皇后无子，就把完颜守绪收为养子了。完颜守纯的母亲庞贵妃对儿子不能当太子而一直感到不平。

元光二年（1223年）十二月二十二日，傍晚，近臣都出宫了，只有前朝资明夫人郑氏伺候在金宣宗身边。郑夫人年纪已老，但遇事稳重，病情已经很重的金宣宗知道她可托重任，就让她快把太子叫来，他要交代后事。说完，金宣宗就去世了，郑夫人秘而不宣。这天晚上，王皇后与庞贵妃前来问安，郑夫人担心庞贵妃知道金宣宗去世，会作乱，就对她与王皇后说皇上正在更衣，先到旁边的房间等候片刻。王皇后与庞贵妃到了一间屋内，郑夫人立即把门锁上，然后让人去召集大臣，传达遗诏，由太子完颜守绪即位。

太子完颜守绪刚入宫，就听说二哥完颜守纯已经先进宫了。完颜守绪立即调遣枢密院的官员以及东宫的亲卫军，到东华门待命。完颜守绪再命令四名护卫去把完颜守纯看管在近侍局。完颜守绪及时控制大局，庞贵妃又未能生事，避免了一场危机。完颜守绪第二天便在灵柩前即位，史称金哀宗。

金哀宗对二哥完颜守纯还是心存芥蒂，一方面把完颜守纯封为荆王，一方面又不让完颜守纯当平章政事，而改任判睦亲府。两个月后，有人告发完颜守纯图谋不轨，金哀宗马上把完颜守纯逮捕入狱。完颜守纯的母亲、慈圣太后知道这是金哀宗想杀掉完颜守纯，所谓谋反，只是一个借口。慈圣太后是一位深明大义的人，马上把金哀宗叫来，对金哀宗说，你只有一个哥哥了，不能听信谗言而加害他。慈圣太后还说金章宗当年杀了伯父、叔父，自己寿命又不长，还没了儿子，让金哀宗不能效仿金章宗。慈圣太后最后严厉地说，快把完颜守纯放了，让他过来，如果过了时间还不来，她就永远不见金哀宗了。金哀宗最后没有杀掉完颜守纯。

金哀宗坐稳皇位之后，便开始着手处理国家大事。不能不说，金哀宗是一位运气不好的皇帝，他所接手的金朝，已经破败不堪，能够控制的地方，只有河南、陕西以及山东少部地方了。金哀宗的父亲金宣宗在位十年，没做几件对国家有益的事，硬是把一个国家拖向了灭亡。金哀宗当年只有二十六岁，他能拯救这个国家吗？

金哀宗在即位的当年，便做了一件非常正确的事。这件事便是停止与南宋的战争，与南宋讲和。金哀宗先派尚书令史李唐英到滁州，表示与宋朝友好，又在正大元年（1224年）六月，派枢密判官移剌蒲阿到光州张榜通告，表示再不向南进犯。南宋方面也停止了与金朝的战争，但从此也没有继续给金朝支付岁币，金哀宗也不想要了。

金哀宗主动改善与南宋的关系，西夏国也主动改善与金朝的关系。当时西夏国内反对"附蒙攻金"的人很多，刚刚即位的夏献宗李德旺于是不再向大蒙古国称臣，并决定与金朝修好。正大元年（1224年）十月，夏献宗派吏部尚书李仲谔来到金朝，提出重新建立友好关系，希望两国以兄弟相称，金朝为兄，西夏为弟，各自使用自己的年号。金哀宗接受夏献宗的请求，派吏部尚书奥敦良弼带着国书前往回复。正大二年（1225年）九月，夏、金两国和议确定。十月，金哀宗把与西夏国修好的事诏告朝廷内外。金哀宗还向大臣们解释，以前西夏国向金朝称臣，如今称弟，他并不感到耻辱。

第十一章 金朝灭亡

金哀宗调整了与南宋、西夏的关系，停止了与南宋、西夏的战争，对当时的金朝十分有利，避免了金朝四面受敌的局面，可以全力以赴应对大蒙古国的进攻。当然，这个调整来得确实晚了一些，毕竟金朝与西夏开战了十年多，与南宋开战了将近七年，国力、兵力消耗得很多。

金哀宗还起用了一些有才能的官员与将领。比如起用已经退休的张行信担任尚书左丞；延安府帅臣完颜合达因抵御蒙古有功，被任命为代理参知政事，在京兆府行尚书省；枢密副使完颜赛不担任平章政事；已经退休的莘国公胥鼎担任平章政事，在卫州行尚书省，进封英国公。

金哀宗还收降了一位得力将领，此人便是武仙。武仙曾被金宣宗封为恒山公，是"九公"之一。被封的当年，由于不敌蒙古大将木华黎，武仙献出城池投降大蒙古国。五年后，武仙又回归金朝，金哀宗欣然接纳，还封武仙为恒山公。武仙从此对金朝忠心耿耿，为金朝战斗九年，直到被杀。

金哀宗还特别赦免了一位将领，激励这位将领奋勇杀敌，为国建功。这位将领是完颜彝，小名陈和尚。陈和尚曾被蒙古人抓走，后来杀死看守，逃回金朝，先后担任护卫、奉御。再后来，陈和尚跟随担任总领的堂兄完颜斜烈驻守在方城。军中将士李太和与方城的镇防军官员葛宜翁因事而斗殴，由于完颜斜烈正在病中，二人便到陈和尚那里分辨是非。陈和尚了解情况后，认为葛宜翁不在理，便杖责了葛宜翁。葛宜翁郁闷而死，临死前让他的妻子为他报仇。葛宜翁的妻子便告陈和尚为了私愤而打死官员，一直告到御史台、尚书省和近侍局。台省官员认为陈和尚当过护卫，一定胆大妄为，所以认定陈和尚有罪，而且应当斩首。金哀宗听说此事，认为不能判定陈和尚有罪，所以不同意斩首，先把陈和尚关在牢中。正大三年（1226年）十二月，金哀宗决定不顾后人的议论，特别赦免已经关押十八个月的陈和尚，希望陈和尚为国建功。陈和尚感激涕零，以没有官阶的身份担任紫微军都统。第二年，金哀宗又让三十六岁的陈和尚担任忠孝军提控。忠孝军是一支战斗力很强的军队。

此外，金哀宗还有做了一些有益的事。比如，正大元年五月，给刑部下诏，要求登闻检院、登闻鼓院，不要锁门闭户，要让有冤屈的百姓前来告状。又如，正大二年四月，京都附近大旱，金哀宗派使者复查囚犯的罪状，以防不公。次月，因旱情严重，金哀宗还下诏书，指责自己。再如，十一月，为保持名节而殉国的十三人立褒忠庙，以激励后人为国尽忠。

就在西夏国背叛大蒙古国而与金朝和好的那一年，成吉思汗结束西征。成吉思汗听说西夏国与金朝结交，十分生气，决定发起消灭西夏国的战争。西夏国面临生死存亡，作为兄弟之国，金朝会有何举措呢？

二、安于现状

金哀宗上台后的三年中，确实做了不少对国家有益的事，但是在对付蒙古、收复北方失地方面，没有什么明显的成绩。所记载的只有，正大元年（1224年）九月，枢密判官移剌蒲阿收复河东境内的泽州、潞州，两年后又收复河东境内的曲沃及晋安。此外，就是重新回归金朝的恒山公武仙，在真定与蒙古军的反复交战，别的没有关于收复城池或与蒙古军交战的记载。这三年，蒙古军在金朝境内作战也明显不多。

金哀宗即位之际，形势对金朝有利，因为成吉思汗带着主力大军在西征，而负责攻打金朝的木华黎又病逝。虽然木华黎的儿子孛鲁继续带领大军攻打金朝，但攻势明显放缓。此时的金哀宗应当主动作为，毕竟对金朝有利的形势不可能一直都有。然而，金哀宗给人一种安于现状的感觉。

正大三年（1226年）正月，结束西征的成吉思汗开始攻打西夏国。七月，成吉思汗攻占了西夏国西凉府的几个县，夏献宗李德旺惊吓而死。继任的夏末帝把受到蒙古国攻打的激烈情况，通报给金朝，并提出停止互派使者。十二月，金哀宗听说西夏国几次战败，召陕西行省和陕州总帅完颜讹可、灵宝总帅纥石烈牙吾塔到汴京议事，给他们授权，以免边境出现紧急情况因奏报而贻误战机。次月，金哀宗下令对中京城进行加固，对汴京城挖掘护城壕沟。中京是金宣宗南迁后，对河南府的改称，也就是今天的洛阳。

汴京的城墙也是金宣宗时应术虎高琪的反复建议，才修缮的，只是当时没有挖掘城壕。

从金哀宗的反应来看，也太迟了，好像蒙古国不来进攻，就不关注边境的防守。而金哀宗防守的重点，还是河南境内的汴京与中京。从这一点来看，金哀宗并没有什么大的志向，只想守住既有疆土。

正大四年（1227年）正月，成吉思汗留下兵马继续攻打西夏国的都城中兴府（今宁夏银川市），自己则率领大军，渡过黄河，攻入金朝境内。到当年五月，成吉思汗已经攻克了金朝的德顺府、临洮府、西宁州等地。

大蒙古国又一次攻来了，金哀宗会有什么对策呢？

金哀宗与群臣商议，派人向成吉思汗求和。闰五月，金哀宗派前御史大夫完颜合周作为和谈使，前往成吉思汗军中议和。六月，完颜合周见到成吉思汗，表达来意。成吉思汗也提出停止攻伐的意愿。就在当月，西夏国向大蒙古国投降，立国一百八十九年的西夏国灭亡。

就在西夏国灭亡之际，成吉思汗在六盘山病逝。临终前，成吉思汗交代，要杀掉西夏国的国君与大臣，屠杀城中兵民。成吉思汗还提出了消灭金朝的策略。成吉思汗认为金朝的精锐兵马都守在潼关，而南面有连绵的高山，北面有黄河天险，要想很快攻克，是十分困难的。成吉思汗的策略是，从宋朝借道，把兵马开到唐州、邓州一带，从南面攻打汴京；金朝在情形急迫之下，必定会从潼关调兵，然而几万人马，千里赶来，人困马乏，就是来了，也难以参战，汴京城一定能够攻克。成吉思汗认为，宋、金有世仇，一定能够答应借道。成吉思汗交代了这番话后，便去世了，终年六十六岁。成吉思汗的这个策略是十分高明的，看出他无师自通的军事才能。

成吉思汗在临终前，不忘告诉后继者，要屠杀西夏国都城，以及如何消灭金朝。然而，金朝的使者完颜合周给金哀宗带回的消息是，成吉思汗在临终前有停止杀伐的遗愿。金哀宗相信这句话，以为战争就要平息，便放松戒备。

西夏国向大蒙古国称臣多年，反而认识到大蒙古国不会满足于西夏国向他称臣，最终一定是要消灭西夏国，接受称臣也只是暂时性的。西夏国清醒地改变策略，不再向大蒙古国称臣，而是与同样受到大蒙古国攻打的金朝结好。金哀宗虽然停止与南宋的战争，接受与西夏国的修好，但并没有认识到大蒙古国有灭亡金朝的野心。如果认识到这一点，就应当与西夏国一样，联合同样弱小的国家，一同对抗大蒙古国，就像当年刘备联合孙权，一共对抗曹操一样。

南宋也同样没有认识到大蒙古国有一天会来消灭它，南宋的皇帝还记着一百年前的"靖康之耻"，想着哪一天报得此仇。如果不能报得此仇，借助别人之手报这个仇，也一样解恨。其实国与国之间，国家利益应当是第一位的，有时为了国家利益，一时的仇恨也只能放在一旁。

此时的金哀宗就是有雄才大略，去联络南宋、西夏一同对抗大蒙古国，西夏国可能会响应，南宋恐怕不会。当然，金哀宗也没有想过这些，还是以防守为主，而且防守的就是先帝金宣宗留给他的那一小块地方。

金哀宗的防守，是被动式的，不是主动的。如果大蒙古国不来进攻，他就等待。一天不进攻，他就等待一天，一年不进攻，他就等待一年。成吉思汗在西征，木华黎病逝，大蒙古国对金朝的攻势放缓三年，金哀宗也就乐得安稳三年。即使得知结束西征的成吉思汗开始攻打西夏国时，金哀宗也没有明显的动作。成吉思汗在攻打西夏的第二年，也向金朝的陕西境内发起袭击，而金哀宗除了继续做好防守外，就是派人去向成吉思汗讲和。然而，没有实力，能讲什么和？

成吉思汗生病去世了，大蒙古国对金朝的攻势又一次放缓了，因为大蒙古国要解决大汗位置由谁来继承的问题。成吉思汗去世后，暂时由四儿子拖雷监国，但拖雷并不是大汗。成吉思汗与正宫皇后孛儿帖生了四个儿子，除了长子术赤已经去世外，次子察合台、三子窝阔台与四子拖雷都在，他们都比较出色。整整两年后，大蒙古国才确定了新的大汗。在这两年中，金哀宗又做了些什么呢？

金哀宗相信成吉思汗临终前的话，以为两国的战事会结束。金哀宗于是派使来到大蒙古国,对成吉思汗的去世表示慰问。金哀宗觉得北方没什么事了,便想在南方用兵。正大六年(1229年)正月,金哀宗打算讨伐楚州的李全。李全本是山东境内一支红袄军的首领,实力很大,后来不敌蒙古军,向蒙古投降。不久,李全又接受南宋招降,在山东及淮河一带的楚州都有地盘。李全在蒙古、南宋之间时降时叛,已经不是单纯的起义军了。然而有一点,李全始终没有向金朝投降过。金哀宗提出要讨伐已经驻屯在楚州的李全,显然有些抓不住重点。代理枢密判官白华认为蒙古国攻势放缓,与其国的国君尚未确定有关,一旦确定新的国君,必定会南下攻打金朝,而李全对金朝能有什么妨碍?白华建议让战士们得到休整,以全力对付蒙古国的又一轮进攻。

可以说,白华比金哀宗看得清楚。由此可见,金哀宗不仅没有看清形势的眼光,更没有采取有力措施的才能。白华能看清大势,但并没有给金哀宗提供更加有效的策略,如果有,也只是加强防守而已。

金哀宗没有雄才大略,这也许怪不得他,毕竟那个时候的皇帝只是一家人继承,是所谓的"家天下",与才能关系不大。如果哪个人有才能而不是他们家的,那也是不能当皇帝的。然而,金哀宗没有积极作为,这个应该是他的责任。如果没有积极作为,只能算是一位安于现状的皇帝,不好听的话,就是一位苟且偷安的皇帝。虽然在即位之初,也积极调整了与南宋、西夏的关系,算是开了一个好头,但后头呢?好像没有什么值得称道的举措了。金朝到了这个时刻,确实无法阻挡它走向灭亡的步伐,但作为国君,总得尽力做些什么,而不能只是满足于不犯什么大的过错。

正大六年(1229年)八月,窝阔台被确立为大蒙古国的大汗。窝阔台立即把继续攻打金朝的战事接了过来。这时,金哀宗的使者正好来到大蒙古国,向大蒙古国送礼。送什么礼呢?这便是成吉思汗的丧礼。窝阔台不接受金朝的这份好意,认为正是由于金朝一直不投降,才让成吉思汗在战争中死去。窝阔台这个逻辑大概意思是,如果金朝早一天投降,战争也就早一天结束,成吉思汗也不会这么早就死去。窝阔台立即召集将领们开会,决定调集大军，向金朝发起最后的战争。

从金哀宗即位，到窝阔台发动最后的灭金之战，已经过去了五年半时间。这段时间，金哀宗过得要比他的父亲金宣宗安逸一些。当然，金哀宗也失去了能够作为的五年半时间，后面他再想有所作为，也已经没有机会了。有人说，他就是有所作为，也会是一位亡国之君，这个当然有些道理，但作为一个国君，一国之主，总不能"躺平"吧。

三、陈和尚三次救火

大蒙古国大汗窝阔台发动最后的灭金之战，首先就派朵忽鲁率兵攻打金朝的陕西。正大六年（1229年）十月，朵忽鲁攻入庆阳府（今甘肃省庆阳市）境内。金哀宗得到消息，给陕西行省下诏书，让他们派人带着羊肉、美酒、金银、布帛，向蒙古军请求讲和。蒙古军不接受求和，于十二月包围了庆阳府。金哀宗只得派兵前往解围，驻屯在邠州（今陕西省彬州市）的枢密副使移剌蒲阿奉命带领兵马前往救援。正大七年（1230年）正月，移剌蒲阿与蒙古军在大昌原（今甘肃省宁县西）遭遇。

大昌原位于庆阳城南不到百里的地方，朵忽鲁派兵前来迎战，显然是围城打援。朵忽鲁一共派来了八千人，移剌蒲阿则派忠孝军担任先锋。忠孝军提控陈和尚披甲上马，只带领四百名骑兵，义无反顾，前往作战。陈和尚带领的忠孝军，虽然人数不多，但成分非常复杂，由好几个部族的人组成，比如回纥人、羌人等，还有少量的汉族人。这些人都非常勇猛，也非常凶狠，不好控制，但只有陈和尚能够驾驭。陈和尚带领这支人马，不仅作战能力强，纪律也很好，所过州县，秋毫无犯。大昌原一仗，陈和尚带领四百人战胜蒙古军八千人，解了庆阳之围，从此天下闻名。史书上说，自从蒙金开战以来，已有二十年，金朝只有这一次胜利，被评定为功绩第一。陈和尚一战成名，被金哀宗任命为定远大将军，世袭谋克。

大昌原一战，让移剌蒲阿骄傲起来。移剌蒲阿对蒙古的使者说，我们

第十一章 金朝灭亡

已经准备好了兵马,你们如果还能战斗就只管来。使者回去把这句话奏报给大汗窝阔台,窝阔台大怒,立即派大将速不台率兵前来增援朵忽鲁,继续攻打陕西、关中地区。窝阔台还决定亲自率兵攻打金朝。

关于大昌原之战,不少史料认为发生在正大五年(1228年),当时是拖雷监国时期,与陈和尚对阵的是大蒙古国的将领赤老温。赤老温是与木华黎齐名的大蒙古国四杰之一,当时可能已经不在人世,就是在,也由于年龄比较大而不会带兵出战。这些史料还认为,在正大七年又发生一次大昌原之战,也就是说前后共有两次大昌原之战。《续资治通鉴》认为陈和尚的大昌原之战是在正大七年正月,是窝阔台当大汗之际,笔者以《续资治通鉴》为准。

大昌原之战结束后,陈和尚又带着他的忠孝军,与移剌蒲阿到卫州(今河南省卫辉市)救火。卫州在河东境内,位于黄河北岸,当时由回归金朝的武仙驻守。武仙是金宣宗所封的"封建九公"之一,爵位是恒山公,最初在河北境内。武仙后来不敌蒙古大将木华黎,向蒙古国投降。金哀宗即位后,武仙又回归金朝,被金哀宗再次封为恒山公,在卫州设置官府。大蒙古国将领史天泽前来攻打卫州,武仙不敌,向金朝求救。金哀宗便调枢密副使移剌蒲阿与平章政事完颜合达前往救援卫州。移剌蒲阿与完颜合达或许不算什么厉害的将领,但他们的大军中有忠孝军,忠孝军有提控陈和尚,这可是一位让敌人闻风丧胆的人,当然也就成为到处救火的人。

正大七年八月,陈和尚跟随移剌蒲阿、完颜合达来到卫州,与蒙古将领史天泽作战。这一战同样十分激烈,陈和尚作战非常英勇,带领忠孝军冲锋在前,最终打败了史天泽,卫州城保住了。

卫州救下了,潼关(今陕西省潼关县)又面临危险,移剌蒲阿、完颜合达又被调到阌(音同文)乡(今河南省灵宝市西)行尚书省,负责潼关的防守。陈和尚又跟随二将前往阌乡。陈和尚这一次要面对大蒙古国的另一位名将速不台。

当年七月,大蒙古国大汗窝阔台在派出速不台之后,自己又与四弟拖雷率领大军出征，目标便是金朝的陕西。窝阔台到了陕西与速不台会合后，将大军分为两路，一路由速不台率领，向东攻打潼关，另一路由自己与四弟拖雷率领，向西攻打凤翔府（今陕西省凤翔县）。

十一月，速不台先攻潼关，被金朝潼关守兵击败，还没有与陈和尚对阵。由此可见，金朝对潼关的防守还是非常严密的，兵马也确实是金朝的精锐，成吉思汗的判断是准确的。

速不台不死心，又去攻打蓝关（今陕西省蓝田县东南），想另外寻找一条通往河南的捷径。然而，速不台在蓝关附近的倒回谷，遇到了陈和尚。陈和尚在倒回谷出现，显然又是一次救火，因为那里原本不是他的防区。陈和尚自从大昌原之战出了名，后来在卫州之战又立新功，现在到了倒回谷同样不辱使命，把速不台打败。

速不台在东线连吃败仗的消息传到了窝阔台那里时，窝阔台正在围攻凤翔。由于速不台先后败于潼关、蓝关，大蒙古国想不从南宋借道，而直接攻入河南的计划彻底落空。窝阔台对此十分动怒，他把速不台召到凤翔，要处罚速不台。四弟拖雷为速不台讲了话，说胜败乃兵家常事，应当让速不台戴罪立功。窝阔台接受这个建议，便让速不台跟随拖雷作战。

由于蒙古大军全力攻打凤翔，凤翔又面临危险。金哀宗只得再调完颜合达、移剌蒲阿二将前往救火。这一次由于完颜合达、移剌蒲阿二将不敢出战，陈和尚也就没有参与救火。凤翔城被围攻几个月后，就失守了。消息传来，完颜合达、移剌蒲阿立即把京兆府（今陕西省西安市）一带的百姓东迁到河南境内。从此，潼关以西大部分地区都被大蒙古国占领。没有了陕西，金朝的地盘就只有河南这一块地方了。金朝以后全力防守潼关，保卫河南，从西边的洛阳、三门、孟津，到东边邳州的雀镇，东西长达两千多里，设置四个行省，统帅二十万精锐，抵御蒙古军。

现在人有一句话，到处救火的人，迟早会被火烧死，那么陈和尚还会继续救火吗？忠孝军是金朝当时仅有的能战之兵，金朝当然会让他们再去救火。下一个救火的地方便是三峰山，因为大蒙古国的军队经过南宋境内，从汴京的南面攻过来了。

四、三峰山之战

正大八年（1231年）四月，窝阔台带领蒙古大军攻克了凤翔（今陕西省凤翔县）。窝阔台把大军交给四弟拖雷统领，继续对金朝作战，自己则北返大蒙古国。

六月，一个叫李昌国的金朝投降者向拖雷提出建议，说金朝迁都汴京将近二十年了，能够依靠的就是潼关与黄河，如果从宝鸡方向攻入汉中，不用一个月，向东就能到达唐州（今河南省唐河县）、邓州（今河南省邓州市），大事可成。李昌国甚至认为，到那时，金朝会觉得蒙古大军是从天而降。李昌国的计策与成吉思汗临终前交代的策略差不多，只不过成吉思汗只是给了一个大的方向，没有明确从哪个地方突破而进入南宋境内。现在李昌国看到大蒙古国已经攻克凤翔，认为凤翔就是一个很好的突破口。

拖雷派人回国，把李昌国的建议奏报给大汗窝阔台。窝阔台认为这个建议可行，便决定兵分左、中、右三路，从三个方向攻向金朝，向金朝发起最后的战斗。中路军由窝阔台亲自率领，南渡黄河，正面攻打河南。左路军由叔父铁木哥斡赤斤率领，从山东济南出兵西进，配合中路军攻打金朝的黄河防线。右路军由拖雷率领，从凤翔经宝鸡，绕道南宋境内，从汴京的南面发起进攻。窝阔台要求三路大军在次年正月，会师于汴京城外。

派往南宋借道的使者被南宋将领杀掉了，但拖雷还是带领大军从凤翔出发了。拖雷没有把南宋放在眼里，准备强行从南宋经过，如果抵抗，就攻打。当年八月，拖雷率领三万人马经宝鸡攻入大散关。攻破大散关后，又攻克凤州（今陕西省凤县），于当年八月包围汉中，汉中的南宋军民吓得四处逃散。拖雷大军没有在汉中逗留太久，便向东攻打饶风关。饶风关很快被攻破，拖雷率大军于当年十二月经金州（今陕西省安康市），到达房州（今湖北省房县）、均州（今湖北省丹江口市西），逼近汉水岸边。

蒙古大军在南宋境内如入无人之境，金元时期的大儒郝经有诗描述当时情形："突骑一夜过散关，汉江便着皮船渡。襄阳有兵隔岸看，邓州无人浑不顾。""襄阳有兵"指的是南宋当时以襄阳为军事重镇，有重兵驻守在那里。"邓州无人"是指金朝当时在邓州虽有兵马，但如同没有一样。

拖雷的大军进入汉中，然后一路向东，这个消息已被金哀宗得知。金哀宗已经明白大蒙古国的战略意图，他决定调兵去应对拖雷这支大军。平章政事完颜合达与枢密副使移剌蒲阿的兵马便被调往邓州驻防。与完颜合达、移剌蒲阿同来的还有陈和尚的忠孝军，此外金哀宗还把恒山公武仙调来了。从金哀宗的部署来看，他已经乱了方寸，完全是救火式的调兵，顾了这头，顾不了那头。

十二月十七日，拖雷带领大军开始北渡汉水。汉水对岸便是邓州，驻屯邓州的完颜合达与移剌蒲阿召集将领们商议，是在蒙古军渡汉水时发动袭击呢？还是等蒙古军过了汉水再袭击？移剌蒲阿不赞同半渡而击，想等蒙古军全部过河后，一举把他们全部消灭，他的意见成了商议的最后结果。从这件事可以看出，金军当时占据优势，没有把拖雷的三万人马放在眼里，毕竟金军有十五万之多。

十二月二十五日，蒙古军全部渡过汉水，用时八天。完颜合达、移剌蒲阿将大军部署在邓州境内的禹山，占据有利地形，准备出战。不久，蒙古骑兵来到，战了三个回合，便向后稍加退却。拖雷没有与金军决战，显然是担心力量不够，他要寻找机会。完颜合达想追击，移剌蒲阿没有同意。移剌蒲阿的理由是，敌人过了汉水，想逃也没有退路，哪里需要速战速决？

金军没有拖住蒙古军交战，蒙古军在接下来的三天中突然不见了。拖雷当时不想与金军对阵，所以找了一个地方隐藏了起来。这支蒙古军白天正常做饭、吃饭，晚上就在马背上休息。金军的探马报告了蒙古军所在的位置，说是在一片枣树林中，然而金军没有主动出战。

十二月二十九日，完颜合达与移剌蒲阿商议到邓州城中补充军粮。岂料蒙古军突然出现，完颜合达、移剌蒲阿慌忙迎战。然而，刚一交战，完颜合达、移剌蒲阿就带领大军撤退，所带军粮被蒙古军截走。完颜合达、移剌蒲阿的队伍几乎不成队形，直到夜晚二更才进入邓州城。

完颜合达、移剌蒲阿给金哀宗上奏，说他们在邓州取得了胜利。百官于是上表，向金哀宗表示祝贺。金哀宗在中书省宴请各位宰相，尚书左丞李蹊激动地说，如果没有今天的胜利，生灵就会遭到涂炭。金朝到了快要灭亡之际，朝中的君臣还在自欺欺人。

拖雷大军在邓州与完颜合达、移剌蒲阿的大军战而不战之时，窝阔台带领中路军攻破了河中府（今山西省永济市）。窝阔台接着一路向东，于开兴元年（1232年）正月，从孟津南渡黄河。渡过黄河后，窝阔台继续向东，逼近郑州。金朝的郑州守将向窝阔台投降，至此金朝的黄河防线瓦解。窝阔台得知金朝主力前往邓州迎战拖雷，拖雷面临危险，于是留下少量人马镇守郑州，自己带领大军南下接应拖雷。

拖雷不想与金军主力决战，只想按当初计划北上汴京，与窝阔台会合。完颜合达与移剌蒲阿也接到命令要北上，因为汴京正受到窝阔台大军的威胁，毕竟窝阔台所在的郑州离汴京只有一百多里远。完颜合达、移剌蒲阿二人带着所部十五万人马于是起程北上。

拖雷向速不台问计。速不台认为，金军属于那种在城里住久的人，不如他们蒙古大军能吃苦，建议派少量兵马跟在后面，不断骚扰，让他们疲劳。拖雷于是派出三千名骑兵尾随在完颜合达、移剌蒲阿大军的后面。速不台的计策，便是草原狼面对庞然大物时采用的袭击方法，可以称为"狼群战术"。

完颜合达认为敌人只有三千而金军不敢交战，这是在向敌示弱，打算与蒙古三千骑兵交战。到达钧州（今河南省禹州市）境内的沙河时，完颜合达认为可以一战。然而，正要列阵迎战，蒙古兵不战而退。当金兵扎营时，蒙古兵又来袭扰，金兵无法休息，也没有时间吃饭。

完颜合达、移剌蒲阿带着大军继续北行到达黄榆店，离钧州城还有三十五里，离郑州不到两百里。这一天是正月十六日，老天突然下起大雪，有三尺厚，金兵被冻得连刀枪都举不起来。就在这时，拖雷带领骑兵冲了出来，从北面渡过黄河的蒙古兵马也来会合，用大树把道路堵塞起来。金军将领杨沃衍上前开路，大军得以前行到了三峰山，然而不少士兵已经三天没有吃饭了。

蒙古两路兵马会合后，便将十多万金军包围起来。蒙古军没有同时发起进攻，而是分成几批，一批进攻，一批休息，接着再换一批。金军大都疲倦，又十分饥饿，没有力量作战，伤亡惨重。

拖雷看准时机，下令只围三面，把通往钧州城的道路打开。一时间，金兵只顾逃命，无人再战。拖雷已在这条逃生道路两旁设下伏兵夹击，金军死伤更多。恒山公武仙带领三十名骑兵，逃入竹林中，最后逃往北边的密县（今河南省新密市）。杨沃衍等人拿着长枪步行，直到战死。完颜合达知道败局已定，也无心再战，便与陈和尚等人，带领几百名骑兵逃入钧州城中。移剌蒲阿已经走散。

蒙古大军继续攻打钧州城。钧州城很快被攻破，躲在土洞中的完颜合达被蒙古兵发现，杀死。蒙古兵于是对金兵扬言说，金朝所依靠的，就是黄河与完颜合达，现在完颜合达被杀，黄河被突破，不投降还能有什么出路？

陈和尚没有死，但也不想投降。陈和尚对蒙古兵说，他要见蒙古大军的主将，于是被带到拖雷面前。陈和尚对拖雷说，他就是忠孝军提控陈和尚，大昌原、卫州以及倒回谷的三次胜仗，都是他打的。陈和尚继续说，如果他死在乱军之中，会被人说对不起国家，现在把事情说清楚再死，天下人一定会称赞他。

拖雷劝陈和尚投降，陈和尚不肯。于是，拖雷下令砍断他的脚与小腿，还用刀从嘴一直划到耳朵。四十一岁的陈和尚被残忍地杀死，但始终没有屈服。蒙古将领中也有人赞许陈和尚，把马奶酒洒在地上祭奠他，还说他是一位英雄，但愿转世后投到我的队伍中。

移剌蒲阿一路往汴京逃去，但还是被蒙古军擒获。拖雷也劝移剌蒲阿投降，移剌蒲阿坚决不降。拖雷不死心，多次劝说，但是移剌蒲阿仍然不降，还说他是金朝的大将，只能死在金朝境内。拖雷不再劝说，下令杀了移剌蒲阿。

三峰山之战，金朝的精兵强将损失殆尽，汴京城危在旦夕。

五、汴京陷落

三峰山之战后，金朝潼关守将李平向蒙古军投降。两个月后，即天兴元年（1232年）三月，大蒙古国大汗窝阔台与四弟拖雷带着主力兵马北返，由大将速不台继续攻打中京洛阳以及汴京开封。

蒙古军此次攻城，已经与以往不同。以前，以骑兵为主的蒙古军面对高大的城墙，总是感到手足无措。现在，蒙古军已经有了攻城的器械，比如大炮。在大炮的攻击之下，金朝中京留守撒合辇自杀身亡。撒合辇虽死，但中京洛阳并未失守，元帅任守真暂且掌管中京。

窝阔台在北返之前，派出使者前往汴京，让金哀宗投降。金哀宗不想投降，想议和，于是派荆王完颜守纯的儿子完颜讹可前往担任人质，临时封完颜讹可为曹王。虽然蒙金两国在派使和谈，但大将速不台仍然下令对汴京城进行进攻。速不台说他只接到攻城的命令，其他事不知道。速不台开始部署攻城器具，还驱赶百姓前来填城壕。金朝的守将考虑到两国正在议和，便没有出战，眼看着城壕被填平了十多步长。金哀宗得知情况，从端门出城，到了吊桥，对将士们说，如果曹王去当人质而蒙古军仍然不退，你们再出战，先稍微忍耐一下。然而，曹王到了蒙古军大营后，蒙古军仍在全力攻城。

汴京城很坚固，非常难攻，速不台攻了十多天，没有任何突破。速不台改口说，两国正在议和，还打什么？金哀宗马上派户部侍郎杨居仁从宜秋门出城，用酒与肉犒劳蒙古士兵，并用金钱、布帛贿赂他们。速不台得了好处，终于答应退兵。速不台虽然撤离汴京城，但并没有走远，而是将大军分散驻扎在黄河、洛河之间。金哀宗看到蒙古大军退走了，把用了才三个月的"开兴"年号改为"天兴"。

金哀宗改年号，无非是希望国家进入一个新的阶段。然而老天好像并不保佑金朝。春夏之际，天气变暖，怕热的北方人会回到北方，窝阔台就回北方避暑去了。汴京城内出现了严重的瘟疫。史书记载，到当年五月，汴京城内瘟疫流行五十天，从各城门抬出去的棺材就有九十万多具，那些死了买不起棺材的人还不算在内。

七月，瘟疫结束后，大蒙古国的议和使者又来了，这回派来的使者叫唐庆。唐庆说，要想议和成功，金朝应当派皇帝亲自来议和。这个要求显然是不讲道理，哪里有皇帝担任议和使者的？正直的人士听到这个消息，都很怒火。金哀宗于是说自己有病，躺在床上接见唐庆。唐庆态度极为傲慢，讲话又很不礼貌，看到的人、听到的人都很愤怒。唐庆回到馆舍后，金朝的飞虎士兵申福等人来到馆舍，把唐庆杀死，跟随唐庆一起来的三十多人也全部被杀。金哀宗得知此事，也没有给申福等人治罪，但从此两国议和中断。

这时，金哀宗发现还有几支兵马可以用，这便是参知政事完颜思烈、恒山公武仙、巩昌总帅完颜仲德等人的兵马。金哀宗于是下诏，让他们前来救援汴京。金哀宗同时任命完颜合喜为枢密使，让完颜合喜率领一万人马前往接应各军。八月，完颜思烈、武仙与蒙古军遭遇，溃败逃走。完颜合喜得到消息，吓得丢下物资也逃走了。金哀宗十分生气，把完颜合喜降为平民。

又过了四个月，汴京城中粮草快要用光，外面也不会再有兵马来援，金哀宗不得不考虑出路。十二月下旬的一天，金哀宗召集将士，告诉他们他要亲征。不少将领劝说金哀宗不要亲征，请金哀宗派将帅们出征。金哀宗去意已决，于是让右丞相、枢密使、兼左副元帅完颜赛不，平章政事、代枢密使、兼右副元帅完颜白撒，尚书左丞李蹊，元帅左监军徒单百家等人，率军护驾；参知政事、兼枢密副使完颜奴申，枢密副使兼知开封府、代参知政事习捏阿不，外城东面元帅把撒合，南面元帅术甲咬住，西面元帅崔立，北面元帅勃术鲁买奴等人，留守汴京。

谁都知道金哀宗出征意味着什么，那就是放弃汴京逃走。不久，城中百姓便开始传言，说皇上要去归德（今河南省商丘市）了。金哀宗怕自己的意图被人知道，马上让右丞相完颜赛不对众人说，不是去归德，而是去汝州，向蒙古军挑战。当时蒙古大将速不台就在汝州，所以金哀宗说要去汝州。金哀宗为了表明他是出征，而且还会回汴京，便把皇太后、皇后、嫔妃、公主都留下，与她们告别，十分悲痛。

汝州在西，金哀宗却往东行。十二月二十九日，金哀宗到达汴京城东边的黄陵岗。这时，大家对到底去哪里发生了争论。有人说去河北，有人说去归德。金哀宗听说去河北有出路，便想去河北。

天兴二年（1233年）正月初一，金哀宗北渡黄河。初五，金哀宗派完颜白撒攻打卫州。完颜白撒攻城失败，劝金哀宗前往归德。金哀宗于是南渡黄河，于正月中旬到达归德。金哀宗把卫州战败归罪完颜白撒，将完颜白撒关进监狱，不给吃饭。七天后，完颜白撒饿死。

金哀宗打算放弃汴京，便派人前往汴京，把太后、皇后、嫔妃、公主接到归德。正月二十二日，太后、皇后等人从京城出发，刚到城东的陈留，看到几处火起，以为蒙古军杀来，赶紧又返回汴京城中。

正月二十三日，汴京外城西面元帅崔立带领二百名甲兵，手持钢刀来到尚书省，杀掉了参知政事完颜奴申、代参知政事习捏阿不。崔立对城中百姓说，二相没有对策，所以杀了他们，他崔立有办法保护全城百姓的性命。百姓都非常高兴。

崔立真的能够拯救汴京吗？不久，他的丑陋嘴脸就露了出来。

崔立带领兵马入宫，召集官员们商议重新拥立一位皇帝。崔立决定拥立卫绍王完颜永济的儿子完颜从恪，原因是完颜从恪的妹妹作为公主嫁到了大蒙古国。崔立的做法，显然不会再抵御蒙古了，而是在讨好蒙古。官员们不敢反对，于是用皇太后的名义把完颜从恪召来，用太后的诰命册立完颜从恪为梁王，暂且处理国政。崔立也不能亏待了自己，于是任命自己为太师、都元帅、尚书令，还封为郑王。崔立的官职已经等同于当年的胡沙虎。崔立还把自己的弟弟、同党都任命官职。

崔立派人出城，去联络速不台，想与速不台议和。速不台在金哀宗离开汴京城后，便带领兵马向汴京而来。正月二十七日，速不台到了汴京城外不远处的青城，崔立已经赶来见面。速不台很高兴，请崔立喝酒，崔立则像对待父亲一样对待速不台。为了显示议和的诚意，崔立回城后，下令把城墙上的瞭望台全部拆除，速不台对此非常满意。

崔立得到速不台的信任，便开始在城内胡作非为。崔立把宫中的珍宝占为己有，还把官员们的妻子、女儿当中漂亮的给霸占过来。有一些节义的女子不肯从命而自杀。一些讨好崔立的小人，甚至在谋划为崔立建立功德碑。崔立不是皇帝，胜似皇帝，在汴京城中过了三个月的快活日子。为了讨好速不台，崔立竟然把天子的冠服、皇后的衣服送给速不台，还在城中搜刮大量金银，送给速不台。搜刮时，不少人禁不起拷打而死，比如金哀宗的姨母郧国夫人、平章政事完颜白撒的妻子、左丞李蹊的妻子等。

四月底，崔立将太后、皇后、梁王、荆王、诸位嫔妃，以及皇室男女五百多人，一起送到青城。不少人看到此情此景，感叹说青城就是金朝当年接受宋朝投降的地方，现在金朝也到了这个地步！历史何其相似，一百〇六年过去了，在青城再现相似的一幕。速不台杀了梁王、荆王以及他们的家属，把太后、皇后、嫔妃送往大蒙古国。这些人最终有没有到达大蒙古国，不得而知。

速不台带领大军入城，接管了汴京，马上就不把崔立当回事了。速不台放纵士兵捉拿诸位大臣的家人问罪，借口是金朝有人杀了大蒙古国的使者唐庆。崔立当时正在城外，他的妻子、小妾以及家中的财宝都被蒙古兵抢走。崔立回来后，痛哭不已。

按照蒙古人的规矩，攻城很久不降的，一旦入城，就要屠城。速不台打算在汴京城中屠城，不过他还是先派人向大汗窝阔台请示一下。窝阔台准备同意，被中书令耶律楚材坚决劝止。最后，汴京城内姓完颜的都被杀掉，其他人得以幸免。

汴京陷落了，金哀宗所在的归德还能保住吗？

六、从归德到蔡州

金哀宗到了归德（今河南省商丘市）后，那些溃散的兵马陆续前来聚集，兵马一下子多了起来。归德府知府石盏女鲁欢担心城中粮草不够这么多兵马使用，便对金哀宗建议，让这些兵马前往徐州、宿州、陈州等地筹集粮草。金哀宗不想让这些兵马离开归德，但又不能否决石盏女鲁欢的提议，毕竟粮草确实是一个问题。金哀宗最后留下蒲察官奴统领的忠孝军四百五十人，以及都尉马用的士兵七百人。

此时的金哀宗可以说如同丧家之犬，对他来说，兵马是越多越好，而内部团结也更为重要。然而，一场内乱就在归德发生了。

金哀宗担心石盏女鲁欢不够忠诚，毕竟归德是石盏女鲁欢的地盘。金哀宗于是挑拨蒲察官奴与石盏女鲁欢的关系，让二人内斗。显然，金哀宗已经把蒲察官奴当着可信赖的人。

天兴二年（1233年）三月，金哀宗提醒蒲察官奴，说石盏女鲁欢把兵马遣散，这对蒲察官奴不利。蒲察官奴野心更大，他不仅想干掉石盏女鲁欢，还想干掉马用。蒲察官奴觉得马用本是一名小军官，被提拔得太快，嫉妒马用。还有，金哀宗总是单独召见马用，与马用商量事情。金哀宗也觉察到蒲察官奴与马用之间可能会发生冲突，便让宰相们摆下酒席，为二人调解。马用太天真，从此不再防备蒲察官奴，而蒲察官奴就在这个时候，带人把马用杀掉了。蒲察官奴一不做二不休，又把石盏女鲁欢给杀掉了。蒲察官奴还不死心，又把在归德的尚书左丞李蹊等官员杀掉，一共杀了三百多人。

金哀宗本想用一些手段，以便驾驭几方力量，没想到结果只有一方力量,这便是蒲察官奴。蒲察官奴还对金哀宗说石盏女鲁欢谋反。金哀宗不得已,只好下诏公布石盏女鲁欢的罪行,同时任命蒲察官奴为枢密副使,代理参知政事。蒲察官奴掌管了归德的大权,金哀宗真正成为一个孤家寡人了。金哀宗当然不甘心,他得再想办法。内部矛盾已经没有办法再制造了,金哀宗想到了外部。

几个月前,金哀宗一行兵败卫州时,蒲察官奴的母亲被蒙古军抓获。金哀宗希望蒲察官奴为了他母亲,以议和为名,寻找机会偷袭蒙古军。蒲察官奴于是派人去见蒙古军的将领忒木䚟(音同歹),说准备劫持金哀宗前来投降。忒木䚟信以为真,就把蒲察官奴的母亲放了。蒲察官奴多次与忒木䚟商谈他们的计策,一来一去,对这支兵马的情况了然于胸,已经制定了偷袭蒙古军大营的计划。

五月初五,是端午节,蒲察官奴准备就在这一天的四更开始行动。由于准备充分,而蒙古军毫无防备,这一战,蒲察官奴取得了大胜,几百人战胜蒙古军几千人。蒙古士兵四散而逃,慌不择路,溺水而死的就有三千五百多人。蒲察官奴取得了战功,被金哀宗正式任命为参知政事,兼左副元帅。

蒲察官奴击败了蒙古军,更加骄横,竟然让金哀宗住在照碧堂,实际上是把金哀宗控制了起来,其他大臣也不敢前去奏报事务。金哀宗对身边的近侍哭着说,自己不识人,竟然被蒲察官奴这个奴才困了起来。金哀宗仍然不甘心,就与内侍局令宋珪等人密谋,准备把蒲察官奴杀掉。好在这些人还忠于金哀宗,愿意帮助金哀宗铲除蒲察官奴。

六月的一天,金哀宗召见蒲察官奴前来照碧堂商议事务。蒲察官奴一到,金哀宗身边的人就来刺杀蒲察官奴,金哀宗本人也拔出佩剑一起刺杀。蒲察官奴被杀后,金哀宗及时安抚了忠孝军,没有引发大的骚乱。

金哀宗不想再留在归德了,他想去南边的蔡州(今河南省汝南县)。金哀宗之所以想去蔡州,一个原因是听说那里城池坚固,兵多粮足。负责蔡、息、陈、颍等州的总帅乌古论镐就曾给归德送来四百斛粮食,同时也请金

第十一章 金朝灭亡

哀宗前往蔡州。还有一个原因，那就是蔡州靠近南宋，金哀宗想联络南宋，一同对抗蒙古。

六月十八日，金哀宗从归德起程，八天后到达蔡州。金哀宗的随从只有二三百人，马只有五十匹。蔡州的百姓看到金哀宗的仪仗、卫队如此萧条，无不悲泣。金哀宗到了蔡州，任命本在徐州行尚书省的完颜仲德为尚书右丞，总管省院事；乌古论镐为御史大夫，总帅一职仍旧；张天纲代理参知政事。文武双全的完颜仲德是金朝最后的支柱。

由于蔡州离蒙古军较远，一时比较安宁，不少人开始安于现状，就连金哀宗也准备在这里修建一个见山亭，作为游玩之地。金哀宗还让内侍宋珪为他到民间挑选尚未出嫁的女子，充实后宫。完颜仲德得知后，便来劝说金哀宗，认为这些做法都是没有远大谋略的表现。金哀宗说他后宫中的嫔妃都失散了，所以才让宋珪挑选，同时表示，既然完颜仲德以理相劝，也一定听从。金哀宗最后只留下一个识字的，其他的都放回家了。

忠孝军提控李德带着十几个人来到尚书省，说每个月给的钱粮不丰厚，出言不逊。忠孝军确实与其他军不同，俸禄是其他军的几倍。现在朝廷困难，俸禄自然也就少了。完颜仲德让人把李德捆绑起来，杖责一番。金哀宗说忠孝军有战斗力，国家就靠他们呢，劝完颜仲德容忍一下。完颜仲德坚持要处罚李德这些人。此后，忠孝军也就不敢再违犯纪律了。

金哀宗身边的官吏也嫌收入太低，不断地向乌古论镐要钱。乌古论镐满足不了这些人，这些人便不断地在金哀宗面前说乌古论镐的坏话。金哀宗听得多了，也就很生气，渐渐疏远了乌古论镐。乌古论镐想不通，便生病了，经常不问事。

金哀宗大概不知道，大蒙古国在半年前便与南宋初步商定，准备一同消灭金朝。大蒙古国答应，消灭金朝之后，把河南地区还给南宋。南宋的皇帝宋理宗赵昀觉得这个合作太划算了，既能复仇，又能收复河南老家。

就在金哀宗到达蔡州的次月，南宋镇守襄阳的将领孟珙出兵，在马蹬山击败了还在为金朝而战的"封建九公"之一武仙。武仙不敌，失踪，七万部众被孟珙收降。孟珙刚回到驻守之地襄阳，蒙古都元帅塔察儿就派使来到襄阳，提出一同攻打蔡州。

南宋另一将领史嵩之则率兵攻打金朝的唐州、息州。金朝息州刺史乌古论忽鲁派人到蔡州向金哀宗求救。金哀宗派五百名忠孝军前往，还很自信地说，蒙古军有北方的战马，再加上中原的战术，金朝确实打不过，但宋朝的军队实在是不足为道。金哀宗认为他的三千名铠甲士兵，足以纵横江淮之间。这大概是金哀宗敢于向南边蔡州逃亡的另一个原因吧。

金哀宗认为南宋目光短浅，竟然趁金朝疲困之时，占据金朝的寿州，诱降邓州，又进攻唐州。金哀宗还认为，蒙古灭了西夏，就来攻打金朝，金朝灭亡了，必定要去攻打宋朝；如果宋朝能与金朝联合，既为了金朝，也为了宋朝。九月，金哀宗派使到南宋，请求南宋给他们一些粮草，同时让使者把唇亡齿寒这个道理给南宋的皇帝、大臣们讲清楚。然而，使者到了南宋，南宋无动于衷。

九月初九，是重阳节。这一天，金哀宗祭拜天神，同时告诫群臣，要为国建功。金哀宗还给每个人赐了一杯酒。酒还没有喝完，有人来报，说数百名蒙古兵突然杀到城外。将士们都踊跃向前，想与蒙古军决一死战。金哀宗同意出战。将领们两度击败蒙古军。蒙古大将塔察儿到来之后，也不敢再靠近蔡州城，只是修建堡垒，包围蔡州城。

十月，南宋将领孟珙与江海带领两万兵马，响应蒙古攻打蔡州。孟珙还给塔察儿运来三十万石米。塔察儿十分高兴，加紧修造攻城器具，砍伐木料的声音，蔡州城中的人都能听见。城中的百姓更加恐惧，一些人商量着准备出城投降。完颜仲德用国家的恩惠、君臣的名分、做人的信义来劝说民众，民众被感动，也有了坚守的意志。

十一月，蒙古军开始加紧攻城。城内所有的壮年都来守城了，连强壮一点的妇女也来参与运送石块。这些妇女都穿上男人的衣服，戴上男人的帽子，怕被城外蒙、宋联军发觉。金哀宗来到她们当中，向她们表示慰问。

金哀宗除了坚守，还派出一支人马从东门出战，以图有所突破。南宋将领孟珙带领兵马，断了这支金军的归路，一些金军向孟珙投降。这些降兵告诉孟珙，蔡州城中已经严重缺粮。孟珙认为城中守军已经穷途末路，向塔察儿提出要全力围攻，不能让他们突围。塔察儿派将领张柔带领五千名精兵逼近城下。张柔身中乱箭，孟珙立即指挥士兵冲上去，把张柔救了下来。

十二月初，孟珙带领南宋士兵攻取了柴潭楼。城中的金军一直凭借柴潭固守，现在失去了柴潭楼，守城就会变得困难。不久，联军攻破了外城，又攻破了西城。由于完颜仲德此前挖掘了城壕，所以西城毁坏，联军并不能入城。完颜仲德再从另外三面守城将士中挑选了一些精锐前来，昼夜顽强抵御。

情势越来越危险，金哀宗知道大势已去，痛心地对身边近臣说，他当金紫光禄大夫十年，太子十年，皇帝十年，并没有犯过大的过错，就凭这一点，死了也没有遗憾。然而，他所痛心的是，祖宗的江山传了一百年，到了他的手中就灭亡了，让他与古时候荒淫残暴的君主同为亡国之君，他为此耿耿于怀。金哀宗又说自古亡国之君，往往会成为人家的囚犯，要么被作为俘虏受辱于大庭广众之下，要么被囚禁于荒山野岭之中。金哀宗说他不会让自己到了这个地步。

天兴三年（1234年）正月，蒙宋联军继续包围蔡州。城外有吃有喝，欢声笑语，城内饥饿困迫，随时都有人饿死。出来投降的人说，城中已经三个月没有粮食了，到了人吃人的地步了。孟珙于是命令各军，准备行动。

正月初九晚上，金哀宗召集百官，提出把皇位传给东面元帅完颜承麟。完颜承麟哭着不敢接受。金哀宗说他传位，是出于无奈，因为他体形肥胖，不便于骑马冲杀，而完颜承麟身手矫健，又有谋略，如果能逃出去，国家就能不灭。完颜承麟于是接受玉玺，第二天正式即皇帝位。

这一天，孟珙的军队在南门发起进攻，乌古论镐投降，士兵纷纷逃走，孟珙与塔察儿的军队开始入城。完颜仲德带领一千名精兵与蒙宋联军展开巷战，不能获胜。就在这时，有人告诉完颜仲德，金哀宗已经在幽兰轩中自缢而死。完颜仲德认为皇上已经不在了，再战又是为谁呢？于是投水而死。其他将领与士兵共五百人也跟随而死。史书评价说，金朝南迁之后，没有污点的，只有完颜仲德一人。

完颜承麟当时正在坚守，听说金哀宗已经自杀，于是带领群臣给金哀宗确定谥号，举行祭礼。完颜承麟认为，金哀宗在位十年，勤俭宽厚，图谋复兴，可惜志向未能实现，实在是悲哀，最后确定谥号为一个"哀"字。祭礼还没有结束，城就被攻破了。

孟珙入城后，俘虏了参知政事张天纲，问张天纲金哀宗在哪里。张天纲说金哀宗已死，死前要求尽快火化。孟珙找到了尚未烧尽的金哀宗，与塔察儿一人分了一半，准备带回去请功。

就在当天，完颜承麟也死于乱军之中，成为历史上在位最短的皇帝。金哀宗与完颜承麟死后，金朝就灭亡了。史书认为，"国君死社稷"，就凭这一点，金哀宗值得称赞。

南宋不遗余力，帮助蒙古消灭了金朝，并在当年继续北上用兵，准备收复宋朝历史上的三京，即东京开封、南京归德、西京洛阳。由于东京开封没有蒙古兵驻守，崔立还在这里逍遥自在，南宋大军一到，城内便有人杀死崔立，开封也就被收复了。宋军在收复洛阳时，与蒙古军发生交战，伤亡惨重，最后只得放弃收复故土的计划。第二年，窝阔台以南宋背弃盟约为借口，发起了对南宋的战争。北宋当年与金朝联合，消灭了辽国，最终北宋被金朝消灭。现在南宋与蒙古联合，消灭了金朝，最后又被蒙古消灭。同样的事情发生了两次，让人怀疑宋朝君臣的智慧。

金朝虽然灭亡，女真族人还在。他们有的在中原，有的在东北。经过元朝、明朝，女真人又出现在历史舞台上。努尔哈赤就是女真人，他在公元1616年建立了一个国家，国号仍然为"金"，史称"后金"。公元1636年，努尔哈赤的儿子皇太极把国号改为"清"。皇太极还在前一年把女真族改称满洲族，清朝灭亡后，又称为满族。女真族与满族是一个民族，也是历史上两度入主中原的少数民族。

附 录

辽国五京道

辽国一级行政称道,全国共有五道。道的下一级有府、州、军,再下一级为县。此外,辽国还有五十二个部族,六十个属国,也在五道范围之内。

上京道:京府临潢府

1个京直辖府:临潢府。

8个节度使州:祖州、怀州、庆州、泰州、长春州、仪坤州、龙化州、饶州。

1个观察使州:永州。

2个刺史州:乌州、降圣州。

16个头下州:徽州、成州、懿州、渭州、壕州、原州、福州、横州、凤州、遂州、丰州、顺州、闾州、松山州、豫州、宁州。

5个边防州:静州、镇州、维州、防州、招州。

东京道:京府辽阳府

8个京直辖府:辽阳府、黄龙府、定理府、铁利府、率宾府、安定府、长岭府、镇海府。

21个节度使州:开州、保州、辰州、兴州、海州、渌州、显州、乾州、贵德州、沈州、辽州、通州、双州、同州、咸州、信州、宾州、懿州、苏州、复州、祥州。

4个观察使州:宁州、益州(隶属黄龙府)、归州、宁江州。

3个防御使州:冀州、广州、衍州。

35个刺史州：穆州（隶属开州）、贺州（隶属开州）、宣州（隶属保州）、卢州、铁州、崇州、耀州（隶属海州）、嫔州（隶属海州）、嘉州（隶属显州）、辽西州（隶属显州）、康州（隶属显州）、宗州、海北州（隶属乾州）、岩州（隶属沈州）、集州、祺州（隶属辽州）、遂州、韩州、银州、安远州（隶属黄龙府）、威州（隶属黄龙府）、清州（隶属黄龙府）、雍州（隶属黄龙府）、湖州、渤州、郢州、铜州、涞州、吉州、麓州、荆州、媵州、连州、肃州、安州。

其他州：监州（隶属开州）、定州、桓州（隶属渌州）、丰州（隶属渌州）、正州（隶属渌州）、慕州（隶属渌州）、东州、尚州、荣州、率州、荷州、源州、渤海州、河州。

中京道：京府大定府

2个京直辖府：大定府、兴中府。

6个节度使州：成州、宜州、锦州、川州、建州、来州。

3个观察使州：高州、武安州、利州，均隶属大定府。

13个刺史州：恩州（隶属大定府）、惠州（隶属大定府）、榆州（隶属大定府）、泽州（隶属大定府）、北安州（隶属大定府）、潭州（隶属大定府）、松山州（隶属大定府）、安德州（隶属兴中府）、黔州（隶属兴中府）、岩州（隶属锦州）、隰州（隶属来州）、迁州（隶属来州）、润州（隶属来州）。

南京道：京府析津府

1个京直辖府：析津府。

1个节度使州：平州。

8个刺史州：顺州（隶属析津府）、檀州（隶属析津府）、涿州（隶属析津府）、易州（隶属析津府）、蓟州（隶属析津府）、景州（隶属析津府）、滦州（隶属平州）、营州（隶属平州）。

西京道：京府大同府

1个京直辖府：大同府。

6个节度使州：丰州、云内州、奉圣州、蔚州、应州、朔州。

8个刺史州：弘州（隶属大同府）、德州（隶属大同府）、宁边州、归化州（隶属奉圣州）、可汗州（隶属奉圣州）、儒州（隶属奉圣州）、武州（隶属朔州）、东胜州。

1个边防州：金肃州。

2个军：河清军、天德军。

北宋二十六路

北宋一级行政称路，宋徽宗宣和四年（1122年），增加了燕山府路和云中府路，全国共有二十六路。燕山府路和云中府路大致就是辽国的南京道与西京道。路的下一级分为府、州、军、监，再下一级称县。

京城开封所在路称为京畿路。京城周边四路分别为京东东路、京东西路、京西北路、京西南路。以黄河为界，设三路，分别为河东路、河北东路、河北西路。黄河三路也称两河地区，或称河东、河北地区。陕西分为永兴军路与秦凤路，四川分为成都府路、潼川府路、利州路与夔州路，淮南分淮南东路与淮南西路，江南分江南东路与江南西路，荆湖分荆湖北路与荆湖南路，广南分广南东路与广南西路，此外还有两浙路与福建路。

京畿路：治开封府陈留县，辖1府：开封府。

京东东路：治青州益都县，辖1府：济南府；7州：青州、密州、淄州、潍州、莱州、登州、沂州；1军：淮阳军。

京东西路：治应天府宋城县，辖4府：应天府、袭庆府（兖州）、兴仁府（曹州）、东平府（郓州）；5州：徐州、济州、单州、濮州、拱州；1军：广济军。

京西北路：治河南府洛阳县，辖4府：河南府、颍昌府（许州）、淮宁府（陈州）、顺昌府（颍州）；5州：郑州、滑州、孟州、蔡州、汝州；1军：信阳军。

京西南路：治襄阳府襄阳县，辖1府：襄阳府；7州：邓州、随州、金州、房州、均州、郢州、唐州；1军：光化军。

河北东路：治大名府大名县，辖3府：大名府、开德府（澶州）、河间府；11州：沧州、冀州、博州、棣州、莫州、雄州、霸州、德州、滨州、恩州、清州；5军：德清军、保顺军、永静军、信安军、保定军。

河北西路：治真定府真定县，辖4府：真定府（镇州）、中山府（定州）、信德府（邢州）、庆源府（赵州）；9州：相州、濬州、怀州、卫州、洺州、深州、磁州、祁州、保州；6军：天威军、北平军、安肃军、永宁军、广信军、顺安军。

河东路：治太原府阳曲县，辖3府：太原府、隆德府（潞州）、平阳府；14州：绛州、泽州、代州、忻州、汾州、辽州、宪州、岚州、石州、隰州、慈州、麟州、府州、丰州；8军：庆祚军、威胜军、平定军、岢岚军、宁化军、火山军、保德军、晋宁军。

永兴军路：治京兆府长安县，辖4府：京兆府、河中府、延安府、庆阳府（庆州）；15州：解州、陕州、商州、同州、醴州、华州、耀州、邠州、坊州、银州、环州、鄜州、宁州、虢州、丹州；5军：清平军、保安军、绥德军、庆成军、定边军。

秦凤路：治秦州成纪县，辖1府：凤翔府；19州：泾州、原州、渭州、凤州、陇州、阶州、成州、秦州、熙州、河州、兰州、岷州、巩州、西安州、会州、洮州、廓州、乐州、西宁州；5军：镇戎军、德顺军、怀德军、震武军、积石军。

两浙路：治杭州钱塘县，辖2府：平江府（苏州）、镇江府（润州）；12州：杭州、湖州、严州、秀州、常州、越州、婺州、衢州、处州、温州、台州、明州。

淮南东路：治扬州江都县，辖10州：扬州、楚州、滁州、海州、泗州、亳州、宿州、泰州、通州、真州；2军：涟水军、高邮军。

淮南西路：治寿春府下蔡县，辖1府：寿春府；7州：庐州、蕲州、和州、舒州、濠州、光州、黄州；2军：六安军、无为军。

江南东路：治江宁府江宁县，辖1府：江宁府；7州：宣州、徽州、江州、池州、饶州、信州、太平州；2军：南康军、广德军。

江南西路：治洪州南昌县，辖6州：洪州、虔州、吉州、袁州、抚州、筠州；4军：兴国军、南安军、临江军、建昌军。

荆湖北路：治江陵府江陵县，辖2府：江陵府、德安府（安州）；10州：鄂州、岳州、复州、鼎州、澧州、峡州、归州、辰州、靖州、沅州；2军：汉阳军、荆门军。

荆湖南路：治潭州长沙县，辖7州：潭州、衡州、道州、永州、邵州、郴州、全州；2军：武冈军、桂阳监。

福建路：治福州闽县，辖6州：福州、建州、泉州、南剑州、漳州、汀州；2军：邵武军、兴化军。

成都府路：治成都府成都县，辖1府：成都府；12州：眉州、蜀州、彭州、绵州、汉州、简州、嘉州、邛州、雅州、黎州、茂州、威州；2军：永康军、石泉军；1监：仙井监。

潼川府路：治潼川府郪县，辖2府：潼川府（梓州）、遂宁府（遂州）；9州：果州、资州、普州、昌州、叙州、泸州、合州、荣州、渠州；3军：怀安军、广安军、长宁军；1监：富春监。

利州路：治兴元府南郑县，辖1府：兴元府；9州：利州、洋州、阆州、剑州、文州、兴州、蓬州、政州、巴州。

夔州路：治夔州奉节县，辖10州：夔州、黔州、思州、忠州、万州、开州、达州、涪州、恭州、珍州；3军：云安军、梁山军、南平军；1监：大宁监。

广南东路：治广州番禺县，辖1府：肇庆府（端州）；14州：广州、韶州、循州、潮州、连州、梅州、南雄州、英州、贺州、封州、新州、康州、南恩州、惠州。

广南西路：治桂州临桂县，辖25州：桂州、容州、邕州、融州、象州、昭州、梧州、藤州、龚州、浔州、柳州、贵州、宜州、宾州、横州、化州、高州、雷州、钦州、白州、郁林州、廉州、琼州、平州、观州；3军：昌化军、万安军、朱崖军。

燕山府路：治燕山府，辖1府：燕山府（幽州）；9州：涿州、檀州、平州、易州、营州、顺州、蓟州、景州、经州。

云中府路：治云中府，辖1府：云中府（云州）；8州：武州、应州、朔州、蔚州、奉圣州、归化州、儒州、妫州。

金朝十九路

金朝的行政区划一级称为路，路的下一级称府或州，再下一级称县。皇统二年（1142年），与南宋第二次议和完成，金朝的疆域基本稳定，共设置十七路。大定二十九年（1189年），全国共设置二十路。这二十路是，都城中都所在的中都路，女真故地上京路，辽国故地临潢府路、东京路、北京路、咸平路、西京路，两河地区的河北东路、河北西路、大名府路、河东北路、河东南路，河南地区的南京路，山东地区的山东东路、山东西路，还有陕西地区的京兆府路、凤翔路、鄜延路、庆原路、临洮路。泰和五年（公元1205年）又将临潢府路并入北京路，全国共为十九路。

上京路：治会宁府会宁县，辖1府：会宁府；3州：肇州、隆州（后升隆安府）、信州；4个附属路：蒲与路、合懒路、速频路、胡里改路。

咸平路：治咸平府平郭县，辖1府：咸平府；1州：韩州。

东京路：治辽阳府辽阳县，辖1府：辽阳府；6州：澄州、盖州、复州、沈州、贵德州、来远州；1个附属路：婆速府路。

北京路：治大定府大定县，辖4府：大定府、广宁府、兴中府、临潢府；10州：利州、义州、锦州、庆州、全州、懿州、建州、瑞州、兴州、泰州。

西京路：治大同府云中县，辖2府：大同府、德兴府（奉圣州）；14州：桓州、抚州、丰州、昌州、弘州、净州、朔州、武州、应州、蔚州、云内州、宣德州、东胜州、宁边州。

中都路：治大兴府大兴县，辖1府：大兴府（析津府）；13州：通州、蓟州、易州、涿州、顺州、平州、雄州、保州、滦州、霸州、遂州、安州、安肃州。

南京路：治开封府开封县，辖3府：开封府、归德府、河南府；19州：睢州、单州、亳州、宿州、泗州、寿州、颍州、陈州、蔡州、许州、唐州、汝州、钧州、郑州、嵩州、陕州、邓州、裕州、息州。

河北东路：治河间府河间县，辖1府：河间府；8州：冀州、深州、清州、沧州、景州、蠡州、莫州、献州。

河北西路：治真定府真定县，辖3府：真定府、中山府、彰德府；9州：威州、沃州（赵州）、邢州、洺州、磁州、祁州、濬州、卫州、滑州。

山东东路：治益都府益都县，辖2府：益都府、济南府；11州：潍州、滨州、沂州、密州、海州、莒州、棣州、淄州、莱州、登州、宁海州。

山东西路：治东平府须城县，辖1府：东平府；9州：济州、徐州、邳州、滕州、博州、兖州、泰安州、德州、曹州。

大名府路：治大名府大名县，辖1府：大名府；3州：恩州、濮州、开州。

河东北路：治太原府阳曲县，辖1府：太原府；13州：忻州、汾州、石州、晋州、平定州、葭州、代州、隩州、宁化州、岚州、岢岚州、保德州、管州（宪州）。

河东南路：治平阳府临汾县，辖2府：平阳府、河中府；10州：绛州（后升晋安府）、解州、隰州、吉州、泽州、潞州、辽州、沁州、怀州、孟州。

京兆府路：治京兆府长安县，辖1府：京兆府；6州：商州、虢州、乾州、同州、耀州、华州。

凤翔路：治凤翔府凤翔县，辖2府：凤翔府、平凉府；4州：秦州、陇州、德顺州、镇戎州。

鄜延路：治延安府肤施县，辖1府：延安府；5州：鄜州、坊州、保安州、绥德州、丹州。

庆原路：治庆阳府安化县，辖1府：庆阳府；5州：环州、邠州、原州、泾州、宁州。

临洮路：治临洮府狄道县，辖1府：临洮府；6州：洮州、兰州、会州、河州、积石州、巩州。

南宋十六路

南宋一级行政称路，全国共有十六路。利州路时而分为利州东路、利州西路，时而合二为一，如果合并就是十六路。路之下分为府、州、军、监，再下一级称县。以下为宋宁宗时的十六路区划设置：

两浙西路：治临安府钱塘县，辖4府：临安府、平江府（苏州）、镇江府、嘉兴府（秀州）；3州：常州、安吉州（湖州）、严州（后升建德府）；1军：江阴军。

两浙东路：治绍兴府会稽县，辖3府：绍兴府、庆元府（明州）、瑞安府（温州）；4州：婺州、台州、衢州、处州。

江南东路：治建康府江宁县，辖2府：建康府、宁国府（宣州）；5州：徽州、池州、饶州、信州、太平州；2军：广德军、南康军。

江南西路：治隆兴府南昌县，辖1府：隆兴府（洪州）；6州：江州、吉州、袁州、抚州、赣州、筠州；4军：兴国军、临江军、建昌军、南安军。

淮南东路：治扬州江都县，辖6州：扬州、楚州、泰州、滁州、通州、真州；4军：高邮军、招信军、淮安军、清河军。

淮南西路：治庐州合肥县，辖2府：安庆府、寿春府；6州：庐州、蕲州、和州、濠州、光州、黄州；3军：无为军、六安军、怀远军。

荆湖北路：治江陵府江陵县，辖3府：江陵府、常德府、德安府；9州：鄂州、复州、澧州、峡州、归州、辰州、沅州、靖州、岳；3军：汉阳军、荆门军、寿昌军。

荆湖南路：治潭州长沙县，辖7州：潭州、衡州、道州、永州、邵州（后升宝庆府）、郴州、全州；3军：武冈军、茶陵军、桂阳军。

京西南路： 治襄阳府襄阳县，辖1府：襄阳府；4州：均州、房州、随州、郢州；1军：光化军。

成都府路： 治成都府成都县，辖3府：成都府、崇庆府（蜀州）、嘉定府（嘉州）；11州：彭州、绵州、汉州、眉州、邛州、简州、雅州、黎州、茂州、威州、隆州；2军：永康军、石泉军。

潼川府路： 治泸州泸川县，辖2府：潼川府、遂宁府；9州：果州（后升顺庆府）、资州、普州、昌州、叙州、泸州、合州、荣州、渠州；3军：怀安军、宁西军、长宁军。

利州路： 治兴元府南郑县，辖3府：兴元府、隆庆府、同庆府；12州：金州、沔州、利州、洋州、文州、阆州、巴州、蓬州、阶州、凤州、龙州、西和州；2军：大安军、天水军。

夔州路： 治夔州奉节县，辖3府：重庆府（恭州）、绍庆府（黔州）、咸淳府（忠州）；8州：夔州、达州、涪州、万州、开州、施州、播州、思州；3军：云安军、梁山军、南平军；1监：大宁监。

福建路： 治福州闽县，辖1府：建宁府（建州）；5州：福州、泉州、漳州、汀州、南剑州；2军：邵武军、兴化军。

广南东路： 治广州南海县，辖3府：肇庆府（端州）、德庆府（康州）、英德府（英州）；11州：广州、连州、韶州、南雄州、循州、惠州、梅州、潮州、新州、南恩州、封州。

广南西路： 治静江府临桂县，辖2府：静江府（桂州）、庆远府（宜州）；20州：容州、邕州、象州、融州、昭州、梧州、藤州、浔州、贵州、柳州、宾州、横州、化州、高州、雷州、钦州、廉州、贺州、琼州、郁林州；3军：南宁军、吉阳军、万安军。

金朝皇帝世系

金朝共有十位皇帝，最后一位皇帝完颜承麟在位不到一天。

完颜阿骨打（1068—1123年），汉名完颜旻，庙号太祖，公元1113年十月，继承女真首领，公元1117年称帝。年号：天辅（1117—1123年）。

完颜晟（1075—1135年），完颜阿骨打四弟，女真名完颜吴乞买，庙号太宗，公元1123年八月继位。年号：天会（1123—1135年）。

完颜亶（1119—1149年），完颜阿骨打嫡长孙，完颜宗峻嫡长子，女真名完颜合剌，庙号熙宗，公元1135年正月继位，公元1149年十二月被杀。年号：天会（1135—1137年）、天眷（1138—1141年）、皇统（1141—1149年）。

完颜亮（1122—1161年），完颜阿骨打孙，完颜宗干次子，女真名完颜迪古乃，无庙号，史称海陵王，公元1149年十二月政变夺位，公元1161年十一月被杀。年号：天德（1149—1152年）、贞元（1153—1156年）、正隆（1156—1161年）。

完颜雍（1123—1189年），完颜阿骨打孙，完颜宗辅之子，女真名完颜乌禄，庙号世宗，公元1161年十月篡位称帝。年号：大定（1161—1189年）。

完颜璟（1168—1208年），完颜雍嫡长孙，完颜允恭嫡长子，女真名完颜麻达葛，庙号章宗，公元1189年正月继位。年号：明昌（1190—1195年）、承安（1196—1200年）、泰和（1201—1208年）。

完颜永济（？—1213年），完颜雍之子，公元1208年十一月继位，无庙号，史称卫绍王，公元1213年八月被杀。年号：泰和（1208—1209年）、大安（1209—1211年）、崇庆（1212—1213年）、至宁（1213年）。

完颜珣（1163—1223），完颜雍庶长孙，完颜允恭庶长子，金章宗完颜璟庶长兄，女真名完颜吾睹补，公元1213年九月继位，庙号宣宗。年号：贞祐（1213—1217年）、兴定（1217—1222年）、元光（1222—1223年）。

完颜守绪（1198—1234年），完颜珣子，女真名完颜宁甲速，公元

1223年十二月继位，庙号哀宗，公元1234年正月初十自杀。年号：正大（1224—1232年）、开兴（1232年）、天兴（1232—1234年）。

完颜承麟（1202—1234年），女真名完颜呼敦，公元1234年正月初十继位，当天战死。年号：盛昌（1234年）。

南宋皇帝世系

南宋共有九位皇帝，宋高宗赵构是宋徽宗第九子，是宋太宗赵光义的子孙。宋孝宗赵昚是宋太祖赵匡胤之子赵德芳六世孙。宋理宗赵昀是宋太祖赵匡胤之子赵德昭九世孙。

南宋最后三位皇帝，被称为宋末三帝，都是宋度宗的儿子。宋末三帝当皇帝时，最小的四岁，最大的八岁，在位都只有两三年，一个投降元朝，一个逃难中病死，一个由左丞相陆秀夫背着跳海自杀。

宋高宗赵构（1107—1187年），公元1127年称帝，建立南宋，公元1162年禅位给养子赵昚。年号：建炎（1127—1130年）、绍兴（1131—1162年）。

宋孝宗赵昚（1127—1194年），公元1162年继位，公元1189年禅位给儿子赵惇。年号：隆兴（1163—1164年）、乾道（1165—1173年）、淳熙（1174—1189年）。

宋光宗赵惇（1147—1200年），宋孝宗第三子，公元1189年继位，公元1194年被逼退位。年号：绍熙（1190—1194年）。

宋宁宗赵扩（1168—1224年），宋光宗次子，公元1194年—1224年在位。年号：庆元（1195—1201年）、嘉泰（1201—1204年）、开禧（1205—1207年）、嘉定（1208—1224年）。

宋理宗赵昀（1205—1264年），公元1224年—1264年在位。年号：宝庆（1225—1227年）、绍定（1228—1233年）、端平（1234—1236年）、嘉熙（1237—1240年）、淳祐（1241—1252年）、宝祐（1253—1258年）、

开庆（1259 年）、景定（1260—1264 年）。

宋度宗赵禥（1240—1274 年），宋理宗侄子，公元 1264 年—1274 年在位。年号：咸淳（1265—1274 年）。

宋恭帝赵㬎（1271—1323 年），宋度宗次子，公元 1274 年—1276 年在位，年号：德祐（1275—1276 年）。

宋端宗赵昰（1269—1278 年），宋度宗庶长子，公元 1276 年—1278 年在位，年号：景炎（1276—1278 年）。

宋末帝赵昺（1272—1279 年），宋度宗第三子，公元 1278 年—1279 年在位，年号：祥兴（1278—1279 年）。

衍庆功臣

金世宗想到金太祖、金太宗创业艰难，把勋业最大的功臣画像置于中都太庙衍庆宫圣武殿，史称"衍庆功臣"。功臣名单与次序，经金世宗大定年间多次调整，直到金章宗明昌年间才最终确定，共二十一人。

辽王完颜斜也（完颜杲）、金源郡王完颜撒改、辽王完颜宗干、秦王完颜宗翰、宋王完颜宗望、梁王完颜宗弼、金源郡王完颜习不失、金源郡王完颜斡鲁、金源郡王完颜希尹、金源郡王完颜娄室、楚王完颜宗雄、鲁王完颜阇母、金源郡王完颜银术可、隋国公完颜阿离合懑、金源郡王完颜忠、豫国公完颜蒲家奴（完颜昱）、金源郡王完颜撒离喝、兖国公刘彦宗、特进完颜斡鲁古、齐国公韩企先，特进完颜习室。

又确定衍庆亚次功臣二十二人：

代国公完颜欢都，金源郡王完颜石土门，徐国公完颜浑黜，郑国公完颜谩都诃，濮国公完颜石古乃，济国公完颜蒲查，韩国公斜卯阿里，元帅左监军完颜拔离速，鲁国公蒲察石家奴，银青光禄大夫完颜蒙适，随国公完颜活女，特进完颜突合速，齐国公完颜婆卢火，开府仪同三司乌延蒲卢浑，仪同三司完颜阿鲁补，镇国上将军乌林答泰欲，太师领三省事完颜勖，太傅大㚖，大兴尹赤盏晖，金吾卫上将军耶律马五，骠骑卫上将军韩常，左副元帅行台左丞相完颜阿离补。

后来又确定世宗时的功臣十人：

太保、尚书令、广平王李石，太师、尚书令、淄王徒单克宁，开府仪同三司、右丞相、金源郡王纥石烈志宁，太师尚书令南阳王张浩，开府仪同三司、左丞相、沂国公仆散忠义，仪同三司、左丞相、崇国公纥石烈良弼，右丞相莘国公石琚，右丞相、申国公唐括安礼，开府仪同三司、平章政事徒单合喜，参知政事完颜宗叙。